WTO与中国对外贸易

王平　著

WUHAN UNIVERSITY PRESS
武汉大学出版社

图书在版编目(CIP)数据

WTO与中国对外贸易/王平著. —武汉:武汉大学出版社,2011. 10
ISBN 978-7-307-09158-0

Ⅰ. W… Ⅱ. 王… Ⅲ. 世界贸易组织—规则—影响—对外贸易—研究—中国 Ⅳ. F752

中国版本图书馆CIP数据核字(2011)第177583号

责任编辑:白绍华　　责任校对:刘　欣　　版式设计:马　佳

出版发行:**武汉大学出版社**　(430072　武昌　珞珈山)
(电子邮件:cbs22@whu.edu.cn 网址:www.wdp.com.cn)
印刷:湖北民政印刷厂
开本:720×1000　1/16　印张:22.25　字数:318千字　插页:1
版次:2011年10月第1版　2011年10月第1次印刷
ISBN 978-7-307-09158-0/F·1582　定价:36.00元

目 录

第一章 世界贸易组织概述

世界贸易组织（World Trade Organization，WTO），是一个负责管理世界经济和贸易秩序的国际组织，成立于1995年1月1日，其前身是关税与贸易总协定（General Agreement on Tariff and Trade，简称GATT）。

关税与贸易总协定，是一项调整世界上大多数国家和地区之间贸易关系中有关关税和贸易政策的多边国际协定，于1948年1月1日正式生效。作为国际贸易准则的一项多边协定，GATT同时兼有准国际贸易组织的功能，成为成员方多边贸易谈判和解决争端的场所。它与国际货币基金组织和世界银行一起，构成了第二次世界大战后世界经济体系的三大支柱。在过去的近半个世纪中，关税与贸易总协定主持了8轮全球性多边贸易谈判，对缔约方的贸易发展和国际贸易秩序的建立及维护起到了举足轻重的作用。但由于历史和现实的诸多原因，关税与贸易总协定本身存在着一定的局限性，如法律体系不统一、不完整，众多的“例外规定”和“灰色措施”使贸易政策的合法贸易性的认定基准模糊不清。

鉴于关税与贸易总协定的局限性，缔约方普遍认为有必要在此基础上建立更具全球性的多边贸易组织。世界贸易组织的建立对世界经济与贸易的发展起到了巨大的推动作用，其各项协定是世界贸易制度运行和各成员方贸易政策制定的法律基础。

第一节 关税与贸易总协定

GATT成立之初，只是一项调整和规范缔约方之间关税水平和贸易关系的临时性多边协议，随着越来越多国家的加入和多轮全球性贸易谈判的成功举行，GATT 便成为各缔约方在贸易政策方面制定共同遵守的准则、促进全球贸易自由化的唯一的多边国际协定，成为与联合国有着密切关系的准国际机构。人们通常所说的 GATT 具有双重的含义：既是一整套关于关税和贸易政策的具有约束力的国际法规，又是进行多边贸易谈判和调解贸易争端的国际机构。

一、GATT 产生的历史背景

总协定的产生可以追溯到 20 世纪初的高关税与世界经济危机。19 世纪末 20 世纪初，资本主义由自由竞争阶段进入垄断阶段。为了促进本国经济增长，阻止外国产品进入本国市场，各国政府纷纷放弃自由贸易政策，实行高关税的贸易保护主义。森严的关税壁垒严重地阻碍了国际贸易的发展。第一次世界大战在 1918 年结束后，只经历两年短暂的繁荣，就爆发了 1920－1921 年的世界性经济危机。而到 1929—1933 年世界经济再次陷入危机时，资本主义国家间更是爆发了空前的关税战。1930 年，美国颁布“霍利－斯穆特关税法”，将关税提高到其历史最高水平，引起了当时欧洲各国的抵制，它们也通过自己的限制性关税对美国进行报复，引发了激烈的关税战。高关税阻碍了商品的国际流通，也进一步加深了危机。为扭转困境，扩大国际市场与贸易，1934 年美国率先通过了《互惠贸易协定法》，随后又与欧洲 21 个国家签订了一系列的贸易协定，将关税降低 30% ~50%，并将这些协定在最惠国待遇的基础上扩展到其他国家。这一举措对于缓解当时的经济危机起到重要作用。当第二次世界大战结束后，许多国家面临经济衰退、黄金和外汇储备短缺等诸多问题，为保护各国国内市场，限制进口或实行高关税的贸易保护政策再度盛行，互惠贸易协定再次被当作缓解矛盾的手段。

第二次世界大战后一些著名的国际政治学家和经济学家普遍认为，20 世纪 30 年代的那种以邻为壑的贸易保护主义政策不仅带来了国际经济的巨大损失，也带来了国际性战争。必须进行国际合作和政策协调，建立一个开放的贸易体系，创设反对经济民族主义和减少贸易管制性的国际贸易规则。

为了从整体上解决战后国际经济体系中的主要问题，美国试图从金融、投资、贸易三方面重建国际经济秩序。在金融方面，1944 年 7 月初，在美国新罕布什尔州布雷顿森林召开有 44 国参加的国际货币与金融会议，即“布雷顿森林会议”。在这次会议上，与会各国准备在第二次世界大战后成立三个国际经济组织：即国际货币基金组织（International Monetary Fund）、国际复兴开发银行或世界银行（Word Bank）、国际贸易组织（International Trade Organization），以促进战后各国经济的恢复与发展。美国凭借其实力地位，使与会各国基本上采纳了怀特计划，一致通过了《联合国货币金融会议的最后决议书》以及《国际货币基金组织协定》这两个附件，总称“布雷顿森林协定”。布雷顿森林会议和它通过的布雷顿森林协定，奠定了战后以美元为支柱的国际货币体系。

在贸易方面，美国则积极倡导以其《互惠贸易协定法》为框架，组建国际贸易组织，以便在多边基础上，通过互减关税，扭转日益盛行的高关税贸易保护主义和歧视性的贸易政策，促进国际贸易的自由发展。1945 年，美国向联合国经社理事会提议召开世界贸易与就业会议，倡议成立国际贸易组织（ITO）。1946 年 2 月，联合国经社理事会接受建议，成立了筹备委员会，着手筹建国际贸易组织。同年 10 月，经社理事会在伦敦召开了第一次筹委会，讨论美国提出的《国际贸易组织宪章》草案，并决定成立起草委员会对草案进行修改。1947 年 4 月，美、英、中、法等 23 个国家在日内瓦又召开了世界贸易与就业筹备委员会第二次会议；同年 10 月，在哈瓦那举行的联合国贸易与就业会议上，审议并通过了《哈瓦那宪章》(又称《国际贸易组织宪章》)。《哈瓦那宪章》共分九章和一个附件，主要内容分别是：宗旨与目标；就业和经济活动；经济发展与重建；一般商业政策；限制性商业措施；政府间商业协定；国际贸易组织的建立；争端解决和一般规定。《哈瓦那宪章》的目标是建立一个全面处理国际贸易和经济合作的国际组织，成为继国际货币基金组织和世界银行之后的第三个国际机构，要求成员方政府在经济和贸易政策上予以充分合作，维护充分就业及有效需求的大幅度和稳定增长。

但是，各国针对《哈瓦那宪章》草案提出了许多修正案，特别是增加了管理对外投资的条款。美国国会认为其中的一些规定与美国国内立法有矛盾，不符合美国的利益，因此，在国内形成了反对该宪章的强大力量，国会没有批准《哈瓦那宪章》。在其影响下，56个《哈瓦那宪章》签字国中，只有个别国家批准了宪章，因此，建立国际贸易组织的计划随之夭折。

《哈瓦那宪章》虽然最终没有获得多数国家立法机构的批准，但由于第二次世界大战刚刚结束，大多数国家希望尽快实施关税谈判的成果，纠正那些20世纪30年代初遗留下来的贸易保护措施。因此，在联合国贸易与就业会议期间，美国联合英国、法国、比利时、荷兰、卢森堡、澳大利亚、加拿大于1947年11月15日签署了《关税与贸易总协定临时适用议定书》。《临时适用议定书》解决了GATT适用需要批准问题，规定GATT第一和第三部分不允许有任何例外的实施，而第二部分的实施则要求“最大限度地与现行立法不相抵触”。且每个GATT缔约方有权适用“祖父条款”，即继续适用其加入GATT时业已存在的国内立法，即使这些国内立法与GATT第二部分的条款相冲突。由于这个例外，各缔约方政府不必将GATT提交其国会批准，而由行政当局直接同意加入《临时适用议定书》即可，从而使关税与贸易总协定提前在上述8个国家领土内实施。1948年，又有15个国家签署实施《关税与贸易总协定临时适用议定书》，致使最终有23个国家同意接受国际贸易组织宪章中有关关税与贸易政策的内容而签订了临时性议定书。这23个国家分别是：澳大利亚、比利时、巴西、缅甸、加拿大、锡兰（现斯里兰卡）、智利、中国、古巴、捷克斯洛伐克、法国、印度、黎巴嫩、卢森堡、荷兰、新西兰、挪威、巴基斯坦、南罗得西亚（现津巴布韦）、叙利亚、南非、英国、美国。关税与贸易总协定从1948年1月1日开始实施，到1995年1月1日世界贸易组织正式运行，共存续了47年。截至1994年年底，关税与贸易总协定共有128个缔约国。

二、GATT 的主要内容

关税与贸易总协定有着极其丰富的内涵，包括 1948 年生效的总协定文本和以后各轮谈判所签订的一系列协议。作为一项调解缔约方之间关税和贸易政策的多边国际协定，关税和贸易总协定的法律条款分为序言和正文四大部分，共计三十八条，另附有九个附件和一份临时适用议定书，分别对其宗旨、缔约方义务、运作方式、例外条款、谈判方式、优惠待遇等作了具体规定。

（一）GATT 的宗旨

GATT 肩负着战后世界经济恢复和重建的使命，致力于创造一个自由、稳定、透明、开放的世界贸易格局，要求企业自主地对市场信息作出反应，减少政府对市场的干预。因此，总协定的条款充分反映了以市场经济为基础的自由贸易原则。

总协定的宗旨是："各缔约方在处理它们的贸易和经济事务的关系方面，应以提高生活水平、保证充分就业、保证实际收入和有效需求的巨大持续增长、扩大世界资源的充分利用以及发展商品的生产与交换为目的。"要达到以上目标，所采取的手段是"达成互惠互利协议，导致大幅度地削减关税和其他贸易障碍，取消国际贸易中的歧视待遇的协议"。本段文字虽少，但已列明关贸总协定的某些重要原则，如非歧视待遇、互惠互利、削减贸易障碍等。序言最后申明"经各国代表谈判达成协议如下"，强调关贸总协定是在各缔约国政府授权下签订的协议，以便与其他非官方的国际组织和协议区别开来。

（二）GATT 的主要内容

GATT 的实质性条款可分为四个部分：

第一部分包括第一条和第二条，规定缔约方之间在关税和贸易方面相互提供无条件的最惠国待遇和关税减让事项。第一条的"一般最惠国待遇"是整个关贸总协定的核心，在以往贸易条约和协定中，最惠国待遇条款一般只是双边的、有条件的，而总协定的最惠国待遇条款则是多边的、无条件的。它要求缔约各方对所有其他缔约方在进出口关税（包括由此派生的费用）、海关规则、国内税收及管理上实行非歧视待遇。本条还列明了总协定一般最惠国待遇的几种例外。第二条规定将关贸总协定各方经谈判达成的关税减让品种和减让幅度，列入关税减让表附录，作为GATT的一个组成部分，其他缔约方可以不经谈判而自动地享受这种产品适用的最惠国税率，这些国家一般被称为"便宜搭车者"(Free Rider)。

第二部分包括第三至第二十三条，包括"国内税与国内规章的国民待遇"至"利益的丧失或损害"，共二十一条，主要是对缔约方贸易政策，取消数量限制和可以采取的紧急措施等进行规范。总协定是"临时实施"的，第二部分的实施要求"最大限度地与现行立法不相抵触"。

第三条是国内税和国内规章的国民待遇。国民待遇与最惠国待遇是关贸总协定的基石，要求缔约方在征收国内税，有关国内销售、购买、运输、分配所适用的法令法规方面，对进口产品和本国产品一视同仁，不得对进口产品实行歧视待遇。第四条是有关电影胶片的特殊规定，第五条过境自由、第六条反倾销税与反补贴税、第七条海关估价、第八条进出口规费和手续、第九条原产地标记、第十条贸易法规的公布和实施等均是"技术性条款"，旨在防止或控制上述措施成为关税的替代措施。第十一条至第十四条处理数量限制问题，第十一条是数量限制的一般禁止，第十二条是为保障国际收支而实施的限制，第十三条要求非歧视地实施数量限制，第十四条对非歧视原则的例外作了规定，第十五条外汇安排是关于与国际货币基金组织之间的合作，第十六条要求避免对初级产品给予出口补贴，并取消对初级产品以外的任何产品的出口补贴，第十七条对国营贸易企业的规定要求国营贸易企业在进出口方面按非歧视和商业原则经营，第十八条政府对经济发展的援助给予发展中国家在关税结构上的灵活性，并可为国际收支目的而实施数量限制，第十九条保障措施条款规定可采取紧急行动应对进口激增对国内生产者造成的损害，第二十条和第二十一条分别规定总协定的一般和安全例外，第二十二条是关于磋商的问题，第二十三条是当某缔约方在"利益的丧失或损害"情况下提请磋商和解决争端的程序。

第三部分包括第二十四条至第三十五条。主要规定 GATT 的适用范围，以及接受、生效、减让的停止或撤销及退出等的具体操作程序。

第二十四条规定了 GATT 适用的领土范围，边境贸易、关税同盟和自由贸易区构成协定的例外。第二十五条缔约方的联合行动，规定作为协定最高权力机构的缔约方全体的职责。第二十六条至第三十五条是关贸协定的运作规则。涉及第二十六条总协定的接受和生效，以后依次为第二十七条减让的停止和撤销，第二十八条减让表的修改和附加关税谈判，第二十九条本协定与《哈瓦那宪章》的关系，第三十条本协定的修改、第三十一条本协定的退出，第三十二条“缔约方”的含义，第三十三条总协定的加入，第三十四条附件，第三十五条协定在特定缔约方面的不适用。

第四部分贸易与发展包括第三十六至三十八条，是 1965 年增加进去的给予发展中缔约方的特殊和优惠待遇。第三十六条原则和目标中最重要的是第八款的规定，为普遍优惠制的实施提供了法律依据；第三十七条承诺要求发达缔约方应尽最大可能消除贸易壁垒；第三十八条联合行动规定了缔约方全体应共同合作，改善市场准入条件，促进贸易与发展目标的实现。

三、GATT 主持的多边贸易谈判

自 1948 年 1 月 1 日临时实施到 1995 年 1 月 1 日世界贸易组织成立，GATT 在 47 年的发展进程中，主持了八轮多边贸易谈判，使缔约方之间的关税水平和非关税措施大幅度下降，对促进全球贸易自由化的发展作出了大贡献。

（一）第一轮多边贸易谈判

第一轮多边贸易谈判于 1947 年 4 至 10 月在瑞士日内瓦举行，谈判的初始目标是建立国际贸易组织。虽然该设想不幸夭折，但与会的各国代表仍希望就相互减让关税问题进行谈判。有 23 个国家（包括中国）参加了谈判，就 123 项双边关税减让达成协议，涉及 45000 种商品，使占进口值约 54% 的应税商品平均关税降低 35%，影响近 100 亿美元的世界贸易额。这轮谈判第一次依照关税与贸易总协定的规则，在众多商品项目上，达成了较大幅度的关税减让协议，为战后世界经济的恢复和发展铺平了道路，成为大规模多边关税谈判的成功范例，并为今后的关税谈判提供了谈判模式和基础，具有重要意义。这次谈判虽然在关税与贸易总协定草签和生效之前举行，但人们仍习惯将其作为关税与贸易总协定主持的第一轮多边贸易谈判。

（二）第二轮多边贸易谈判

第二轮多边贸易谈判于1949年4至10月在法国安纳西举行。召集本轮谈判的目的是给处于创始阶段的欧洲经济合作组织的成员提供进入多边贸易体制的机会，促使这些国家响应欧洲经济合作组织的号召，为承担各成员之间的关税减让而作出努力。因此，该轮谈判的参加方除在原缔约方23国之间进行外，又增加了瑞典、丹麦、芬兰、意大利、希腊、海地、尼加拉瓜、多米尼加、乌拉圭和利比里亚10国。此轮谈判总计达成147项关税减让协议，涉及减税商品5000余项，平均降低关税35%。

（三）第三轮多边贸易谈判

第三轮多边贸易谈判于1950年9月—1951年4月在英国托奎举行，共39个国家参加。本次谈判的主要议题之一是讨论当时的西德、南韩，以及奥地利、秘鲁、菲律宾和土耳其的加入问题。由于参加谈判的缔约方增加，使关税与贸易总协定缔约方的贸易额占世界贸易总额的80%以上。在关税减让方面，美国与英联邦国家（主要指英国、澳大利亚和新西兰）谈判进展缓慢。英联邦国家不愿在美国未作出对等减让条件下，放弃彼此间的贸易优惠，使美国与英国、澳大利亚和新西兰未能达成关税减让协议。此轮谈判共达成150项关税减让协议，涉及商品8700多项，使占应税进口值11.7%的商品平均降低关税26%。在这轮谈判中台湾当局以中国名义退出GATT。

（四）第四轮多边贸易谈判

第四轮多边贸易谈判于1956年1—5月在瑞士日内瓦举行，共有28个国家参加了这一轮多边贸易谈判。此轮谈判的议题仍是关税减让。由于美国国会认为美国在前几轮谈判中关税减让的幅度明显高于其他缔约国，因此，这轮谈判美国政府代表团的谈判授权受到限制。美国代表团在几乎用足了国会的授权后，对进口只给予了价值9亿美元的关税减让，而其本身所享受的关税减让约合4亿美元。本次谈判英国作了较大幅度让步，以弥补其前两轮的保留。另外，日本在对关税与贸易总协定的各缔约方作了相当的关税减让后，加入了该组织。本轮谈判的最终成果是所达成的关税减让涉及25亿美元的贸易额，关税减让商品涉及3000余项，使占应税进口值16%的商品平均降低关税15%。

（五）第五轮多边贸易谈判

第五轮多边贸易谈判于1960年9月—1962年7月在日内瓦举行，共45个国家参加，此轮谈判仍属多边关税谈判。因为根据1958年美国《贸易协定法》而建议发动本轮谈判的是美国副国务卿狄龙，故命名为“狄龙回合”。谈判先后分两个阶段，前一阶段自1960年9月至年底，着重对第四轮谈判有关内容进行再磋商，并就1957年3月25日欧共体创立所引出的关税同盟和共同体农业政策问题与有关国家进行协商。后一阶段于1961年1月开始，就新减让项目及新加入成员的关税减让进行谈判，并因欧共体加入GATT而展开了关于总协定第24条第6款的谈判。总协定工作组检查了欧共体实施的统一对外关税法律后，决定允许欧共体由统一关税约束取代国别关税约束，任何缔约方由此而受到的不利影响，欧共体都需要给予补偿。第五轮谈判关税减让商品涉及4400多项，涉及49亿美元贸易额，使占应税进口值20%的商品平均降低关税税率20%。但农产品和某些敏感性产品的关税减让未达成减让协议。

（六）第六轮多边贸易谈判

第六轮多边贸易谈判于1964年5月—1967年6月在日内瓦举行，共54个国家参加，而实际缔约方在该轮谈判结束时达到74个。由于此轮谈判是当时美国总统肯尼迪根据1962年美国《贸易扩大法》提议举行的，故称“肯尼迪回合”。

1964年5月起，美国就开始与欧共体六国以及总协定其他成员进行削减关税谈判。美国提出有关国家各减关税50%的建议，而西欧国家认为如各减关税50%，美国关税仍高于西欧国家，因此提出“削平”方案，即高关税国家多减，低关税国家少减，以缩小双方的关税差距。这轮谈判历时三年多，1967年7月才勉强达成协议，商定从1968年起的五年内，美国工业品关税平均降低37%，而西欧各国则平均削减35%，涉及关税减让商品项目合计达60000项之多，平均降低关税35%。此轮谈判共有占世界贸易额约75%的54个国家参加，第一次涉及了非关税壁垒问题。关税与贸易总协定第六条虽然规定了反倾销和反补贴税的定义、征收这两类税种的要件和幅度，但各国为保护本国产业，滥用总协定第六条的情况时有发生。谈判制定了第一个反倾销协议，即《1967年执行总协定第六条的协定》。美国、英国、日本等21个国家签署了该协定，并于1968年7月1日生效。

缔约方数量的增加是这一时期关税与贸易总协定一个显著变化。20世纪60年代至70年代，相继独立的发展中国家纷纷加入关税与贸易总协定，要求在总协定中享受特殊的优惠待遇。1965年2月，就在“肯尼迪回合”的谈判进程中，关税与贸易总协定新增了第四部分“贸易与发展”，清晰地阐明了有关发展中国家指导本国贸易政策的总目标，要求发达缔约方对发展中缔约方承诺削减贸易壁垒，不要希望得到互惠。这一回合还开创了让波兰作为一个“中央计划经济国家”参加关税与贸易总协定多边贸易的先例。

（七）第七轮多边贸易谈判

第七轮多边贸易谈判于1973年9月至1979年4月在日内瓦举行。这轮谈判始于日本东京，故称东京回合。

肯尼迪回合多边关税贸易谈判结束后，国际贸易商品的总体关税税率水平大幅度下降，但贸易障碍并未完全消除。第一，约30%的进口产品仍不受关税减让协议的约束，特别是那些对发展中国家经济发展极为重要的工业品，其关税税率仍维持在高水平上。第二，依加工程度而不断升级的关税结构，使工业制成品的有效保护率大大高于其名义税率。第三，农产品贸易中非关税壁垒的增多使其贸易保护程度不断提高，而在第六轮多边谈判中农产品贸易又被主要发达国家排除在降税商品范围之外，使农产品出口国受益程度大为降低。第四，非关税壁垒的大量实施严重危及战后建立的多边贸易体制。因此，东京回合除了继续进行关税减让谈判外，还将减少非关税措施纳入了议题。

东京回合部长会议宣言提出了一个关税与贸易总协定有史以来范围最广泛、目标最庞大的贸易谈判安排。东京回合对非缔约方开放，有102个国家参加了谈判（含29个非缔约方）。本轮谈判在关税减让方面取得了引人注目的成果，最终关税减让和约束涉及3000多亿美元贸易额，世界上主要工业国家制成品的加权平均关税税率降为6%左右。从多边贸易体制的发展过程和加强关税与贸易总协定的职能角度看，东京回合是一个重要的转折点，起到了承上启下的作用。本轮谈判开始实行按既定公式削减关税，关税越高减让幅度越大，同时也产生了一系列只在少数缔约方生效的非关税壁垒协议（通常称为守则），它们是补贴与反补贴、贸易技术壁垒、进口许可程序、政府采购、海关估价、反倾销、牛肉、奶制品和民用航空器协议。每个守则均有单独的争端解决机制条款，对发展中国家而言，可有选择地参加相关协议或守则。

（八）第八轮多边贸易谈判

乌拉圭回合是总协定主持下的第八轮多边贸易谈判，也是总协定的最后一轮谈判。1986年9月15日在乌拉圭的埃斯特角城举行了GATT成员国部长级会议，决定进行一场旨在全面改革多边贸易体制的新一轮谈判，故命名为“乌拉圭回合”谈判。

关税与贸易总协定前七轮谈判，大大降低了各缔约方的关税，促进了国际贸易的发展。但从20世纪70年代开始，特别是进入80年代以后，以政府补贴、双边数量限制、市场瓜分和各种非关税壁垒为特征的贸易保护主义重新抬头。为了遏制贸易保护主义，避免全面的贸易战发生，美、欧、日等缔约国共同倡导发起了此次多边贸易谈判，决心制止和扭转保护主义，消除贸易扭曲现象，建立一个更加开放的、具有生命力和持久的多边贸易体制。

乌拉圭回合谈判议题包括传统的货物贸易和新议题。传统议题包括关税、非关税措施、热带产品、自然资源产品、纺织品和服装、农产品、保障条款、补贴和反补贴措施、争端解决问题等。新议题则涉及服务贸易、与贸易有关的投资措施和与贸易有关的知识产权。乌拉圭回合经过八年谈判，除建立世界贸易组织外，还取得了一系列成果。

乌拉圭回合于 1994 年 4 月 15 日在摩洛哥的马拉喀什结束，参加谈判的国家和地区从最初的 103 个，增加到 1994 年 4 月谈判结束时的 128 个。谈判的成果包括：成员方平均降税 1/3，发达国家工业制成品平均关税降为 3.6% 左右；农产品和纺织品重新回到 GATT 贸易自由化的轨道；创立了世界贸易组织并将 GATT 的基本原则延伸至服务贸易和知识产权，达成了《服务贸易总协定》和《与贸易有关的知识产权协定》；修订和完善了东京回合的许多守则并将其作为《1994 年 GATT》的组成部分。谈判结果采取一揽子方式加以接受，协议对世贸组织成员均适用。“乌拉圭回合”谈判的成功避免了全球性贸易保护主义的进一步发展。

四、GATT 的历史意义及其局限性

（一）GATT 的历史意义

GATT 有着一套极为复杂和特殊的运行方式。一是作为一套一致同意的管理国际贸易行为的多边规则，实质上也是进行国际贸易的“交通法规”；二是作为缔约方谈判和对话的场所，缓解贸易摩擦；三是作为解决缔约方之间贸易争端的国际“法院”。GATT 在国际贸易关系中所发挥的作用主要体现在以下几个方面：

1. 促进战后世界贸易的增长。GATT 所制订的一系列多边贸易规则已成为各缔约方普遍接受的共同准则，保证了国际贸易环境的相对自由、透明和稳定，极大地促进了世界贸易的发展。GATT 组织的八轮谈判，使各缔约方的进口关税水平明显下降，共达成了 4400 多项商品的关税减让，发达国家加权平均关税从 1947 年的 35% 降至 4% 左右，发展中国家的平均税率则降至 12% 左右。国际贸易规模从 1950 年的 607 亿美元增至 1995 年 43700 亿美元。它生效的 47 年历史证明，正是由于这个多边国际贸易体制的存在，不

少国家免遭贸易上的歧视待遇，享受大幅度削减关税和贸易限制的成果，大大推进了经济全球化与贸易自由化。

2. 对维护发展中国家利益起到了积极作用。随着关贸总协定发展中国家缔约方的增多，其谈判实力和话语权逐步增强，经过发展中国家的不懈努力，总协定也采取了一些促进发展中国家贸易发展的措施。如在1947年GATT条文后面增列了第四部分——贸易与发展，专门针对发展中国家贸易中的特殊优惠待遇作出规定；同时成立了贸易和发展委员会，负责执行这部分协定与发展中国家利益有关的工作。通过“解除义务”和“授权条款”为发展中国家取得普遍优惠制提供法律依据。这对维护发展中国家利益和促进其对外贸易发展起到了积极的作用。

3. 缓和了缔约方之间的贸易摩擦和矛盾。关贸总协定提供了缔约方之间解决矛盾的场所，并规定了一套调解缔约方之间争端的程序和方法。总协定适用于所有缔约方，因而一旦发生争端，用多边贸易规则取代一国的贸易法进行裁决，可以较为公正地解决纠纷。虽然总协定在处理国际经贸纠纷方面缺乏强制性手段，主要依赖于协商、调解，但GATT中存在一种特殊的制约形式，即“道德压力”。当一成员方采取损害其他国家利益，并违背GATT义务的贸易措施时，各缔约方可以集体给违约方以道德压力。道德上的压力和对被受损害方制裁的担心是GATT有效的制约方式。因此，总协定也成功地解决了多起缔约方之间的贸易纠纷。

总的看来，GATT在调节国际经济贸易关系，促进世界贸易自由化，推动世界经济发展方面发挥了巨大的作用，为后来世界贸易组织的建立打下了坚实的法律基础和组织基础。

（二）GATT的局限性

必须看到，GATT还存在着许多缺陷和不足，有待于进一步完善和发展。

1. GATT的法律基础薄弱。尽管经过几十年的发展，GATT已事实上成为一个国际组织，但它终究是根据《GATT临时适用议定书》生效的临时协议，并不是正式生效的国际公约，因此其法律效力低于国内法。

2. GATT 的许多规则不甚严谨。GATT 是各缔约方在经济贸易利益关系调整过程中妥协的产物，因此，它不可避免地包含了一系列例外措施；此外，一些成员方从自身的利益出发，利用总协定规则的不明确和漏洞，广泛采取“灰色区域”措施，侵蚀总协定的权威性。例如，GATT 允许缔约方“在不违背现行国内立法的最大限度内临时适用”规则，对于 GATT 中关于国民待遇和取消数量限制的要求，成员方往往以国内立法有不同规定为由，不完全遵守这些规则，这就大大增加了执行总协定的难度和任意性，客观上助长了缔约方对 GATT 原则和规定的违背。

3. GATT 的适用范围有限。GATT 仅管辖货物贸易，而在货物贸易中，农产品、纺织品和服装贸易长期游离于 GATT 体系之外，且不涉及服务贸易和知识产权保护规则，这与世界产业结构向服务业转变，国际服务贸易及投资的迅速发展不相匹配，也与知识产权保护的要求不适应。因此，GATT 不能适应国际经贸环境的巨大变化，尤其是经济全球化和知识经济发展的要求。

4. 在争端解决机制方面，GATT 也存在不足。首先，GATT 缺乏一个强有力的机构来实施其法律规定，解决国际贸易纷争的主要手段就是协商，因而造成解决不力，美日旷日持久的贸易战就是明证。其次，由于 GATT 在作出争端解决决策时采用的是“协商一致”原则，只要有一个缔约方不同意该决策，争端解决专家小组的报告便不能通过，从而使 GATT 的权威性和解决贸易争端的能力受到挑战。因此，GATT 很难在公正、客观基础上按自身规则就缔约方之间的贸易争端作出裁决，有贸易大国操纵或控制争端解决结果的可能性。

第二节　从 GATT 到 WTO

一、WTO 的产生

GATT 在维护国际贸易秩序、推进贸易自由化和促进国际贸易发展等方面作出了积极的贡献。但它毕竟是一项临时性国际贸易协定，其法律地位、职能范围、管辖内容以及运行机制等均存在局限性，因此随着时间的推移，其作用已经难以进一步扩展，许多缔约方便呼吁建立正式的国际贸易组织，来取代已经不适应形势发展的关贸总协定。

早在20世纪50年代后期，联合国经济和社会理事会曾经提出了在联合国主持下建立国际贸易组织的构想。60年代前期，第一届联合国贸易发展会议探讨了建立国际贸易组织的可能性。70年代至80年代期间，联合国有关机构和国际贸易学术界都一直非常关心成立国际贸易组织问题，并且提出了一系列构想，其中有两种最具代表性：一是从关贸总协定的规章制度出发，修改和制定一些对关贸总协定成员更具有约束性义务的补充条款，以便建立一个更加完善的国际经济组织；二是按照《国际贸易组织宪章》，尽可能涵盖所有的国际经济贸易问题，建立一个更具综合性的国际经济组织。

1990年初，在乌拉圭回合谈判进行中，欧共体轮职主席国意大利首先提出了建立多边贸易组织的倡议，7月9日，欧共体以12国名义正式提出。之后，瑞士和美国也分别提出自己的提案。1990年12月，在乌拉圭回合布鲁塞尔部长级会议上，贸易谈判委员会提议起草一个组织性协议，从而使建立《多边贸易组织协定》成为1992年12月的乌拉圭回合最终协议草案的一个有机部分。1993年12月15日乌拉圭回合结束时，根据美国的动议把“多边贸易组织”改名为“世界贸易组织”。WTO协议于1994年4月15日在摩洛哥的马拉喀什部长会议上与乌拉圭回合谈判达成的所有协议一并获得通过，并采取“一揽子”方式（无保留例外地加以接受），被104个参加方政府代表签署。1995年1月1日，根据《建立世界贸易组织协定》的规定，WTO正式成立。

为保证GATT向WTO的顺利过渡，在1995年，二者并存一年。从1996年1月1日起，作为准国际贸易组织的关贸总协定功成身退，但它仍然以《1994年GATT》的形式作为WTO多边货物贸易协定的重要组成部分发挥作用。WTO的建立，预示着世界多边贸易体系的脱胎换骨，它并不是原GATT的简单延续，而是另一个时代的开始。

WTO的正式成立并取代关贸总协定，并非只是名义上的变化，而是具有更为深刻的内涵和深远的历史意义，它体现了国际社会的一个共同愿望：建立一个强大的，以规则为基础的多边贸易体制，在国际经济贸易领域发挥主导作用。它标志着世界各国的经济合作共同发展进入了一个新的时代。从GATT到WTO，世界从此拥有了一套范围更广、效力更大和更为完备的多边贸易规则，这必将大大增加世界贸易的稳定性和可预见性，并为建立和巩固国际经济秩序奠定更为坚实的基础。WTO的成立推动了世界贸易的巨大增长，并为各成员带来更多的就业机会、投资机会和更高的福利水平。

二、WTO的宗旨、基本原则和例外规定

（一）WTO的宗旨

WTO作为一个崭新的多边贸易体制，在承袭GATT宗旨和原则的基础上，顺应时代发展，作了适当的补充和完善。《建立WTO协定》的宗旨是：成员方认识到在处理他们的贸易和经济事务的关系方面，应当以提高生活水平、保证充分就业、保证实际收入和有效需求的大幅度稳定增长以及扩大货物和服务的生产和贸易为目的，同时应按照可持续发展的目标，最合理地利用世界资源，寻求对环境的维护；确保发展中国家尤其是最不发达国家，在国际贸易增长中获得与其经济发展需要相应的份额；建立一个完整的、更具有活力和持久的多边贸易体制，以实现包括GATT在内乌拉圭回合多边贸易谈判的全部成果。

WTO在强调扩大货物生产与贸易的基础上，将服务贸易纳入世贸组织的法律调整范围内，这是WTO对GATT的重大发展。在可持续发展方面，WTO要求各成员促进对世界资源的最优利用、保护环境，并以符合不同经济发展水平下各成员需要的方式，加强采取各种相应的措施。把可持续发展的理念引入WTO宗旨，具有深远影响。GATT序言中对世界资源强调的是“充分利用”（full use），而WTO序言中对世界资源强调的是“最合理利用”（optimal use），这一表述更具科学性。WTO并不一味主张对资源的“充分

利用”，而是要求考虑资源利用与发展的关系、资源利用与环境保护和维护的关系、资源利用与经济发展水平的关系。WTO 提出确保发展中国家成员尤其是最不发达国家成员能获得与它们国际贸易额增长需要相适应的经济发展，并将其列为宗旨，体现了发展中国家成员在 GATT 中几十年的斗争成果，标志着国际经济新秩序正朝着更加公平合理的方向发展。

WTO 的建立，标志着一个完整的、更具有活力和持久性的多边贸易体制的诞生，它在监督、协调、管理未来世界经济秩序、贸易格局和多边贸易法律关系中，起到十分重要的作用。该体制不仅将长期游离于自由贸易体制之外的农产品和纺织品贸易纳入体系中，而且将全球贸易体制的管辖范围扩大到服务贸易、知识产权和国际投资这三个重要领域。

为了有效地实现 WTO 的宗旨，世贸组织规定各成员应通过达成互惠互利的安排，大幅度削减关税和其他贸易壁垒，取消国际贸易中的歧视性待遇，对发展中国家给予特殊和差别待遇，扩大市场准入程度及提高贸易政策和法规的透明度，以及实施通知与审议等程序，从而协调各成员间的贸易政策，共同管理全球贸易。

（二）WTO 的基本原则

WTO 的基本原则是贯穿于多边贸易规则及其全部活动过程中所应遵循的基本准则，不仅指导 WTO 的运作，也是多边贸易规则在制定、修改、补充和完善过程中所应遵循的基本准则。从某种意义上说，WTO 的基本原则是使其能够适应不断变化的形势要求并持续发展的指南，起到弥补 WTO 多边贸易规则漏洞、空白和使之协调统一的作用。

WTO 的基本原则适用于货物贸易、服务贸易和知识产权等诸多领域，贯穿于各个协议之中。构成多边贸易体制基础的原则主要包括非歧视原则、透明度原则、自由贸易原则和公平竞争原则。

1. 非歧视原则。非歧视原则是指一成员方在实施某种优惠、限制和制裁措施时，不得对其他成员方实施歧视待遇。非歧视原则是 WTO 的基石，充分体现了各国主权一律平等这一国际法准则。它要求各缔约方在无歧视的基础上进行贸易，相互给予对方以平等待遇。为确保国际经济贸易秩序的稳定性和有效性，WTO致力于通过最惠国待遇和国民待遇等规定来形成非歧视的多边国际贸易关系和体制。

WTO的最惠国待遇是无条件的和多边的。它要求每个成员在进出口规则上应该以相等的方式对待所有其他成员，不得以任何政治或经济要求为先决条件。

WTO最惠国待遇原则的例外主要有以下几种：一是GATT第20条规定的一般性例外；二是安全例外，对关系国家安全资料的公布、核裂变物质、武器军火贸易、战时和维持国际和平与安全而采取的行动，均作为例外；三是边境贸易中，为便利毗邻国家间的边境贸易，可对毗邻国家给予更多优惠，由关税同盟和自由贸易区等形式出现的区域经济安排，在这些区域内实行的优惠待遇不受最惠国待遇原则的约束；四是外汇安排的例外，成员方为实施与国际货币基金组织协定或成员方之间签订的外汇特别协定相符的外汇管制可作为例外；五是服务贸易总协定规定的最惠国待遇例外；六是与贸易有关的知识产权协定中的最惠国待遇例外。

WTO关于最惠国待遇原则的一个典型案例就是“厄瓜多尔、洪都拉斯、危地马拉和美国等诉欧盟香蕉进口与销售政策案”。1996年2月5日，以上国家向WTO争端解决机构起诉，称欧盟香蕉进口政策违反WTO有关协议。起因是欧盟1993年调整其香蕉进口政策，给予非、加、太地区（ACP国家）以更优惠的待遇，包括更低的关税和更多的免税配额，从而使拉美国家及美国的跨国公司遭受损失。1996年5月8日争端解决机构设立专家组处理这一争端，认定欧盟的香蕉进口政策及进口许可程序不符合GATT的规定，并裁定该案的履行期限为1999年1月1日（15个月）。1998年10月，欧盟调整其香蕉进口政策，决定从1999年1月1日起，从拉美地区进口香蕉的限额为220万吨，每吨征收75欧元的关税，对超出部分征收300欧元的关税；对非加太地区进口限额为85.7万吨，限额以内免税，超额部分征收100欧元关税。欧盟新的香蕉进口政策仍带有偏向性色彩，最后专家组授权美国中止履行对欧盟1.914亿美元的义务，产品涉及床上用品、羊绒衫、手袋、奶酪、饼干、蜡烛等产品，授权厄瓜多尔中止2.016亿美元的义务，范围包括GATT、GATS、TRIPS中的义务，成为非歧视原则和交叉报复的典型案例。①

国民待遇原则是WTO成员方处理本国和外国的产品、服务和投资之间关系的基本准则，是对最惠国待遇原则的补充。国民待遇是指在其他成员的产品或服务、服务提供者以及知识产权进入本国后，其所享受的待遇不低于本国产品或本国服务、服务提供者及知识产权所有人享受的待遇。和最惠国待遇原则一样，国民待遇原则的目标也是保证“市场竞争机会均等”。但是，两者有所区别，最惠国待遇要求对其他成员一视同仁，国民待遇要求的是平等地处理本国和其他成员之间的关系。对WTO来说，最惠国待遇原则是维护贸易自由化最有力的工具，实行国民待遇原则的目的在于消除政府政策对国外产品和服务等带来的不利影响。

有关国民待遇原则的例外包括：一是一般例外和国家安全例外；二是在服务贸易总协定中，国民待遇是成员方经谈判而承担的具体义务，不是必须遵守的一般义务，成员方谈判承担义务时可以在其承诺表中列出不给予国民待遇的条件。三是与贸易有关的知识产权协定中的国民待遇的例外。

1995年1月，世界贸易组织成立后受理的第一起贸易争端就是关于国民待遇原则的。争端的起因是，1993年，美国环保署根据国会1990年《清洁空气法》修正案制定的“汽油规则”，要求自1995年1月1日起在美国销售的汽油必须符合新的清洁度标准。在美国污染严重地区只允许销售法定清洁汽油（精炼汽油），在其余地区销售的常规汽油不得低于1990年所售汽油的清洁度。关于1990年清洁度标准的确定，分为两种情况：营业满6个月以上的国内供应商可自行确定本企业的标准，而国外供应商和营业不足6个月的国内供应商必须执行法定标准。美国的这一政策公布后，遭到了作为美国重要的国外汽油供应国委内瑞拉的反对，认

① 鲍志才：《世界贸易组织经典案例》，四川辞书出版社，2003年12月版，第19页。

为该政策违反了世界贸易组织的规则，严重损害了委内瑞拉的经济利益。于是，委内瑞拉便将美国诉讼至WTO争端解决机构。随后不久，巴西也加入了对美国的申诉。这便是所谓的“WTO第一案”。①

在此案中，美国显然违反了世界贸易组织的国民待遇原则。它在实施新汽油政策时对进口汽油的化学性能规定了比国产汽油更严格的标准，构成了对国外汽油供应商的歧视。于是，WTO争端解决机构裁定美国的汽油政策违反了国民待遇原则，要求美国修改汽油政策，使其与世界贸易组织的规则相一致。美国于1997年8月19日签署了新的汽油政策，“WTO第一案”也最终得到了圆满解决。

2. 透明度原则。为保障国际贸易环境的稳定性和可预见性，WTO除了要求各成员按照有关市场开放的具体承诺进行约束外，还要求其成员所制定和实施的贸易规章尽可能透明。透明度原则是指WTO成员应公布其所制定和实施的与贸易有关的法律、法规、政策和做法以及有关的变化情况（如修订、增补或废除等），没有公布的不得实施，同时，还应将这些法律法规、政策和做法以及有关的变化情况通知WTO。WTO成员所参加的影响国际贸易政策的有关国际协议也在公布和通知之列。

作为一个法律制度，透明度的主要法律功能是规定成员方政府的公布和通知义务，以便WTO和各成员方的监督。实行透明度制度的目的，是防止成员方之间进行不公开的、与WTO各协定不相适应的贸易管理，从而形成贸易歧视和壁垒。透明度原则的核心条文是《1994年GATT》第10条“贸易条例的公布和实施”。WTO要求的透明度是有一定范围的，允许各成员对某些机密不予公开，如为了正当的商业利益的机密资料，内部掌握的国家机密等。

3. 互惠原则。WTO管理的协议是以权利与义务的综合平衡为原则的，这种平衡是通过互惠互利的开放市场的承诺而实现的。互

---

① 鲍志才：《世界贸易组织经典案例》，四川辞书出版社，2003年12月版，第55页。

惠互利是多边贸易谈判中应坚持的基本原则。

互惠是指两国或多国之间在贸易利益或特权方面的相互或相应让与。互惠原则指一缔约方应给予对方对等的补偿，以换取其所实施的某项优惠待遇。该原则与最惠国待遇原则的结合实施，可以避免成员方由双边互惠而导致的差别待遇。这种互惠包括关税、运输、非关税壁垒的削减和知识产权保护等。

互惠原则的例外规定主要是关于发展中国家的。发展中国家占了 WTO 成员中的绝大部分，它们对传统的互惠原则提出了异议，认为“地位不平等的国家之间的平等本身就是不平等”。经过发展中国家的努力，东京回合指出：“发达国家对其承担的对发展中国家的贸易减免关税和其他贸易壁垒的义务不能希望得到互惠，即发达国家不要求发展中国家在贸易谈判过程中做出与其本身发展、财政和贸易不相称的贡献。”

4. 贸易自由化原则。贸易自由化原则，就是限制和取消一切妨碍和阻止国际间贸易开展与进行的所有障碍，包括法律、法规、政策和措施等。

WTO 的宗旨是推动贸易自由化，实现这一宗旨的手段是通过谈判削减各种贸易障碍和歧视性待遇，WTO 的各项协议及其主持的多边贸易谈判都体现了这一基本原则。这些贸易障碍不仅是指进口关税，还包括各种数量限制、政府的某些限制进口的规定及汇率政策等方面的限制措施。这就要求成员方根据 WTO 的要求对本国贸易政策进行调整，但允许各国以渐进方式实现贸易自由化，发展中国家为实现这一目的可能需要相对较长时间。

WTO 的贸易自由化原则是通过关税减让、取消非关税壁垒等措施实现的。

关税是一国政府对进口货物所征收的税项。它是各国增加财政收入、保护国内市场、调整进出口商品结构的重要手段。尽管自由贸易提倡废除所有妨碍自由竞争的做法，但鉴于关税是以使用价格机制为特征的贸易政策工具，透明度高且易衡量，因此，WTO 允许使用关税保护国内市场，但要求关税水平要逐渐下降，通过谈判降低的关税水平原则上不应再提高。乌拉圭回合谈判成果之一就是长达22500页的各国关于具体产品和服务的减让表，各方在减让表中都列明了各自承诺的关税减让的商品目录清单、减让幅度以及时间安排，且各方的关税减让必须遵循“维持原状、逐步退回”的原则。

消除非关税壁垒是WTO实现自由贸易的重要方式之一。所谓非关税贸易壁垒是指一个国家采取的除关税以外的各种贸易保护措施，主要有进出口许可证、进口配额制、外汇管制、进出口国家垄断、海关估价、苛刻的卫生动植物检验标准、安全、质量标准、严格的包装装潢要求、进出口商品的国内销售限制等。因此，在WTO的有关协议中，减少和消除非关税壁垒成为推动自由贸易的重要举措。

5. 公平竞争原则

公平贸易原则是指缔约方之间在进行国际贸易交往时，不得采取不公平手段进行国际贸易竞争或扭曲国际贸易竞争。公平竞争对市场经济的发展具有重要的作用，它可以使社会资源得到合理的配置，并最终为消费者和全社会带来福利。公平竞争原则尤其要求不能采取倾销和补贴的方式在它国销售产品。

在国际贸易中，一些国家为了保护本国的产业和市场，采取一些不公平的限制进口和鼓励出口的措施；一些从事贸易的企业采取低价倾销等手段，获取不正当的利益，这些行为对正常的贸易活动产生了不利的影响。因此，WTO在倡导自由贸易的同时，始终注意对公平竞争的维护。为防止补贴和倾销，WTO授权成员方可采取适当措施加以抵制。当倾销或补贴产品大量进入本国市场，对本国同类产业造成实质损害或实质损害威胁，且二者间存在因果关系时，受损害的成员方可采取反倾销、反补贴或保障措施以保护国内市场或国内生产者。

三、WTO的机构、职能及决策程序

（一）WTO的机构

世界贸易组织总部设在瑞士日内瓦，其机构在关贸总协定秘书处的基础上进行了改革和扩充。根据《建立世界贸易组织协议》

的规定，WTO主要由下列机构组成：

1. 部长会议（Ministerial conference）。部长级会议是WTO的最高权力机构，由所有成员方主管对外经济与贸易的部级、副部级官员或其全权代表组成。部长会议至少每两年举行一次，负责履行WTO职能并据此采取行动，也有权对多边贸易协议下的所有事项作出决定。部长级会议具有广泛的权力，主要包括：立法权、准司法权、豁免某个成员在特定情况下的义务和批准非WTO成员所提出的取得世贸组织观察员资格的申请。

2. 总理事会（General council）。总理事会是世贸组织的常设机构，负责世贸组织的日常工作。在部长级会议休会期间，由总理事会代理行使其权力。总理事会由世贸组织的全体成员的代表组成，定期召开会议。总理事会下设争端解决机构、贸易政策审议机构和其他附属机构，如理事会等。总理事会还执行其他多边贸易协议所授予的职能，如根据《争端解决谅解协议》的规定执行争端解决机构的职能，根据《贸易政策审议机制》的规定执行贸易政策审议的职责等。总理事会可视情况需要随时召开会议，自行拟订议事规则及议程。

3. 理事会（Council）。理事会是总理事会的下设机构，各理事会向所有成员代表开放。理事会可视情况自行拟订议事规则，经总理事会批准后执行。每个理事会每年至少举行8次会议。在总理事会领导下设：

货物贸易理事会，负责《1994年GATT》及其他货物贸易协议相关事宜；服务贸易理事会，负责监督执行《服务贸易总协定》及分部门协议有关事宜；知识产权理事会，负责监督执行《与贸易有关的知识产权协定》，以及其他应履行的职责。

4. 专门委员会。部长会议下设立专门委员会，以处理特定的贸易及其他有关事宜。已设立贸易与发展委员会、国际收支限制委员会、贸易与环境委员会和预算、财务与行政委员会等多个专门委员会。他们履行WTO协定以及多边贸易协定和总理事会赋予的职能。所有成员方代表都有权参加上述委员会，在各委员会下，还设立各种专门机构处理各种事务。

5. 秘书处。秘书处是世贸组织的日常办事机构，由部长级会议任命总干事领导，总干事由部长会议选定，并明确其权力、职责、服务条件及任期规则，秘书处工作人员由总干事指派，并按部长会议通过的规则决定他们的职责和服务条件。

（二）WTO的职能

WTO的职能主要包括：

1. 促进WTO多边贸易协定的执行、运作和管理。WTO最主要的职能是“负责协定和多边贸易协定的实施、管理和运作，并促进其目标的实现，还应为诸边贸易协定提供实施、管理和运用的体制”。也就是说，WTO应积极采取各种措施努力实现其管辖的各项协定、协议的目标，包括对其所辖诸边贸易协议，如《政府采购协议》、《民用航空器贸易协议》等为执行管理和运作提供组织保障。

2. 组织多边贸易谈判。WTO为其成员提供处理各种协定、协议有关事务的谈判场所，并为成员方就它们多边贸易关系的进一步谈判提供场所，并提供实施此类谈判结果的体制。

3. 贸易争端的解决职能。WTO管理《关于争端解决规则与程序的谅解》，协调解决成员之间在货物贸易、服务贸易和知识产权领域出现的贸易纠纷与争端。

4. 贸易政策的评审职能。WTO管理《贸易政策审议机制》，审议各成员的贸易政策，主要对各个成员的全部贸易政策和做法及其对多边贸易体制运行的影响进行定期评审，其目的在于促进所有成员遵守根据多边贸易协定及诸边贸易协定的规则、纪律和承诺，增加贸易政策的透明度。

5. 与其他国际组织进行合作。为了促进全球经济决策的一致性，WTO将以适当的方式与负责货币和金融事务的国际组织如国际货币基金组织和世界银行及其附属机构进行合作，以更好地协调制定全球经济政策，保证国际经济政策作为一个整体和谐地发挥作用。

（三）WTO的表决机制

1. 协商一致原则。WTO继续实行1947年关贸总协定合意决策的做法。合意的含义是“在作出决定的会议上，如果任何一个与会的成员对拟通过的决议不正式提出反对”就算达成合意。协商一致原则是成员方对提交表决的建议的一般合意，是成员方尽各种努力不经投票达成的相互妥协及合解。尽管各成员方事实上缺少否决权，协商一致原则对较小的国家是有利的，加强了他们的谈判力量；但也增强了这个体制的保守倾向，因为一项要求改变体制的议案只有在连极少数反对意见都不存在的情况下才能被接受。①

2. 简单多数原则。协商一致原则是 WTO 决策的一项基本原则，但并不是唯一的决策程序，其为一国否决权提供了可能。如通过合意未达成决定时，则将以投票表决。在部长会议和总理事会上，WTO 成员均有投票权，通常以多数票通过决定，除非“另有规定”。但一些重大事项的决定在《建立世界贸易组织协定》中都规定了特殊投票规则，因而简单多数规则在实际运用中作用极其有限。

3. 2/3 多数原则。这一规则是指当 WTO 的决定不能以协商一致方式通过时，应以成员方代表 2/3 多数通过。例如部长会议对《建立 WTO 协定》附件一中，多边贸易协定修改建议的接受和接受申请方加入 WTO 的表决等。

4. 3/4 多数规则。该规则是 WTO 对某些涉及成员方权利与义务或重大事项作出决策的规则。主要是对 WTO 多边贸易协定的条文解释、修改和义务的豁免进行决策时采用的表决方式。

5. 一致接受原则。一致接受原则不仅指 WTO 作出某项决定时没有任何成员方表示正式反对，而且所有成员方都应该明确表示同意。这一规则的目的是限制对 WTO 最基本原则作出修改，例如对 WTO 的决策机制、最惠国待遇与关税减让原则的修改必须所有成员方一致接受。

---

① 参见伯纳德·霍克曼，迈克尔·考斯泰基著，刘平，洪晓东等译《世界贸易体制的政治经济学——从 GATT 到 WTO》，法律出版社，1999 年 1 月版，第 34 页。

6. 反向一致原则。反向一致原则即以协商一致方式作出否定的表示。该规则主要是用于WTO争端解决机构的决策。根据《关于争端解决规则与程序的谅解协定》第6条第4款的规定，“争端解决在讨论、通过专家小组（上诉机构）报告时，除非争端解决机构以协商一致方式不通过此报告外，否则该报告应予通过”。

谋求成员方的主权平等与国际组织有效运转之间的合理平衡，是国际组织决策程序的基本原则和基本目标。协商一致与投票表决各有所长、各有利弊，为了发挥两者之长，国际组织一直在不懈地探索，而世贸组织决策程序就是这种不懈探索的集大成者。WTO决策程序不仅实现了“投票表决与协商一致规则”的制度化、成文化和法律化，而且还创立了协商一致规则的新的运行程序即反向一致规则。争端解决机构决策中的反向一致规则使得对争端的裁决几乎是自动通过的，从而加强了WTO对贸易争端解决的司法性质。WTO的决策机制对国际组织决策机制的发展具有重大影响。但值得注意的是，从WTO成立后决策的运作实践来看，WTO表决机制基本上是理论上的，在实践中没有使用过。实际上WTO在1995年成立时就确定对于新成员加入和义务豁免的问题上必须协商一致。①

四、WTO与GATT的关系

WTO与GATT有着内在的历史继承性。WTO继承了GATT的合理内核，包括其宗旨、职能、基本原则及规则等。GATT本身是WTO管辖的《1994年GATT》的重要组成部分，仍然是规范各成员间货物贸易关系的基本准则。

WTO与GATT的区别主要表现在：

从机构性质来看，WTO是具有国际法人资格的永久性组织，是根据《维也纳条约法公约》正式批准生效并成立的国际组织。

① 曹建民，贺小勇：《世界贸易组织》，法律出版社2004年版，第340页。

而 GATT 仅是“临时适用”的协定。

从管辖范围来看，WTO 管辖范围广泛。GATT 产生于货物贸易占绝对优势的 20 世纪 40 年代末，加之建立国际贸易组织的《哈瓦那宪章》未能生效，GATT 仅管辖货物贸易，并且在实施中农产品贸易和纺织品、服装贸易先后又脱离其管辖。所以，GATT 管辖的仅是部分货物贸易。相反，世界贸易组织的管辖范围十分宽泛，《1994 年 GATT》对《1947 年 GATT》作了补充和完善，把所有的货物贸易纳入管辖范围之内；《服务贸易总协定》及其分部门协定管辖服务业的国际交换；《与贸易有关的知识产权协定》对各成员与贸易有关的知识产权保护提出了基本要求；《与贸易有关的投资措施协定》第一次将与货物贸易有关的投资措施纳入多边贸易体制的管辖范围。WTO 还努力通过加强贸易与环境保护的政策对话，强化各成员方在经济发展中的环境保护和资源的合理利用。

从义务承担来看，WTO 成员承担义务具有统一性。成员方不分大小，对其所管辖的多边协定以“一揽子”方式接受，不能选择性地参加某一个或某几个协定，不能对其管辖的协定提出保留。但是，GATT 的许多协定，往往是以签字方式加入，缔约方可以接受，也可以不接受。

从争端解决来看，GATT 的争端解决机制遵循协商一致的原则，对争端解决程序没有硬性规定时间表。WTO 的争端解决机制，采用反向协商一致的原则，裁决具有自动执行的效力，同时明确了争端解决和裁决实施的时间表。因此，WTO 争端裁决的实施更容易得到保证，争端解决机制的效率更高。

第三节　WTO 的基本法律框架

WTO 是根据《建立世界贸易组织协定》来运作的。协定包括世界贸易组织的建立、范围、职能、机构同其他组织的关系及机构条款和参加、退出等程序性规定。

有关调整多边贸易关系和贸易争端解决等实质性问题的规则体

现在4个附件中：附件1构成了WTO实体法的主要内容，包括规范多边货物贸易制度的规则，《服务贸易总协定》及附件，《与贸易有关的知识产权协定》。附件2《关于争端解决规则与程序的谅解》和附件3《贸易政策审议机制》属于多边贸易体制运行的程序性规则。此外，协定的附件4是四个诸边协议，即《民用航空器贸易协定》、《政府采购协定》、《国际奶制品协定》、《国际牛肉协定》，成员方可选择性接受。

一、WTO 的实体法

（一）WTO 规范货物贸易的规则

1.《1994 年 GATT》

《1994 年 GATT》的法律规范主要由四个部分构成，一是1947年日内瓦通过的《1947 年 GATT》；二是WTO生效前GATT的其他法律文件，包括缔约方关税减让议定书、加入议定书、缔约方全体作出的其他决定等；三是乌拉圭回合谈判对《1947 年 GATT》条款修改达成的谅解；四是《1994 年 GATT 马拉喀什议定书》。

《1994 年 GATT》对《1947 年 GATT》进行了一些修正。

第一，关于性质的修正。由于历史原因，《1947 年 GATT》只是一个“临时适用”的协定，缔约方可以通过“祖父条款”保留国内法律的适用。而《1994 年 GATT》是世界贸易组织法律框架的重要组成部分，并非临时适用协议。当成员方的国内法规与总协定的规定不一致时，应适用总协定的规定，修改国内的法规，但通常有一个修改的过渡期。《1994 年 GATT》彻底解决了遗留半个世纪的“祖父条款”问题。

第二，关于称谓的修正。《1994 年 GATT》对《1947 年 GATT》的名称及其中的若干概念作了修正。根据解释性说明a项的说明，修正内容见表1-1①：

---

① 参见王文先、王孝松主编：《WTO 规则与案例》，清华大学出版社2007年版，第39页。

表 1-1

1947 年 GATT	1994 年 GATT
缔约方	成员
欠发达缔约方	发展中国家成员
发达缔约方	发达国家成员
执行秘书	总干事
缔约方联合行动	世界贸易组织

第三，关于条款内容的修正。《1994 年 GATT》通过解释的谅解方式对《1947 年 GATT》的六个条款作了修正或补充：

①关于第 2 条第 1 款（b）项（减让表）的谅解。为了保证 GATT 第 2 条第 1 款（b）项所规定的透明度原则，对有关对成员方除关税以外所征收的其他任何税费，都要载入《1994 年 GATT》成员方的关税减让表中，而且不能超过《1994 年 GATT 马拉喀什议定书》所规定日期的水平。这一规定既增加了各成员方边境保护的透明度，又减少了今后这些税费增加的可能性。

②关于第 17 条（国营贸易企业）的谅解。它是关于国营贸易企业的定义及其活动的透明度和有关活动的审议与监督等规定，对国营贸易企业定义为："被授予包括法定的和宪法规定的权利在内的专营权或特殊的权利或特权的政府和非政府企业，其中包括销售局。这些企业行使这些权利时通过其购买或销售影响进出口的水平或流向。"谅解加强了国营贸易企业及其活动情况的通报要求。

③关于国际收支保障条款的谅解。谅解所指的国际收支保障条款系指第 12 条（为保障国际收支而实施的限制），第 18 条（政府对经济发展的援助）第 2 款和 1979 年关于国际收支的宣言。总的精神是加强使用国际收支保障措施的纪律。它要求实施国际收支限制要尽快公布取消限制的时间表；实施国际收支限制要采取价格措施，如使用进口附加税和进口押金制度等；除非出现紧急情况，价格措施无法制止急剧恶化的国际收支状况而必须采用数量限制措施时，也应尽量避免实施新的数量限制措施；实施国际收支限制要说

明理由并负举证责任，并明确拟限制的产品及这种限制的标准。此外，该解还对国际收支限制委员会的工作程序作了一系列严格的规定。

④关于第 24 条的谅解。谅解加强了建立关税同盟、自由贸易区的纪律。关税同盟和自由贸易区在组成或扩大时，成员方应在最大可能程度上避免对其他成员方的贸易造成不利的影响；澄清达成有关补偿性协定应遵循的程序；对建立关税同盟和自由贸易区的通知进行审议；参加减税同盟和自由贸易区的成员方，应定期向 WTO 报告有关协定的执行情况。

⑤关于《1994 年 GATT》豁免义务的谅解。规定凡在《建立 WTO 的协定》生效之日仍然有效的豁免，都应在 1997 年内终止，除非根据新规则进行延期；对缔约成员申请义务的豁免或豁免义务的延长等都应说明其拟采取的措施，其所追求的具体政策目标及不能采取符合《1994 年 GATT》义务的措施的原因，豁免的终止期限等；部分成员的义务豁免而使其他成员认为其在《1994 年 GATT》项下的利益正在丧失或受到减损，可以援用争端解决规则和程序及 GATT 的第 23 条规定进行解决。

⑥关于解释《1994 年 GATT》第 28 条的谅解。该谅解规定了修改和撤回约束关税并予以补偿的原则。主要考虑中小成员方在某些产品出口中占有较高的出口份额，修改或撤回约束关税对其具有较大影响，因此，在谈判权上应通过个别程序安排保护其应享受的权利。若受影响的产品出口占某一成员方出口的第一位，则该成员方应具有主要供应利益，在谈判中应给予最初谈判权的地位。

2. 规范特定商品的多边货物贸易协定

(1)《农业协定》

GATT 最初是适用于农产品贸易的，但由于允许用关税和非关税措施对农业及农产品贸易进行保护，使得农产品贸易领域中诸如差价税、进口配额、生产补贴、出口补贴等措施普遍存在，严重地扰乱了农产品贸易的正常秩序。在乌拉圭回合多边贸易谈判中，经过多方努力，达成了《农业协定》，使长期游离于贸易自由化进程之外的农产品第一次纳入多边货物贸易规则之中。该协定要求成员方将非关税措施关税化，并逐步削减关税率、国内支持措施以及出口补贴，这为农产品贸易纳入多边贸易体制迈出了坚实的一步。

(2)《纺织品与服装协定》

在WTO建立之前，纺织品、服装贸易一直游离于GATT规则之外，置于《多种纤维协定》的管辖之下，允许纺织品和服装的主要进口国通过配额等数量限制措施维护"竞争秩序"。乌拉圭回合达成的《纺织品与服装协定》明确规定了纺织品与服装贸易通过十年期回归总协定体制的进程。

3. 规范非关税壁垒的多边货物贸易协定

(1)《海关估价协定》

海关估价是一国（或地区）海关管理机构出于征税目的而对进口商品进行估价，以确定其完税价格。为了避免使海关估价成为限制商品进口的非关税壁垒，或进口商低报商品进口价避税，乌拉圭回合顺利达成了《关于实施1994年关贸总协定第七条的协定》，又称《海关估价协定》。该协定对海关估价的原则、性质以及估价的方法做了详细的规定。

(2)《装运前检验协定》

装运前检验是指进口国政府机构或其授权的机构或其委托的独立第三方检验机构，根据法律的规定或合同的约定，在出口所在地的关境对有关进口货物的数量、质量、价格、货币兑换率、货物关税税则分类等情况进行核实检查等活动。如果某一政府对某些货物的装运前检验规定极其复杂的手续，拖延检验的时间或对检验对象实行歧视性待遇，结果会限制货物的进口，阻碍国际贸易的发展。发达国家和发展中国家由于各自情况不同，制定的检验标准和程序差别较大，对货物的检验结果往往也会有不同的理解和解释标准。为了解决这些问题，乌拉圭回合达成了《装运前检验协定》，对进出口成员方的装运前检验制度进行了规范。

(3)《进口许可程序协定》

《1947年GATT》原则上规定禁止或取消进口许可证，但考虑到缔约方经济发展水平的差异，规定了一些例外，结果使进口许可程序往往成为一种阻碍贸易发展的非关税措施。为了进一步规范进口许可程序，乌拉圭回合达成了《进口许可程序协定》，对进口许可程度的实施作了详细规定。

(4)《原产地规则协定》

WTO 的《原产地规则协定》是有史以来第一个关于原产地规则的多边协定。协定的核心是确保原产地规则不会抵消或削减各成员方在 WTO 中所享有的权利。原产地规则的制定和实施应遵循可预见性、客观性、无歧视性和连续性原则，并确保原产地规则不会成为贸易的障碍。

(5)《贸易技术壁垒协定》

《贸易技术壁垒协定》是在东京回合达成的协议基础上进一步修改、完善而成。该协定鼓励各成员方采用国际标准和认证制度，要求各成员方采取的技术法规及标准不致给国际贸易造成不必要的障碍。协议承认各成员方有权为保证其进口产品的质量，为保护人类、动植物生命和健康、保护环境，防止欺诈行为而采取技术标准措施，但这些措施的实施不能在不同成员方之间形成歧视，限制国际贸易的发展。

(6)《实施卫生与动植物检疫措施协定》

在 GATT 中，卫生与动植物检疫措施是作为一般性例外体现在第 20 条中，即要求各成员方为了保护人类和动植物的生命与健康，可以对进口产品实施必要的卫生检疫措施。乌拉圭回合则在此基础上以单独文件的形式，通过了《实施卫生与动植物检疫措施协定》，协议适用于所有可能直接或间接影响国际贸易的卫生与动植物检疫措施。协议要求各成员方实施的卫生与动植物检疫措施必须有科学的依据，不对国际贸易构成歧视，并履行透明度义务。

4. 促进公平贸易的多边货物贸易协定

(1)《反倾销协定》

《反倾销协定》全称为《关于履行 1994 年关贸总协定第 6 条的协定》，它是在《1947 年 GATT》第 6 条，以及肯尼迪回合达成的反倾销协议基础上，后经东京回合和乌拉圭回合的修改而形成。该协议规范了倾销和进口国国内产业遭受实质损害的确定方法、反倾销调查的程序以及允许使用的反倾销措施等。

(2)《补贴与反补贴协定》

补贴是各国政府为支持国内某些产业部门的发展而提供的财政资助或其他形式的收入或价格支持措施。补贴与反补贴措施，长期以来一直是国际贸易政策领域关注的焦点。为了协调各国的补贴与反补贴措施，防止其对国际贸易造成扭曲与损害，《1947 年 GATT》在第 6 条、第 16 条和第 23 条对有关补贴与反补贴的问题作了规定，东京回合进一步达成了《关于实施关贸总协定第 6 条、第 16 条和第 23 条的协定》，乌拉圭回合则在此基础上通过了新的《补贴与反补贴协定》。该协定对补贴的定义，反补贴措施的实施作了详细规定。

(3)《保障措施协定》

保障措施是当某种产品的进口急剧增加并对进口国国内产业造成损害时，一国可以采取的撤回或修改减让的措施。《1947 年 GATT》第 19 条是保障措施的核心与基础，但其规定过于笼统，对许多重要概念缺乏明确的界定，因而实践中容易导致成员方的滥用，在其适用中也容易产生争议，乌拉圭回合达成的《保障措施协定》进一步澄清和加强了保障措施规则，明确规定了适用保障措施的条件与程序，并对发展中国家成员方实施保障措施给予了一定的优惠待遇。

5.《与贸易有关的投资措施协议》

《与贸易有关的投资措施协议》是乌拉圭回合达成的新协议之一，也是国际社会制定和实施的第一个与国际直接投资有关的多边货物贸易规则。协议要求成员方采用的与贸易有关的投资措施不得违反国民待遇和关于一般取消数量限制的义务，并指出禁止使用当地含量要求、贸易平衡要求、限制进口、外汇平衡与限制出口五种投资措施。发展中国家对协议的履行可以延长过渡期。

(二) WTO 关于服务贸易的规则

随着服务贸易在国际贸易中所占比重的日益增加，发达国家强烈要求将服务贸易也纳入贸易自由化的轨道，经过长期的磋商、妥协，乌拉圭回合最终达成了《服务贸易总协定》(GATS) 作为一揽子协议的组成部分，对所有的成员方生效。《服务贸易总协定》将成员方应遵守的一般义务和具体义务分别进行了规范，前者适用于所有服务部门，后者则是成员方通过谈判承诺开放的服务部门在市场准入和国民待遇方面所应承担的义务。

乌拉圭回合结束后，WTO成员方还在若干服务领域进行了谈判，达成了一些具体服务贸易部门的协议，形成了自然人流动、空运服务、金融服务、海运服务和电信服务等附件。此外，在《服务贸易总协定》和部长会议确定的原则基础上，各成员方在乌拉圭回合谈判结束后，继续进行了各具体部门开放市场的谈判，形成了一些谈判成果。它们在推动服务贸易自由化进程中的作用是不可忽视的，也是服务贸易自由化规则的重要组成部分。

（三）WTO关于知识产权保护的规则

知识产权与国际贸易关系密切。尽管国际社会对知识产权保护已经形成国际知识产权组织和一系列国际公约，但其实施结果并不令人满意。以美国为首的发达国家，希望将知识产权的保护引入关贸总协定的体制中来，经过艰苦的谈判，终于达成《与贸易有关的知识产权协定》(TRIPs)，使得WTO的管辖范围进一步拓宽。协议将最惠国待遇原则和国民待遇原则运用于知识产权保护领域，并对版权及邻接权、商标、地理标志、工业品外观设计、专利、集成电路布图设计和未披露信息七类知识产权规定了最低保护标准，并要求成员方提供有效的保护知识产权的法律程序和救济措施。

二、WTO的程序法

WTO通过贸易政策审议机制和争端解决机制来敦促成员方遵守实体法的规范。贸易政策审议机制是WTO的一种制度化的监督机制，在WTO的运行过程中，贸易政策审议机制常常需要与争端解决机制相互配合。因为贸易政策审议的结果并不具有法律约束力，而争端解决机制则恰好弥补了这一缺陷。贸易政策审议机制监督作用的经常性和全面性是争端解决机制所无法比拟的，但贸易政策审议的非法律约束性又需要争端解决机制的支持。两者中一个是“软约束”，一个是“硬约束”，成为监督WTO多边贸易体制有效运转和实施的两个车轮。①

（一）WTO的贸易政策审议机制

WTO的贸易政策审议机制（Trade Policy Review Mechanism, TPRM）建立在1979年东京回合谈判达成的《关于通知、磋商、争端解决和监督问题的谅解》的基础上。贸易政策审议机制是指，世贸组织成员以集体方式对各成员方的贸易政策及其对多边贸易体制的影响，定期进行全面审议并提出相应建议的机制。贸易政策审议机制是WTO在总结GATT40多年运作经验教训的基础上，为更好地实施WTO各协定，促进多边贸易体制更加平稳运行而进行的一次积极尝试，是一个系统评价成员方贸易政策，避免贸易争端的预防机制。贸易政策审议机构建立的宗旨就在于通过加强每个WTO成员贸易体制的国内和国际透明度，来建立与运行更平稳的多边贸易体制。

1. 贸易政策审议机制的主要内容

（1）审议周期。贸易政策审议周期取决于各成员在世界贸易中的地位。份额最大的4个成员方（美国、欧盟、日本、加拿大）每两年接受一次审议；紧随其后的16个成员方每4年审议一次；其余成员方每6年审议一次；最不发达成员的审议间隔时间更长。同时，当某一成员方的贸易政策和实践发生重大变化并可能对其贸易伙伴产生严重影响时，贸易政策审议机构与该成员方磋商后，可提前对其进行政策审议。

（2）审议报告。贸易政策审议建立在两份报告的基础上。一份是WTO秘书处独立完成的详细报告，一份是接受审议成员提交的政府报告。秘书处的审议报告包括“观察总结”和四章内容：经济环境；贸易和投资政策制定的体制因素；各种直接影响货物和服务的进出口、生产和贸易的贸易政策和措施；部门的贸易政策和措施等。

通常接受审议方的政府报告内容包括三个部分：一是贸易政策

① 参见赵维田：《世贸组织的法律制度》，吉林人民出版社2001年版，第137页。

和实践，包括贸易政策目标、进出口体制、贸易政策法规框架与贸易政策的实施；二是对外贸易政策实施的背景，包括广泛的经济与发展需要、外部环境等；三是贸易与宏观统计资料。国别报告的范围涉及货物贸易、服务贸易、与贸易有关的投资措施和知识产权等领域。在两次审议中间，若某一成员方的贸易政策发生重大变动，必须及时向贸易政策审议机构提供简要报告。此外，每一成员方还必须按照统一格式提供最新年度统计数据。不发达成员可在其提交的贸易政策报告中详细说明其所面临的困难，以便贸易政策审议机构在审议中予以特别考虑。

(3) 审议程序。贸易政策审议分为五个阶段。一是磋商，贸易政策审议机构与接受审议的成员磋商，以确定审议方案；二是报告的制定，在上述磋商的基础上，接受审议的成员必须提交关于其贸易政策和实践的详细报告，同时，WTO 秘书处亦根据现有的有关资料以及其他成员方提供的信息起草一份报告。在此过程中秘书处可要求有关成员对其贸易政策和实践加以澄清；三是报告的完成和上交，接受审议的成员向贸易政策审议机构提交政府报告，秘书处提交秘书处报告；四是召开审议会议，审议上述两份报告，在与接受审议的成员方磋商后，贸易政策审议机构可以选择讨论的参与者，任何与接受审议的成员有利害关系的成员方均可对该成员方的贸易政策和实践发表自己的意见；五是审议资料汇总出版，审议结束后，WTO 秘书处负责将成员方提交的报告、秘书处的报告以及贸易政策审议机构会议记录概要三份文件汇总并印刷出版。

尽管贸易政策审议机构尚有许多不尽人意之处，但它强化了多边贸易体制的透明度原则，加强了多边贸易体制的监督作用，有利于贸易政策改革的实践，有助于成员间和成员内部的沟通与合作，促进了 WTO 成员更好地融入经济一体化进程。

2. 贸易政策审议机制简评

贸易政策审议机制对多边贸易体制作出了重要的贡献。作为一种论坛式的监督机制，实现了对各成员贸易政策监督的经常化和制度化，通过审议可以促使成员方作出使其国内政策与 WTO 规则相一致的努力，对多边贸易体制具有重要的价值。贸易政策审议机制的目的是为了提高透明度，增强人们对各国贸易政策的理解程度，并全面评价各国贸易政策为世界贸易体系带来的影响。将此机制看作是对一成员国政策的建设性反馈是恰当的，也正是这样一种重要的法律关联，促使机制在对成员贸易做法的审议过程中，积极推动成员自我检查，并了解其他成员乃至整个国际贸易规则体系的发展趋势。①

第一，贸易政策审议机制是 WTO 全体成员方对被审议方贸易政策的各方面进行评审的唯一场所。它不仅使其他成员方能够了解接受审议成员方的贸易政策和做法，而且对成员方的贸易政策和做法从经济角度予以分析和公开讨论，使得其他成员方对接受审议成员方的贸易政策和做法及其对多边贸易体制的影响能有更加深入、透彻的认识。

第二，贸易政策审议机制能有力促进各成员方遵守 WTO 的规则。因为在审议中所显示出来的与 WTO 宗旨、基本原则和规则不相符的做法，在客观上会对接受审议的成员方构成一种压力，促使其纠正非法和不当行为。

第三，在双边或多边的贸易谈判中，各成员方可以引用审议中的有关事实、资料和评论作为佐证。审议中审查出来的问题还可能会导致或促使一些成员方将有关问题或争端提交争端解决机构去解决。

第四，审议不仅审查规则范围以内的行为，而且审查规则范围以外的行为。这种广泛的审议方式比较容易发现国际贸易活动中出现的新问题，这对于多边贸易体制的健康发展和不断完善具有积极的促进作用。

但贸易政策审议机制在具体的审议程序及实际运作方面也存在不足。

一是审议程序过于注重细节，不能给予政策方向以充分的注意。实践中，一些成员方的贸易政策本身可能符合 WTO 的要求，

---

① 参见谢眒：《WTO 贸易政策审议机制的特征与实践效果的法律关联研究》，载《世界贸易组织动态与研究》2009 年第 3 期。

但是这些政策的具体实施过程往往会出现一定的偏向。因此，保持政策方向与实施细节之间的一致性，将是贸易政策审议机制应该关注的方向。

二是与秘书处报告相比，政府报告往往要简短得多，相应的，其中所包含的有关其贸易政策的信息也较少。为有效解决这个问题，由秘书处设计出更为具体和详尽的政府报告规范，要求各成员方政府遵照执行，也许是一种可行的办法。

三是参与审议活动的发展中国家太少。尽管审议是开放的，任何有兴趣的成员方都可以参加审议会议，但在绝大多数情况下，与会的其他成员方的数量，特别是发展中国家的数量还是很有限的。因此，应鼓励发展中国家成员方积极参与审议活动。

（二）WTO 的争端解决机制

乌拉圭回合谈判前，国际贸易中关于争端解决的规则主要体现在《1947 年 GATT》第 22 条、第 23 条的规定中，但它只有关于争端解决的原则性规定，没有涉及具体的机构、程序和期限等问题。其后经过多次修改和完善，终于在乌拉圭回合达成了《关于争端解决规则与程序的谅解》，为世界贸易组织成员方解决争端提供了程序法。争端解决的目标在于保障各成员方在有关协议中权利和义务的实现，当某一成员方根据世界贸易组织管辖的协定本应获得的利益由于另一成员方采取的措施而直接或间接地受到损害时，该成员方可诉诸于争端解决机构。

1. 争端解决规则的适用范围

根据《争端解决规则与程序的谅解》第 1 条第 1 款及附录 1 的规定，争端解决的各项规则与程序，适用于世界贸易组织成员方之间权利义务的磋商与争端解决事项。具体包括《建立世界贸易组织协定》及其附件 1 中的各项协议，争端解决机制对诸边协议的适用以每个签字方就有关适用通过的决议为前提条件。

在 WTO 所管辖的协定中，大多有关于争端解决的特别条款，这些条款与《争端解决规则与程序的谅解》共同构成世界贸易组织的争端解决规则。这些特别条款是针对具体协定而规定的，只适用于该协定的履行。因此这二者之间是普通法律规定与特别法律规定的关系，在二者出现不一致情况时，按照特别法优于普通法的原则实行。

2. 争端解决的基本程序

（1）磋商。当某一成员方认为另一成员方在其境内采取的措施影响了 WTO 所管辖协议的实施，并损害了该成员方的利益，可提出要求磋商的请求，另一成员方应对此给予同情的考虑，并有提供充分的磋商机会的义务。

某一成员方提出磋商请求后，接到请求的成员方应自收到请求的 10 日内对该请求作出答复，并在收到请求后 30 日内开始进行磋商。如果收到请求的成员方未在自收到请求之日起 10 天内作出答复，或未在收到请求后 30 天内开始磋商，则提出请求的成员方可请求直接设立专家小组。自收到磋商请求后的 60 日内，争端各方未能达成解决争端的一致意见，则起诉方可在 60 日期限届满时要求设立专家小组；如果在 60 日期限内各当事方一致认为磋商无法解决他们之间的争端，起诉方可在 60 日期限内就提出设立专家小组的请求。紧急情况下，如涉及易损坏、易腐烂等物品，成员方应在收到请求后不超过 10 天内进行磋商，在收到请求后 20 天磋商未能达成双方满意的解决方法，则起诉方可请求设立专家小组。

在紧急案件中，包括有关易腐货物的案件，争端各方、专家组及上诉机构应尽一切努力尽最大可能加快诉讼程序。

（2）斡旋、调解和调停。这一程序不是争端解决的必经程序，根据协议第 5 条的规定，只有在争端各方自愿接受的情况下才可进行。当事双方在任何时候均可请求斡旋、调解和调停，该程序可在任何时候开始，也可在任何时候终止。如果在提出磋商请求后的 60 日内已进入斡旋、调解和调停，则起诉方应在自磋商提起之日起至要求设立专家小组之前留出 60 天时间。如果在 60 日期限内当事方一致认为斡旋、调解和调停不能解决该争端，则斡旋程序终止，起诉方可于 60 日内提出设立专家小组的请求。

（3）专家小组。该程序是整个争端解决程序中最为复杂的部分，专家小组对案件的审议情况应予以保密，其召开的会议一般为秘密会议，除非专家小组邀请，争端各当事方不得参加。专家小组审理案件的期限，原则上不超过 6 个月，紧急情况下不应超过 3 个月。如果上述期限内不能提交其报告，专家小组应以书面形式向争端解决机构通报延迟的原因及计划提交报告的期限，但自专家小组成立至向各成员方递交报告的期限最长不超过 9 个月。专家小组的工作进程一般以下述时间表为准：

接受各当事方的第一次书面文件，在书面报告中由各当事方向专家小组提交介绍案件事实真相及各自论点，起诉方为 3—6 周，被诉方为 2—3 周；

与各当事方举行第一次实质性会议，要求提出投诉的当事方介绍案情，并要求被诉方陈述自己的意见，1—2 周；

接受各当事方书面反驳，2—3 周；

与各当事方举行第二次实质性会议，各当事方应作正式辩驳，被诉方有权首先发言，随后起诉方发言。专家小组在每次实质性会议上可随时向当事方提出问题，并请求他们用书面或口头形式作出解释，1—2 周；

向各当事方分发专家小组报告的事实陈述部分，2—4 周；

接受各当事方对报告陈述部分的评论，2 周；

向争端各当事方分发包括陈述部分和调查结果及结论在内的临时报告，2—4 周；

当事方请求重新审查报告的期限，1 周；

专家小组进行审核，包括与当事方可能举行的附加会议，2 周；

向各当事方分发最终报告，争端解决机构在将专家小组报告分发给各成员方 20 天后，才能考虑通过报告。如果一成员方对报告有异议，应在争端解决机构审议该报告的会议召开前 10 天以书面形式提出异议及理由。争端解决机构召开的讨论专家小组报告的会议，争端各方均有权参加，其所提出的各项意见也应全部记录在案。争端解决机构应在报告分发给各成员方后的 60 天内通过报告。但下述两种情况的出现可阻止报告的通过：一是某一成员方向争端解决机构正式通报其上诉的决定；二是争端解决机构一致决定不予通过该报告。

(4) 上诉程序

该程序是争端解决的终审程序，但并不是必经程序，只有在一当事方就专家小组决定提出上诉的情况下，才能开始这一程序。

上诉程序的期限一般为60天，如果上诉机构认为在60天内不能提交其报告，应将推迟的理由及预计将提交报告的期限以书面形式通报争端解决机构，该程序最长不超过90天。

上诉程序的审理范围只限于专家小组报告中涉及的法律问题，及由专家小组所作的法律解释，而不涉及案件的事实部分。上诉机构的活动应保密，其各报告的起草应在争端各当事方均不在场的情况下进行。在上诉机构的最终报告中，其成员所表达的意见应是匿名的，其内容为维持、修改或推翻专家小组报告中有关法律问题的调查及结论。

上诉机构的报告应在向各成员方发布后的30天内由争端解决机构通过，除非一致决定不通过该报告。报告一经通过即产生约束力，争端各当事方应无条件地接受。

3. 裁决的执行

(1) 争端解决机构就当事方提交的贸易争端依《争端解决谅解》所规定的程序作出的裁决，对争端各方立即产生效力。协议具体规定了当事方执行裁决的期限。

在专家小组报告或上诉机构报告通过之后30天内举行的争端解决机构会议上，裁决所涉及的有关当事方应将其准备如何执行裁决的意向通知争端解决机构。

如果立即执行裁决内容实际上难以做到，则有关当事方应确定一个履行裁决的合理期限，这一“合理期限”可由有关成员方提出，并得到争端解决机构的认可；也可在通过裁决的45天内，由争端各当事方协商一致加以确定；还可在裁决通过后90天内经有约束力的仲裁确定一个履行期限。仲裁所确定的期限原则上不应超过自专家小组或上诉机构报告通过之日起的15个月。

自专家小组设立之日起，至确定履行裁决的合理期限之日止，这段期间不得超过15个月。

成员方对有关当事方提出的为执行裁决将采取的措施有不同意

见时，可将此分歧意见提交原来的专家小组加以解决，专家小组应在此事提交它处理后的90天内公布其决定。

（2）争端解决机构的监督。争端解决机构应对已通过的各项裁决的执行情况予以监督。任何成员方对执行中出现的问题可随时向争端解决机构提出。在按上述规定确定合理履行期限后的6个月内，如果争端问题仍未得到解决，有关裁决的执行问题将列入争端解决机构会议的议事日程，并在问题得到解决之前一直保留在争端解决机构的议事日程之内。应履行裁决的成员方必须在每次此类争端解决机构会议召开前10天向争端解决机构提交一份关于执行进展情况的书面报告。

（3）裁决未得到执行时当事方可采取的措施

在合理期限内裁决未得到执行，当事方可以采取适当方式保护自己的利益不受损害。

赔偿。这是指由当事方通过协商达成的切实可行的赔偿方案。如果有关成员方在确定的合理履行期限内未能取消或修改其采取的与有关协议不一致的措施，则经它方请求，该成员方应与其他成员方进行谈判，以确定双方都能接受的赔偿。赔偿是自愿的，其方案内容应与有关协议的精神相一致。

减让或其他义务的中止。在已确定的履行期限到期后的20天内，争端各当事方未能履行裁决，并且也未能达成各方满意的赔偿协议，则任何当事方可请求争端解决机构授权其中止对有关成员方继续履行其承诺的减让义务或其他义务。在确定应中止哪些减让及其他义务时，应遵守的原则和程序是：当事方应首先谋求中止对违反有关协议的同一部门的减让义务或其他义务；如果中止该同一部门的减让义务或其他义务难以实行的话，该当事方可以谋求中止同一协议中其他部门的减让或其他义务；如果该当事方认为中止涉及同一协议其他部门中的减让或其他义务不是切实可行的，并且情况已十分严重，则它可以中止另一有关协议中的减让或其他义务。争端解决机构在接到中止减让或其他义务的请求后，应在规定的履行期限到来后的30天内授权中止这类减让或其他义务。除非争端解决机构一致拒绝该项请求。由争端解决机构授权的减让或其他义务的中止程度应以补偿当事方所受到的损害为限。如果有关协议规定禁止此类中止，则争端解决机构就不能授权中止这些减让或其他义务。上述原则中所提及的部门是指所有货物部门、服务业分类目录中所确定的主要部门和各个类别的知识产权。而协议是指《建立世界贸易组织协定》附件一的各项协定。

4. WTO 争端解决机制简评

WTO 争端解决机制在很大程度上承袭了东京回合拟订的《争端解决谅解》，强调多边磋商与通过专家小组程序等核心内容被完整地延续下来，但其更具规范统一、及时有效和法律约束力强的特点。

第一，鼓励成员通过双边磋商解决贸易争端，禁止未经授权的单边报复。争端当事方的双边磋商是 WTO 争端解决的第一步，也是必经的一步。即使是争端进入专家组程序后，当事方仍可通过双边磋商解决争端。WTO 鼓励争端当事方通过双边磋商达成相互满意的解决方案，不能采取未经授权的报复行动，从而增强了争端解决机构的权威性。

第二，以保证 WTO 规则的有效实施为优先目标。争端解决机制的目的是使争端得到积极有效的解决。争端各方可通过磋商，寻求均可接受并与 WTO 有关协定或协议相一致的解决办法。在未能达成各方满意的解决办法时，争端解决机制的首要目标是确保成员撤销被认定违反 WTO 有关协定或协议的措施。

第三，确立了统一的争端解决程序和法理完备的上诉制度，使争端解决机构更具准国际司法机构的特征。WTO 的争端解决程序不仅适用于货物贸易，也同样适用于服务贸易和知识产权领域，交叉报复的机制使各项协议都能得到有效运作；迅速解决争端是 WTO 争端解决机制的一项重要原则，争端解决程序的各个环节均被规定了严格、明确的时间表，争端解决的效率也大大提高。这些完善的制度对推进 WTO 由权力导向向规则导向过渡，提高审理效率和树立法律权威是至关重要的。

第四，实行“反向协商一致”的决策原则，是对传统议事规则的重大变革，赋予了专家小组和上诉机构报告得以自动通过的机制。WTO争端解决机制中，最核心、最有特色的就是“反向协商一致”原则。在争端解决机构审议专家组报告或上诉机构报告时，只要不是所有的参与方都反对，则视为通过，排除了败诉方单方面阻挠报告通过的可能，极大地增强了争端解决机制的约束力和强制性。

然而，WTO争端解决机制在取得许多重大成就的同时，也存在一些不可忽视的问题。如发展中国家成员方由于其贸易实力、人才和财力的限制，不能有效地使用争端解决机制；WTO争端解决机制处理问题的期限太长，解决一个争端从启动至胜诉方获得救济，大约需要28个月，而当最终的救济手段得以落实时，有关国家的出口已经遭受实质性影响。

WTO争端解决机制的作用也受到许多专家学者的质疑。其不尽人意的地方表现在：认定或裁决案件的“违法者”显然是有效果的，但WTO的法律体系能否得到有效运行才是解决争端的目标；报复不是一个理想的强制执行的工具，它实际上减少了贸易，与贸易自由化目标相悖；WTO用精明的法律手段代替外交手段，而GATT“协商一致”原则迫使各国寻求外交解决，避免破坏性报复。据不完全统计，1948—1994年间，GATT受理了306起案件，绝大多数的申诉通过多边磋商机制或经由专家组审理，在有关裁决作出之前就已获得解决，多边或双边的磋商而不是贸易报复成为解决争议的主要方式，这种做法得到一些学者的极力推崇。

第二章 WTO与中国参与多边贸易体制的进程

第一节 从复关到入世

从1986年7月11日，中国正式照会GATT秘书长，要求恢复GATT缔约国地位，到2011年12月正式成为WTO的成员方，经历了漫长曲折的艰辛历程。

一、中国“复关”到“入世”谈判的历程

（一）曲折的“复关”谈判

从复关谈判的内容、进展和所处的国内外不同政治经济形势来看，10年的复关谈判大致可以分为三个阶段：

1. 第一阶段（1986年7月至1989年5月）

第一阶段从中国政府正式提出复关申请开始到1989年5月中美第五轮关贸总协定双边磋商达成谅解，中国复关进程总体上较为顺利。1986年7月11日中国正式照会GATT秘书处总干事，要求恢复GATT缔约方地位，并提出了复关的三项基本原则，即（1）采取恢复方式；（2）力争以关税减让作为承诺条件；（3）坚持以发展中国家的地位来进行谈判，并承担与我国经济贸易水平相适应的义务。中国这一原则立场得到了GATT缔约方的认同，而欧美对中国复关谈判的关心和要价主要集中在贸易政策的透明度与统一实施、关税和非关税措施的减让、价格改革时间表和选择性保障条款等中心问题。在此期间，中国与主要缔约方进行了十几次磋商，并就中国复关的一些核心问题基本上达成了谅解，而且中国工作组通

过连续召开 7 次会议，也基本上结束了对中国外贸制度的答疑和综合评价工作，中国复关议定书框架跃然纸上，1989 年年底结束的谈判无论是在多边谈判还是在双边磋商中已经基本上形成共识。

这一阶段谈判之所以进展顺利，其原因主要有三个。首先，中国改革开放的进程位居苏联、东欧和波兰之前，美欧急于把中国拉进多变贸易体制，以期为苏联、东欧和波兰树立一个样板。其次，主要缔约方基于中国当时的改革目标提出的要价比较适中，而且与中国改革的步伐基本协调。最后，乌拉圭回合谈判伊始，世界贸易组织谈判并未提到议事日程，中国复关的“入门费”只局限于货物贸易的市场准入，而未涉及知识产权、投资措施和服务市场准入问题。

2. 第二阶段（1989 年 6 月至 1992 年 2 月）

第二阶段从 1989 年 6 月到 1992 年 2 月第十次中国工作组会议召开，中国复关进程陷入僵局。由于众所周知的原因，这一阶段以美国为首的西方国家对华实行经济制裁，把暂不让中国复关作为其对中国经济制裁的一项主要内容。再者，乌拉圭回合因美欧农产品补贴问题而陷入僵局，关贸总协定与有关各方无心关注中国的复关谈判。此外，中美之间的双边贸易纠纷，如劳改产品问题、知识产权保护问题、纺织品非法转口问题、贸易不平衡问题以及市场准入问题等成为解决中国复关的障碍，美国把双边贸易问题是否妥善解决同中国复关谈判挂钩。加之中国国内为配合治理整顿而重新启用一些行政管理措施，使得不少缔约方和总协定误以为中国改革开放倒退。因此，在这一阶段，复关谈判涉及的双边磋商和以日内瓦中国工作组会议形式进行的多边谈判事实上均陷入停顿，这期间曾召开的第八、第九次中国工作组会议均为象征性例会，没有任何结果。

3. 第三阶段（1992 年 2 月至 1994 年 12 月）

这一阶段复关谈判重新启动并进入权利和义务敲定的最后攻坚阶段。在这期间，1992 年年初邓小平南巡讲话而引发的深化改革和“全方位”对外开放为中国经济高速发展注入了新的推动力；十四大的召开为中国经济体制改革确立了建立市场经济和现代企业制度的目标，并相应地作出了一系列深化改革的重大步骤。从1992年12月中国工作组第十二次会议到1994年6月中国工作组第十六次会议，中国全面答复了由各缔约方提出的12大类6000余个问题。中国工作组从单纯审议外贸制度进入到谈判起草加入议定书和双边关税减让谈判双轨进行阶段。1994年4月15日，中国政府与124个乌拉圭回合的全部参与方一起签署了乌拉圭回合最后文件，成为WTO的实际创始者。随后中国呈交了包含改进的关税、农产品和服务贸易三个内容的一揽子减让表，作为最后出价。

本来中国政府这一系列改革开放的新举措应为及早结束中国复关谈判提供契机，但是由于冷战结束后出现的新国际形势和乌拉圭回合形成的WTO协定生效，主要西方国家对中国经济贸易迅猛发展而在中国复关后对其自身和多边贸易体制上影响的重新认识，使得一些主要缔约方对中国复关谈判采取了“滚动式要价”，甚至无视中国当时的经济发展水平，要求中国提前从发展中国家中“毕业”，承担发达国家在关贸总协定中承担的义务。例如美国对中国复关所提出的要价是：(1) 中国原则上作为发达国家；(2) 乌拉圭回合在农业领域达成的削减国内支持与出口补贴的发展中国家成员待遇不适用于中国；(3) 在知识产权保护方面，实施新协议义务的过渡期限，中国不能使用发展中国家成员5年过渡期，要与发达国家成员一样，使用1年的过渡期；(4) 国际收支保障措施等方面适用发达国家成员的标准。这些要求显然过于苛刻，为了增加有关各方的责任感与紧迫感，中国政府于1994年11月28日及时作出了“1994年年底结束中国复关实质性谈判最后期限”的重大决定，但是直到1994年12月20日在日内瓦举行的关贸总协定中国工作组第十九次会议，仍未能达成中国复关的协议。

(二) 复杂的“入世”谈判

自1994年复关谈判受挫后，在中国工作组主席吉拉德的多次促动下，1995年5月和7月的两次非正式磋商重新启动。1995年11月，应中国政府要求中国复关谈判工作组更名为中国“入世”工作组，中国的复关谈判转变为“入世”谈判。中国的“入世”

谈判经历三个阶段：

第一阶段从 1995 年 11 月中国“复关”谈判转成为“入世”谈判，到 1997 年 12 月，这是中国“入世”出现转机的时期。这期间，中国经贸体制改革与对外开放的扩大，推动了中国经济的高速发展，为“入世”谈判创造了较好的国内环境。各主要国家元首及政府领导人均从战略高度将中国“入世”当成是双边经贸乃至双边关系的核心问题之一，使中国“入世”成为国际社会广泛关注的一大热点。1996 年下半年开始，中美关系大为改善，美国政府决定调整对中国“入世”的政策，并对负责中国“入世”谈判的人员进行了调整，由对中国比较了解的务实派全面负责中国的“入世”谈判。从而在中国的具体权利和义务方面推动“入世”谈判，并取得了较大进展，解决了许多难题。

第二阶段从 1998 年年初开始，中国“入世”谈判加快了进程，但由于美国在服务贸易市场开放方面坚持要高价，中美双边未达成协议。1998 年 6 月，克林顿访华，向国际社会显示了一个重要信号：中美已经基本结束了政治、经济的对抗，美国要寻求与中国的广泛合作。同年 7 月中旬，关于延长中国最惠国待遇的议案在美国参众两院获得通过，并修改美国贸易法，把“最惠国待遇”条款改为“正常贸易关系待遇”。这是美国迈出的最关键一步，最终从国内立法中删除了针对社会主义国家的“杰克逊-瓦尼克”修正案，给予中国永久性最惠国待遇，并且保证在中国加入世界贸易组织时不提出“互不适用”。中国也采取了积极的态度，扩大从美国引进技术、设备，减轻双边贸易的不平衡，使谈判气氛大大改善。1999 年 3 月在科索沃冲突中，中国驻南斯拉夫使馆被北约轰炸，中美关系曾一度陷入谷底。后经双方努力，中美关系逐渐恢复。经过艰苦的谈判，中美终于在 1999 年 11 月 15 日达成《中国与美国关于中国加入世界贸易组织双边协议》。中美双边谈判是中国“入世”谈判的核心，中美关于中国“入世”问题谈判的结束为中国加入世界贸易组织扫清了最大的障碍。由于美国在世界政治和经济中的突出地位，中美协议的达成对其他世界贸易组织成员有巨大的示范效应，也为中国与其他主要贸易伙伴的谈判奠定了坚实的基础。

第三阶段从 2000 年到 2001 年 11 月 10 日，中国在双边、多边入世谈判中齐头并进，在 2000 年 3 月 20 日召开的中国加入工作组第九次会议上，工作组主席吉拉德宣布中国“入世”谈判的多边进程进入最后阶段。2000 年中国与三十多个成员国签署了双边协议。中国与欧盟之间双边协议的谈判难度丝毫不亚于美国，由于欧盟保留了对中国出口的诸多限制，中国力图使欧盟按 WTO 的规则逐渐取消这些措施。经过双方妥协，2000 年 5 月 19 日，外经贸部部长石广生与欧盟贸易委员拉米代表双方签署《中国与欧盟关于中国加入世界贸易组织双边协议》。中国加入工作组第十次会议则将“入世”谈判的重点完全转向多边谈判。2001 年 9 月 17 日，中国加入工作组第十八次会议在世界贸易组织总部举行了正式会议，会议逐项通过了《中国加入工作组报告书》、《中国加入议定书》、《货物贸易减让表》草案和《服务贸易减让表》，并决定将这些文件提交世界贸易组织总理事会审议，会议通过了中国加入世界贸易组织的所有法律文件。2001 年 11 月 10 日，世界贸易组织第四次部长级会议一致表决同意接受中国加入 WTO。同年 12 月 11 日，中国正式成为 WTO 的第一百四十三个成员。

二、中国入世的主要承诺

根据中国与有关成员方达成的入世协议与多边协议，中国在以下几个方面作出承诺：

（一）关税减让

入世前，中国的算术平均关税税率已由 1992 年的 43.2% 下降到 2000 年年底的 15.6%。中国承诺到 2008 年将平均关税水平从 15.6% 降到 10%；工业品平均关税水平从 2000 年的 14.7% 左右下降到 2008 年的 9.2% 以下；农产品平均关税水平由 2000 年的 21.3% 下降到 2008 年的 15.1% 以下。具体的减让时间及进度如表 2-1 所示：

表 2-1　　　　关税总水平

年份	关税总水平	工业品平均	农产品平均
2000	15.6	14.7	21.3
2001	14.0	13.0	19.9
2002	12.7	11.7	18.5
2003	11.5	10.6	17.4
2004	10.6	9.8	15.8
2005	10.1	9.3	15.5
2006	10.1	9.3	15.5
2007	10.1	9.3	15.5
2008	10.0	9.2	15.1

资料来源：刘宗仪主编《WTO 与中国经济》，西南财经大学出版社，2003 年版，第 228 页。

（二）非关税措施取消

中国在加入世界贸易组织时承诺，在 2005 年之前取消 400 种商品的进口配额。全面实施世贸组织的海关估价协议，在全关境内实施公平、统一的关税政策。主要产品非关税措施取消时间见表 2-2。

表 2-2　　　　主要产品非关税措施取消时间表

	配额类别	单位	最初配额量/额	年增率	取消时间（日历年 1 月 1 日）
1	成品油	百万吨	16.58	15%	2004 年
2	氯化钠	百万吨	0.018	15%	2002 年
3	化肥	百万吨	8.9	15%	2002 年（部分加入时）
4	天然橡胶	百万吨	0.429	15%	2004 年

续表

	配额类别	单位	最初配额量/额	年增率	取消时间（日历年1月1日）
5	汽车轮胎	百万条	0.81	15%	2002年（部分加入时或2004年）
6	摩托车及其关键件	百万美元	286	15%	摩托车2004年，零部件2003年
7	汽车及关键件	百万美元	6000	15%	小轿车2005年，其他车辆2004年，关键件加入时或2003年
8	空调器及其压缩机	百万美元	286	15%	加入时或2002年
9	录像设备及其关键件	百万美元	293	15%	2002年
10	录音录像磁带复制设备	百万美元	38	15%	加入时或2002年
11	收、录音机及其机芯	百万美元	387	15%	2002年
12	彩色电视机及显像管	百万美元	325	15%	加入时或2002年
13	汽车起重机及其底盘	百万美元	88	15%	2004年
14	照相机	百万美元	14	15%	2003年
15	手表	百万美元	33	15%	2003年

资料来源：石广生主编《中国加入世界贸易组织知识读本》（三），人民出版社，2002年版，第33页。

在农业领域，中国承诺在农产品贸易方面取消且不得采取、重新采取或实行不符合《WTO协定》规定的非关税措施。对于与《中国入世议定书》或《WTO协定》相一致的非关税措施，应严格遵守《WTO协定》的规定，对此类措施进行分配或管理。中国的农产品进口政策仅以商业考虑为基础。在与中国统一管理的承诺相一致的情况下，不在国家或地方各级维持、采取或重新采用管理进口产品数量、质量或待遇，或者形成进口替代做法或其他非关税措施的指导计划与行政指导，包括那些通过国家或地方各级国营贸易公司维持的指导计划或行政指导。所有在中国的实体均依照中国的 WTO 义务经营，包括关于出口补贴的义务。实施中国货物贸易承诺和减让表中包含的规定，以及《中国入世议定书》具体规定的《农业协议》条款，不对农产品维持或采取任何出口补贴。此外，国家和地方各级主管机关不对中国的任何实体提供与 WTO 义务不一致的资金转移或其他利益，包括补偿因出口而产生的亏损。

在服务业领域，根据 WTO《服务贸易总协定》(GATS) 的规定，入世后，中国进一步敞开服务业的大门，尽快融入世界服务市场。中国承诺：银行部门逐步取消服务对象和地域限制，允许外国银行经营人民币业务；取消外资保险公司的地域限制，扩大外国保险公司的业务范围，放宽外资持股比例；外商可以合资形式参与基金管理、证券发行和以外汇计价的证券交易；加入《全球基础电信协议》，允许外商投资基础电信行业，持股比例不超过 49%；外资可以多数股权经营旅游业，代理所有旅行服务；允许外商在华经营零售、分销、售后服务等业务；外商可以合资形式经营国际航运业务，独资经营仓储业务等。中国政府所作的这些承诺，会把“入世”后的中国服务业推向竞争激烈的国际市场前沿。

三、中国入世承诺的履行

入世以来，中国全面履行加入 WTO 承诺和深化改革开放，实行互利共赢的开放战略，树立起负责任贸易大国的形象。在市场准入方面，中国不折不扣地履行了关税减让的承诺，非关税措施也按承诺一步步取消。2001 年中国平均关税水平为 15.3%，2005 年已降到 9.9%，2009 年已降为 9.8%，农产品出口补贴已经取消；2001 年前中国对 424 个税号产品采取的进口配额、进口许可证和进口招标管理措施，已经于 2005 年 1 月全部取消；对粮食、棉花、油、糖、化肥等产品进口建立了完整、公开、透明的关税配额管理体制。

在服务贸易方面，中国也较好地履行了承诺，尤其是在保险、旅游服务和电信等部门。按世贸组织规则分类的 160 多个服务贸易部门中中国已经开放了100个涉及银行、保险、电信、分销、会计、教育等的重要服务部门，在WTO分类的160多个服务部门中占62.5%，为外国服务提供者提供了广阔的市场准入机会。

在法律制度、规则的遵守和完善方面，尽管存在很多困难，仍取得较快进展。2004年7月完全取消外贸经营权审批制，取而代之的是依法登记制度；中国对主要知识产权立法如《专利法》、《商标法》、《著作权法》及其实施细则进行了修改，知识产权国内立法已经符合WTO要求并得到有效实施。中国各级政府也在信息公开和政务公开方面作了大量努力，2003年8月十届人大第四次会议通过《行政许可法》，贸易政务透明度大大提高。中国商务部设立了中国政府WTO通报咨询局，履行贸易政策和措施的通报义务。截至2010年中国加入WTO的所有承诺已全部履行完毕，建立起了符合WTO规则要求的经济贸易体制，成为全球最开放的市场之一。

加入WTO十年来多边贸易体制所倡导的理念在中国已逐渐为人们所了解。“透明度”和“非歧视”等WTO原则已成为中国立法的依据。全球视野、创新眼光、竞争意识、发展意识、法治观念、知识产权观念正在深入人心，逐步建立了现代企业制度和会计制度，企业素质与国民素质得到了更深层次和更具普遍意义的提升。

此外，在此次金融危机中，中国作为贸易大国，一方面采取了以扩大内需为重点的举措积极应对危机；另一方面继续保持市场开放，以实际行动反对各种形式的保护主义，且没有采取任何保护主义措施。2009年中国进口增长2.8%，是主要经济体中唯一进口呈现正增长的国家，支撑了不少受危机困扰的国家的出口，创造了就业，为全球经济复苏作出了重要贡献。

第二节 中国对外贸易基本法律制度与WTO规则的接轨

中国从“复关”到“入世”，经历了长达15年的漫长历程。

加入 WTO 是中国政府管理方式的一场深刻革命，它绝不仅仅表明政府由非成员方到成员方这一身份的转变，而是必须按照 WTO 原则、规则和加入 WTO 时作出的承诺，对国内法律、法规、政策、管理体制及其调控机制进行大幅度的调整和改革，并承担以“关税减让、逐步取消非关税措施和开放服务贸易”为主要内容的不断降低市场准入条件、进一步扩大市场开放的义务。要使中国经济通过改革、开放、调整、创新，进一步融入世界，很重要的一点就是根据 WTO 的规则完善中国社会主义市场经济法律制度，进一步健全行为规则，从制度上为中外企业营造出更有保障的公平竞争的法制环境。

一、入世后 WTO 法向国内法的转化

WTO 法无论在性质和内容上都与一般国际条约明显不同，它的一系列协定在我国如何履行并不是一个简单的问题。但毋庸置疑，对于 WTO 这样一个内容广泛以及经济贸易利益重要的协定，及时转化为国内法律成为成员方的必然选择。我国未来的可持续发展，离不开与 WTO 多边贸易机制的有效合作。要取得其他贸易伙伴的信赖，除了用实际行动在经济领域展示我们扩大开放的诚意，一个良好的法制环境必将有助于使我们的理念获得世界广泛的认同。

中国入世前后健全和完善了对外贸易相关法律，在国内基本实施了 WTO 法。

第一，根据 WTO 法的要求，清理 3000 多部法律、法规和规章,① 并制定了《立法法》(2003 年)、《行政法规制定程序条例》(2002 年) 和《规章制定程序条例》(2002 年)，全面规范我国的法律法规制定程序；第二，对贸易体制和政策进行全面的调整，包括修订《对外贸易法》(2004 年)，在原有《反倾销和反补贴条例》基础上分别制定《反倾销条例》(2002 年，2004 年修订) 和《反补

---

① 转引自商务部新闻办：《中国与世贸组织，回顾与展望》2010 年 7 月 22 日。

贴条例》(2002年，2004年修订)，新制定《保障措施条例》(2002年、2004年修订)等；第三，在入世前后修订了与进出口相关的法律法规，如《海关法》(2000年)、《进出口关税条例》(2003年)、《进出口商品检验法》(2002年)、《技术进出口管理条例》(2001年)、《进出口货物原产地条例》(2004年)、《地理标志保护规定》(2005年)；第四，在与贸易有关的投资、服务、知识产权等领域，修订或制定大量法律法规和部门规章，包括《中外合资经营企业法》(2001年)、《中外合作经营企业法》(2000年)、《外资企业法》(2000年)、《公司法》(2005年)、《关于外商投资举办投资性公司的规定》(2004年)、《外商投资矿产勘查企业管理办法》(2008年)、《关于外国投资者并购境内企业的规定》(2006年)、《企业所得税法》(2007年)、《商业银行法》(2003年)、《证券法》(2004年)、《保险法》(2009年)、《电信条例》(2000年)、《外商投资电信企业管理规定》(2008年)，《专利法》(2008年)、《商标法》(2001年)和《著作权法》(2010年)，新出台《反垄断法》(2007年)等。至于地方性法规等的修订或制定，更是不计其数。上述从中央到地方的立法或修法数量之多、活动之密集，使中国法制发生了显著的变化，因为与三十多年前中国全面恢复法制时完全自行立法相比，中国入世后的大规模立法和修法，更多地是根据WTO法所要求的国际法优先于国内法的基本原则，通过国内立法转化而实施WTO法。

二、对外贸易制度的变革

(一)《对外贸易法》是规范中国对外贸易制度的基本法

对外贸易制度是指对外贸易的组织形式、机构设置、管理权限、经营分工和利益分配等方面的制度。新中国成立以来，中国对外贸易体制进行了几次较大的改革，特别是十一届三中全会以后，对外贸易体制改革成为中国经济体制改革的重要组成部分。随着经济体制改革的深入以及中国加入WTO，中国的外贸体制改革仍在进行，并不断完善。

1994年制定和颁布的《对外贸易法》是中国对外贸易法律制

度的基本法，也是整个外贸法律体系的核心。该法自颁布以来，对发展中国对外贸易、维护对外贸易秩序、促进社会主义市场经济的健康发展，起到了十分重要的作用。但是，随着中国加入WTO以及对外贸易形势不断发生变化，中国1994年的《对外贸易法》中有些规定在新形势下显得滞后，有些规则与世贸规则不一致，且相对世界其他贸易大国而言，原《对外贸易法》篇幅少，内容过于刻板，操作性差，尽管中国又制定了大量行政法规及部门规章进行弥补，造成整个对外贸易制度庞杂，甚至出现前后重复、相互不一致、不统一的局面。因此为履行入世承诺，加强对国家和国内产业利益的保护并实现中国对外贸易的可持续发展，2004年4月6日，经第十届全国人民代表大会常务委员会表决，修订后的《对外贸易法》终于颁布了，这标志着中国外贸法律建设迈上了一个新台阶，为中国对外贸易的持续、稳定和健康发展奠定了新的法律基础。①

1. 修订后的《对外贸易法》的主要内容

修订后的《对外贸易法》主要规定了中国对外贸易的基本方针、基本政策、基本制度和基本贸易行为，在中国对外贸易法律体系中处于核心地位。其主要内容包括总则、对外贸易经营者、货物进出口与技术进出口、国际服务贸易、与对外贸易有关的知识产权保护、对外贸易秩序、对外贸易调查、对外贸易救济、对外贸易促进、法律责任和附则共11章70条。具体内容见表2-3。

表2-3 **修订后的《对外贸易法》的主要内容**

序号	标题	主要内容
第一章(含七条)	总则	立法宗旨 对外贸易制度的基本特征 对外贸易的基本原则 调整的法律关系范围

① 黄汉民，钱学峰主编《中国对外贸易》，武汉大学出版社，2010年版。

续表

序号	标题	主要内容
第二章(含六条)	对外贸易经营者	对外贸易经营者的主体资格 对外贸易经营者的权利与义务
第三章(含十条)	货物进出口与技术进出口	货物进出口与技术进出口的原则 货物进出口与技术进出口的管理制度与方式 限制或禁止进出口货物与技术的范围
第四章(含五条)	国际服务贸易	发展国际服务贸易的原则 限制或禁止国际服务贸易的范围 国际服务贸易的管理措施
第五章(含三条)	与对外贸易有关的知识产权保护	实施贸易措施、防止侵犯知识产权的货物进出口和知识产权权利人滥用权利、促进中国知识产权在国外的保护
第六章(含五条)	对外贸易秩序	对外贸易主体在经营过程中的行为规范
第七章(含三条)	对外贸易调查	对外贸易调查的范围 对外贸易调查的程序
第八章(含十一条)	对外贸易救济	采取反倾销、反补贴、保障措施等贸易救济制度的条件、程序等
第九章(含九条)	对外贸易促进	对外贸易促进措施 对外贸易促进组织及行为规范 扶持和促进中小企业开展对外贸易 扶持和促进民族自治区和经济不发达地区发展对外贸易
第十章(含七条)	法律责任	规定通过刑事处罚、行政处罚和从业禁止等多种手段,对外贸违法行为以及外贸中侵犯知识产权的行为实施处罚

续表

序号	标题	主要内容
第十一章(含四条)	附则	明确特殊商品进出口管理另行规定 边境贸易的特殊规则 对单独关税区的非适用性 该法的生效日期

2. 修订后的《对外贸易法》的基本原则

修订后的《对外贸易法》的基本原则是进行对外贸易的法律规范和法律基础，贯穿于对外贸易立法、执法、守法的过程中，并对立法、执法、守法起着普遍性的指导意义。

（1）国家实行统一的对外贸易制度原则

修订后的《对外贸易法》第四条规定："国家实行统一的对外贸易制度，鼓励发展对外贸易，维护公平、自由的对外贸易秩序。"这是中国《对外贸易法》的首要原则。实行统一的对外贸易制度就是由中央政府统一制定、在全国范围内统一实施的制度，包括两方面的内容：一是国家对外贸易制度法律法规的统一，要求立法部门或授权立法的部门所颁布的规章、条例不能和宪法及《对外贸易法》相抵触。二是国家对外贸易管理制度的统一，对外贸易主管部门以及地方政府及有关部门，依照《对外贸易法》的有关规定实行统一管理。中国实行统一的对外贸易制度，一方面有利于稳定地发展对外贸易，开展公平、公正的对外贸易活动，维护国家在对外贸易方面的整体利益；另一方面也为履行国际双边协定奠定了基础。

（2）维护公平、自由的对外贸易秩序原则

修订后的《对外贸易法》第六章专门针对"对外贸易秩序"作出规定：在对外贸易经营活动中实施垄断行为、不正当竞争行为以及其他扰乱对外贸易秩序的行为之一的，国务院对外贸易主管部门可以采取禁止进出口等措施消除其造成的影响。在对外贸易经营活动中，不得实施以不正当的低价销售商品、串通投标、发布虚假广告、进行商业贿赂等不正当竞争行为。如果有上述违法行为，并危害对外贸易秩序的，国务院对外贸易主管部门可以采取禁止该经营者有关货物、技术进出口等措施。

随着中国对外贸易的扩大和国内市场的开发，维护公平贸易显得越来越重要。国际贸易中的公平竞争主要涉及两个方面：一是外国产品以不公平的方式或价格进入国内市场，对国内同类产业造成损害或构成损害威胁，可以实施贸易救济措施保护国内同类产业；二是中国产品进入国际市场如果遭遇其他国家的贸易壁垒，可以对国外的贸易壁垒实行贸易调查制度。对此，修订后的《对外贸易法》中增加了"对外贸易救济"和"对外贸易调查"两章内容。

(3) 货物和技术自由进出口原则

修订后的《对外贸易法》第十四条规定："国家准许货物与技术的自由进出口。但是，法律、行政法规另有规定的除外。"这一规定体现了中国进出口贸易管理的基本原则，即对货物和技术及出口实行一定限度管理下的自由进出口制度。修订后的《对外贸易法》所确定的进出口自由，是国家在保证进出口贸易不对国家各项社会公共利益产生损害的前提下的自由，而当出现了某些危害国家利益的倾向时，国家则对进出口实行必要的限制或禁止。

(4) 发展国际服务贸易的原则

修订后的《对外贸易法》第二十四条规定："中华人民共和国在国际服务贸易方面根据所缔结或者参加的国际条约、协定中的承诺，给予其他缔约方、参加方市场准入和国民待遇。"鉴于中国服务业整体水平较低，竞争力较弱以及遵循世贸组织《服务贸易总协定》中有关服务贸易逐步自由化的精神，修订后的《对外贸易法》确定了依据缔约方或者参加的国际条约、协定中所作的承诺，逐步实行国际服务贸易的原则。一方面，规定了要给予其他缔约方、参加方市场准入和国民待遇；另一方面，还列举了国家限制和禁止国际服务贸易的范围。这表明中国促进国际服务贸易逐步发展的积极态度与慎重原则。

(5) 保护与外贸有关的知识产权原则

与贸易有关的知识产权越来越多地成为各主要贸易国维护国家

利益的重要手段，修订后的《对外贸易法》增加了与对外贸易有关的知识产权内容。包括三个方面：一是规定今后中国在货物贸易方面进一步依法加强知识产权保护。这意味着，以前中国主要控制侵犯知识产权技术的进出口，现在控制的范围扩展至货物贸易领域。二是中国一方面加强对知识产权的保护，另一方面，也加强对滥用知识产权权利的控制，两者要达到合理的平衡。三是中国和美国、日本等国一样，不仅要在国内重视知识产权的保护，同时也要在国际环境下寻求对来自中国知识产权更有力的保护。此外，修订后的《对外贸易法》加重了侵犯知识产权行为的处罚力度，并与刑法有关规定作了衔接。

（6）对外贸易促进措施

对外贸易促进措施是根据对外贸易发展的需要，为鼓励、支持、推动对外贸易发展而采取的一系列措施。修订后的《对外贸易法》对中国贸易促进措施的内容实施主体及行为规范都作了规定。在促进对外贸易的措施方面，修订后的《对外贸易法》第51、52、53、54条作了规定：“国家制定对外贸易发展战略，建立和完善对外贸易促进机制”；“国家根据对外贸易发展的需要，建立和完善为对外贸易服务的金融机构设立对外贸易发展基金、风险基金”；“国家通过进出口信贷、出口信用保险、出口退税及其他促进对外贸易的方式发展对外贸易”；“国家建立对外贸易公共信息服务体系，向对外贸易经营者和其他社会公众提供信息服务”等。

在对外贸易促进组织和促进方式上，修订后的《对外贸易法》也作了规定：“有关协会、商会应当遵守法律、行政法规、按照章程对其成员提供与对外贸易有关的生产、营销、信息、培训等方面的服务，发挥协调和自律作用，依法提出有关对外贸易救济措施的申请，维护成员和行业的利益，向政府有关部门反映成员有关对外贸易的建议，开展对外贸易促进活动。”

（二）对外贸易管理制度变革

1. 企业外贸经营权的取得

原《对外贸易法》第9条第1款规定，从事货物进出口与技术进出口的对外贸易经营必须具备相应条件，并经国务院对外贸易主管部门许可。此规定不符合《入世议定书》第5.1条和《入世工作组报告书》第84段（a）中的承诺：即在加入WTO后三年内取消对外贸易权的审批，放开货物贸易和技术贸易的外贸经营权。新《对外贸易法》规定外贸经营权由“审批制”过渡到“登记制”。即“对外贸易经营者经依法登记可以从事货物进出口和技术进出口”，实行外贸经营权的登记制使更多的民营企业获得了外贸经营权，顺应了市场经济运行规律，有利于中国扩大出口，有利于强化企业间的竞争，有利于社会主义市场经济体制的建立。

2. 关税制度改革与关税减让

入世后，中国的关税政策调整遵循“降低关税水平，理顺关税结构，扩大关税税基，进口税收，削减税率峰值，实行适度保护”的方法，按照承诺继续分别降低关税税率，全面实施WTO海关估价协议，在立法和操作上做了大量的工作，并按照非歧视的原则在全关境范围内实行公平、统一的关税税率。在关税税率逐步降低的基础上，分阶段地调整和清理减免税政策，完善纳税争议的申诉和复议制度，促使海关税率征收工作的规范、公平、透明、高效。

3. 进口的行政管理措施

长期以来，中国对一部分商品实施配额许可证制度，其目的在于：保证国家产业政策和行业发展规划的实施；对国内尚需适量进口以调节市场供应、但过量进口会严重损害国家相关工业发展的商品和直接影响进口结构、产业结构的商品实施必要的限制；对危及国家外汇收支地位的进口商品实施必要的限制。为这些目的而实施的配额许可证制度实际上并不完全符合WTO的规定，因此中国在《入世议定书》中承诺，到2005年取消所有产品的非关税措施。进出口商品的管理也朝公平、透明、规范化、制度化的方向发展。国家关于进口商品的管理办法、目录、实施细则都是以命令、公告形式向社会各界发布，中国的进口商和国外的供应商都可以随时查阅。

（三）对外贸易救济措施的完善

贸易救济措施是指对进出口产品的反倾销、反补贴和保障措施，简称“两反一保”。这三种措施都是因进口产品对国内产业造成损害时由主管当局主动采取的进口限制，其实施目的是维护世贸组织的贸易自由化公平竞争原则。从 20 世纪 90 年代后期，中国开始贸易救济措施的立法，随着中国加入 WTO 以及入世承诺的逐步履行，中国已经建立起符合世贸组织规则要求的较完善的贸易救济体系，充实和发展了中国的对外贸易法律体系。

1997 年 3 月 25 日《中华人民共和国反倾销和反补贴条例》出台，标志着中国对外国进口产品开展反倾销调查的工作正式启动。2001 年 10 月，为了适应加入世贸组织的需要，中国将反倾销和反补贴从《中华人民共和国反倾销和反补贴条例》中单列出来，制定了《中华人民共和国反倾销条例》和《中华人民共和国反补贴条例》，从 2002 年 1 月 1 日正式开始实施。为适应新修订的《对外贸易法》，国务院对 2002 年 1 月 1 日实施的条例进行修订，新的《中华人民共和国反倾销条例》和《中华人民共和国反补贴条例》于 2004 年 6 月 1 日正式实施。

2001 年 10 月 31 日国务院第四十六次常务会议通过了《中华人民共和国保障措施条例》，自 2002 年 1 月 1 日起施行。因进口产品数量增加，对生产同类产品或者直接竞争产品的国内产业造成严重损害或者严重威胁时，国内产业可向商务部申请调查和申请采取保护措施。2004 年 3 月，在总结加入世贸组织两年来的经验的基础上，中国对保障措施条例作了相应的修改。2004 年 4 月重新公布了《中华人民共和国保障措施条例》，于 2004 年 6 月 1 日起施行。

近年来，随着外贸实践的发展，“两反一保”的新条例建立在修订后的《对外贸易法》的基础上，健全了贸易防御和贸易救济措施体系，增强了中国在对外贸易活动中的开拓和主动防御能力。最重要的是充实和完善了中国的对外贸易法律体系，使中国在这一法律框架下，在履行 WTO 义务和相关承诺的基础上，根据中国的具体国情，积极主动地进行贸易防御和市场开拓，遏制国外贸易保护主义，并拓宽了中国的对外贸易和跨国投资。

三、中国“入世”后的法制观念变化

随着中国“入世”后将 WTO 法转化为国内法，推进整个法制建设，法制观念也发生了深刻的变化，其中，法制的透明度观念得以确立，尤为突出。公开性是法制的基本原则之一，任何法律性文件均应颁布。然而，在中国入世前，仅当时的外经贸部条法司负责清理的法规文件中就有行政法规类的“内部法规”110 部，部门规章类的“内部文件”195 份。应该公开的法规文件居然都作为“内部法规”和“内部文件”实施，现在看来简直不可思议，但是，以前人们对于内部“红头文件”秘而不宣都习以为常。这种违背法制基本原则的做法在中国恢复法制多年后依然盛行，一个很重要的原因在于缺乏体制外的约束。中国入世对于改变这种做法至关重要。根据《中国入世议定书》第 2（C）条：“中国承诺只有那些公布的、且为 WTO 其他成员、个人、企业等能够方便了解的对货物贸易、服务贸易、与贸易有关的知识产权或外汇管制有关或有影响的法律、法规及其他措施才会得到实施。”“中国应在实施这些有关的法律、法规及措施前，提供一段合理的时间让有关权威机关听取意见。”于是，公开所有履行 WTO 法的国内法律法规及措施等，并在立法时听取公众意见，成为中国应尽的国际义务。据不完全统计，“入世”以来，仅《国务院公报》公开的行政法规和部门规章及行政措施就多达 4200 多件，商务部则通过《中国对外经济贸易文告》履行《中国入世议定书》要求公布与贸易有关的部门规章及措施等义务。此外，全国人大常委会和国务院法制办及商务部条法司等，分别通过“法律草案征求意见系统”、“法规规章草案意见征集系统”等渠道听取公众对法律法规及措施的制定和实施意见。这种从履行国际义务到工作常态的变化，说明透明度观念已开始扎根于中国的法制。①

① 第乃根：《论 WTO 法制下中国法制变化》，《甘肃政法学院学报》2011 年第 1 期。

第三节　中国参与多边贸易体制的立场

一、"入世"后中国经济的发展

在 2005 年，世界银行发布的《中国与 WTO：入世、政策变革和减贫战略》报告称，中国每年从入世中获得的收益是 406 亿美元。世界银行该课题负责人迪帕克·巴塔萨里进一步阐释道："入世开放和其他与中国入世有关的改革举措每年为中国经济带来 400 多亿美元收益，并使全世界的实际资本收入每年增加 750 亿美元。"此外，该报告还称，"入世"将有助于中国汽车、电子等产业的发展，创造就业机会，"入世"后的改革将导致约 600 万农业人口离开农村，寻求在非农业部门的就业机会，他们的收入将会提高。

入世以来，中国经济呈现了高速增长（见表 2-4）。2009 年全年的国内生产总值为 343464.7 亿元，比上年增加了 8.7%，跃居世界第三；2001 年中国对外贸易额为 5096.5 亿美元，居世界第六位，2009 年为 22075.4 亿美元，仅次于美国排名第二；2009 年年末中国外汇储备额近 2.4 万亿美元，居世界之首。事实证明，入世以来，中国市场经济蓬勃发展，中国的综合国力明显提高，大开放促进了大发展。人民群众也从扩大开放中得到了实惠：就业人口稳步增长，每年新增就业人数达 800 万到 900 万；2009 年的城镇人均可支配收入达 17175 元，比 2001 年的 6860 元增长了 150%；2009 年农村人均收入达 5351 元，比 2001 年的 2366 元增长了 126%；中国的汽车消费量已居世界第二；进口产品总体价格大幅下降，尤其是汽车以及电视机、照相机等家电产品和化肥等取消非关税壁垒和大幅下降的关税，使老百姓得到了实惠；各类进口产品的增加使老百姓有了更多的选择。更重要的是，入世以来中国国民的观念发生了变化，如对实施非歧视原则、国民待遇、政策法规的透明化、政府转变职能以及保护知识产权等的要求已成为国民自觉的意识。

表2-4　**2000—2009年中国GDP、对外贸易、财政收入和外汇储备情况**

年份	国内生产总值（亿元）	对外贸易额（亿美元）	财政收入（亿元）	外汇储备（亿美元）
2000	98000.5	4742.9	13395.23	1655.74
2001	108068.2	5096.5	16386.04	2121.65
2002	119095.7	6207.7	18903.64	2864.07
2003	135174.0	8509.9	21715.25	4032.51
2004	159586.7	11545.5	26396.47	6099.32
2005	185808.6	14219.1	31649.29	8188.72
2006	217522.7	17604.0	38760.20	10663.44
2007	267763.7	21737.3	51321.78	15282.49
2008	316228.8	25632.6	61330.35	19460.30
2009	343464.7	22075.4	68518.30	23991.52

资料来源：中国统计年鉴2010，国家外汇管理局（中国外汇储备2000—2009年）。

二、中国参与多边贸易体制的原则和立场

作为多边贸易体制的成员，作为发展中大国和贸易大国，中国在参与多边贸易体制、推动多边贸易体制发展方面有自己的基本立场，有所作为。维护国家利益是中国政府参与多边贸易体制的出发点，参与多边贸易体制的立场既要符合中国国家利益，又要有利于多边贸易体制的发展。

（一）中国参与多边贸易体制的基本原则

对外开放是中国的基本国策，在更大范围、更广领域、更高层次上参与国际经济技术合作和竞争，可以更好地促进国内发展与改革，切实维护国家经济安全。参与多边贸易体制，是中国融入世界经济的主要方式之一。中国在参与多边贸易体制方面采取的总体战略应是“互利共赢、和谐发展”。“互利共赢”是中国的开放战略，也是中国参与多边贸易体制的基点。“互利共赢”意味着中国既要

享受多边贸易自由化的成果，也应做出进一步开放市场和深化改革的举措，使中国的经济发展不仅有利于中国和平进步，而且要对全球经济和贸易发展作出贡献；“和谐发展”是指多边贸易体制与各成员之间、成员与成员之间以及多边贸易体制与其他国际经济组织之间的共处与合作的和谐状态。中国作为一个发展中国家，在参与多边贸易体制的过程中，要注意团结其他发展中成员，借助集体谈判力量在多边贸易体制中争取正当的权益；同时，中国作为一个由贸易大国走向贸易强国的国家，也要处理好与主要发达成员的经贸关系，为中国的发展争取和平、宽松的外部环境。中国应以更广阔的视角，从更大的范围、更长远的未来利益来考虑和衡量价值取向，作出行为选择。中国政府应注重对公众信息交流的公开性、及时性和充分性，使公众了解多边贸易体制面临的问题和发展的趋势，并使公众了解中国政府参与多边贸易体制所持的基本立场和原则。中国政府的决策必须考虑社会不同领域、不同主体之间的利益差别，在多元的利益主体间求得利益的协调和均衡，政府必须扩展服务的范围和力度，提高服务质量，促进中国整个社会和谐发展。贸易自由化不仅仅带来国家整体福利的提高，也会引起国内收入的重新分配，平衡好国内不同要素所有者的收入，缩小国内收入差距，是中国深化改革必须解决的问题，这也是中国参与多边贸易体制和获得公众支持的根基所在。

（二）中国全面参与多边贸易体制的立场

世界上没有任何一种制度安排是完美的，多边贸易体制也不例外，有些时候多边贸易体制自身遇到的问题可能并不比要解决的问题少。虽然多边贸易体制目前面临着一些挑战，但任何一个成员都应该积极地寻求解决之道，并以动态的眼光看待多边贸易体制面临的挑战和未来的发展趋势。我们坚信，健康、开放、公平、有序的多边贸易体制对中国是有利的。它不仅有利于中国经济和贸易发展，也有利于中国进一步深化国内改革，同时它还会为中国在一个相对稳定的、可预见的国际经济环境里实现和平发展的强国理想创造有利的外部条件，中国应该以积极的态度全面参与多边贸易体制。

1. 加强公平的多边贸易体制建设

多边贸易体制要想保持其制度安排的合法性，就必须做到公平。只有公平的多边贸易体制，才能获得众多成员广泛的支持和积极的参与，才能在贸易政策的国际协调和合作上达成更深层次的共识。具体体现为：保证发展中成员权利和义务的平衡；保证发展中国家贸易和发展的机会；保证规则制定过程中发展中国家有充分的参与度和话语权；保证规则的执行过程中既要维护多边贸易规则的权威性，又要兼顾发展中国家发展的特殊需要。充分尊重发展中国家的经济发展目标；发达国家应当切实履行在乌拉圭回合协议中承诺的义务，改进发展中国家的市场准入环境；制定新的贸易规则，必须有发展中国家的充分参与。

发展中国家在多边贸易体制中面临着不平等待遇，既表现为“结构性不平等”，也表现为“制度性不平等”，结构性不平等体现为参与多边贸易谈判需要足够的人力、财力、参与能力和讨价还价的能力，而这些正是大多数发展中国家所欠缺的；制度性不平等体现为多边贸易谈判议题的选择和确定更多地符合发达国家的利益，造成的发展中国家享受的权利和承担的义务不平衡。因此必须纠正现有多边贸易规则的不平衡。中国支持多哈回合达成平衡的协议，所谓平衡，不是发达国家各自在谈判中有得有失的自我平衡，而必须是有助于发展中国家的全面平衡。多边贸易体制应为发展中国家提供足够的政策空间，促进发展中国家更多地参与世界服务贸易。

2. 促使多边贸易体制效率的提高

无论是制定规则的决策程序和谈判机制，还是执行规则的争端解决机制，抑或监督规则的贸易政策审议机制，都应该提高效率。多边贸易体制的运行机制在当初设计的时候，因为当时成员较少、议题较少、管辖范围较小，并没有承担这么大的工作负荷；而现在多边贸易体制的成员达到150个，以后还会继续增加，议题不断增多，管辖范围也日益扩大，现有的运行机制，包括现有的机构资源，都面临着相当大的压力，提高效率，是解决多边贸易体制面临挑战的根本出路之一。

3. 更加专注于贸易发展问题

多边贸易谈判谈判议题的确定、谈判成果的达成和执行难度越来越大，政治敏感性越来越强，相互协调立场的难度不断增大，相互妥协和合作的可能性相应减小。多边贸易体制是一个负责处理贸易问题的多边制度安排，它既不应该也没有能力承担过多的非贸易领域问题的管辖。对管辖范围和涉及领域进行适当的收缩，有助于多边贸易体制更专注于贸易发展问题。

对环境问题、劳工标准、竞争政策等问题进行国际协调有其必要性，但是目前多边贸易体制应该进行内涵的深入而不是外延的扩展，这才是对多边贸易体制发展最有利的，适当收缩管辖范围，将议题的范围界定得更专注、更务实，才能取得实质性的多边贸易谈判成果，使所有的成员特别是发展中成员受益。非贸易问题应由其他国际机构或组织进行讨论，并在适当时候进行协调，但是多边贸易体制不应成为这些问题的谈判场所。

4. 加强透明度的制度建设

提高多边贸易透明度，既包括内部透明度的提高，也包括外部透明度的提高。对发展中成员，应提高决策过程的透明度，在保证其充分参与度的前提下，要保证多边贸易谈判的整个程序更加公开透明，让发展中成员更好地了解多边贸易谈判的进程、存在的问题和发展的方向。加强贸易政策审议机制，发挥贸易政策审议机制的透明度工具的作用，成为多边贸易体制与成员之间、成员与成员之间、多边贸易体制与市民社会之间、成员政府与市民社会之间沟通的桥梁。

（三）以实用主义的态度利用WTO

中国在多边贸易规则的制定和执行中，要采取灵活务实的态度。既要维护多边规则的权威性，又不墨守陈规，有选择地进行变通，既寻求多边贸易体制的贸易自由化，又借助区域贸易合作的推动力，以实现中国国家利益最大化目标。中国入世来一直是“双反一保”措施全球最大的受害者；随着出口商品结构的优化，中国又成为美国“337”调查、知识产权案的最大攻击对象；以产品安全、环境保护、企业社会责任为由的贸易壁垒层出不穷。在汇率形成机制问题上中国面临强大的国际压力，尽管中国领导人多次强调“世界经济失衡与贸易政策无关，人民币升值无助于解决贸易顺差及一些国家的失业问题”，但国际压力已迫使人民币快速升值。寄希望于入世解决中国在国际贸易中面临的不公平待遇是幼稚的想法，中国应该以实用主义和务实的态度利用WTO。

1. 恪守入世承诺，承担相应的多边义务

多边贸易体制是一个进行国际利益协调的制度安排，既然承认成员利益的存在，就必须承认成员追求和捍卫自身利益的权利。多边贸易体制应充分尊重中国作为发展中国家的经济发展目标及与之相适应的渐进的市场开放模式。在世界十大贸易体中，中国是唯一的发展中国家。中国已成为名副其实的货物贸易大国，加入WTO后，在世界货物贸易额中的份额也在不断上升。

但是，中国在国际货物贸易发展中，仍处于贸易粗放增长阶段，外贸发展的规模与效益不对称，出口商品结构中高附加值、高新技术产品比重低；出口产品附加值低，物耗、能耗高、环保要求差；出口结构以外资企业、加工贸易为主；缺乏世界名牌产品；国内缺乏具有国际竞争力的生产流通企业。中国服务贸易整体发展水平还不高，优势部门有限，服务贸易和货物贸易呈非均衡发展，服务贸易在中国整体贸易中比重还很低；中国服务贸易收支主要集中在旅游、运输和其他商业服务，高附加值服务产业落后，制度和技术创新能力不足；中国尚未进入大规模对外投资阶段，中国对外投资和中国吸引外资的规模和层次明显失衡，中国还不是贸易强国。

转变贸易增长方式，优化进出口商品结构，提高附加值、高技术产品的出口比重，提高服务贸易的份额和水平，提高对外贸易的技术溢出和产业带动效应，发挥吸引外资和对外投资的互连互动作用，这些都决定了中国在由贸易大国走向贸易强国的过程中，要进一步扩大开放并提高对外开放水平。多边贸易体制的目标是建立一个“开放、公平、无扭曲竞争”的全球性市场体系，这与中国发展市场经济和继续扩大对外开放的目标是一致的。中国应充分利用大国优势影响贸易条件，使其向有利的方向发展，并以更加开放的态度对待进口，进一步减少进口限制和障碍，促进国内技术进步，加速产业结构向高级化发展；借助全球贸易与投资自由化和便利化提升中国在国际产业分工中的地位，统筹处理好经济发展与全球贸易化的关系。

2. 积极维护经济主权，求得整体利益平衡

在参与多边贸易体制和加强多边贸易体制的过程中，经济主权的行使应该是一个动态的概念，没有经济和贸易的发展，维护经济主权就会成为一句空话，维护经济主权的能力是建立在贸易和经济实力基础之上的，综合国力的增强和国际竞争力的提高，才是维护国家主权的关键。中国参与多边贸易体制，有利于中国改革开放和经济发展。中国坚持以发展中国家身份加入 WTO，并坚持权利与义务平衡、循序渐进的开放市场原则，就是为了确保国家经济安全和维护国家主权。

对于国家安全、领土完整等独享主权，既不可以分割，也不可以让渡；对于经济利益等共享主权，中国同意在平等互利、利益均衡的前提下进行让渡和共享，因为只有自主、自愿让渡部分经济主权，自愿接受多边贸易规则的约束，才可以获得多边规则的保护，为中国参与全球经济竞争创造良好的国际环境。一个国家参与国际分工的水平高低和利用全球资源配置的能力大小决定一国经济发展的速度和质量，从而决定其捍卫经济主权的能力。

作为多边贸易体制的成员，享有经济权益的同时必须负担相应的多边义务，各成员政府要对原先享有的经济主权在一定的范围和程度上进行自我限制。中国要考虑的，不仅仅是对于主权应该固守还是退让，更重要的是思考应该采取哪些手段、建立哪些机制，富有成效地坚守国家经济利益。中国应该构建多边贸易体制下的国家主权保障机制，健全国内立法，用国内立法和司法保障国家主权不受侵犯。在遵守多边贸易规则的同时，有效地利用多边贸易规则，并积极维护国家经济安全。当然，当维护国家利益和遵守多边贸易规则发生重大冲突时，中国国家利益的维护必须优先于多边贸易规则的遵守。①

① 引自屠新泉：《中国在 WTO 中的定位、作用和策略》，对外经贸大学博士论文，2004 年。

3. 积极参与多边贸易谈判，追求共同发展

一个成员积极参与多边贸易体制活动，是确保其自身利益通过多边贸易体制的运行机制和多边贸易规则得到反映和充分实现的途径，这种参与包括：积极参与多边贸易规则的设计；在多边贸易谈判中界定和主张自己的利益，并围绕这些利益进行贸易"减让"的交换；有效地利用已确立的规则和机制来维护自身的利益。

多边贸易体制是一个基于规则的体制，一个成员从多边贸易体制中获得利益与掌握规则的制定权有密切关系，现行的多边贸易规则反映了既定的国际贸易利益格局。中国要想获得更多更大的利益，势必要借助自身的经济实力和贸易实力，与多边贸易体制中其他成员在规则的制定上进行竞争和合作，改变现有贸易利益格局，从全球利益的重新分配中获得收益。

多哈回合是WTO成立以来举行的第一轮多边贸易谈判，也是中国加入WTO以后参加的首次多边贸易谈判，中国对积极推动多哈回合的立场坚定不移。在坎昆会议和香港会议上，发展中国家团结起来，开始走上历史舞台并发挥独特的作用，发达国家开始感受到广大发展中国家的力量。中国作为一个迅速发展的贸易大国，应该也必须拥有自己的话语权，积极争取更有利于中国的规则。韬光养晦并不意味着被动退让，只有积极主动参与多边贸易规则的制定，全面、主动把握权利与义务的对等关系，才能实现和彰显国家利益。①

4. 运用多边贸易规则，妥善处理贸易争端

规则基础上的多边贸易体制决定了成员应积极遵守规则、执行规则、监督规则，当发生利益冲突和贸易争端时，运用规则妥善解决贸易摩擦和争端，而不是动辄采取贸易战或诉诸单边行动。

随着中国贸易额和贸易量的不断增加，在世界贸易额中的排名不断上升，中国面临的贸易摩擦也日益增多，贸易争端形势不容乐观，中国已经步入国际贸易摩擦的高发期。善用争端解决机制，是

① 引自樊瑛：《多边贸易体制：绩效、挑战和解决之道》，对外经贸大学博士论文，2006年。

中国有效参与多边贸易体制的最佳途径。

虽然争端解决机制不尽如人意，但是WTO争端解决机制在争端解决中发挥的正面作用大于负面效应。作为WTO成员，我们在应对争端过程中，应积极地利用这一机制，利用规则允许的各种条件，为中国国内经济健康、有序、高效发展争取良好的外部环境。应对贸易摩擦和贸易争端，中国应建立健全妥善应对国际贸易争端的机制，包括争端解决机制的国内政策程序，善于应用国际通行规则发展和保护自己。中国应建立贸易摩擦预警系统，及时跟踪和监督各成员贸易政策动向，关注主要贸易国的贸易立法、贸易救济措施的调查启动、重大国内政治活动，进行大量的调查、统计和技术性支持，进行必要的技术储备和人才储备，将贸易争端防患于未然；积极推荐中国专家参加专家小组和进入上述机构；积极争当争端解决的第三方当事人，获得大量的国际贸易信息，了解大量的有关各国贸易管理制度的信息和各国的贸易体制，包括其法律规定和实际运转情况，这些信息对中国未来对这些国家的贸易，以及参照制定中国的贸易管理体制，都具有很重要的价值；同时作为第三方参与，可以积累经验，以便更好地利用争端解决机制化解贸易摩擦、保障中国企业的合法权益。

5. 在多边贸易体制框架下进行区域经济合作

参与多边贸易规则制定是中国努力的方向和长远目标。短期内，中国应本着灵活务实的态度，积极参与区域贸易合作，统筹参与全球多边合作与区域合作间的关系。通过参与区域贸易合作，使本地区各国感到中国的经济增长给本地区带来的不是威胁而是机遇，这样，本地区国家就不会联合起来遏制中国的经济增长；中国需要缓解周边地区（特别是东盟国家）对中国经济增长的恐惧。中国的和平崛起，是世界安全的保障而不是威胁，同样，中国的和平崛起也是地区安全的保障而不是威胁。

中国参与区域贸易合作的政策目标是全面的，既服务于国内经济需要，避免在国际贸易格局中处于劣势地位，同时也发挥为多边贸易体系建立积累经验，促进新贸易规则的确立与实施，推动多边贸易自由化的作用。

就世界整体利益而言，多边的贸易制度安排被证明优于其他制度安排。也许一个国家选择区域主义符合自己的利益，也可以在短期内实现利益最大化，但从长期看，如果任由区域主义泛滥并侵蚀多边贸易体制，其结果将使所有成员在全球贸易自由化进程中取得的艰辛成果消失殆尽。多边贸易体制是加强世界各国（地区）经济依存的有效工具，在这个体制中，无论是大国还是小国，无论是强国还是弱国，都有着共同的利益。

第三章 WTO 与中国货物贸易的发展

随着中国改革开放的深入和市场经济的发展，中国的货物贸易持续保持高速增长，中国已成为贸易大国。但是中国仍然不能被称为贸易强国，中国的货物贸易结构和方式还存在很多不合理的地方。在加入 WTO 后，中国面临着货物贸易结构和贸易方式的调整。因此了解并熟练运用 WTO 有关货物贸易的各项规则，我们在对外贸易中才不会处于被动和不利的地位。

WTO 管辖的最基础的货物贸易协议是《1947 年关贸总协定》。在此基础上产生的一系列有关货物贸易的单独协定成为其重要补充，它们总体上可分为三类：即规范特定商品的多边货物贸易规则、促进公平贸易的多边货物贸易规则、维护经济安全的多边货物贸易规则和规范非关税壁垒的多边货物贸易规则。鉴于对规范非关税壁垒的多边货物贸易规则在第四章中专门介绍，本章只介绍前三类多边货物贸易规则。

第一节 规范商品贸易的多边货物贸易规则

一、WTO 规范特定商品的多边货物贸易规则

（一）农业协定

农产品贸易问题一直是多边贸易体制中十分复杂的问题，发达国家通过设置贸易壁垒和对本国农业的支持政策，阻止国外廉价农产品进入，使得农产品贸易极度扭曲。乌拉圭回合谈判历经 7 年多，达成了《农业协定》，目的是要将各成员方以非关税形式出现的进口限制纳入到关税化的约束之中，并减少各国对农业的出口补

贴。为了保证《农业协定》中对农产品的支持和保护措施不受到其他WTO协议规则的削弱或抵消，《农业协定》第21条规定："《1994年GATT》和《WTO协定》附件一中的其他多边贸易协定应在本规定前提下适用。"即在与其他协定产生冲突的情况下，《农业协定》具有优先权。具体来看，农产品自由化改革主要包括以下几个方面：

1. 市场准入

农产品的市场准入既包括关税减让，也包括其他市场准入的承诺（主要指非关税措施的削减）。

第一，非关税措施的关税化。各成员方在其承诺范围内，将采取的非关税措施转换成同等程度的关税措施，再加上产品原有的正常关税税率构成混合关税，然后再逐步降低混合进口税率。这里的非关税措施包括进口数量限制、进口许可、自动出口限制以及通过国营贸易维持的非关税措施等。如果一成员方不将其实施的非关税措施转换成关税，则其必须保证每年以较低的关税水平进口一定量的外国农产品，称为最低市场准入机会。

在非关税措施关税化方面，《农业协定》允许以下几种例外情况存在：根据《农业协定》附件五（1）的规定，非关税措施的关税化在1995—2000年的实施期内，将不适合于下列条件的初级产品及转型产品、加工产品：（1）在1986—1998年三年基期中进口的上述产品仅占国内该产品消费量的3%以下；（2）在三年基期中，未向上述产品提供任何出口补贴；（3）对初级产品采取了有效的限产措施；（4）在成员方减让表中被指明属于享受粮食保障、环境保护等特别待遇的产品；（5）上述产品的最低市场准入机会在市场准入开始实施时相当于国内消费的4%，此后在实施期内每年增加0.8%。

根据《农业协定》附件五（2）的规定，非关税措施的关税化在1995—2005年的实施期内，不适用于符合下列条件的发展中国家成员方传统饮食中作为主食的初级农产品：（1）前述例外规定的第1项至第4项；（2）发展中国家成员方承诺的该产品的市场最低准入机会在实施期开始时相当于国内消费的1%，以后每年平均递增，至实施期结束增至国内消费的 4%。

上述规定在实施期结束后是否继续适用，应在实施期结束前由各成员方谈判达成协议。如果谈判结果是某一成员方可继续适用这些例外规定，则它应作出相应的市场准入承诺；如果谈判结果是不再对某一成员方继续适用这些例外规定，则该成员方所保留的非关税措施应自例外规定停止适用的当年年初起实施关税化，同时该成员方应将上述产品的最低市场准入机会维持在相当于国内消费的 8% 的水平上（对发展中国家成员方的初级产品而言，则维持在国内消费 4% 的水平上）。

成员方对将非关税措施关税化后，发生下列情况时可征收额外的附加税，作为特别保障措施。一是关税化后农产品的进口数量增加，超出基期进口量的特定比例，但此情况下征收的附加税只能持续到当年年底，其数额不能超过当年普通关税水平的三分之一；二是进口产品的到岸价格低于基期平均进口价格（又称启动价格），协议给出了附加税的具体计算方法。

第二，削减关税率。各成员方承诺在实施期内按一定比例逐年削减关税税率。其中，发达国家成员和经济转型国家均承诺在协议实施期内（1995—2000 年）平均削减 36% 的关税率；发展中国家成员方在其协议实施期内（1995—2005 年）平均削减 24% 的关税。同时，为了防止某些成员方出于保护本国特定农产品的目的，对于无关紧要的产品多削减，对需要保护的农产品少削减或不削减，协议还规定了每一项产品的最低削减幅度：发达国家为 15%，发展中国家为 10%，最不发达国家则不承担农产品关税削减的义务。若产品不受非关税措施限制，其关税减让以约束关税水平为基础进行计算；如果关税没有被约束，则关税减让以 1986 年 9 月 1 日的关税水平为基础。

第三，最低关税配额准入。关税配额是指成员方承诺对有关产品每年关税配额准入量内的进口按较低税率（配额内税率）征收关税，超过配额准入量的进口则按较高税率（配额外税率）征税。各成员方的关税配额准入量应至少保持在实施期开始之前的水平上，即不低于基期（1986—1988 年）的平均进口量；如果这一进口是不足国内近3年平均消费量的3%，则应以3%确定配额量，并承诺配额在实施期内逐年递增，至实施期末达到国内消费量的5%。这里所指的配额准入量是市场准入机会，不是最低购买义务。

2. 国内支持承诺

国内支持是各成员方对农产品实施的价格支持、直接支持以及其他补贴形式的国内保护措施，《农业协定》及各成员方的具体承诺规定了各成员方削减国内支持的义务，以及可免除义务的几种例外情况。

第一，逐年削减国内支持。各成员方承诺对其给予国内农产品生产者的所有保护措施（协议规定可免除减让义务的措施除外）予以削减。具体的削减方法是：先计算出各成员方在1986—1988年基期内对农产品实施保护措施的"国内支持总量"(属于协议规定的可免除减让的措施不应计算在内)，然后规定一定的逐年削减比例予以执行。计算"国内支持总量"的基础，是单个产品的平均国外参考价格与其国内实施的政府管理价格之差乘以生产数量。具体的减让比例是：发达国家6年内平均削减国内支持总量的20%，发展中国家在10年内削减国内支持总量的13.33%。

第二，可免除减让的措施。根据《农业协定》附件二的规定，符合下列条件的国内支持措施可以免除削减义务：一是所提供的支持是通过由公共基金建立的政府计划来提供的；二是有关支持不属于生产者提供的价格支持；三是有关支持措施对贸易的扭曲和影响作用极微小。根据《农业协定》第6条、第7条和附件二的规定，下列国内支持措施属于可免除减让义务的措施：（1）在农业研究、病虫害控制等方面的政府开支；（2）为食品安全的目的而采取的储存措施；（3）国内食品援助补贴，指对部分食品援助的人口提供补贴，包括支出或税收免除；（4）直接向生产商提供财政或实物的支出；（5）发展中国家成员方采取的下述农业补贴不应承担削减义务：根据乌拉圭回合中期评审协议而采取的政府为鼓励农业发展的措施，包括发展中国家成员方的农业普遍获得的投资补贴和低收入成员方缺乏财力的生产者普遍获得的农业投入补贴，以及发展中国家为鼓励从种植非法麻醉品作物转向支持生产而给予生产者的国内支持措施；（6）当对农业生产上的国内支持不超过该产品当年生产总值的5%时，可以不计入“支持总量”而不承担削减义务，对发展中国家而言，上述比例为10%；（7）根据限制产量的计划给予的下述直接支持不受国内支持减让的约束：该支持是根据指定地区和产量给予的，该支持数额限于限制产量产品生产的85%或以下，对牲畜的直接支持是按限定的头数给予的。

3. 出口补贴削减义务

第一，应实施减让的出口补贴范围。根据《农业协定》第9条的规定，下列出口补贴应服从协议规定的减让义务：（1）政府或其代理机构根据出口实绩向企业、行业、农产品生产者提供的各种直接补贴（包括实物支付）；（2）政府或其代理机构以低于市场价格的低价出售非商业性的农产品库存以供出口；（3）官方资助农产品的出口，包括出口退税行为；（4）为降低出口经营成本而提供的补贴，包括农产品的处理、分级或其他加工成本补贴，以及提供优惠的运输费用等；（5）由政府以比国内运输价格更优惠的条件提供或代理的出口装运；（6）向合并入出口产品的农产品视其合并程度提供的补贴。

第二，出口补贴的减让承诺。以1986—1988年的平均数值作为基数，发达国家成员方在实施期内（1995—2000年）将农产品出口补贴金额和受补贴农产品的数量分别削减36%和21%；发展中国家成员方在实施期内（1995—2005年）将农产品出口补贴金额和受补贴农产品的数量分别削减24%和14%。

第三，可以超出承诺实施出口补贴的情况。在削减出口补贴的实施期内的某一年度，成员方可以提供相应的出口补贴，这一补贴可以超出成员方承诺的某一农产品相应的减让年水平和受减让承诺的农产品的数量，但超出的幅度应控制在：（1）从实施期开始至期中某一年度，这类补贴的预算支出累计数额超出其承诺的削减幅度的部分低于基期水平的3%；（2）从实施期开始至期中某一年度，享有这类出口补贴的产品的累计出口数量超出其承诺的削减幅度的部分低于基期数量的1.75%；（3）在整个实施期内，这类出口补贴的预算支出总值和自这类补贴中获益的产品数量总值不能高于该成员方减让表中承诺的相应数额总和。

长期以来，农产品国际贸易领域存在着过度支持与过分歧视两个极端，农产品国际贸易因此极度扭曲，而《农业协定》反而在某种程度上加剧了这些矛盾（李亮，2008），在《农业协定》市场准入、出口补贴和国内支持等规则的后续谈判过程中，解决这个问题的关键是增加发展中国家使用农业国内支持措施的灵活性，降低发达国家的农业国内支持。

4.《农业协定》简评

农业协定是整个 WTO 协议框架中最为复杂的协议之一，它使农产品回归多边规则，使传统的农业贸易保护主义得到了一定程度的遏制，为世界农产品贸易创造了一个公平交易的环境，也为成员方特别是发展中国家主张自己的权益提供了一个多边化的平台。但是，农业协定本身还存在不少问题，因而协定的实施效果也并不如人意。

第一，协定本身设计的不公平性。《农业协定》以工业国家的农业措施现状为前提，以大多数发达国家的需要将生产和扭曲贸易行为制度化。《农业协定》给了他们法定的权利去继续扭曲农业市场。因为“绿箱”和“蓝箱”政策免除削减的义务，其他国内支持措施尽管逐年削减，但支持水平仍然是相当高的。

第二，《农业协定》的执行效果不尽如人意。乌拉圭回合结束至今，关于《农业协定》的执行，发展中国家有许多失望，WTO 在实施乌拉圭回合所达成的协定时存在不平衡。发达国家对与发展中国家贸易利益密切的《农业协定》的实施，采取拖延的态度；农产品关税仍然过高；农产品贸易自由化的实际影响仅限于各国对最低市场准入量和削减出口补贴的承诺。

第三，《农业协定》未能顾及农业在发展中国家和发达国家扮演的角色不同。从事农业是许多发展中国家大多数人民的一种生活方式，大多数发展中国家政府的农业政策目标是提高农业生产力。比较起来，工业国家农业政策的主要目标似乎是使少量农业劳动人口的收入和工业劳动人口的收入平等。《农业协定》的规范更多地体现了发达国家农业生产者的诉求。

第四，《农业协定》对于“粮食安全”问题事实上并没有较为诚挚的承诺。尽管《农业协定》的序言和附件二（绿箱政策）中提及粮食安全，但仍然没有试图对粮食安全的概念进行界定或者列举任何明确的措施使发展中国家能够处理他们所关注的粮食安全。此外，除了附件五的特别例外，《农业协定》并没有区分为了粮食安全需要的主要食物和其他农作物之间的关系，考虑到农业对世界贫困人口生计的中心地位，这是协定的一个严重疏漏。

第五，缺少灵活性的措施以矫正畸形的税率结构。当许多国家将非关税壁垒转化为关税壁垒时，采用了大大高于这些非关税壁垒保护水平的关税税率。美国、欧共体、日本和加拿大等发达国家和地区，自乌拉圭回合协议实施以来，在对从发展中国家进口产品征收的关税中仍有 10% 以上的从价税率高于 12%，其中一些重要产品的关税高达 300% 以上。同时，发达国家故意利用“蓝箱”措施和“绿箱”政策例外措施，千方百计逃避国内支持措施削减义务。由于削减目标是综合支持量的削减，不少成员方通过在其他方面较大比例的削减，来缓解最敏感部门的压力，使协议的削减目的不能实现。乌拉圭回合谈判实际上给发达国家预留了巨大的农业保护空间，对国际农产品贸易仍然会产生较大的扭曲作用。①

（二）《纺织品与服装协定》

在世界贸易组织建立之前，世界纺织品、服装贸易一直游离于关税与贸易总协定规则之外，置于《多种纤维协定》的管辖之下，允许纺织品和服装的主要进口国通过配额等数量限制措施维护“竞争秩序”。乌拉圭回合达成的《纺织品与服装协定》明确规定了纺织品与服装贸易回归总协定体制的进程，即通过十年的过渡期，使之与其他货物贸易一样，完全由《1994 年关贸总协定》来调整，而不再是一个例外商品了。

---

① 参见王浩云、任勇：《WTO〈农业协定〉的主要缺陷及对多哈回合的展望》，载《经济师》2005 年第 8 期。

1.《纺织品与服装协定》的一般原则

该协议在序言中声明，在强化关贸总协定规则和纪律的基础上，以《多种纤维协定》为基础，将纺织品与服装贸易分阶段、逐步纳入总协定的体系中；强调各成员方同意给予纺织品、服装的供应者市场准入方面的实质性增长，为纺织品、服装领域的新的参加者提供发展其贸易的机会；此外，还应照顾棉花生产与出口成员方的特殊利益，对未加入《多种纤维协定》的成员方以特殊照顾。上述规定主要体现了给予最不发达国家及发展中国家特殊优惠待遇的原则。为了加快纺织品、服装部门纳入关贸总协定的一体化进程，协定要求各成员方进行持续的、自动的产业调整，防止产业结构过于单一，以增强其在市场中的竞争力。

2. 纺织品与服装贸易的一体化进程

协定要求纺织品和服装贸易以十年时间，分四个阶段，最终全部纳入关贸总协定的体制。一体化进程具体包括以下几个阶段：

第一，在世界贸易组织协定生效之日（1995年1月1日），各成员方将其1990年进口的纺织品、服装产品总量不少于16%的产品纳入1994年关贸总协定。纳入产品应包括以下四组产品中的每一组：（1）毛条和纱；（2）机织物；（3）纺织制成品；（4）成品服装。

第二，在世界贸易组织协定生效后的第三十七个月的第一天（1998年1月1日），各成员方将其1990年进口的纺织品、服装产品总量的不少于17%的产品纳入1994年关贸总协定。同样，纳入的产品清单中应包括上述四组产品中的每一组。

第三，在世界贸易组织协议生效后的第八十五个月的第一天（2002年1月1日），各成员方将其1990年进口的纺织品、服装总量的不少于18%的产品纳入1994年关贸总协定。纳入的产品仍应包括上述四组产品中的每一组。

第四，在世界贸易组织协议生效后的第一百二十一个月的第一天（2005年1月1日），各成员方将其1990年进口的纺织品、服装产品的其余部分全部纳入1994年关贸总协定。即纺织品与服装部门于2005年1月1日，全部按关贸总协定规范运行，全面取消数量限制，利用关税保护纺织品与服装业。

在取消数量限制的同时，协议还要求每一发达国家成员对过渡期内仍受限制的产品，其进口配额每年应相应增加。各阶段的具体要求是：

第一阶段，自世界贸易组织生效之日至其生效后的第三十六个月的期间，各成员方之间根据《多种纤维协定》签订的双边协议中规定的纺织品、服装配额水平，每年应以不低于 16% 的增长率增加。第二阶段，自世界贸易组织生效后的第三十七个月至第八十四个月的期间，配额水平应以每年不低于 25% 的增长率增加。第三阶段，自世界贸易组织协定生效后的第八十五个月至第一百二十个月的期间，配额水平应以每年不低于 27% 的增长率增加。

任何世贸组织成员方所实行的非《多种纤维协定》的限制性措施和关贸总协定下没有被认可的措施，应于 1996 年前使其与关贸总协定一致或在不超过协议规定的有效期内，即于 2005 年以前逐步取消。

3. 反规避措施

规避措施是指成员方以转运、变更航线、谎报原产国或原产地、伪造正式文件以及谎报纤维成份、数量、货品名称或商品归类等手段，阻挠纺织品、服装部门纳入关贸总协定的一体化进程。反规避的规定具体如下：

（1）磋商。如果任何成员方认为其他成员方在实施规避行为，并且没有任何措施被用来制止这一规避行为，或者已采取的措施不足以制止规避行为，则该成员方可提出与有关成员方进行磋商，以找出一种双方满意的解决办法。这一磋商应尽可能在 30 天内进行。如果磋商未能达成双方满意的解决办法，则有关的成员方可将此事提交纺织品监督局，请其提出建议。

（2）对规避行为的调查。各成员方承诺在符合其国内法律和程序的前提下，对发生在其境内的规避行为予以调查，以便在规避行为发生在其境内的进口地、出口地或转运地时协助有关成员方澄清事实。上述调查行动具体包括：尽可能地交换有关单证、电函、报告及其他资料；应其他成员方请求，为其去工厂访问和接触提供方便。

(3) 反规避行动。如果经过调查，有足够的证据证明确实存在规避行为，各成员方承诺在必要范围内采取恰当的反规避行动。这类行动包括：不准货物进入；如果货物已经进入，则在考虑了实际情况和真正原产地或原产国卷入情况后，将费用调整到限制水平，以反映真正的原产国；如果某一成员方领土被作为货物过境地使用，则可采取对转运地成员方实行限制的措施。成员方在采取上述措施之前，应与各有关成员方进行磋商，以找到双方满意的解决办法。各成员方就其采取的上述行动应向纺织品监督局通报。

4. 过渡期保障机制

在纺织品、服装贸易回归自由化的十年过渡期中，如果某一成员方有证据证明某一产品进入其境内的数量剧增，以致对其境内同类产品或有直接竞争的产品的生产造成严重损害或产生直接威胁时，可以对该产品的进口实行数量限制等保护性措施。成员方实行过渡期保障措施必须符合以下规定：(1) 保障机制适用的产品对象是《纺织品与服装协议》附件中所列的产品，但其中根据一体化进程已纳入关贸总协定的产品除外。此外，根据协议附件第2条的规定，保障措施适用的对象是特定的纺织品、服装产品，而不是以协调制度税目本身的产品为基础而采取的行动。(2) 实施保障措施的成员方是指那些在过渡期内没有继续保持对纺织品、服装贸易的各种限制措施的成员方。这些成员方如果希望获得实施过渡期保障措施的权利，应在世界贸易组织协定生效后60天向纺织品监督局通报。(3) 在对某一产品的进口激增是否造成对国内产业的严重损害或产生实际威胁作出判断时，应考虑该产品以下因素的变化：该产品的产量、生产率、开工率、库存、市场份额、出口、工资、国内价格、利润、投资等。但这些因素的某一项或某几项都不一定必然导致肯定的结论。(4) 在决定是否采取过渡期保障措施时，应特别考虑下述成员方的利益，给予他们一定的优惠待遇：最不发达国家成员方；纺织品、服装出口总量小于其他成员方出口总量，或其出口仅占进口成员方该产品进口总量很小的比例的成员方；其经济以及纺织品、服装贸易主要靠毛纺部门，并且其纺织品、服装贸易的总量在进口成员方市场上仅占较小比例的主要生产羊毛的发展中国家成员方；加工贸易占其纺织品、服装贸易重要比例的成员方。

协定规定，准备采取过渡期保障措施的成员方，应首先与将要受到影响的成员方进行磋商。提出磋商请求应包括以下资料：认定存在严重损害或实际威胁的证据；认定从某一成员方进口的产品造成对本国产业严重损害或产生实际威胁的证据；准备实施的限制的确切水平。磋商应立即举行，正常情况下应在接到请求之日后的60天内完成。磋商请求以及经磋商达成的协议均应提交纺织品监督局。

经60天磋商未达成协议时，拟采取保障措施的成员方可在60天协商期过后的30天内实施限制措施，同时应将此事提交纺织品监督局，纺织品监督局有权对此限制措施进行审查。在非常紧急的情况下，成员方可采取临时保障措施，但必须在采取措施后不超过5个工作日内发出磋商请求和通报纺织品监督局。过渡期保障措施的实施期限最长为3年，或者这项产品纳入关贸总协定时应停止实施。

根据《纺织品与服装协定》附件第3条的规定，过渡期保障机制对下列情况不适用：发展中国家成员方乡村工业手工梭子织物，或以此类手工梭子织物件制成的乡村手工业产品，或传统的民间手工业服装产品；在1982年以前国际贸易中具有历史意义的纺织产品，如黄麻、椰子壳纤维、剑麻、蕉麻、绳索等；纯丝产品。

在10年的过渡期结束后，从2005年1月1日开始，纺织品贸易终于回归多边贸易体制，但是，在中国加入WTO的谈判过程中，《中国加入工作组报告》第242段设置了专门针对原产于中国纺织品的特殊保障制度，从2005年1月1日至2008年12月31日的4年期间，其他WTO成员方仍可利用“242段特保”条款限制中国纺织品的进口。而在2009年1月1日至2013年12月10日期间，原产于中国的纺织品仍将继续受到《中国入世议定书》第16条规定的“TPS特保”机制的限制。

总之，对于《纺织品与服装协定》所涵盖的原产于中国的纺织品和服装产品而言，只有到2013年12月10日之后，才能被纳入WTO《保障措施协定》的调整范围，不再受到歧视性特保机制的制约，最终回归WTO框架下多边贸易体制的范畴。

5.《纺织品与服装协定》简评

《纺织品与服装协定》的签订，从根本上改变了管辖纺织品贸易达数十年之久的贸易体制，以配额为基础的管理贸易被以市场配置为基础的自由贸易所取代，为纺织品与服装贸易顺利过渡到多边贸易体制创造了条件。协定充分照顾到了发展中国家的利益，如取消主要配额的限制、对发展中国家的某些产品不得采取过渡期保障措施等，有利于发展中国家扩大出口，加速本国经济工业化的步伐。总体而言，《纺织品与服装协定》的生效对发展中国家的纺织品与服装的出口无疑是有利的，可以使发展中国家逐步摆脱数量限制的约束，较充分地利用他们在纺织品和服装生产上的优势，扩大出口。

但同时也应清醒地认识到，协定是各成员方妥协的产物，仍然存在很多消极因素。例如配额限制虽然被逐渐取消，但发达国家可以利用保障措施条款和反倾销、反补贴条款以及反规避条款来限制发展中成员的纺织品进口。有些成员还利用其他非关税壁垒，如技术、环境等来限制其他成员方产品进口。而且过渡性保障机制建立在国别基础之上，可以针对某个特定成员方使用，实行歧视待遇，这与WTO的基本原则并不符合。《纺织品与服装协定》是WTO一揽子协议的组成部分，将该协定放在世界贸易的大环境和乌拉圭谈判错综复杂的利益冲突中去考察，就可以看出，发达国家在这一局部利益的妥协，是为了换取发展中国家在其他谈判议题上的让步，从而实现其全局利益。①

二、促进公平贸易的多边货物贸易规则

（一）反倾销协定

《反倾销协定》全称为《关于履行1994年关贸总协定第六条

① 解俊贤，张瑛：《世界贸易组织概论》，中国经济出版社，2006年版。

的协定》，它是在《1947 年 GATT》第 6 条，以及肯尼迪回合达成的反倾销协议基础上，后经东京回合和乌拉圭回合的修改而形成。

《1947 年 GATT》第 6 条第一次在反倾销领域制定多边规则，确立了各国采取反倾销措施的基本原则，但是这条规定简单、模糊，几乎没有包括程序性规则，也没有作出对反倾销调查和反倾销税的征收等问题的规定。

1967 年肯尼迪回合谈判达成的《关于实施 GATT 第 6 条的协定》是第一个专门规范反倾销的国际性协定，在第 5 条（调查）、第 6 条（证据）、第 8 条（反倾销税的征收）和第 9 条（反倾销税征收期限）规定了若干程序性规则，并对成员方施加了新的程序性义务。该守则第 17 条还规定建立了一个可以解决缔约方在实施反倾销法时所产生争端的常设性的反倾销措施委员会（Committee on Anti-Dumping Practices），该委员会的建立使得反倾销有了组织基础和审查与监督机制。

与 1967 年守则相比，1979 在东京回合的后期达成的新的反倾销守则，在程序规范方面作了一些改动：1967 年守则并没有对于调查的期限作出明确的限制，1979 年守则第 5.4 条第一次加以明确规定，即除了特殊情况以外，调查应在启动以后一年内结束；第 7 条对价格承诺制定了具体的规则，规定如果违反价格承诺将允许反倾销当局有限地采用溯及征收反倾销税的方法。

乌拉圭回合达成的《反倾销协定》包括以下内容：

1. 倾销的确定

（1）倾销的概念。一项产品从一国出口到另一国，如果该产品的出口价格低于出口国国内“同类产品”的价格，即低于其正常价值，该产品就被认为是倾销。这里的同类产品是指在所有方面都跟出口产品相似的产品，或虽在所有方面与出口产品不尽相同，但具有与该产品非常相似特性的其他产品。

（2）正常价值的确定。确定正常价值有三种方法，其中第一种方法是最主要、最常用的方法，只有在第一种方法由于存在特殊情况不能使用时，才使用另外两种方法。

第一，如果出口国国内有该产品的销售价格，并且产品的销售是用于国内消费，则该销售价格即是“正常价值”。但当存在下述情况时，出口国国内虽然有该产品的销售，其售价却不能作为确定正常价值的依据：出口国国内市场销售量太少（产品在出口国国内市场的销售量低于向进口成员销售的5%）；在出口国国内市场上同类产品的销售价格低于每单位生产成本加上行政管理费、销售费和一般费用，即低于成本销售。

第二，以产品出口到第三国市场销售的价格作为“正常价值”。第三国的选择标准是：向第三国出口的产品应是向进口成员方出口产品的相同或类似产品；产品在第三国的销售也是用于其国内消费；向第三国出口该产品的数量不得小于向进口成员方出口数量的5%；向第三国的销售不存在低于成本销售的非正常贸易情况。

第三，以结构价格作为确定“正常价值”的依据。结构价格是指产品原产地国的生产成本加上合理数额的管理费、销售费、一般费用和利润。这里的成本费用应根据受调查的出口商或生产商存有的记录计算，且记录符合出口国普遍接受的会计原则，合理反映与生产有关的成本以及有关产品的销售。反倾销调查当局应考虑全部现有的成本适当分配的证据，该分配应是在历史上一直被出口商或生产商所使用的。关于管理费、销售费、一般费用和利润的计算，应以与生产有关的实际数据以及出口商或生产商在正常贸易过程中相关产品的销售为根据。

(3) 出口价格的确定。一般情况下，出口价格是指出口商将产品出售给进口商的价格。具体到每笔交易，出口价格的确定取决于交易双方使用的贸易术语。如果不存在出口价格，或由于出口商与进口商或第三者之间有某种特殊的关系使出口价格不可靠时，确定出口价格的方法是：出口产品首次转售给无特殊关系的独立购买人的价格；调查当局可在合理基础上确定出口价格（具体方法可见《海关估价协议》）。

(4) 正常价值与出口价格的比较。二者比较的目的是为了最终确定进口产品是否存在倾销以及倾销幅度的大小，对二者的比较应体现公平合理的原则，应尽可能在出厂价格的基础上进行比较，并对运费、保险费等一些因素予以考虑和调整，同时应尽可能就同一时期的销售进行比较。

2. 损害的确定

确定进口国国内产业遭到损害是进口国征收反倾销税的另一个主要条件。

(1) 国内产业的确定。“国内产业”是指出口国国内生产相同或类似产品的生产者全体，或虽不构成全体，但构成其国内生产相同或类似产品产业的大部分生产者。《反倾销协议》第 4 条第 1 款规定，在符合下述条件时，“国内产业”也可以是某一成员方境内的一个地区：该地区已经形成一个相对独立的竞争市场；该地区生产者生产的相同或类似产品的全部或绝大部分在本地区内销售；该市场的需求在很大程度上不是由成员方境内其他地方的有关产品生产者供给的。此时，反倾销税就应只对该地区进行最终消费的有关产品征收，而不能对销往其他地区的产品征收反倾销税。同时，当两个或两个以上的国家组成经济一体化，即它们具有一个单一的统一市场的性质时，该地区的整个产业应被视为“国内产业”。

(2) 损害的确定。反倾销中的损害是指因倾销的存在对某一“国内产业”造成了重大损害、形成重大损害的威胁或对某一产业的建立造成严重的阻碍。确定损害应包括对以下几个方面的客观审查：倾销进口产品的数量（绝对数量或相对数量）是否存在大量增加的情况；倾销进口产品对国内同类产品价格的影响；倾销进口产品对国内同类产品生产商造成的影响，包括销量、利润、产量、市场份额、生产率、投资收益、生产设备的利用、现金流动、库存、就业、工资等。

(3) 累积评估。如果受调查的产品来自多个国家，在符合下列条件时，调查当局应对所有进口产品对国内产业造成的影响进行累积评估：从这些国家进口产品的倾销幅度都大于 2%；从其中一个国家进口倾销产品的数量被确定为占进口成员国内市场上同类产品数量的 3% 以上，或从单个国家进口数量不足 3%，但从几个国家进口产品数量之和超过了该进口成员同类产品进口量的 7%；这些来自不同国家的进口产品之间竞争条件基本相同，并且这些进口产品与国内同类产品之间的竞争条件也基本相同。

（4）倾销与损害之间的因果关系。调查当局必须证明倾销是造成损害的原因。

（5）重大损害威胁。重大损害威胁是指实质性损害尚未发生，但倾销产品继续进口将有发生实质性损害的趋势或极大可能性。在确定损害威胁时，调查当局应特别考虑以下因素：倾销的进口产品以极大的增长比例进入进口国市场，表明由此引起进口巨大增长的可能性；出口商能充分自由处置迫近的大量增长的情况，表明存在着倾销产品向进口成员市场的出口大量增长的可能性；进口产品是否会对国内价格带来重大的压抑或抑制性影响，以及可能会增加进一步进口的需求；受调查产品的库存情况。

3.反倾销调查的程序

（1）申请人的资格。发起反倾销调查可以有两种形式：一是由国内受到倾销影响的产业提出申请；二是由反倾销调查当局自主决定进行反倾销调查。提出发起反倾销调查的申请人必须能够代表国内相关产业。审查申请人是否具有代表国内产业的资格，应考虑的标准是：申请人的集体产量必须达到该产品国内全部生产量的25%以上；申请人的集体产量必须达到支持或反对该申请的国内生产商产量的50%以上。

（2）申请书的内容。①申请人的身份，包括名称、主要产品、地址、电话等表明身份的基本资料；②对国内同类产品生产价值和数量的陈述；③对倾销产品的一套完整陈述，包括产品所属国家的名称、每一个已知的出口商或外国生产者的身份以及已知的进口该产品的进口商名单；④倾销产品在原产地国或出口国国内市场上出售的价格资料，以及出口价格资料，或者在必要时提供该产品在进口国首次转售给独立购买人的价格资料；⑤倾销进口产品的数量发生变化的资料，包括进口产品对国内市场同类产品价格的影响以及国内有关产业造成冲击的程度资料。

（3）证据的收集。调查当局应将要求提供的信息资料通知所有有利害关系的当事人，并给予充分的机会让其用书面形式提出与调查有关的全部证据；出口商或外国生产者在收到调查表后，应给予至少 30 天的答复时间；一个当事人提供的证据应迅速提供给其他当事人，调查当局应及时向所有有利害关系的当事人提供一切与案件有关的资料；在调查期间，所有有利害关系的当事人应有充分的机会为其利益进行辩护，当事人如果拒绝提供资料，则在现有资料基础上作出裁决；在终裁前，当局应将考虑中的事实通知所有有利害关系的当事人，使其有充分的时间维护其权益；当局应对有关的每一个已知的出口商或生产商单独的倾销幅度作出裁决，如果出口商或生产商数目特别大，则可采取抽样方法进行调查，但主动提供资料者不得予以压制。

(4) 反倾销裁定。反倾销当局应分别对倾销损害作出初步裁定和最终裁定。初步裁定是反倾销调查的初步结论，如果初步裁定存在倾销和损害，可以采取临时反倾销措施和价格承诺；否则，应终止调查。最终裁定是反倾销调查当局在肯定初步裁定的基础上，继续对申请人提出的反倾销指控进一步调查后作出的最后结论。肯定性的最终裁定将导致采取反倾销措施；否定性的最终裁定将以不采取反倾销措施的形式结束。

4. 反倾销措施

反倾销措施包括临时措施、价格承诺和征收反倾销税。

(1) 临时措施。在反倾销调查期间，如果已经作出倾销存在和对国内产业造成损害的肯定性初步裁定，且调查当局认为采取临时措施对防止在调查期间继续发生损害是有必要的，则调查当局可采取临时反倾销措施。包括征收临时反倾销税、采用担保方式，支付现金或保证金。其数额不得高于初步裁定确定的倾销幅度。临时反倾销措施从开始调查之日起 60 天后方可采取其实施期限，一般不超过 4 个月；如果有关贸易的大部分出口商提出要求，由调查当局决定，该期限可延长至 6 个月。

(2) 价格承诺。价格承诺是指进口调查当局与出口商或出口国政府就提高倾销产品价格或停止倾销价格向进口国出口以便消除损害影响而达成的协议。其中以提高倾销产品价格形式作出价格承诺，其价格提高不得超过经初步裁定已确认的倾销幅度。达成价格承诺的要求可以是调查当局提出的，也可以是受调查的出口商提出的，但无论由谁提出，对方都没有必须接受的义务。价格承诺一旦作出，其结果是导致反倾销调查的暂时中止。在承诺执行期间，调查当局可要求出口商定期提供其执行承诺的有关信息资料。如果发现违反承诺的情况出现，调查当局可终止承诺协议的执行，并立即启动反倾销调查程序，调查当局可根据现有的证据立即采取临时反倾销措施，且可以追溯至采取措施前90天输入的产品。

（3）反倾销税。反倾销税是一种主要的反倾销措施，它是反倾销调查当局在最终裁定中作出肯定性结论时所征收的税收。征收反倾销税应遵循的原则是：征税额度应低于或等于倾销幅度；多退少不补；非歧视性征收，其税率不能因国别不同而有差异，除非依照《反倾销协议》存在可以忽略不计的情况或存在倾销幅度的差异。反倾销税应自征税之日起5年内结束。如果在5年期限到来之前的一段合理时间内提出复审要求，且复审结果表明损害已经不存在或不存在重新发生损害的可能，则反倾销税的征收应当停止；如果复审结果表明损害依然存在，或停止征收反倾销税将导致倾销和损害继续发生或重新发生，则原有的反倾销税可以继续维持下去。协议还规定在特殊情况下，调查当局也可对临时措施适用之前90天进入进口国消费的产品追溯征收反倾销税。其条件是：倾销产品有对国内产业造成损害的倾销历史，或倾销产品的进口商知道或应当知道产品的出口商在倾销产品并且倾销将对国内产业造成损害；倾销产品在短期内大量进口，并且已对国内产业造成损害。

5.《反倾销协定》简评

乌拉圭回合达成的《反倾销协定》与之前的反倾销守则相比，有较大的进步性。该协定强化了程序规则，对反倾销税征收期限作了明确规定，从而有力地遏制了一些国家采取反倾销措施的随意性；协定对反倾销调查程序和证据等作了较详尽的规定，比较有效地防止了各成员方制定繁琐、苛刻的调查程序，形成对被指控倾销产品的出口商和生产者的不公正待遇；协定采用一揽子接受的方式，各成员方不能选择适用，也不能以自己的特殊情况为由而作出保留，增强了协定的效力和影响力，有力地促进了各成员方国内反倾销法的统一。①

但是《反倾销协定》本身也还存在着一些问题，主要表现在：

第一，协定对反倾销措施行使的条件、程序等问题的规定较为宽松，使得反倾销措施可以直接、隐蔽、有效地达到限制外国商品进口，保护本国产业的目的，从而成为一种贸易保护主义工具。

第二，协定对“损害”、“正常价值”、“因果关系”等关键名词的界定含糊不清，发达国家充分利用这种法律漏洞，使其处于对自身有利的地位。

第三，在乌拉圭回合谈判中，由于美国和欧盟在反规避问题上与 GATT 的分歧较大且互不相让，导致协定对反规避问题没有作出规定，因此各成员方对反规避措施的滥用也将导致新的贸易保护壁垒的出现。

第四，协定认为非市场经济国家采用协定所规定的正常价值确定方法是不合适的，因而多数成员方采用替代国或类比国标准判定非市场经济国家倾销产品的正常价值，其选择带有很大的主观性和随意性，易造成不公平的裁定结果。

（二）补贴与反补贴协定

《1947 年 GATT》第 6 条和第 16 条构成了补贴与反补贴现代国际规则的雏形，从补贴的规制方面看，补贴不在国民待遇原则的适用范围：如果缔约方对国内制造的产品提供补贴而没有同时对其他缔约方进口产品提供相同补贴，并不违反国民待遇原则。但是，《1947 年 GATT》第 16 条 A 节规定，“任何缔约方采取补贴，如造成出口的增加或进口的减少，应将补贴的程度、性质、效果等通知全体缔约方。若补贴危害到其他缔约方的利益，则给予有关补贴的缔约方按照其他缔约方的请求，应当与其他有关缔约方或缔约方全体讨论限制该补贴的可能性”。这条规则措辞含糊，其约束是不够的。

1955 年的第九次缔约国大会对补贴的约束规则作了修改，专

① 芦琦：《WTO 概览》，法律出版社，2004 年版。

门针对出口补贴增加了 B 节规定，把出口补贴根据补贴的对象分为初级产品补贴和非初级产品补贴，并规定应尽量避免初级产品的出口补贴。对于非初级产品出口，各缔约方都不得提供任何可以造成产品出口价格低于国内市场同类产品购买者可获得的可比价格补贴。禁止非初级产品出口补贴的规则不利于发展中国家，许多发展中国家认为此款有歧视性因而拒绝签字。《1947 年 GATT》允许缔约方在补贴进口产品对国内产业造成损害的情况下采取反补贴措施，但是只有确定了补贴会对国内产业造成实质损害或实质损害威胁，或实质阻碍某国内产业的建立，才可以征收反补贴税。

1979 年在《1947 年 GATT》的基础上制定的《关于解释和适用关贸总协定第 6 条、第 16 条和第 23 条的协定》(简称《反补贴守则》)，对补贴和反补贴两方面作了进一步规范。《反补贴守则》无条件禁止非初级产品出口补贴，并且矿产品由原先的初级产品划入非初级产品，还列举了包括出口商直接补贴、税收优惠、提供低成本出口担保和信贷等 12 种出口补贴示例清单，这使得《反补贴守则》显得比《1947 年 GATT》更为严格。从反补贴的规制方面看，《反补贴守则》要求进口国政府必须经过其主管机关以法定程序调查认定后才能单方面对补贴进口产品征收反补贴税，并规定征收反补贴税时必须证明补贴存在、对国内产业造成的损害以及补贴与损害之间的因果关系。

乌拉圭回合则在此基础上通过了新的《补贴与反补贴协定》，其主要内容包括：

1. 补贴的定义

补贴是指成员方政府或公共机构提供的财政资助或其他任何形式的收入或价格支持。协议以列举形式明确的补贴有：政府行为涉及某项直接的资金转移（如赠款、贷款和财产投入）和潜在的直接转移资金或债务（如贷款担保）；政府放弃或不征收本应收缴的税收；政府提供除一般基础设施之外的商品或服务，或者购买商品；政府向资金备付机构或信托机构提供支付，或者政府指定一个私人机构执行上述 1 至 3 项本应由政府执行的行为；《1994 年 GATT》第 16 条所规定的任何形式的收入或价格支持。

根据协议的规定，上述所列补贴只有符合专向性条件，即属于给予特定企业或产业的补贴，才受该协议各项纪律的约束。

2. 禁止性补贴

禁止性补贴是指不允许成员方政府实施的补贴，一旦实施，任何受影响的成员方可以直接采取反补贴措施，又称为“红灯补贴”。禁止性补贴主要表现为在法律上或事实上对出口行为的应急补贴，对使用国产品以替代进口产品提供的补贴。

《反补贴协定》附件中列举了以下几项属于禁止性补贴的行为：政府对出口企业直接给予的现金补贴；给予出口企业的外汇留成或其他类似的鼓励措施；在运输上为出口货物提供更优惠的待遇；在生产或服务上为出口企业提供更优惠的待遇；减免、退还或缓征出口企业应缴纳或已缴纳的直接税和社会福利缴款；给予出口企业比内销企业更高的征税基数折扣；对出口企业在生产与销售之间的间接税的征收上给予比内销企业更优惠的减免、退还、缓缴待遇；在按生产流程分级征收的间接税上，给予出口企业较内销企业更优惠的减免、退还、缓缴待遇；对出口企业因生产产品所使用的进口原材料实行出口退税超过进口关税实际征收额，或者在已有部分进口替代之后仍继续实行进口关税的退还；以更优惠的条件向出口企业提供信贷担保或保险，以降低出口产品成本；政府给予出口企业的信贷利率低于市场实际利率；对初级产品以外的任何出口产品给予直接或间接补贴，导致其出口售价低于可比的内销价格，对初级产品的补贴导致补贴国在世界出口贸易中占有不合理的较高份额；以任何形式向出口经营活动和进口替代经营活动所提供的其他政府补贴。

3. 可诉讼补贴

可诉讼补贴是指在一定范围内允许实施，但如果其实施对其他成员方的经济贸易利益造成损害，受损害的成员方可就此采取反补贴措施的补贴，又称“黄色补贴”。

协议规定下述情况可以认为是实施了可诉讼补贴而对其他成员方的利益造成了损害：一是对另一成员方的国内产业造成损害。二是取消或损害了其他成员方根据《1994 年 GATT》直接或间接获得的利益，特别是根据第2条所规定的关税减让应得到的利益。三是严重侵害了其他成员方的利益，如对一种产品的补贴超过该产品总价值的5%，对一个行业的全部经营损失进行补贴，对一个企业的全部经营损失进行补贴，且这种补贴是经常性、重复性提供的。而对其他成员方利益的严重侵害主要是指补贴导致取代或排除另一成员方相同产品向补贴成员方市场的出口和对第三国的出口；或导致其产品价格受到抑制；或销售出现困难；或导致受补贴的产品在市场份额上较前3年平均水平有所增加，且这种增加在给予补贴期间有连续增长的趋势。

4. 不可诉讼补贴

不可诉讼补贴是成员方采取的，为世界贸易组织规则所允许的，一般不受其他成员方反对或因此而采取反补贴措施的补贴，又称“绿色补贴”。绿色补贴主要包括：

(1) 非专向性补贴，指对所有企业都适用，而非专门向某些特定企业提供的。

(2) 对企业所进行的，或由与企业签订合同的高等教育研究机构所进行的活动给予的补贴，但该补贴应符合以下条件：补贴占产业研究成本不超过75%或占先期开发活动成本不超过50%；该补贴仅能用于研究人员、教师和其他受雇人员的劳务费，或专门并永久用于研究活动的仪器、设备、土地与建筑物的费用，或专门用于研究活动的咨询费用和类似费用，以及因研究活动而直接发生的附加日常开支费用。

(3) 对落后地区提供的补贴，该补贴应符合的条件为：所称的落后地区必须是成员方从经济上和行政上明确界定的一定区域，其衡量标准也应是客观的和公正的，并在法律文件中明确规定的；落后地区的标准至少应符合下列经济指标：人均收入或家庭平均收入或人均国民生产总值不超过该成员方平均水平的85%；失业率至少达到该成员方平均水平的110%；以3年为期衡量一次。

(4) 为了适应新环境需要，根据有关法律、法规对现有设备进行改造的企业给予补贴，其条件为：补贴是一次性的，不再发生的；补贴程度不得超过改造工程费用的20%；应与企业计划减少废料和污染直接相关并且比例相符；补贴对所有采用新设备或新工序的改造企业的机会应是均等的。

5. 反补贴措施

(1) 反补贴调查。任何一成员方如果有证据证明其他成员方采取的反补贴措施对本国国内产业造成了损害，都可向本国调查当局提出发起反补贴调查的申请。该申请应以书面形式提出，并且应当能够证明存在补贴、因补贴造成的对其国内产业的损害，以及补贴进口产品与损害之间存在的因果关系。成员方反补贴调查当局应对申请书中所提供的资料的准确性进行审查，以便决定所提供的证据是否足以发起一项反补贴调查。在判断申请人是否能够代表国内产业时，应考虑申请人的国内生产产量是否占支持或反对申请的国内相同产业总产量的 50% 以上，或者是否占支持申请的国内相同产业总产量的 25% 以上。如果不符合上述任一条件，申请人就不具备代表国内产业发起反补贴调查的资格。调查当局在掌握足够证据的条件下也可自主发起反补贴调查。

(2) 补贴所获得利益及损害的确定。调查当局所在国应在法律、法规中规定如何计算接受补贴者获得的利益。成员方计算接受补贴者所获得利益的规定应符合以下原则：政府投资于新企业的资本不应视为给予企业的利益，但政府的投资决策与成员方境内的通常投资做法不一致的除外；政府提供的贷款或贷款担保不应视为给予企业的利益，但企业支付从政府所获贷款或由政府担保的贷款与从市场上获得的商业贷款的数额之间有差额的除外；政府提供商品或服务或政府采购不应认为是给予企业的一项利益，但政府所作的提供低于适当的报酬或者所作的购买高于适当的报酬除外。

在确定损害时应考虑三个方面的情况：补贴进口的总量、补贴进口对国内相同产品价格的影响和补贴进口对国内相关生产者的影响。审查补贴对国内产业的影响应包括所有反映产业状况的经济因素与指标，具体包括实际与潜在的产量、销售、市场份额、利润、生产力、投资回报、影响国内价格的各种因素以及对现金流量、存货、就业、工资增长、投资能力等的副作用。同时，调查当局应当证明补贴进口与对国内产业造成损害之间存在因果关系，在对损害原因进行审查时，应考虑除补贴之外其他因素，以确定补贴是否造成损害的主要原因。

（3）反补贴措施。调查当局在确定存在补贴及损害的事实，并且补贴与损害事实之间存在因果关系，就可以对补贴进口产品采取反补贴措施。协议规定的反补贴措施有以下几种：

第一，临时措施。在调查期间，经初步审查已肯定存在补贴并造成对国内产业的损害，为了防止调查期间损害的扩大，可采取交付现金或存款保证书等临时反补贴措施，其数额应与估计的补贴数额相等。临时措施应自发起调查之日起60天后采取，实施期限不超过4个月。

第二，承诺。在调查当局作出肯定性的初步裁定之后，出口成员方可自愿取消或限制补贴，或提高价格以消除损害影响。对于自愿承诺，调查当局可自主决定是否接受，如调查当局提出要求出口商作出此类承诺，应得到其所属出口成员方的同意。承诺协议一旦达成，反补贴调查应终止。

第三，反补贴税。在调查最终结果表明存在补贴、损害及二者之间的因果关系时，是否征收反补贴税应由调查当局自主决定，其数额应与补贴数额相等或比之更少。如果最终确定的反补贴税高于临时反补贴税，其差额部分不再征收；如果低于，已征收部分应当返还。如果对一项严重损害威胁适用反补贴税，则只能从最终决定之日起征收，不能采取临时措施，已运用临时措施的应当返还。反补贴税的适用期限应以足以抵消补贴造成的损害为限，最长期限不能超过5年，但期满前经审查发现终止征收反补贴税有可能导致补贴与损害的继续或重新发生者除外。

6. 协定的评价

《补贴与反补贴协定》是WTO历史上条文最多、内容最详细、规范最全面的反补贴法典，它将补贴分为禁止性补贴、可诉讼补贴、不可诉讼补贴三类，并分别予以规范，区别对待，使协定对补贴和反补贴行为的规范更加科学、合理。该协定还充分考虑了发展中成员的利益，对其特别和差别待遇规定得非常具体，容易操作，而且还将成员国内法争端解决程序与WTO争端解决机制接轨，加强了反补贴争议解决的力度。与《反倾销协定》一样，《补贴与反补贴协定》也采取了一揽子接受的方式，大大增强了协定的效力和影响力。

但是，协定本身也还存在一些缺陷与问题。首先，协定将农产品补贴排除在适用范围之外，而《农业协定》对农产品贸易体制改革得不彻底以及未能很好地履行，使得发达成员仍对农产品进行巨额补贴。其次，一些成员在进行反补贴调查时，任意扩大补贴范围，放宽损害确认标准，而且又对调查程序的要求非常严格、复杂，使得有关成员丧失充分辩驳的机会，导致协定成为一种贸易保护主义工具。最后，协定虽然规定了发展中成员享受的特别和差别待遇，但这种待遇的实施缺乏强制执行机制，使得协定规则在实践中不能得到很好的落实。①

三、维护经济安全的多边货物贸易规则

WTO《保障措施协定》和《1994 年 GATT》第 19 条共同构成了维护国家经济安全规则的基本法律渊源，《保障措施协定》为了尽可能减少保障条款实施中的不确定性，对实施中可能面临的问题作出了具体规定，从而在一定程度上弥补了 GATT 第 19 条的漏洞。

（一）保障措施的适用条件

在 WTO 框架下，GATT 第 19 条和《保障措施协定》第 2 条、第 4 条都对采取保障措施的条件进行了规定，一成员实施保障措施必须符合下列条件：

1. 进口产品大量增加

《1994 年 GATT》第 19 条第 1 款（a）项规定："如因未曾预见之发展和一缔约方在本协定下负担包括关税减让在内义务的影响，进口至该缔约方领土的产品数量增加如此之大且情况如此严重，以致对该领土内同类产品或直接竞争产品的国内生产者造成严重损害或严重损害威胁，则该缔约方有权在防止或补救此种损害所

① 芦琦：《WTO 概览》，法律出版社，2004 年版。

必需的限度和时间内，对该产品全部或部分中止义务或撤销或修改减让。”

《保障措施协定》第2条规定：“一成员只有在根据下列规定确定正在进口至其领土的一产品的数量与国内生产相比绝对或相对增加，且对生产同类或直接竞争产品的国内产业造成严重损害或严重损害威胁，方可对该产品实施保障措施。”“保障措施应针对一正在进口的产品实施，而不考虑其进口来源。”

通过比较上述两个条款的文本，可看出两个条款对保障措施适用条件的规定存在着差异，主要体现在《1994年GATT》第19条包含了“未曾预见之发展”这一因素，而相应的措辞却未被纳入《保障措施协定》之中，但从WTO专家组和上诉机构的报告来看，“未曾预见之发展”已成为成员方采取保障措施时考虑的重要因素之一。

保障措施是一种在紧急情况下对国内产业采取的特别救济，其是在公平贸易的基础上实施的。这一特殊性质决定了保障措施本身的复杂性：一方面，对于实施保障措施的成员方而言，必须尊重他们采取保障措施的权利，这样才能在其国内维持贸易自由化的动力；另一方面，由于保障措施针对的是一种公平贸易，对于受到保障措施影响的成员方而言，保障措施的实施必须受到合理限制，以便维持贸易减让的多边整体性。可见，严格按照保障措施的适用前提实施保障措施，对于保护各成员方的合法权益，防止保障措施的滥用和保证WTO协定的完整性和有效性至关重要。

《保障措施协议》第2条第1款明确规定将“正在进口至其领土的一产品的数量与国内生产相比绝对或相对增加，且增幅如此之大”作为实施保障措施的条件之一。

从进口增加的调查期间来看，“正在进口”表明成员方对进口增加调查期间的选择必须有一定的近期性。由于《1994年GATT》第19条和《保障措施协议》没有对“近期”的概念和确定“近期”的标准作出明确界定，这在实践中产生了争议。例如在“阿根廷鞋类案”中，上诉机构强调“正在进口”一词意味着进口的增加必须是突然的和近期的;① 而在"美国碳素管案"中，专家组确立了一种宽松的评审标准，并不认为进口必须持续增加直至调查期结束或作出是否采取保障措施裁定的日期之前。② 因为"阿根廷鞋类案"早于"美国碳素管案"，一般认为"阿根廷鞋类案"中上诉机构的观点的权威性要高于"美国碳素管案"中专家组的观点，即主管机关有必要考察最近的进口趋势，而不仅仅是过去几年进口的简单趋势。

从进口增加的程度方面来看，"如此大的增幅"表明进口增加应当达到一定的程度。在"阿根廷鞋类案"中，上诉机构明确指出，并非任何进口的增加都能满足《保障措施协议》所规定的进口增加这一条件。只有在证明进口产品"以如此大的增幅"增加的事实存在，且已经对国内产业造成严重损害或严重损害威胁后才能适用保障措施。

2. 进口大量增加对国内产业造成严重损害和严重损害威胁

产业损害是《保障措施协定》中一切构成要件的核心，因为采取保障措施的核心要件就是进口成员方的国内产业因进口产品遭受到了损害。GATT 第 19 条和《保障措施协定》的规定，损害的对象是"生产同类或直接竞争产品的国内产业"，损害的程度是"严重损害或严重损害威胁"。

《1994 年 GATT》第 19 条第 1 款（a）项将国内产业描述为"该领土内同类或直接竞争产品的国内生产者"，《保障措施协议》对国内产业的概念作了较为详细的界定，认为国内产业包括"一成员方领土内进行经营的同类或直接竞争产品的生产者全体，或指同类或直接竞争产品的总产量占这些产品全部国内产量主要部分的生产者"。

《1994 年 GATT》第 19 条没有对严重损害作出相应的界定，《保障措施协定》第 4 条第 1 款（a）项的规定，"严重损害"指的是对一国内产业状况的重大全面减损。由于《保障措施协定》的

---

① "阿根廷鞋类案"，上诉机构报告第 130 段，WT/DS121/AB/R。

② "美国碳素管案"，专家组报告第 7.207 段，WT/DS202/R。

适用不是基于反倾销或反补贴措施中的“不公平”的贸易行为，《保障措施协定》规定的“严重损害”标准要高于WTO《反倾销协定》、《补贴与反补贴协定》以及《1994年GATT》所规定的“实质损害”标准。①

《保障措施协定》第4条第1款（b）项明确规定，“严重损害威胁”是一种“明显迫近的严重损害”，并且，“应根据事实，而非仅凭指控、推测或极小的可能性”。严重损害威胁意味着严重损害尚未实际发生，但很有可能即将发生，是对未来状况的一种以客观事实为依据的趋势预测。

3. 进口增加与损害之间的因果关系

主管机关在确定了进口增加和产业损害之后，下一个步骤便是确定增加的进口和产业损害之间是否存在因果关系，因此因果关系是保障措施的一个实施条件。《1994年GATT》第19条使用“以致”和“造成”两个词简单表述了因果关系的要求，除此之外，GATT第19条别无其他详细规则。《保障措施协议》第4条第2款（b）项对进口增加和产业损害的因果关系作了进一步的说明，要求主管机关根据客观事实证明进口增加与严重损害或严重损害威胁之间存在着因果关系，如果除了进口增加之外，还有别的要素正在同时对国内产业造成损害，则此类损害不得归因于进口增加。虽然相比于《1994年GATT》第19条的规定，《保障措施协定》的要求更加明确具体，但在实践中也出现了诸多如何具体解释和确认因果关系的问题。

进口增加、严重损害或其威胁，以及进口增加与损害之间的因果关系是在WTO框架下，进口成员方采取保障措施时需要满足的前提条件。但是WTO争端解决机制的所有被诉诸采取保障措施的成员方都被裁决为败诉，主要是由于实施方不能区分进口增加与造

---

① 具体参见“美国羊肉案”，上诉机构报告第126段，WT/DS177/AB/R，WT/DS178/AB/R；“阿根廷鞋类案”，上诉机构报告第94段，WT/DS121/AB/R。

成产业损害的其他因素，也就不能证明进口增加与产业损害之间的因果关系。①

（二）保障措施的实施

协定要求成员应仅在防止或补救严重损害和提供产业调整所必须限度内实施保障措施。协定第5条明确规定，如果使用数量限制措施，则该措施不得使进口数量减少至低于近期（最近3个有代表性的年份）的水平，除非进口方有正当理由表明有必要采取与此不同的进口水平。在实施配额限制时，如果数量配额是在各供应成员方之间分配的，拟采取保障措施的成员方应就配额中份额分配问题与所有供应有关产品的成员方进行协商并达成协议。如此办法不可行，该成员方可根据各供应成员方在前一个代表时期在有关产品进口总量或总值中所占的比例进行分配。

《保障措施协定》规定，在紧急情况下，如果延迟会造成难以弥补的损失，进口成员方可不经过磋商采取临时保障措施。主管机关只有在初步裁定进口大量增加已经或正在造成严重损害或威胁时，方可采取临时保障措施。临时保障措施的实施期限不得超过200天，并且此期限应计入保障措施总的期限内。而正常保障措施的实施期，仅应在防止或补救严重损害所必需的期限内，该期限不得超过4年；如果确定保障措施对于防止或补救严重损害仍然有必要，且有证据表明该产业正在进行调整，可以延长，但保障措施的全部实施期，包括临时保障措施、最初实施期及任何延长期，不得超过8年。

发展中成员方可享受特殊优惠待遇。对于来自发展中国家的产品，只要其有关产品的进口份额在进口成员中不超过3%，即不得对该产品实施保障措施，但进口份额不超过3%的发展中国家份额总计不得超过有关产品总进口的9%。且发展中国家有权将一保障

① 赖宣妤：《WTO架构下我国货品进口救济制度之研究-以中国大陆毛巾进口救济措施案为例》，第75页，台湾图书馆全球咨询网 http://www.ncl.edu.tw/。

措施的实施期在最长期限的基础上再延长2年。

《1994年GATT》第19条和《保障措施协定》下的保障措施可被视为一般意义上的保障措施，在WTO框架下还有一些对特定产品和特定行业采取的保障措施，如“农产品特殊保障措施”、“服务贸易紧急保障措施”、“纺织品过渡性保障措施”以及“对中国的中国特保措施”。这些保障措施共同构成了维护WTO成员方国家经济安全的规则。

(三)《保障措施协定》简评

从《保障措施协定》的内容来看，它总结了各成员方使用保障措施几十年的经验，对某些分歧问题采取了积极的态度，它明确规定了保障措施的实施条件，对发展中成员的特殊待遇，即强化了GATT非歧视原则和取消数量限制原则在保障措施中的适用，又为各国产业与国际竞争提供了一个缓冲的机会，对发挥保障条款作为国际贸易中的“安全阀”起到积极作用。

与《1994年GATT》第19条相比，《保障措施协定》在各方面都取得了长足的进展，其为了尽可能地减少保障措施实施中的不确定性，对实施中可能面临的问题作了更具体的规定，从而在一定程度上弥补了GATT第19条的漏洞。首先，规定了更加严格的适用条件。这主要表现在保障措施发动条件、程序的透明化、提供协商机会、发动期限（上限）、数量限制的水平、再发动的禁止期限、措施的逐步缓和以及补偿措施等方面。其次，选择适用的原则禁止。保障措施的选择适用问题一直在关贸总协定谈判中争论不休。本协定规定保障措施的实施“不论其供给源”，明确禁止选择性适用，有效坚持了WTO的非歧视性原则。再次，禁止灰区措施。成员不得在出口或进口方面寻求自愿出口限制、有秩序的销售安排或其他类似措施。现存的灰区措施原则上从《建立WTO协定》生效后逐步废除，成员方可以保留一项例外措施，这项措施的废除期限在1999年年末。最后，提议实施蓝天延长保障措施的成员应向作为产品的出口方对其有实质利益的成员方提供事先磋商的充分机会，这样可以有效避免信息交流不充分而发生恶性报复事件。

但协定在有关条款的界定上仍有些模糊不清，使得协议适用时争议时有发生。例如在有关严重损害和严重损害威胁的存在，及进口增长与严重损害或严重损害威胁因果关系的确定上，协定条款缺乏具体规定，使得成员方对这些规定的认同存在分歧，“阿根廷鞋类案”的发生，就反映了这些条款具体操作性的欠缺。

第二节　中国货物贸易发展概况

加入 WTO 后，中国对外贸易迅速发展，规模不断扩大，在国民经济中的地位不断提高，对外贸易已经成为拉动中国经济增长的主要动力之一。但同时也应该看到，中国的对外贸易也存在着一些亟待解决的问题。

一、中国货物贸易的发展现状及特点

（一）贸易规模不断扩大，外贸依存度不断提高

入世以来，随着经济全球化步伐的加快，中国进出口贸易获得快速发展。2001 到 2010 年，中国商品进出口额从 5096.51 亿美元上升到 29723.92 亿美元，共计增长了近 6 倍，如表 3-1 所示。

表 3-1　　2001—2010 年中国货物进出口总体情况

（单位：亿美元）

年份	进出口		出口		进口		差额
	总额	增速（%）	总额	增速（%）	总额	增速（%）	
2001	5096.51	7.5	2660.98	6.8	2435.53	8.2	225.45
2002	6207.66	21.8	3255.96	22.4	2951.70	21.2	304.26
2003	8509.88	37.1	4382.28	34.6	4127.60	39.8	254.68
2004	11545.54	35.7	5933.26	35.4	5612.29	36.0	320.97
2005	14219.06	23.2	7619.53	28.4	6599.53	17.6	1020.01

续表

年份	进出口		出　口		进　口		差额
	总额	增速（%）	总额	增速（%）	总额	增速（%）	
2006	17604.39	23.8	9689.78	27.2	7914.61	19.9	1775.08
2007	21765.72	23.6	12204.56	26.0	9561.16	20.8	2643.40
2008	25632.60	17.8	14306.93	17.3	11325.67	18.5	2981.26
2009	22075.35	−13.9	12016.12	−16.0	10059.23	−11.2	1956.89
2010	29734.76	34.7	15777.80	31.3	13956.96	38.7	1820.83

资料来源：中国海关统计

随着我国对外贸易规模的持续扩大，对外贸易依存度也水涨船高，由2001年的38.47%上升到2010年的50.58%，如图3-1所示。与国际相比较，我国的外贸依存度呈现出以下特征：第一，外贸依存度持续增长。国际统计经验表明，贸易依存度与一国经济规模呈负相关关系。即小国的外贸依存度一般高于大国，而大国的外贸依存度则表现出相对稳定性。而我国从2001年开始，外贸依存度每年都以接近或超过经济增长的速度不断攀升，使我国外贸依存度表现出小国的特征。第二，我国的出口贸易依存度一直高于进口贸易依存度。巨大的出口贸易规模在加强同其他国家的经济联系的同时，使我国的对外贸易摩擦也日益增多。第三，我国对外贸易依存度的提高同世界经济增长是同步的。这表明我国在国际分工体系中扮演着越来越重要的角色，国际市场需求已经成为中国国内经济增长的一个重要动力，同时也反映了我国经济发展受经济全球化的影响日益加深。

（二）进出口商品结构逐步改善

在进口方面，初级产品的进口比例呈不断上升的趋势，初级产品占进口总额的比重由2001年的18.78%上升到2010年的

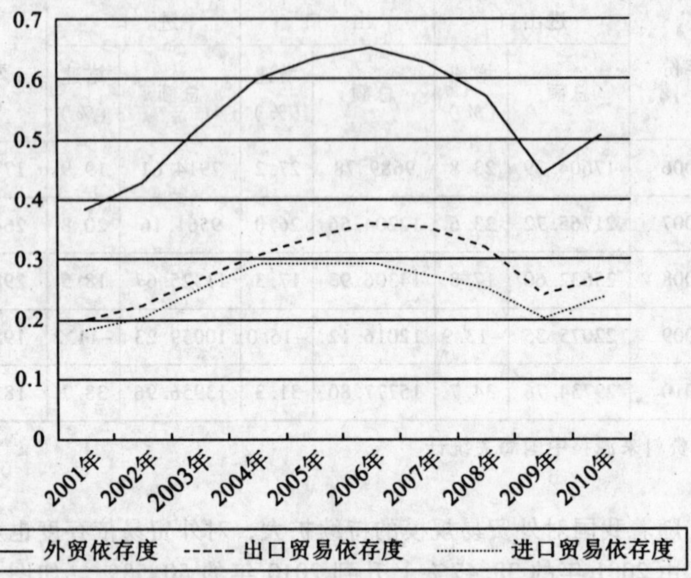

图 3-1 2001—2010 年中国外贸依存度

资料来源：中国统计年鉴

30.99%。与此对应，工业制成品占进口总额的比重由 2001 年的 81.22%下降到 2010 年的 68.95%。如表 3-2 所示。此外，我国的进口商品中，大部分是资本技术密集型产品的进口。但随着我国经济的不断发展，资本技术密集型产品的进口比例有下降的趋势，而资源密集型产品的进口比例正逐渐上升。资本技术密集型产品的进口比重由 2001 年的 57.52% 降为 2010 年的 50.83%；劳动密集型产品的进口比重由 2001 年的 23.57% 降为 2010 年的 17.75%；资源密集型产品的进口比重 2001 年为 18.91%，2010 年已上升到 31.41%，且进口比重从 2005 年开始超过劳动密集型产品的进口比重，有逐步上升的趋势，这种变化对我国经济发展是有利的。

表 3-2　　2001—2010 年中国进口商品结构

（单位：亿美元）

年份	进口总值	初级产品		工业制成品	
		总额	占比	总额	占比
2001	2435.53	457.43	18.78%	1978.1	81.22%
2002	2951.7	492.71	16.69%	2459	83.31%
2003	4127.6	727.83	17.63%	3400.53	82.39%
2004	5612.29	1173	20.90%	4441.23	79.13%
2005	6599.53	1477.1	22.38%	5124.09	77.64%
2006	7914.61	1871.41	23.65%	6044.72	76.37%
2007	9561.16	2429.78	25.41%	7128.41	74.56%
2008	11325.67	3627.76	32.03%	7703.11	68.01%
2009	10059.23	2892.02	28.75%	7163.53	71.21%
2010	13956.96	4325.56	30.99%	9622.72	68.95%

资料来源：中国海关统计

在出口方面，初级产品出口比重不断下降，由 2001 年的 9.90% 逐步下降到 2010 年的 5.18%。而工业制成品的出口比例呈不断上升趋势，由 2001 年的 90.10% 上升到 2010 年的 94.83%，如表 3-3 所示。虽然工业制成品的比例很高，但在工业制成品中，出口商品附加值、自主品牌的比重不高，科技含量及竞争力都有待提高。

表 3-3　　2001—2010 年中国出口商品结构

金额单位：亿美元

年份	出口总值	初级产品		工业制成品	
		总额	占比	总额	占比
2001	2660.98	263.38	9.90%	2397.6	90.10%
2002	3255.96	285.4	8.77%	2970.56	91.23%
2003	4382.28	348.1	7.94%	4035.6	92.09%
2004	5933.26	405.5	6.83%	5528.18	93.17%

续表

年份	出口总值	初级产品		工业制成品	
		总额	占比	总额	占比
2005	7619.53	490.39	6.44%	7129.6	93.57%
2006	9689.78	529.25	5.46%	9161.47	94.55%
2007	12204.56	615.47	5.04%	11564.68	94.76%
2008	14306.93	778.48	5.44%	13506.98	94.41%
2009	12016.12	630.99	5.25%	11385.64	94.75%
2010	15777.8	817.17	5.18%	14962.16	94.83%

资料来源：中国海关统计

此外，加入 WTO 之后，劳动密集型商品和技术与资本密集型商品的出口额开始逐年上升，并且资本和技术密集型商品的出口从 2003 年开始超过劳动密集型商品出口，成为中国出口的主要商品类型；资源密集型商品的出口比例逐年降低，从 2001 年开始低于 10%（见图 3-2）。

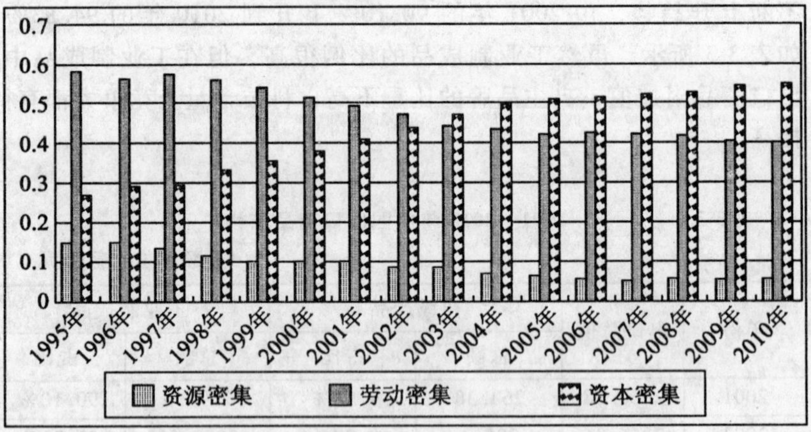

图 3-2　中国出口商品结构变化

（三）进出口市场分布呈现多元化趋势

加入 WTO 后，我国已与世界上绝大多数国家和地区建立了贸易关系，在市场分布上呈多元化发展。从规模看，我国进出口市场仍以日本、美国和欧盟为主，但其在中国出口市场的比重呈下降趋势。我国与主要贸易伙伴间的贸易份额渐趋平衡。例如，加入 WTO 以后，中国对日本的出口比重由 2001 年的 16.89% 下降到 2010 年的 7.67%，进口比重由 2001 年的 17.58% 降低为 2010 年的 12.68%；中国对美国的出口比重由 2001 年的 21.51% 降低为 2010 年的 17.98%，进口比重由 2001 年的 10.76% 逐年下降为 2010 年的 7.37%；中国对日本和美国的出口总和的比重由 2001 年的 37.32% 降为 2010 年的 25.66%，进口总和的比重由 2001 年的 28.33% 下降到 2010 年的 20.04%。这说明了中国与美国等国家的贸易依存度逐渐减小，进出口市场进一步向多元化方向发展。2010 年我国与主要贸易伙伴贸易情况如表 3-3 和 3-4 所示。

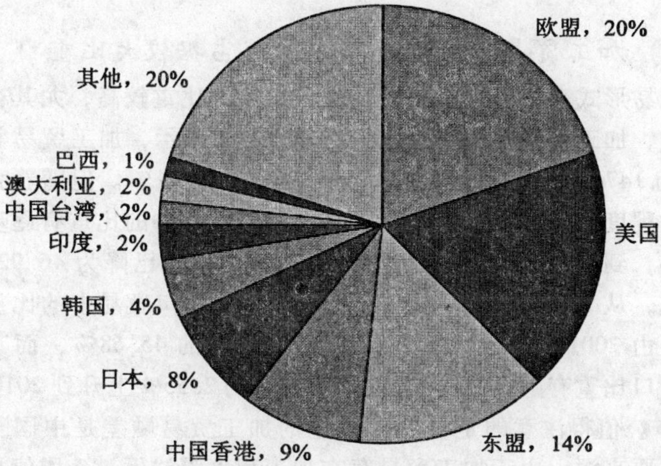

图 3-3　2010 年中国主要出口市场分布图

资料来源：中国海关统计

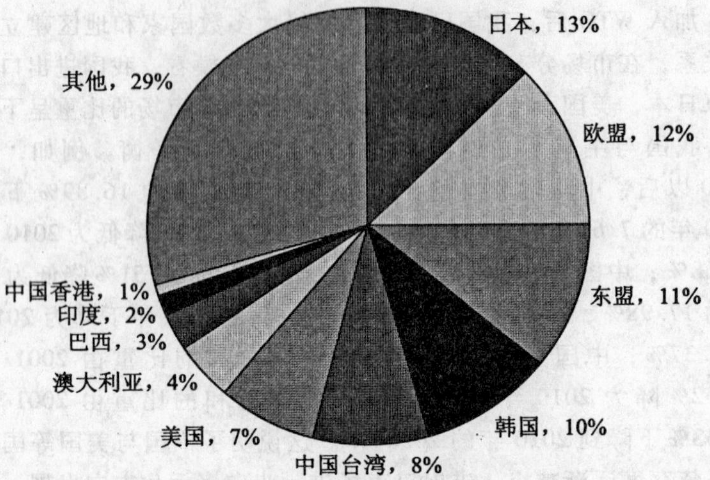

图 3-4　2010 年中国主要进口市场分布图

资料来源：中国海关统计

（四）加工贸易在对外贸易中依然占据较大比重

就贸易形式来说，加工贸易在进出口中的比重较高，尤其在出口贸易中，加工贸易占据半壁江山。如表 3-4 所示，加工贸易额在 2001 年为 1474.34 亿美元，占当年出口额的 55.41%。但随着我国对外开放程度的不断扩大，加工贸易在出口贸易中的比重有逐步下降的趋势，到 2010 年，加工贸易占出口额的比重已降为 46.92%。与此对应，从 2001 年到 2010 年，一般贸易在出口贸易中的比重变化不大，由 2001 年的 42.05% 上升到 2010 年的 45.68%，而其他贸易的出口比重有上升趋势，已由 2001 年的 2.55% 上升到 2010 年的 7.40%。值得注意的是，外资企业的加工贸易顺差是中国贸易顺差的主要来源。由于加工贸易存在加工程度深浅不一、增值幅度相差甚远、原产地认定分歧较大等方面问题，使得中国表面上存在较大顺差，但美国等发达国家“贸易逆差”背后却隐藏了跨国企业的巨额收益，中国获取的只是劳动力成本和少量加工费。

表 3-4　　**2001—2010 年中国出口贸易方式**

单位：亿美元

年份	总值	一般贸易		加工贸易		其他	
		总额	占比	总额	占比	总额	占比
2001	2660.98	1118.81	42.05%	1474.34	55.41%	67.83	2.55%
2002	3255.96	1361.87	41.83%	1799.27	55.26%	94.82	2.91%
2003	4382.28	1820.34	41.54%	2418.49	55.19%	144.88	3.31%
2004	5933.26	2436.35	41.06%	3279.88	55.28%	217.45	3.66%
2005	7619.53	3150.91	41.35%	4164.81	54.66%	304.27	3.99%
2006	9689.78	4163.18	42.96%	5103.75	52.67%	423.8	4.37%
2007	12204.56	5385.76	44.13%	6176.56	50.61%	617.83	5.06%
2008	14306.93	6625.84	46.31%	6751.83	47.19%	907.79	6.35%
2009	12016.12	5298.33	44.09%	5869.81	48.85%	848.49	7.06%
2010	15777.8	7207.33	45.68%	7403.34	46.92%	1167.13	7.40%

资料来源：中国海关统计

二、中国当前货物贸易发展中存在的问题

改革开放以来，中国凭借廉价劳动力、低技术、低成本及土地资源等优势，采取了出口导向型的对外贸易发展战略，使中国的货物贸易出现了飞速的发展。但近年来，尤其是国际金融危机爆发以来，国际贸易的发展出现了明显变化，以竞争优势为导向的外贸发展模式正逐步取代以比较优势为导向的外贸发展模式，中国货物贸易中的一些潜在问题也逐渐成为中国对外贸易进一步发展的瓶颈和制约。当前中国货物贸易潜在问题主要表现为：

（一）贸易增长仍表现为粗放型

长期以来，“高投入、高消耗、高污染、低收益”的粗放型发展模式在我国经济发展中一直占据很大比例。这种模式一方面导致出口商品对资源的过度依赖，资源利用率很低，另一方面也导致了对资源的掠夺性开采和对环境的破坏，造成了严重的资源浪费、环

境污染以及发展后劲的削弱。虽然，我国政府已经出台了一些政策控制粗放型外贸增长模式的发展，如限制“两高一资”类产品的出口等，但中国出口产品中很大一部分仍属于资源密集型的初级产品和低附加值、低技术含量的工业制成品。因此，从一定程度上讲，中国出口增长越多，资源消耗就越多，对中国环境造成的污染也会越严重。据世界银行统计，中国人均矿产占有量为世界人均水平的1/2，人均石油、天然气和煤炭量为世界人均水平的1/10、1/20、3/5。许多资源如铁矿石、铬、钴、铂、钾盐和金刚石等严重短缺。如若这种外贸增长方式继续发展下去，我国对外贸易乃至整体经济的可持续发展将成为空谈。

（二）贸易方式过于依赖加工贸易

近10年来我国市场经济的发展极大促进了三资企业和民营经济的壮大，这给大量利用廉价劳动力的劳动密集型产品的生产创造了条件，很多外商看准了中国，作为其加工基地，大量开展加工贸易，加工贸易占中国出口贸易的半壁江山的局面持续多年。

加工贸易是“两头在外，一头在内”的一种贸易方式，目前我国的加工贸易从事的是低层次的加工贸易，即使属于高新技术产业中的加工贸易也是从事劳动密集型加工组装环节，附加值不高，国内采购率较低，利用进口原材料、零部件加工生产后出口，它与国内经济的联系不紧密且面临诸多问题，如企业核心技术自主研发能力不足，产品档次偏低，缺少高附加值、高新技术、高创汇的产品，资源和能源浪费严重；国内加工企业营销能力弱，对特定市场依存度过高，易受国际经济波动影响，抗风险能力弱等。推进加工贸易的转型升级，促进加工企业增大核心技术与关键零部件的进口，提高国际市场经营开拓能力，变中国的加工地位为生产经营地位，提高加工贸易对国民经济的贡献度成为中国对外贸易发展中迫切需要解决的问题。

（三）贸易条件明显恶化

金融危机导致国际市场大宗产品价格下跌，使得2008年以来，中国大宗产品进口数量大幅增长，但进口金额却呈下降走势，这在一定程度上为中国扩大进口提供了机会，但由于出口价格也同时走低，使得中国总体贸易条件恶化趋势明显。具体表现为：中国对外国中间产品和原材料的依赖程度仍然严重；跨国公司在进出口中所占的比重偏大，其中多为内部采购，高价进口低价出口；国外需求相对于国内供给明显不足；出口产品价格及金额的降幅大于数量的降幅；出口价格降幅高于进口价格降幅。此外，企业从美国和其他工业发达国家进口的设计、关键性元件以及生产设备等，几乎没有采取有效措施去吸收消化和推广它们进口的技术，从而使得进口价格的下降并没有转化为贸易条件的改善。

表 3-5　　**2000—2009 年中国净贸易条件的变化**

2000	2001	2002	2003	2004	2005	2006	2007	2008	2009
100	102. 19	102. 23	98. 02	92. 39	86. 17	82. 6	80. 46	73. 87	79. 79

数据来源：World Development Indicators.

（四）出口产品结构档次及附加价值低

虽然中国出口产品以机电产品所占比重最大，但中国机电产品档次较低，技术含量和附加价值不高，缺乏有后劲的支柱产品，支柱产业的出口能力尚未形成规模，且主要为加工贸易产品，这些产品在中国的加工过程大多比较短暂，附加价值也不高。同时，中国高新技术产品（特别是已拥有核心技术，自主知识产权的产品）占出口总额的比例很小，只有 15%（世界十大出口国平均为 40%左右），且多数还是由外资企业实现的。金融危机中，我国劳动密集型产品的出口降幅明显低于总体出口降幅，表明中国出口竞争力强的产品仍为劳动密集型产品。目前，中国出口量最大的 10 类产品中有 9 类是劳动力密集型制造业产品（如鞋、玩具和运动用品，以及布料和服装等），但这些产品的产业链条短，附加价值低。

（五）外贸发展不平衡现象依然严重

中国对外贸易发展的不平衡主要表现在三大方面，一是进出口贸易的不平衡，即出口明显大于进口，持续呈现贸易顺差；二是区域对外贸易的不平衡，即对外贸易主要集中于东部沿海地区；三是贸易伙伴发展的不平衡，即进出口的来源地及目的地过于集中，截止2010年年底，我国最大的贸易伙伴分别为欧盟、美国、日本、东盟、香港、韩国、中国台湾地区、澳大利亚、印度及巴西，此前十大贸易伙伴的进出口总额分别占我国进出口总额的71%和80%。

（六）知识产权和自主品牌产品缺乏

目前中国虽然有近200种产品的产量位居世界第一，但具有国际竞争力的品牌很少，出口产品中拥有自主知识产权品牌的不到10%，名牌发展滞后。由于我国缺乏自主品牌，只能靠大量投入资源来保证经济的快速发展，单位资源的产出水平相当于美国的1/10，日本的1/20。据统计，在中国出口的产品中，通信、半导体、生物医药和计算机等高新技术产品，外国公司获得授权的专利数占90%以上，部分国内企业虽然开始出口自主品牌产品，但由于缺乏自主知识产权，特别是缺乏核心技术，品牌的附加值依然偏低，出口效益没有得到实质性的提高。与此同时，贸易摩擦和知识产权纠纷是高新技术产品出口最大阻力。企业知识产权保护意识薄弱，阻碍技术引进和产品出口。美、欧和日本等国多次质疑我国知识产权保护问题，美国针对我国出口产品的337起调查呈增加趋势，DVD、手机、数字电视等高新技术产品面临严峻的知识产权纠纷。

第三节　WTO与中国货物贸易发展战略

一、中国货物贸易发展战略调整的背景

（一）国际金融危机对中国货物贸易的影响

2007年年底的金融危机对中国货物贸易发展产生了严重的影响，随着全球经济衰退，由于较高的外贸依存度，我国居民财富大量缩水，居民消费减少，企业投资下降，这必然导致进口减少；在

我国传统的外向型经济地区，特别是广东和浙江等地，由于外需的萎缩，很多企业经营十分困难，不少企业倒闭或面临倒闭。我国的外贸总额在 2008 年的增速随着外部需求大幅度放缓而显著下滑。作为制造业大国，金融危机对我国的冲击不仅导致经济增长速度放缓，更为严重的是导致劳动岗位大幅度减少，失业率上升，就业困难等。具体来看表现在以下几个方面：

1. 出口贸易规模缩小

美、日、欧市场占我国出口贸易市场的一半以上，由于受金融危机影响较大，导致经济滑坡，国内购买力降低，从而使得对我国出口产品的需求大大减少。我国出口贸易的其他市场也受到金融危机的拖累，例如我国的近邻俄罗斯、越南、印尼等国家金融市场动荡，印度主导产业受到严重影响，巴西、澳大利亚等国家通货膨胀形势严峻，在一定程度上也加剧了我国出口下滑趋势。

自 2007 年美国金融危机爆发以来，我国对外出口增长率开始明显下降，并且下降的速度越来越快。2007 年我国出口总额年增长幅度为 25.7%，2008 年我国出口额达 14285.5 亿美元，比上年增长 17.2%，较上年回落 8.5 个百分点，也是入世 7 年来增长速度首次低于 20%。由于金融危机对出口贸易的影响存在一定的滞后性，2008 年 1—10 月，中国外贸增长总体平稳，出口额达 12023.3 亿美元，增长 21.9%。但随着金融危机影响的不断加深和蔓延，11 月份，出口额仅 1149.9 亿美元，出口增长率同比下降 2.2%，2008 年 12 月份，出口增长率同比下降 2.8%，2009 年 1 月出口同比下降 17.6%，一直到 11 月才开始好转，同比下降 1.2%。2009 年出口总额降为 12016.6 亿美元，同比下降 33.2%。

2. 出口贸易风险增大

由于国际金融危机的影响，国际市场不确定性因素增加，导致我国出口贸易面对的不确定性也增大，出口贸易风险大大增加，严重打击了我国出口产业。出口贸易风险主要有三方面：一是价格风险，经济衰退、需求下降导致国际市场价格变动，而我国出口商品大多数都没有自主定价权，受国际知名商品交易机构的现货、期货、期权等交易方式的价格制约，加之原材料价格大幅度升高，出口企业销售困难，盈利水平急剧下降，甚至亏损；二是出口信用风险，出口企业迫于国际市场竞争压力，把结算方式从传统的信用证改为托收、赊销结算方式。传统的信用证结算属于银行信用，安全性和保障性方面非常可靠；而托收和赊销是基于进口商的信用，缺乏保障，风险性大。托收、赊销等结算方式使出口企业直接面对进口商的商业风险，收汇风险扩大。尤其在金融危机下，信贷紧缩，导致部分进口企业融资困难，融资成本增加，资金周转困难，因此使我国出口企业的资金回收面临较大风险；三是汇率风险，伴随着世界经济的衰退，以美元为代表的世界主要货币的汇率产生较大变动，出现大幅贬值，而这些国家所采取的救市措施又大幅降低利率，使得人民币和该国利率倒挂，大量资本涌入我国，国际上要求人民币升值的压力不断增加，使得中国出口形势的不确定性大大增加。

3. 出口产品竞争力降低

由于人民币汇率的升值和世界初级产品价格的上涨，我国出口产品的价格优势受到挑战，出口产品的竞争力正不断降低。金融危机使得世界主要货币大幅贬值，加大人民币升值压力。人民币的升值增加了出口企业的制造成本，不利于我国商品的出口，降低原有的价格优势。此外，由于我国经济发展对世界资源性产品的依赖程度高，世界初级产品价格的上涨也严重威胁我国出口产品的制造成本。在金融危机下，世界主要货币走软影响到国际市场上大宗商品的价格，比如原油、铁矿石等，使得这些原材料商品的价格都大幅上涨。2008 年以来，国际市场商品价格持续走高，涨幅惊人。IMF 发布的以美元计价的初级产品价格指数显示，仅在 2008 年 1—6 月，全球初级产品价格上涨 37.4%，其中食品上涨 23.30%，有色金属上涨 14.6%。作为制造业大国和贸易大国，我国成为世界原材料价格上涨的主要承担者，我国进口的主要初级产品均出现不同幅度的上涨。

4. 出口企业受到严重打击

金融危机严重冲击了我国出口企业，使我国出口企业出口增速大幅回落，利润达到历史最低水平。

第一，出口企业生产成本增加。人民币升值和世界初级产品价格的上涨，使得我国出口企业生产成本增加，为了保证出口数量，企业不得不压缩利润空间。同时，生产成本的增加使得我国出口产品的价格优势逐渐消退，在国际市场上的竞争力不断下降，国外采购商开始将大批订单从中国转向商品价格更加低廉的越南、柬埔寨、泰国等东南亚国家，因此国内企业订单数量急剧减少，对我国出口影响日益加深。

第二，出口企业坏账损失增加。在金融危机下，信贷紧缩，部分进口企业融资困难，融资成本增加，资金周转困难，因此使我国出口企业大量资金难以收回。有些国外进口企业破产倒闭后，把债务负担转嫁给我国出口企业，造成企业货款无法收回，出口企业坏账数量大大增加。

第三，出口企业倒闭增多。此次金融危机严重恶化了中小企业的生存环境，使得大多数中小企业陷入生产经营困境，生存状况变得更加恶化。尤其是东部沿海地区的中小企业，大量玩具和纺织服装企业纷纷倒闭，其中多数是私营企业。同时，金融危机对在我国外贸企业中占有重要地位的外商投资企业的影响也很大，大量企业撤资或是减少出口规模，导致进出口增长步伐放缓。

5. 出口遭遇贸易保护措施增多

金融危机导致世界经济和贸易急剧下滑，市场竞争更加激烈、国内就业压力不断增大，许多国家希望通过贸易保护来转嫁国内就业矛盾，因此各国政府通过贸易保护来稳定本国经济发展，贸易保护领域不断扩大，贸易壁垒层出不穷。而中国成为了贸易壁垒的最大受害国，针对中国的贸易摩擦案件也进一步增多，从而给中国出口贸易造成巨大障碍，中国出口产品笼罩在国外的贸易保护主义阴影下。仅就2008年来说，全球新发起的208起反倾销调查和14起反补贴调查中，中国分别遭遇73起和10起，占总数的35%和71%。中国已连续14年成为遭遇反倾销调查最多的成员，连续3年成为遭遇反补贴调查最多的成员。而且，贸易摩擦不仅限于发达国家，对我国出口产品提出反倾销、反补贴调查的发展中国家也不断增多。

(二) 中国出口导向贸易战略面临的困境

改革开放以来，我国实行的出口导向贸易战略，虽然使我国的对外贸易快速发展，极大地推动了我国的经济发展，但随着世贸组织的加入和国际经济形势的变化，这一战略面临着许多现实问题，尤其是在国际金融危机的背景下，这一战略的调整更是迫在眉睫。

1. 外贸依存度高，国内需求不足

自改革开放以来，我国对外开放的程度不断加深，外向型经济体系逐渐建立起来，对外贸易对中国经济的推动作用日益增大，外贸依存度不断提高。我国的出口依存度从1978年的4.62%提高到2008年的37%，对外贸易依存度则从1978年的9.8%提高到2008年的66.36%。虽然因金融危机的影响，这一数据在2009年有所回落，出口依存度和对外贸易依存度分别为24%和44%，但2010年又开始回升。对外贸易依存度的不断提高，既是我国抓住经济全球化机遇、国力不断增强的表现，同时也意味着我国经济发展过度依赖国际市场，世界经济变化对中国经济的影响在不断加深，因此我国经济受到外来冲击的风险在加大，面临的挑战也不断增多，国民经济长期稳定增长的程度下降。

我国外贸依存度的快速提高，主要是由我国的产业结构特点决定的，表现为：第一，我国内需严重不足，城乡二元经济体制问题非常突出，社会保障体系还不够健全，居民可支配收入尤其是农村居民可支配收入很低，从而制约了我国国内市场的消费能力。因此，为了促进经济发展，只能依靠出口来消化国内过剩的生产能力，依靠国外消费来带动国内的产业发展；第二，改革开放以来我国建立的以出口导向战略为指导的贸易政策体系，促进了我国外贸体制的改革，极大地推动了经贸开放和经济发展，促使进出口持续增长；第三，在“引进来”战略的推动下，国际直接投资快速增加，发达国家不断向我国进行产业转移，加之我国具有天然的劳动力优势，促使加工贸易发展迅速。第四，由于粗放型外贸增长方式的长期实行，我国资源、能源消耗高速增长，石油、铁矿石等进口需求不断增加，尤其是近年来随着汽车工业的发展对石油等燃料的需求进一步增加，导致消费对外依存度继续提高。

2. 贸易摩擦形势严峻，人民币升值压力加大

长期的出口导向战略，鼓励出口而限制进口，一方面使我国的对外贸易快速发展，另一方面也使我国的贸易顺差规模不断扩大，外汇储备不断增加，我国与其他国家的贸易摩擦也日益增多。尤其是2007年以来，受到世界金融危机的影响，各国为了渡过难关，从本国利益出发，贸易保护主义愈演愈烈，致使我国的对外贸易环境日趋恶化，针对我国的贸易摩擦现象更为严重，已经严重阻碍了我国经济发展。此外，巨额的外汇储备，也使人民币升值压力不断增加，以美国为首的发达国家以贸易不平衡为借口，不断要求人民币升值，极大地增加了我国宏观调控的难度。在预期人民币升值的情况下，国际游资通过各种途径进入我国国内市场，造成我国资产价格上涨，资产泡沫进一步膨胀，不利于我国经济健康发展，同时也显著增加了我国通货膨胀的压力。

我国与外国贸易摩擦的升温，究其原因，主要有以下几个方面：第一，中国出口高速增长是诱发中外贸易摩擦的重要原因。现行的出口导向贸易战略使我国出口产品在世界市场上的份额不断增加，对一些国家的国内市场和产业造成严重冲击，结果招致进口国的反倾销、反补贴和保障措施等贸易壁垒，引发国际贸易摩擦。第二，我国的出口以机电、纺织等劳动密集产品为主，国际市场供给过剩，我国主要靠价格优势来获取更多国际市场。而且出口主要集中在美国和欧盟国家，对这些国家的劳动密集市场产生了较大冲击，为了保护本国的就业等因素，这些国家针对中国出口产品的反倾销调查就不断增多。第三，在 WTO 框架内，随着传统的关税、配额等贸易保护手段的下调和取消，各国的贸易保护手段更多转向非关税壁垒，如技术性壁垒、绿色壁垒等，这些措施一般争议比较大，而我国的相关标准与国际标准有着较大的差距，这也客观上造成了我国出口产品不符合国外相关标准的要求，从而引发贸易摩擦。

3. 基于比较优势的出口战略面临严峻挑战

我国最大的比较优势就是拥有丰富的廉价劳动力资源，目前我国的对外贸易也充分利用了这一比较优势，出口以劳动密集型产品

为主。但随着国际经济形势的转变，近几年劳动密集型产品的出口已面临诸多困难，具体表现在：

第一，劳动密集型产品国际市场的变化。从需求来看，如今发达国家的劳动密集型产品市场基本趋于饱和，已经由原来的卖方市场进入买方市场。而且在全球金融危机影响下，发达国家为保护本国就业，对劳动密集型产品进口加以种种限制，使得其增长空间更加狭小。从供给来看，国际劳动密集产品的出口竞争日益激烈。这主要是因为发展中国家的出口结构趋同，大多以劳动密集型产品为主，供给出现结构性过剩，势必造成这些产品的激烈竞争。

第二，劳动密集型产品的贸易条件趋于不利。我国的出口商品以劳动密集型产品为主，即使是机电产品，其生产大部分也只不过是一种加工装配业务。由于劳动密集型产业存在关联度低、增值有限、需求弹性小等特点，单纯数量型扩张必然导致价格的进一步下降，使我国的贸易利益减少。

第三，我国劳动密集型产品的比较优势逐渐弱化。随着社会保障制度的建设，提高低收入者的收入水平等措施力度的加大，我国劳动力成本不断上升。此外，人民币升值压力加大，出口成本将持续上升，而能源、矿产资源等价格的上升，使得我国环境成本趋于上升，因此我国的劳动密集型产品出口面临越来越大的挑战。

4. 资源环境压力增大

长期以来，我国的外贸增长方式是粗放型的，产品出口效率较低，出口的数量优势远远大于出口的质量优势，产品的价值增值与规模的增长不相称。而且出口产品技术含量较低，劳动密集型产品以及粗加工产品占了较大比重，而高科技含量和高附加值产品比重偏低，导致“两高一资”(高能耗、高污染、资源型）产品在出口中所占比重较高。以我国大宗出口产品纺织品为例，每生产100米棉布大约要消耗3.5吨水和55千克煤，同时排放3.3吨废水，产生2千克的化学需氧量和0.6千克的生化需氧量。由此可见，大量出口纺织品所留下的环境压力将严重阻碍我国经济环境的协调持续发展。因此，这种出口扩张型贸易战略，使我国的资源环境压力不断增大，尤其我国是一个人口众多、资源较少的国家，人均资源可采储量远低于世界平均水平。另外，跨国公司也将一些高污染、高能耗的工业转移到我国，这也进一步加剧了我国资源环境之间的压力。

二、中国货物贸易发展战略调整的思路

从前面的分析中可以看出，在国际金融危机形势下，我国的出口导向贸易战略面临着诸多困境，因此我国的货物贸易发展战略应作出适当的调整，从而来适应我国对外贸易和经济发展的要求。具体表现在以下几个方面：

第一，强化竞争优势，继续走开放型的发展道路。在经济全球化的背景下，垄断竞争的市场结构是常态，现实国际贸易是按照绝对优势和竞争优势的方向进行的。单纯发挥比较优势会导致国内经济结构优化升级缓慢，有对外贸易条件恶化，陷入贫困化增长的险境。因此，比较优势所显示的潜在贸易利益能否变为现实，取决于这些比较优势产品是否具有竞争优势。信息技术革命也为后进国家竞争优势的构建提供了可能。信息技术等高科技产业具有受自然资源束缚小、高成长、高附加值、与其他产业关联性较强等优点。我国属于后进的发展中国家，具有后发优势，发达国家的知识技术乃至产业溢出效应，都可对我国经济发展起到有利的促进作用。

第二，充分利用国内和国外两个市场，促进内需和扩大出口相结合。我国有着巨大的国内市场，随着国内经济体系的不断成熟，国内有效需求也在不断提高，我国的国内市场逐步成为世界跨国公司争夺的焦点。因此，在积极利用国外市场、努力扩大出口需求的同时，我国贸易应立足于本国市场，重视国内市场对于贸易发展的支撑作用。我国国内市场较大，规模经济效应较强，可降低本国产品成本，从而获得国际竞争优势。而且我国富有潜力的市场是吸引国外生产要素的一个重要因素，而国外生产要素尤其是技术的流入对于我国的工业化、信息化和现代化具有十分重要的作用。此外，重视国内市场对国外贸易壁垒还具有一定的抵制作用。

第三，降低对行业和市场的普遍保护，重点扶持战略性产业。在经济全球化的今天，对国内产业和市场的普遍保护将很难继续，

一方面是会招致其他国家的谴责和报复，另一方面是我国经济已经具备了较强的物质技术基础，没有必要再继续对国内市场和产业实行普遍的保护，一些比较成熟的行业现在需要的是提高经济效益，反而更需要相对宽松的、市场化的政策和制度。但是，对个别幼稚产业尤其是高新技术产业的保护对于发展中大国是非常重要的。中国虽然已经成为世界的制造业中心，但是在科技和经济水平上跟垄断高科技产业的主要发达国家相比仍有相当差距。中国要想在技术和经济上缩小与发达国家之间的差距，就应在不违背WTO规则的前提下，对一些战略性产业，比如信息技术、生物技术等高科技产业，给予一定的政策支持，使其成为中国的战略性主导产业，以信息化带动工业化，保证我国在未来的知识经济竞争中立于不败之地。

第四，重视进口贸易，追求进出口贸易的基本平衡。当前，我国对外贸易顺差过大，对外贸易摩擦不断加剧，因此，保持进出口贸易基本平衡、处理好经济发展与外部经济的关系非常重要。而且重视进口贸易对于一国的经济发展也具有重要作用。首先，进口可以缓解我国经济发展中的资源瓶颈，扩大国内投资和贸易，从而保证经济的长期快速发展；其次，进口是我国获取国外先进技术的重要渠道。通过进口可以间接地带来国外先进技术，并且这些技术可以外溢到国内的其他行业；最后，进口竞争能促使国内企业努力提高效率，不断改进产品的性能标准。

三、促进中国货物贸易发展的战略措施

（一）扩大内需，稳定外需

长期以来，我国经济主要靠政府投资和出口拉动，是两个轮子走路，而国际金融危机导致外需放缓，出口萎缩，我国经济在很大程度上是靠政府投资来推动的。然而，仅靠政府投资，我国经济是不可能平稳快速发展的，还必须扩大内需，这是经济实现持续健康发展的唯一选择。扩大内需，发展内需主导型经济，可以降低我国经济的对外依存度，增强抵御外部风险的能力。而发展内需主导型经济，根本的途径就是增加居民收入和完善社会保障制度，让居民

有钱花、敢花钱。这就需要一系列的配套改革措施，例如：改革收入分配制度，重视初次分配的公平性问题；改革户籍制度，加快推进城市化进程；推动政府转变职能，提高效率，建设服务型政府；完善社会保障制度，加快推进教育和医疗改革等。这些改革措施将必然给整个社会带来深刻变革，同时也有利于促进我国产业技术水平的提高和结构调整，加快我国经济由粗放型向集约型转变。

扩大内需是我国应对金融危机、促进经济发展的长期战略方针，而稳定外需对于增加就业、促进企业发展、进而拉动国内消费具有重要作用，也为调整经济结构、转变经济发展方式创造了有利条件。政府应充分利用高层互访和对话机制，积极处理与美、欧、日等大国的经贸关系，加强与亚洲、大洋洲、拉美、欧洲、非洲等国家和地区的自由贸易区的建设，逐步提高自由贸易区出口额，并不断拓宽国际市场空间，增加贸易渠道，分散出口过度集中少数发达国家的风险。

（二）调整出口鼓励措施

在出口方面，我国要重点调整出口鼓励措施，使出口鼓励的重点从劳动密集型产业逐渐向资本、技术密集型产业转移。

首先，要逐步取消对劳动密集型产品的普遍的出口鼓励措施，让其出口价格反映真实的产品成本。在过去，对于劳动密集型产品，我国给予了多方面的优惠和补贴，劳动密集型产品的价格优势很大程度上得益于这些优惠政策和补贴。但经过20多年的发展，我国的劳动密集型产业已经发展比较成熟，具有了一定的竞争力，尤其是纺织品在国际竞争中具有较强的竞争力，近几年我国纺织品出口额的大幅增长以及其他国家对我国纺织品出口的贸易摩擦就是很好的例证。因此，现阶段我国可以放开对这些劳动密集产业的保护，使其自由竞争，以进一步提高这些产业的国际竞争力。

其次，将出口鼓励的重点逐步转向技术、资本密集型产业。技术、资本密集型产业在当代国际分工中占据着相对有利的地位，其技术含量、附加价值都相对较高，代表着国际贸易商品构成的变化方向。重点鼓励技术、资本密集型产业的出口，一方面可以增加我国从出口贸易中获取的利益分配；另一方面也会促进我国制造业的出口结构和产业结构的协调一致，加快我国产业结构的优化和升级，提高我国产业的国际竞争力。目前，我国贸易增长中的一个重要问题就是产业结构有待优化和升级，因此，将出口鼓励的重点逐步转向技术、资本密集型产业，符合我国现行经济发展的需要。在具体操作上，可以对不同技术含量的产品出口给予不同程度的政策支持，比如对光纤通信、生物工程等高新技术产品的出口给予较强的政策支持，而减弱对一般机械设备等产品的出口支持力度。

（三）重视进口的作用

在进口方面，我国要优化关税结构，突出非关税措施的保护效用，调整我国的进口商品结构。

首先，优化我国的关税结构。在入世前三年内，我国的关税减让承诺已基本完成，但在某些行业仍存在上下游产品关税倒挂、关税的实际保护率大大低于名义保护率等现象。因此，我国关税调整的重点应放在关税结构的优化，尤其是对于汽车、电子等战略性行业的相关产品，减少由于关税结构的不合理导致的保护作用的降低。可以利用WTO规则的若干例外条款，结合国内经济结构与产业结构调整的要求，不断调整进口关税税率结构，形成“原材料—中间产品—最终产品”、“竞争优势明显的产品—竞争优势不明显的产品—缺乏竞争优势的产品”的由低到高的梯级关税税率结构。

其次，强调非关税措施的保护效用。我国应借鉴其他国家的有效做法，在WTO规则允许的范围内，尽可能使用非关税措施来维护我国的经济利益。比如目前在各成员国，实施自动许可制度已成为监控敏感商品进出口情况的重要手段。从贸易实践看，配额及许可证是对贸易特别是进口贸易实行数量限制的一种重要的行政手段或措施，由于其具有程序严格、简便易行、效果显著、比关税保护更有力等特点，因此成为各国都不完全摒弃的一种贸易管理措施，在一定条件和范围内依然普遍使用。多边贸易规则也并不要求完全取缔这种做法，其规则允许在一定条件下使用配额和许可证。

最后，调整我国的进口商品结构。一方面，要加大对提高技术水平、促进产业结构升级有着深远影响的新技术和关键设备的进口比重，减少一般工业制成品的进口比重，突出进口对于国民经济的重要战略作用。另一方面，对于石油制品、天然气、化工原料、有色金属等不可再生资源的进口，在进口适度的范围内，应采取积极鼓励的政策。因为这些资源是不可再生的，属于稀缺资源，且关系到一国的经济安全，具有重要的战略意义，因此一定的资源储备是非常必要的。

（四）构建运用和应对贸易救济措施的体系

目前，WTO所允许的贸易救济措施已经成为各国正在采用的保护国内市场和促进出口的措施。面对国外对中国的大规模反倾销、反补贴和采取的保障措施，中国政府、企业和行业协会应该共同采取措施，积极应对，以维护自身的合法利益。

首先，为积极应对国外对中国的反倾销，我国在完善反倾销法律体系的基础上，建立和完善反倾销预警机制，建立反倾销应诉基金；争取中国的市场经济地位；规范出口竞争秩序，避免企业恶性竞争；遭遇反倾销后，企业应联合起来积极应诉。

其次，积极应对国外对中国的反补贴，建立补贴与反补贴预警机制。预警机制不仅包括对本国相关产业市场状况的监测，还包括对进口国相关产业市场状况的监测。通过对重点行业、重点产品、重点国家（地区）市场状况变化的监测、整理和分析，使国内企业能够快速反应，实现反补贴应诉工作的前置化，有效保护我国产业安全。

最后，灵活运用保障措施，合理保护我国产业利益。当国外对我国的出口产品发起保障措施时，我国应采取有效措施来应对，例如充分利用各种陈述和磋商机会，抵制成员方不合规则的做法，争取更大的主动权；充分利用发展中国家特殊优惠原则，争取更多的优惠；充分利用补偿请求权，并采取适度的报复措施或报复威胁，以维护自身利益。

第四章 WTO 与中国的非关税壁垒

非关税壁垒（Non-Tariff Barriers，NTBs），是指一国政府采取的除关税以外的所有限制商品进口的措施。由于 GATT 成功举行八轮谈判，关税普遍下降，非关税壁垒在国际贸易中愈演愈烈，成为国际贸易发展的主要障碍。

第一节 WTO 有关非关税壁垒的协定

WTO 对非关税壁垒的规范，除包括《1994 年 GATT》中规定一般禁止使用数量限制等措施外，还通过一系列单独协定的方式对几种常见的非关税壁垒进行了限制。

一、海关估价协定（Agreement on Customs Valuation）

海关估价是一国（或地区）海关管理机构出于向进口商品征税目的而对进口商品进行估价，以确定进口商品的完税价格。为了避免使海关估价成为限制商品进口的非关税壁垒，或进口商低报商品进口价避税，统一海关估价程序和准则成为进行国际贸易的必要条件。国际间第一个海关估价协议体现在 1947 年关贸总协定中，其后几经修改，乌拉圭回合又顺利达成了《关于实施 1994 年关贸总协定第七条的协定》，又称《1994 年海关估价协定》，主要包括以下内容：

（一）海关估价的一般原则

协议在序言中明确指出海关估价的原则与性质，内容包括：

1. 认识到需要一个公平、统一和中性的对货物估价的制度，以防止使用恣意或虚构的海关估价；

2. 认识到海关对货物估价的依据在最大限度内应为被估货物的成交价格；

3. 认识到完税价格应依据商业惯例的简单和公正的标准，且估价程序应不区分供货来源而普遍适用；

4. 认识到估价程序不应用于反倾销。

（二）海关估价的方法

《1994年海关估价协定》确立了各成员方的海关机构应当遵守的6种估价方法和选择估价方法的顺序。根据协议的一般介绍性说明，海关估价的主要依据是“进口商品成交价格”，如不能以此价格确定完税价格，在进口国海关与进口商磋商后，才能按照一定的顺序依次选择其他5种海关估价方法，即相同商品成交价格、类似商品成交价格、扣除价格、推算价格、其他合理确定的方法。根据《1994年海关估价协定》一般介绍性说明第4款的规定，在必须使用扣除价格或推算价格时，进口商有权选择适用这两种方法的次序。

1. 进口货物的成交价格

《1994年海关估价协定》第1条明确指出，进口货物的海关估价应为成交价格，即该货物出售给进口国的实付或应付价格（如发票价格）。实付或应付价格指买方为购买的进口货物而向卖方或为使卖方得益已支付或应支付的总额。付款未必采用货币形式，可以采用信用证或可转让票据的形式。可以是直接付款，也可以是间接付款。间接付款就是由买方偿付卖方所欠的全部或部分债务，这种形式在很多情况下是以买方信贷方式进口的货物。

当遇到由买方所引起的某些特别的因素被认为是海关估价的一部分，但却没有包括在该货物实付或应付价格中，应调整实付或应付价格。协议规定下列费用可加到进口货物的实付或应付价格中去：（1）除买货佣金外的佣金和经纪费用；（2）包装和集装箱的成本或收费；（3）各种辅助工作，如由买方以免费或减价形式提供的用于进口货物生产的商品（材料、部件、工具、染料等）及服务（开发、设计、计划）的价值；（4）作为被估价货物的销售条件，买方必须直接或间接支付的专利费或许可证费；

(5) 由于转售或处理或使用进口商品而给卖方带来收益的价值部分。

各成员方在制定法律、法规时，应对在以到岸价格进行海关估价时，是否将与进口货物运抵进口地点的有关费用全部或部分包括或不包括在海关估价中事先作出规定。关于由进口商申报的成交价格是海关对货物估价的基础的原则，不仅仅适用于正常交易，而且也适用于有关系的买卖双方的交易。当买卖双方相互有联系时，应审查货物销售的情况，只有在这种关系不影响价格时，货物的成交价格方可成为海关完税价格而被接受。

进口国海关在下列情况下，可拒绝进口商申报的成交价格：(1) 在没有交易的情况下；(2) 海关在对买方处置或使用进口货物有限制的情况下；(3) 在销售或价格受制于一些难以确定价格的条件时（如卖方以买方必须购买一定数量的其他货物为条件，限定进口货物的价格）；(4) 在买方转售货物的部分收益转至卖方时；(5) 在买方和卖方相互有联系，而且价格受此关系影响时。在当海关当局认定进口货物的完税价格不能依据进口货物成交价格确定时，应当在作出决定之前，将理由通知进口商，并给予进口商合理机会作出解释。当最终决定作出时，海关行政当局应将该决定和理由以书面形式通知进口商。

2. 相同货物的成交价格

如果不能按第 1 条的规定确定进口货物的海关估价，与该货物同时或大约同时向同一进口国输出的相同货物的成交价格即为该货物的海关估价。如果同一货物有一个以上的成交价格，应以最低的成交价格来确定进口货物的海关估价。而所谓相同商品，是指它们在各个方面相同，包括其物质性质、质量和信誉。表面上具有微小差异的货物也应被认为是相同货物。

在以相同商品成交价格作为海关估价的时候，海关应考虑商业条件和交易条件的影响，并尽可能采用同样商业条件下销售的、与被估货物数量大体相同的相同货物的成交条件来确定海关估价。如果没有此种销售，则应采用按不同商业条件或不同数量出售的相同货物的成交价格。但此时，应对涉及的有关的数量因素、商业水平因素或商业水平及数量因素综合考虑作出相应调整，如批量折扣对成交价格的影响。此外，在对价格进行调整时，还应考虑进口货物与相同商品之间因运输距离和运输方式不同而在成本和其他费用方面的差异。

3. 类似货物的成交价格

如果不能按上述规定确定进口货物的海关估价，与该货物同时或大约同时向同一进口国输出的类似货物的成交价格即为该货物的成交价格，作为海关估价的依据。所谓类似货物，就是尽可能与应估货物比较，各个方面不完全相同，但它们有类似的特征，如使用相同材料制造，具有相同的效用，在商业上可以互换的货物。在确定某一货物是否为类似货物时，应考虑的因素包括该货物的品质、信誉和现有的商标等。

如果类似货物的交易在商业条件和数量这两个方面都与待估货物的交易相同或相近，则类似货物的交易价格便可直接被用来作为待估货物进行海关估价的基础。如果不存在商业条件和交易数量都相同或相近的类似货物的进口交易，则待估货物确定海关估价的基础价格时，可参照类似货物按照同样商业条件但不同数量的交易价格，或类似货物按不同商业条件但大致上相同的数量的交易价格，或类似货物按不同商业条件和不同数量的交易价格，然后对上述某一参考价格按商业条件和交易数量两个因素的某一个或两个一起作出合理调整。在进行调整时，还应考虑到进口货物与类似货物之间由于运输距离和方式的不同在成本和其他费用方面的差异。在适用本条款时，如果有一个以上的成交价格，应以最低的成交价格来确定进口货物的海关估价。

利用相同货物成交价格或类似货物成交价格进行海关估价，除了在货物品质、性质、材料构成等方面的要求外，某货物如要被认为是被估货物的相同产品或类似产品，该货物还必须与被估货物在同一国家生产、并且是由同一生产商生产。但是，进口交易有可能出现这样的情况，当在同一国家由同一厂商生产的与被估货物相同或类似的货物并不存在时，则可以对同一国家但由不同生产厂商生产的货物的海关估价加以考虑。

4. 扣除价格

扣除价格又称海关估价扣除法，是指以进口货物或相同或类似进口货物在国内的销售价格为基础减去有关费用后得出的价格作为海关估价。

采用扣除价格应以同一时间或大致相同的时间在进口国内出售量最大的进口货物或相同或类似进口货物的单价为依据，而且该国内销售的卖主必须与进口商无关，同时还应当从这种国内销售的价格单价中扣除下列税费：通常支付或协议支付的佣金；在进口国销售同级或同类商品时为利润和一般开支通常支付的额外费用；在进口国内发生的运输费用和保险费用；在进口国内应付的关税和其他费用。

如果没有进口货物，也没有相同或类似的进口货物在同一时间或大致相同的时间出售，则对这批应税进口货物进行初步估价并征收进口关税，然后再按这批货物原样在 90 天内首次出售的单价扣除进口商业利润和商业成本，推定其进口交易价格并按这一推定的进口交易价格再计算应征关税，与先期已缴纳的关税相比，多退少补。

5. 计算价格

计算价格又称推算价格或估算价格，是指以制造该种进口商品的原材料、部件、生产费用、运输费用、保险费用以及销售进口商品所发生的利润和一般费用为基础进行计算的进口货物完税价格。利用计算价格进行海关估价，必须以进口商能够提供有关资料和单据，并保存所有必要的商业账册为条件，所提供的账目必须符合生产该产品的国家所采纳的公认的会计原则，否则，海关就不会采用计算价格来确定其完税价格。

由于使用推算价格要涉及国外厂商的许多商业数据，因此，海关当局不得要求或强迫境外的任何人为确定计算价格而审查或查阅任何账目或其他数据。如果为了确定计算价格需要对生产厂商提供的数据进行境外核实，必须得到其出口国政府和生产厂商的同意。当海关当局使用生产厂商或代理生产厂商提供的资料以外的资料来确定计算价格时，如果进口商提出要求，进口当局应把这一资料的来源、所使用的数据资料以及据此所进行的计算通知进口商。

6. 其他合理方法

如果上述各种方法都不能对进口货物进行海关估价，在符合《1994 年 GATT》第 7 条的情况下，则可以采用符合海关估价协议原则和一般规定的合理方法进行海关估价。但下列方法不能用来进行海关估价：在进口国生产的该种货物的销售价格；可供海关选择的两种备选价格中较高的一种；货物在出口国国内市场上的价格；除了已经确定的相同或同类商品推算价格之外的其他生产成本；出口到第三国市场的货物价格；海关最低限价；武断的或虚假的价格。

（三）其他有关规则

除了具体的海关估价方法之外，《1994 年海关估价协定》还对下列有关问题作出了规定：

1. 货币换算。当海关估价需要进行货币换算时，所使用的汇率应为有关进口国主管部门公布的汇率。

2. 资料的保密性。所有按其性质属于保密性的资料，或者为了海关估价而在保密基础上提供的资料，有关当局均应作为严格保密的资料对待。未经提供资料的政府或人员的许可，有关当局不得泄露。但在进行法律诉讼时要求提供的除外。

3. 进口商在海关估价中的权利与义务。各成员方在确定海关估价方面的立法时，应为进口商提供以下权利：有权就海关作出的决定向海关当局内部的独立以及司法当局提出上诉，而不用担心受到处罚；公布普遍适用的对《1994 年海关估价协定》有影响的法令、规章、司法决定和行政规定；在确定进口货物的海关估价过程中，如需要推迟最终确定海关完税价格时，货物的进口商有权从海关提取货物，但进口商应根据海关的要求以担保、押金，或其他合适的方法作出充分的保证，承担最后支付该货物应缴纳的关税金额；进口商有权取得进口国海关管理机构有关如何进口货物的书面说明；有权要求海关对其获得的任何机密材料保守秘密。

(四) 海关估计协定简评

海关估计协定为国际贸易提供了一个公平、统一和中性的海关估价体制。一方面，直接杜绝了部分不法商人出于逃税目的而进行假报、低报进口商品价值的现象；另一方面，也限制了部分缔约成员的海关武断地高估进口商品的价值，变相提高关税，实行贸易保护的非关税壁垒措施的现象，有利于国际贸易的发展。海关估价协定的主要贡献在于：第一，统一了 GATT 海关估价制度的内容和解释，使得各国海关估价方法更具确定性和可预见性，减少了该领域的潜在争议；第二，消除了以往各国海关估价制度的保护性特征，特别是禁止在海关估价实践中使用武断或虚假的价格规定，使得各国海关估价程序更为中性，增加各国海关提高其估价制度透明度的义务，能有效防止海关估价权力的滥用；第三，设置了有关进出口商对不当估价方法的申诉程序，使贸易商有机会维护自己的利益；第四，减轻了各国原有估价方法的立法压力，特别是对有关估价方法有争议时的立法压力，大大简化了海关估价程序，能减少行政经费的开支，融洽海关与进口商之间的关系。①

但协定的实施也面临一系列挑战。成员方实施协定的能力失衡，特别是不发达成员在资金和能力上的缺陷，对协定的实施采取拖延和保留态度，致使协定执行效力削弱。协定对各国的海关估价工作提出了更高的要求，要求有成熟和健全的估价管理系统，对海关技术力量、审价人员的素质等各方面要求也较高，要求海关在价格监控、风险管理、价格稽查等方面有较强的适应性。但许多国家海关在硬件和软件上都难以达到要求，如面对伪报、瞒报、少报价格等违法行为取证难度大，不利于打击价格瞒骗行为。

二、装运前检验协定（Agreement on Reshipment Inspection）

装运前检验的做法在国际贸易中被许多发展中国家所采用，其

① 参见王新奎：《世界贸易组织十周年：回顾与前瞻》，人民出版社 2005 年版，第 105 页。

目的在于防止商业欺诈、维护市场秩序、弥补行政管理机构的不足。然而，如果某一政府对某些货物的装运前检验规定极其复杂的手续，拖延检验的时间或对检验对象实行歧视性待遇，结果会限制货物的进口，阻碍国际贸易的发展。目前，装运前检验已逐渐发展成为国际货物贸易检验的主要业务，而各国和地区根据各自情况制定的法律、法规，在检验标准和程序等方面差别较大，对货物的检验结果双方往往也会有不同的理解和解释标准，从而产生分歧。为了克服以上矛盾，协调发达国家与发展中国家的利益，乌拉圭回合达成了《装运前检验协定》。

（一）协定的适用范围

协定适用于在各成员方领土内的所有装运前检验活动，无论这种活动是通过签约或是由成员方政府或政府机构授权进行的。因此，装运前检验是指进口国政府机构或其授权的机构或其委托的独立第三方检验机构，根据法律的规定或合同的约定，在出口所在地的关境对有关进口货物的数量、质量、价格、货币兑换率、货物关税税则分类等情况进行核实检查活动。

（二）用户成员方的义务

1. 非歧视义务。协议要求用户成员方政府应确保装运前检验活动以非歧视的方式进行，在装运前检验活动中对有关的所有出口检验的商品一视同仁，不得在实践中只对某些成员方的出口商品实行装运前检验，而对另一些成员方的出口商品免除此等检验。此外，实物的检验地点应在出口成员方实施，只有以上地点行不通时，方可在制造成员方实施检验。质量和数量的检验应根据买卖双方在购货合同中规定的标准实施，如无上述标准，则采用国际标准。

2. 透明度义务。各用户成员方应确保装运前检验活动以透明的方式进行：用户成员方政府应及时公布一切与装运前检验有关的法律、法规和规章，以便出口成员方政府和商人熟悉；公布用于检验和核实价格以及外汇兑换率核实的所有程序和标准；公布出口商在装运前检验中的权利；公布在出口商对检验结果有不同意见的情况下应采用的上诉程序；用户成员方应确保出口商以方便的方式获得上述有关法律规定和与装运前检验有关的其他资料。

3. 保护商业秘密。协议规定用户成员方政府有义务对其在装运前检验过程中知悉的有关出口货物的商业秘密进行保密，除非该秘密已经公开或第三方已经掌握或该秘密已经进入公共领域，否则，检验机构不得泄露其在装运前检验过程中所涉及的商业秘密。同时，用户成员方政府不得要求与检验活动无关的商业秘密，包括：与专利有关的生产流程制造数据；特许的或未公开的或正在办理的专利授权的专利生产方法；为了证实商品符合有关技术规章或标准所必需的数据以外的未公开的技术数据；内部作价或生产成本核算方面的数据；利润水平；出口商与其货源供应商之间的合同条款，除非不提供该合同条款就不能进行有关的检验，即使如此，也只能提供与检验活动有关的必要信息。

4. 避免延误检验的义务。除非出口商与有关检验机构相互之间达成重新安排检验日期协定，或因出口商的阻碍，或因不可抗力的影响不能按时进行检验，检验机构应及时地完成装运前检验。具体要求如下：（1）检验机构应根据其与出口商所约定的日期，按照检验程序完成检验。（2）检验机构在收到全部检验文件和完成检验后，应于5个工作之日内签发说明检验结果的清洁报告，或提交不签发检验清洁报告的详细书面解释。在后一种情况下，检验机构应及时审阅出口商的书面意见，并应出口商的请求，尽快按照双方达成的重新检验日期进行复验。（3）应出口商的请求，检验机构应在检验日之前，对价格、外汇兑换率、装运清单等在交易合同基础上进行核实，并对进口许可申请书进行初步审查。一旦初步核实有了结果，检验机构不得随意否定，并应立即以书面形式对其是否接受核实的结果告知出口商。如果是否定的结果，还应向出口商陈述其详细的理由。（4）如果检验结果的报告有笔误，检验机构应及时纠正并将改写的报告尽快送到有关方面。

5. 价格核实义务。为了避免高估或低估发票价格和欺诈行为，协议规定了用户成员方检验机构对价格核实的义务。用户成员方政府应确保其检验机构按照一定的价格核实程序进行价格核实，只有在按照规定的程序进行了价格核实并证明其结果不令人满意后，检验机构才可以拒绝接受出口商和进口商双方统一达成的合同价格。用户成员方履行价格核实义务的基本准则是：以交易合同价格为基础，若进出口双方有违法行为，检验机构应以客观、公正的标准加以核实；在进行价格比较时，应将同一出口国在同一时间向同一市场或在接近同一时间出口的相同或类似出口货物作为对比的基础；价格核实应考虑销售合同条款内容与国际商业惯例的适用性，符合国际商业惯例和出口实践的价格调整因素应在考虑之列；运输费用的核实只能以双方同意列入销售合同的出口成员方的运输方式的价格为准；检验机构在进行价格核实时，不能运用进口国生产的相同商品的国内销售价格、向第三国出口相同商品的出口价格、生产成本或任何武断的虚构的价格或价值。

6. 接受出口商申诉的义务。用户成员方应在每个设有装运前检验业务管理和办事地点的城市或港口，指定专门人员受理出口商提出的有关反对检验机构决定的投诉；检验机构必须认真、积极、慎重地对待出口商的上诉意见，在充分考虑后应尽快地作出决定，并立即向出口商通告其作出的决定。

（三）出口成员方政府的义务

1. 遵守非歧视原则。出口成员方政府在实施与装运前检验有关的法律、法规和规章过程中，应对国内外的商人一视同仁，不得实施歧视待遇。

2. 政策透明度义务。出口成员方政府对装运前检验有关的法律、法规和规章应及时公布，包括修改、修订的法律、法规和规章的内容，以便其他政府和商人知悉。

3. 提供方便和技术援助的义务。对于出口商所在国境内进行的装运前检验活动，出口成员方政府应为有关检验活动提供方便，同时应检验机构的请求，出口成员方政府应按双方约定的条件向对方提供技术援助，以确保协议的目标的实现。技术援助包括提供咨询意见和有关装运前检验所需要的相关资料。且技术援助可在双边、诸边和多边基础上提供。

（四）《装运前检验协定》简评

随着国际贸易的发展，装运前检验活动已经成为当今国际贸易中不可缺少的环节，但各国在法律法规、检验标准和检验程序上差异较大，对货物检验的结果分歧较大。《装运前检验协定》为装运前检验活动和由此产生的争端解决制定了统一的规范，成为乌拉圭回合谈判的重要成果。其贡献在于界定了装运前检验的定义和范围，“装运前检验活动系指在出口所在地的关境对有关进口货物的数量、质量、价格、货币兑换率、货物关税税则分类等情况进行核实检查活动”，这一定义使装运前检验活动涵盖的范围远远超出了一般意义的货物检验，促进了各成员方在更广泛领域实施 WTO 的纪律。

装运前检验是维护国际贸易秩序所必需的程序，但如果对检验提出不当要求、使用不合理标准、实施不平等待遇，它也会成为国际贸易发展的障碍。《装运前检验协定》在多边协商基础上为检验活动设立了较为具体可行的操作程序，规范了进出口成员方在装运前检验中的权利和义务，使装运前检验活动规范化、制度化，能有效防止检验的延误，消除歧视待遇，并及时处理有关争议，有利于国际贸易的发展。

三、进口许可程序协定（Agreement on Import Licensing Procedures）

《1947 年 GATT》原则上规定禁止或取消进口许可证，但考虑到缔约方经济发展水平的差异，规定了一些例外，结果使进口许可程序往往成为一种阻碍贸易发展的非关税措施。为了进一步规范进口许可程序，乌拉圭回合将进口许可程序纳入谈判议题，达成了《进口许可程序协定》。协议由序言和 8 个条款组成，包括达成协议的目的、背景和基本原则，总则，自动进口许可程序，非自动进口许可程序，机构、进口许可程序的通报，磋商和争端解决，审议和最后条款。其主要内容包括：

（一）进口许可程序的基本原则

进口许可程序是一种管理程序，即为实施进口许可制度而采取的行政管理程序，在这个过程中发生的行政程序受《进口许可程序协定》的约束。

协定将许可制度分为两种：自动许可和非自动许可。在自动许可制度下，许可证签发当局不得使用任何处置权，应自动签发许可证。非自动许可制度用来对配额限制以及其他措施进行管理当局在签发时有处置权。

各成员方在实施进口许可程序时，应遵循以下原则：

1. 透明度。各成员方有义务出版和公布其关于进口许可程序的所有信息，而且，这些有关信息应通报给关贸总协定的进口许可委员会，并采用能够使各国政府和贸易商熟悉了解的方式予以公布。公布内容包括所有有关呈交许可申请程序的规定和情况，包括关于个人、企业和机构提出这种申请的资格、需接洽的行政机构以及需申领许可证的产品范围、产品清单等。公布日期应在许可要求生效之日前21天，最迟不得晚于许可生效之日。对于许可程序的规定或申领进口许可证的产品范围、产品清单作出的任何例外规定、偏离和更改，应以同样方式并在上文规定的相同期限内公布。所公布的资料副本应提交给世界贸易组织秘书处。

2. 成员方有关管理机构提供的进口许可证申请表格和程序以及申请展期的表格和程序应尽可能简化，并且，如申请者提出要求，应提供有关许可制度的文件和有关情况。

3. 应准许申请者有一合理期限提交许可申请书，若有截止日期，该合理期限至少应为21天，并应规定若在此期限内出现许可证申请书数量不足情况可以延长此合理期限。各成员方管理进口许可证的机关应为一个部门，如果确有必要由申请者向一个以上的行政管理机构提出申请时，申请者所接洽的行政机关的数目不应超过3个。

4. 不应因申请文件中出现不改变申请内容的微小差错而拒绝签发进口许可证，除非是故意欺诈或严重疏忽，否则，对单证或手续上的遗漏，不得给予比警告更严重的处罚。

5. 进口货物的价值、数量或重量与许可证上所标明的有少许出入，只要这些差异符合商业惯例，就不应拒绝其货物进口。

6. 持有进口许可证的货物进口商为了支付许可进口的货物，应与无需进口许可证货物的进口商一样，在同等的基础上得到所需的外汇。

（二）自动进口许可

自动许可证指在任何情况下对申请一概批准并签发的进口许可证。协定要求自动进口许可程序除适用协定对进口许可程序的基本原则的规定外，还应适用下列规定：

1. 实施许可程序不应使属于自动许可证范围的进口货物受到限制性影响。

2. 在没有其他合适的程序时，采用自动进口许可证是必要的。只要具备采用自动进口许可的客观条件不变，并且无法用更恰当的办法来达到行政管理的根本目的，就可以继续使用自动进口许可证。

3. 对于自动进口许可证的获得和签发，协议规定：凡履行了进口国法律要求的，从事属于自动进口许可证有关产品的进口业务的任何个人、商号或机构，均有资格申请和取得进口许可证；在海关结关放行货物之前的任何一个工作日内，都可递交进口许可证的申请书；如递交的进口许可证申请书的手续是完备的，就应在管理可行的范围内收到申请后立即予以核准，但最多以 10 个工作日为限。

（三）非自动进口许可

非自动许可是指凡不属于自动进口许可证范围内但又需办理进口许可的货物的进口许可证。《进口许可程序协定》没有完全禁止使用非自动进口许可证，非自动进口许可程序除适用签发许可证应遵守的一般规则外，还应符合下列规定：

1. 除实施许可证限制本身造成的影响外，非自动许可证不应对进口产生其他的贸易限制或扭曲影响，非自动许可程序在适用范围和期限上应与其被用来执行的措施相吻合，而且不得超出实施措施所必需的限度而成为一种更大的行政负担。

2. 当许可证用于实施数量限制以外的目的时，各成员方应向其他成员方和贸易商公布足够的信息，以便他们了解发放或分配许可证的基础。若一成员方允许个人、企业或机构提出免除或偏离许可证的要求，则该成员方应将此情况通报许可证委员会并公告在有关出版物上，以使各成员方政府和贸易商了解。同时，应公布接受这种要求的原因，并说明是在何种情况下考虑这类要求的。

3. 在对有关产品贸易有利害关系的任何成员方的要求下，各成员方均应提供下述资料：贸易限制的管理情况；近期签发的进口许可证；此种进口许可证在供应国之间的分配；进口许可证范围内的产品进口统计（价值或数量）。

4. 用许可证方式实施配额管理的成员方，应公布所实施配额的数量或价值总额、配额发放日期和截止日期，以及任何有关的变换情况。对于在供应国之间分配的配额，实行限制的成员方应立即向与配额商品有利害关系的成员方公布有关信息，包括目前按数量或价值分配的配额份额。并且应当在申请生效之前21天进行公告，以使拥有配额的政府及有关贸易商知悉。如果出现有必要规定配额日期提前开始的情况，应在其实施前21天发布公告。

5. 凡符合进口成员方法律要求的个人、商号和机构，应具有申请和获得进口许可证的同等资格。如果许可证申请未获得批准，应将其原因告知申请人，申请人有权根据进口成员方的国内立法或诉讼程序提出上诉或要求复查。

6. 除进口成员方所无法控制的原因，进口许可证签发机构应尽快办理有关申请，若按先来先办的原则，应在收到申请后即予以考虑，办理许可证的时限不得超过30天。若是同时考虑全部申请后一并办理所有的申请，则办理的时间不应超过60天。在第二种情况下，办理申请的期限应是自规定的申请期限截止日的第二天起算。

7. 许可证的有效期应当合理，不应短到影响货物进口的程度，除了进口必须满足预料不到的短期的特殊情况外，许可证的有效期限不应妨碍远距离来源的进口。

8. 在实施配额管理时，不得阻碍已发放的许可证允许的进口。

不应阻碍配额的充分利用；对于不在供应国之间分配的配额，许可证持有者可以自由地选择进口来源。在供应国之间分配的配额，应在许可证上列明某国或某些国家。

9. 在分配许可证时，各成员方应考虑申请者的进口实绩，其中包括在最近有代表性的时期内，发给申请者的许可证是否充分利用，已发许可证未充分利用的原因。在发放许可证时，对从发展中国家成员方，尤其是从最不发达国家成员方进口产品的进口商给予特别考虑。

10. 如因在转运、散装船过程中，以及符合通常商业做法，使进口货物数量超过以前的许可证水平，可在未来分配许可证时做补偿性调整。

（四）《进口许可程序协定》简评

为了加速贸易自由化，提高进口许可程序的透明度，简化进口许可程序，体现公平、公正、非歧视的原则，限制或取消进口许可证使用过程中消极的作用，WTO 达成了《进口许可程序协定》。其贡献在于使规定模糊的义务强化成明确的纪律，填补了 GATT 相关规定的空白。协定秉承了 GATT 所创设的原则并作了细化处理，以确保进口许可程序本身不会限制货物的输入，并尽可能使程序具有更大的透明度和自动性。

《进口许可程序协定》在更广泛的范围内强化了 GATT 规范的程序价值，并不只是反映某一制度方面的程序要求，触及了与进口许可有关的各种制度内容，统一其程序义务。它实际上是从《1994 年 GATT》原则和义务中抽出了有关进口许可的所有程度要求，一并予以具体化、统一化的产物。它与其他协定相互补充，有效地保证了 WTO 制度的周延及完整，有效防止了进口许可程序方面的漏洞，保证了高效便捷的进口许可制度的形成。

《进口许可程序协定》多为技术性的操作规范，相对于国际贸易其他领域的制度，当事各方较少对条款的理解产生分歧，其实施以来情况令人满意。无论是对规则本身，还是争端解决所涉及的法律适用问题，都未出现疑虑的争执。

四、原产地规则协定（Agreement on Rules of Origin）

世界贸易组织的《原产地规则协定》是有史以来第一个关于原产地规则的多边协议。它要求世界贸易组织成员保证它们的原产地规则是透明的、不会对国际贸易造成扭曲、限制和干扰。整个协定的核心是确保原产地规则不会抵消或削减各成员方在关贸总协定中所享有的权利。原产地规则的制定和实施应遵循可预见性、客观性、无歧视性和连续性原则，并确保原产地规则不会成为贸易障碍。

（一）定义与范围

《原产地规则协定》第1条将原产地规则定义为任一成员方为确定货物原产地而实施的普遍适用的法律、法规及行政决定。其适用范围为《1994年关贸总协定》第1、2、3、11、13条中的最惠国待遇；第6条中的反倾销和反补贴；第19条中的保障措施；第9条中的原产地标记、数量限制、关税配额；以及政府采购、贸易统计过程中所使用的优惠关税部分。

（二）原产地规则的实施

协定第二部分关于实施原产地规则的规定中，将原产地规则的实施分为过渡期的规定和过渡期后的规定两个部分。

1. 过渡期原产地规则规定

协议规定在过渡期要求各成员方遵守的原产地规则为：关税税目标准、从价比例标准、生产或加工标准。在过渡期，各成员方可以采用以上三种标准中任何一种作为本国的原产地标准，但必须将自己所采用的那种标准在其原产地规则（相关的行政决定）中加以说明。

任何成员方采用原产地规则标准，不得对国际贸易产生限制、扭曲或破坏性的影响。原产地规则不得成为不正当的过严要求，不得用来满足某一与生产或加工无关的条件，即不能以任何非正当的理由作为确定原产地的先决条件。原产地规则应以一致的、统一的、公正的和合理的方式加以管理。对原产地规则的管理应建立在肯定的标准上，即表明哪些应被授予原产地证明，而不是表明哪些不被授予原产地证明。

2. 过渡期后原产地规则规定

在过渡期后，尽快实现《原产地规则协定》第四部分的协调计划，建立协调的原产地规则。协议要求各成员方在原产地标准方面务必将各种产品划分为：完整生产国原产地标准和最后实现实质性改变的原产地标准。

此外，协议还对过渡期后原产地规则作出如下规定：对进出口产品实施的原产地规则应不严于确定某一商品是否为国内产品时所采用的原产地规则，而且，确定原产地规则也不应造成对其他成员方的歧视；原产地规则应以一致的、统一的、公正的和合理的方式加以管理；根据透明度原则公布与原产地规则有关的普遍适用的法律、法规、司法判决和行政裁决，并严格加以遵守；过渡期后对接受评定特定产品原产地的申请，提交有关评定意见，对评定意见的适用期、适用条件以及对评定意见的修改、审议，对有关方面为确定或评定特定产品原产地而提交的机密性资料的保密等规定，均与过渡期阶段的规定一样。

（三）原产地规则的协调

《原产地规则协定》最重要的成果就是提出了在世界贸易组织生效后，协调各国原产地规则的原则和目标。协议强调确立原产地规则标准的使用原则，即确定为某一特定产品原产国的应是完整生产该产品的国家，或者当该产品的生产过程涉及一个以上的国家时，则对产品最后实现实质性改变的国家为原产国。协调原产地规则的工作计划应在世界贸易组织生效后尽早开始执行，并在开始执行3年内完成。原产地规则委员会和原产地规则技术委员会是执行该工作计划的执行机构，并由海关合作理事会介入和提供帮助，共同完成协调工作。

（四）优惠性原产地规则

《原产地规则协定》附件2是关于各成员方之间达成的优惠性原产地规则的共同宣言，优惠性原产地规则系指任一成员方为确定货物是否有资格根据契约或自治贸易的规定享受优惠待遇而实施的普遍适用的法律、法规和行政决定。该契约或自治贸易的规定使货物可享受超出《1994年关贸总协定》第1条第1款实施范围的关税优惠待遇，即给予超出一般最惠国待遇的优惠关税待遇。实施优惠性原产地规则必须遵循下述规定：

1. 在发布有关原产地规则的普遍适用的行政决定时，应当明确规定其适用标准。尤其是：在采用税目分类改变的标准时，对于优惠性原产地规则及其任何例外，必须清楚地列明在有关的目录税目和子目上；在采用从价百分比标准时，计算此百分比的方法应在优惠性原产地规则中注明；在规定制作或加工工序标准时，授予原产地资格的制作、加工工序应准确列明。

2. 各成员方的优惠性原产地规则应以肯定标准为基础。

3. 公布与优惠性原产地规则有关的普遍适用的法律、法规、司法判决和行政裁决，并严格遵守上述法律规定。

4. 应出口商、进口商或任何持有正当理由的人的要求，只要有关当事人已经提交了必要文件，就应尽快公布有关产品的优惠性原产地评定意见，至迟不得晚于提出评定申请之日起150天，且评定意见在3年内有效。只有在按照有关规定对原产地评定意见进行审查并得出相反意见时，原评定意见才能失效。

5. 当改变优惠性原产地规则或采用新的优惠性原产地规则时，不得追溯性地实施其法律或法规中的有关规定。

6. 任何与确定优惠性原产地有关的行政行为都应立即接受独立于作出原产地评定意见的当局的司法、仲裁、行政听证或行政程序的审查，该审查可以修改或推翻原评定意见。

7. 对于所有机密性的材料或为申请优惠性原产地证书而在保密基础上提供的材料，有关当局都应严格地按机密材料对待，在得到提供有关机密材料的个人或政府的同意前，除司法程序要求外，不得任意泄露。

（五）《原产地规则协定》简评

《原产地规则协定》的核心是确保原产地规则的制定和实施不会抵消成员方在WTO中享受的权利，它和要求成员方对原产地规则的制定和实施应遵循可预见性、客观性、非歧视性和连续性原则，并确保在发生争端的情况下，建立迅速、有效和平等的磋商机制和程序。其方向是在可能情况下实现世界范围内原产地规则的统一，而不仅限于那些与给予关税优惠待遇有关的规则。

但协定仍存在较大的缺陷。一方面协定未能就原产地标准、原产地认证等达成一致意见，尤其是没有统一的“实质性改变”三种标准的具体技术规定，即究竟增值多少、税目改变多少或哪些为关键工序才算达到实质性改变。这就给各成员方灵活运用原产地规则维护自身利益留下了灰色区域。因此，原产地规则在发挥其作为确立产品享受关税优惠待遇的依据、实施非关税措施的依据、贸易统计的依据等传统作用的同时，以可能通过成员的演绎，延伸出作为区域经济集团的非关税壁垒、成员政府促进本国经济发展的政策措施等新功能。

此外，协定明确指出原产地规则与契约性和区域自治性贸易体制所提供的、超出GATT有关最惠国待遇条款中的关税优惠无关。由于《原产地规则协定》对区域经济集团中适用的优惠原产地规则没有约束力，对涉及歧视性关税安排的原产国标记问题只有一个作为附件的《共同宣言》，没有实质的指导性，这也为区域经济集团实施内外贸易差别待遇留下了灰色区域。随着区域经济集团在20世纪80年代后的兴起和贸易量的扩大，与贸易歧视性待遇相关的优惠性原产地规则很可能成为区域集团实施保护主义的有力工具。

五、贸易技术壁垒协定（Agreement on Technical Barriers to Trade）

《贸易技术壁垒协定》是在东京回合达成的协定基础上进一步修改、完善而成。

（一）协定的宗旨

《贸易技术壁垒协定》的宗旨是鼓励制定与采用国际标准和认证制度，要求各成员方采取的技术法规及标准不致给国际贸易造成不必要的障碍。协议承认各成员方有权为保证其进口产品的质量，为保护人类、动植物生命和健康、保护环境，防止欺诈行为而采取技术标准措施，但这些措施的实施不能在不同成员方之间形成歧视，限制国际贸易的发展。

（二）技术法规和标准的制定、通过与实施

1. 中央政府机构制定、通过和实施的技术法规

各成员方中央政府在制定、通过和实施技术法规时，应遵守的原则和履行的义务包括：

（1）最惠国待遇和国民待遇。即给予从任何成员方进口的产品待遇，不得低于本国同类产品的待遇，也不得低于给予任何其他成员方生产的同类产品的待遇。

（2）各成员方为了国家安全的需要、防止欺诈行为、保护人类健康和安全、保护动植物的生命和健康、保护环境等目标，可以制定、通过和实施技术法规，但不能给国际贸易造成不必要的障碍。

（3）制定技术法规的成员方应以已有的国际标准或即将完成制定工作的国际标准为制定本国技术法规的依据。但由于本国的气候条件、地理因素或基本技术问题等因素而难以达到国际标准的，不受此规定的约束。

（4）各成员方在制定技术法规时，应积极考虑采用已有的国际标准或其他成员方的有关技术法规的规定，如果不存在有关的国际标准或其他成员方的技术法规，则成员方应当履行如下义务：提前在公开出版物上公布该技术法规的内容，以便使其他成员方了解该技术法规；提前通过世界贸易组织秘书处，将所涉及的产品通知其他成员方，并对制定该技术法规的目的和理由附一简要说明；一经其他成员方请求，应提供制定该技术法规的细节和副本，如果可能，应指出哪些部分实质上与有关的国际标准不符；应无歧视地给予其他成员方提出书面意见的合理时间，并对其意见给予充分考虑。

（5）各成员方应将已制定的所有技术法规立即予以公布，使有关成员方能够得到和了解它们；除非紧急情况，各成员方应在某一技术法规公布和生效之间留有一段适当的时间，以便其他成员方的生产商有时间使其产品适应新的技术要求。

2. 地方政府和非政府机构制定、通过和实施的技术法规

地方政府机构和非政府机构制定、通过和实施技术法规时，应履行前述中央政府应履行的义务，但不必履行通过世界贸易组织秘书处将所涉及产品通知其他成员方的义务。各成员方不得采取措施要求或鼓励其领土内的地方政府机构或非政府机构作出与前述原则与义务不相符的行动，而应采取积极措施帮助中央政府机构以外的机构执行前述规定。

3. 标准的制定、通过与实施

各成员方中央政府及地方政府所属标准化机构及非政府标准化机构负责标准的制定、通过与实施。各成员方承诺：保证其境内的标准化机构接受并遵守附件3《关于制定、通过与实施标准的良好作业规则》的规定。该规则向世界贸易组织各成员方境内的所有标准化机构开放接受，标准化机构接受或退出该规则，应通知日内瓦 ISO/IEC 中心，通知内容包括有关机构的名称、地址及其标准化活动的范围。标准化机构给予来源于世界贸易组织其他成员方的产品在适用标准上应遵守最惠国待遇和国民待遇；保证其所制定、通过和实施的标准不得给世界贸易造成不必要的障碍；标准化机构在制定标准时，应优先将已有的国际标准作为基础；在某一项标准通过之前，标准化机构应至少留出60天的时间以便其他成员方就标准草案提出意见，如果发生可能涉及安全、卫生、环境保护等方面的紧急情况时，上述期限可以缩短。

（三）对进口产品的合格评定程序

1. 中央政府机构的评定程序

各成员方中央政府机构对其他成员方进行合格评定时，应履行下列义务：

（1）各成员方应制定、通过和实施统一的产品合格评定程序，在程序适用上，对于来源于其他成员方的待遇不低于给予本国产品或其他成员方产品的待遇。

（2）合格评定程序的制定、通过和实施，不能为国际贸易的发展造成不必要的障碍。

（3）合格评定程序应尽可能迅速地进行并完成，每一程序运

行的标准期限应予以公布，或经申请人的请求将标准期限通知申请人；评定结果应尽快送达申请人；即使申请书有缺陷，如果申请人请求，职能机构也应尽快作出评定。

(4) 对评定过程中涉及的机密资料应予以保密。

(5) 应建立合格评定程序中的审查程序，以处理有关的投诉，如果证明投诉是有道理的，就应采取行动予以纠正。

(6) 各成员方应保证其中央政府机构把国际标准化组织已有的或正在制定的有关技术标准指南或建议作为其合格评定程序的基础；但出于国家安全、保护人类健康与安全、保护动植物生命与健康、保护环境、当地气候条件或其他地理因素、基本技术或基础设施等原因无法适用这些指南或建议的除外。

(7) 如果不存在国际标准化组织公布的指南或建议，或某一成员方正在拟议的合格评定程序的技术内容和国际标准化组织颁布的有关指南或建议的技术内容不符，且该合格评定程序可能对其他成员方的贸易产生重大影响时，该成员方应该做到：及时地在公开出版物上发出通知，以便其他成员方能够及时了解它的内容；通过世界贸易组织秘书处，将拟议中的程序涉及的产品通知有关成员方，同时对其目的、理由进行简要说明，这一通知应在程序公布前适当时间提出，以便留出足够的修改机会；一经请求，应向其他成员方提供该程序的细节和副本，如果可能，应指出其中与国际标准化组织有关指南或建议不符的部分；应无歧视地给予其他成员方提出书面意见的机会，并对其意见予以充分考虑。

(8) 在执行上一条款的规定时，如果涉及国家安全、人民健康、环境保护等紧急问题，则可免去上述规定的步骤，但必须符合以下条件：立即通过世界贸易组织秘书处将该程序所涉及的产品通知其他成员方，同时对该程序的目的及理由，包括所涉及的紧急问题，作一简要说明；一经请求，即向其他成员方提供该程序的副本；应无歧视地给予其他成员方提出书面意见的机会，并对其意见予以充分考虑。

(9) 各成员方应迅速公布所有已制定的合格评定程序，或者使有关成员方易于得到和了解它们。除紧急情况外，各成员方应在合格评定程序公布和生效之间留有一段合理时间，以便有关产品的生产者有时间使其产品或生产方法符合新的程序的要求。

2. 中央政府机构的认证制度

各成员方保证在可能的情况下对其他成员方的评定结果予以接受，即使这些程序与自己的不同，接受的条件是所适用的程序符合现行的技术法规和标准，并与本国的程序具有同等的效果；鼓励各成员方自愿参加相互认可彼此合格评定结果的协议；鼓励各成员方允许其他成员方的评定机构参加本国的评审程序，其待遇不得低于本国评审机构或另一成员方的评审机构。

3. 地方政府的合格评定程序

地方政府机构应遵守上述中央政府机构有关合格评定的程序和认证制度的规定，但有关通过世界贸易组织秘书处将程序及所涉及产品通知其他成员方的规定不包含在内；各成员方对地方政府的合格评定程序应予以公布，但可以不提供与中央政府机构已公布过的评定程序实质内容一致的技术细节；各成员方不得采取措施，要求或鼓励其境内的地方政府采取与上述中央政府机构合格评定程序应遵守的各项规定不相符的行动，并采取积极措施帮助非中央政府机构遵守上述有关的规定。

4. 非政府机构的合格评定程序

各成员方应采取切实可行的措施保证其境内的非政府机构遵守上述中央政府机构合格评定程序的规定，但不包括其中公布其合格评定程序的义务。同时，各成员方不得采取任何措施，要求或鼓励其非政府机构实施与上述规定不符的行动。各成员方应确保其中央政府机构承认非政府机构所作的评定结论，只要其评定是遵守上述有关规定作出的。

此外，协议还要求各成员方保证提供其国内有关技术法规、标准及合格评定的各种信息，并有义务向其他成员方特别是发展中国家成员方提供拟定技术法规、建立标准化机构、合格评定机构等方面的技术援助。在履行该协议的过程中，向发展中国家成员方提供更优惠的待遇，如要求成员方保证其技术法规、标准及合格评定程序不致给发展中国家的出口造成不必要的障碍；发展中国家可采用自己拟定的、在某些方面与国际标准不符的技术法规、标准和合格评定程序；向发展中国家成员方提供技术援助，以帮助他们制定和实施技术法规、标准和合格评定程序，并不致因此对他们的出口产品造成不必要的障碍；经发展中成员方请求，贸易技术壁垒委员会可以决定免除该国履行《贸易技术壁垒协定》规定的全部或部分义务，但应同时加以具体说明和时间限制。

（四）《贸易技术壁垒协定》简评

技术贸易壁垒名义上的合理性、形式上的合法性、实施过程中的灵活性和隐蔽性使其成为贸易争端的重要内容。技术法规、标准、合格评定主要是为了保护国家安全及消费者利益，因而有其合理性的一面。WTO的《贸易技术壁垒协定》不否认各成员国技术壁垒存在的合理性和必要性，要求技术壁垒不应妨碍正常的国际贸易和不带有歧视性。在剧烈的竞争中，有些国家为保护本国生产者的利益，常常蓄意提高进口商品的标准水平，蓄意对进口产品随心所欲地刁难和抵制。由于技术性贸易壁垒涉及面非常广泛，不同国家难以形成科学统一的衡量标准，相互之间较难协调，最易引起争议。

乌拉圭回合达成的《贸易技术壁垒协定》与东京回合的相比，基本原则不变，但概念更为清晰完整，规定更易操作，并进一步强化了对违反协议的行为实行制约的机制。协议要求各成员方在技术规定和标准化等方面予以充分的合作，消除技术壁垒，为技术法规、标准最终走向全球统一奠定基础，这不仅有利于解决成员方之间因技术壁垒而引起的贸易争端，而且有利于成员方争取合理的贸易利益，充分利用技术法规、标准及合格评定程序的积极作用，促进国际贸易发展。

六、实施卫生与动植物检疫措施协定（Agreement on the Application of Sanitary and Phytosanitary Measures）

在关贸总协定中，卫生与动植物检疫措施是作为一般性例外规定在第20条中，即要求各成员方为了保护人类和动植物的生命和健康，可以对进口产品实施必要的卫生检疫措施。乌拉圭回合则在此基础上以单独文件的形式，通过了《实施卫生与动植物检疫措施协定》，其主要内容如下：

（一）基本权利与义务

各成员方在采取必要的卫生与动植物检疫措施时，应履行下列义务：

1. 保证所实施的检疫措施仅限于为保护人类、动植物生命和健康所必需的范围之内，并建立在科学原则的基础上。

2. 保证所实施的检疫措施应无歧视地适用于本国产品和进口产品以及来源于不同成员方的进口产品，保证所实施的检疫措施不会对国际贸易构成变相的限制。

3. 各成员方应平等地接受其他成员方的卫生与动植物检疫，尽管这些措施也许不同于本国或其他成员方所实施的同类措施。在此情况下，出口成员方应尽可能证明他所采取的卫生与动植物检疫措施能够达到进口成员方所要求的保护水平，一旦进口成员方要求，出口方就应提供其检疫的方法，以便进口成员方进行必要的检查。

（二）卫生与动植物检疫措施的协调

各成员方应努力协调各自的卫生与动植物检疫措施和有关的国际标准之间的关系，具体包括：

1. 各成员方应尽可能将自己的卫生与动植物检疫措施建立在现行的国际标准、指南或建议的基础上。

2. 如果成员方所实施的卫生与动植物检疫措施符合有关的国际标准、指南或建议，应当被认为是符合关贸总协定所要求的条件，即应认为它是为了保护人类、动植物的生命或健康所必需的。

3. 各成员方可以制定和实施比有关的国际标准、指南或建议更高水平的卫生与动植物检疫措施，但其制定和实施必须基于科学的理由。

4. 各成员方应尽最大努力参加有关国际组织制定、通过、实施和评审国际标准、指南或建议的活动，这里的国际组织特别包括国际药典营养委员会、动物流行病国际局和在《国际植物保护公约》框架内活动的组织。

5. 根据该协议建立的“卫生与动植物检疫委员会”应当制定一个程序，以指导各成员方与有关的国际组织进行国际协调。

（三）风险评估与保护水平的确定

1. 风险评估。风险评估是指就某项产品是否会对人类、动植物生命或健康造成危险进行适当评估，以确定是否有必要采取相应的检疫措施。协议要求各成员方制定和实施卫生与动植物检疫措施应建立在风险评估的基础上，在进行风险评估时应考虑有关国际组织的风险评估技术，即考虑如下因素：可得到的科学证据；有关的加工和生产方法；有关的检验、抽样和试验方法；特殊疾病或瘟疫的流行；特定病虫害的流行；有关的生态环境条件。

2. 适当保护水平的确定。适当保护水平的确定，应建立在风险评估的基础上，同时，各成员方在确定适当保护水平时应做到：综合考虑由于瘟疫或疾病的进入、产生和传播而给生产或销售带来的损害，在进口成员方境内控制或根除这类损害所需要的成本，通过其他途径限制风险的成本比较等因素；各成员方在确定适当保护水平时，应考虑将贸易的消极影响减少到最低程度；尽量避免在不同情况下对保护水平认识的差异，在“卫生与动植物检疫委员会”内进行合作。如果某一成员方有理由确信另一成员方实施的卫生与动植物检疫措施正在限制其出口，或有限制其出口的潜在可能性，并且该措施并非基于有关的国际标准、指南或建议，可以请求采取该措施的成员方对此予以解释，后者应予以答复。

（四）透明度

协议第七条规定各成员方制定、实施的卫生与动植物检疫措施应具有透明度，应按协议的规定通知其卫生与动植物检疫措施的变动情况及有关信息。透明度应遵守的具体规则和程序是：

1. 各成员方应及时公布其适用的卫生与动植物检疫措施，使其他成员方能及时了解其内容。

2. 除非紧急情况，各成员方在一项卫生与动植物检疫措施的公布与生效之间应留有合理时间，便于其他成员方的生产者为达到该法规的要求而调整其生产方法。

3. 每个成员方应保证设立一个咨询点，负责答复其他成员方的有关合理问题，并提供以下有关文件：在其领土内已通过或准备通过的任何卫生与动植物检疫法规；在其领土内实施的任何控制与检疫程序、生产与检疫处理、杀虫剂残留量与食物添加剂批准程序；危险评估程序及适当保护水平的确定。如与其他有关国际组织或国家签订了有关的双边或多边协议，应提供有关国际组织的规章及有关协议的内容。

4. 当某一成员方制定与实施的措施与有关的国际标准、指南或建议不相符时，或不存在有关的国际标准、建议或指南时，该成员方应及早通知，使有利害关系的成员方能了解其拟议中的措施；通过世界贸易组织秘书处通知其他成员方该措施所涉及的产品范围及制定该法规的目的与理由的简要说明；应其他成员方的请求，提供法规草案文本；无歧视地允许其他成员方对拟议中将采取的措施提出书面意见，并应对其意见予以考虑。

（五）对发展中国家成员方的特殊待遇

1. 各成员方应尽力向发展中成员提供技术援助，援助的领域主要是加工技术、基础设施及如何建立国内管理机构；援助的形式可以是提供咨询、信贷、捐款和赠与等，也可以提供培训、技术知识与设备等。

2. 当某一发展中成员方为了达到进口成员方的卫生与动植物检疫要求而需要大量投资时，进口成员方应考虑提供此类技术援助，以使发展中成员方维持并扩大有关产品的市场准入机会。

3. 当成员方分阶段根据卫生与动植物检疫保护水平分阶段制定新的卫生与动植物检疫措施时，应给予发展中成员方的产品更长的时间适应新的保护水平，以便维持他们的出口。

4. “卫生与动植物检疫委员会”在考虑发展中国家的财政、贸易发展具体情况后，经请求，可以有时间限制地免除他们履行《实施卫生与动植物检疫措施协议》规定的全部或部分义务。

5. 各成员方应当鼓励发展中成员方参加有关的国际组织，并为之提供可能的便利条件。

6. 最不发达国家可以推迟5年实施影响其进出口的《实施卫生与动植物检疫措施协定》的各项规定；发展中国家在缺乏有关技术、资料的情况下，可以推迟2年实施协议的各项规定。

(六)《实施卫生与动植物检疫措施协定》简评

《实施卫生与动植物检疫措施协定》是国际贸易法历史上第一部协调国际贸易和动植物检疫措施关系的多边国际协定，对保护人类和动植物的生命和健康、促进各国农业生产和贸易的发展都起到了重要作用。协定明确了有关实施卫生和动植物检疫措施的相关概念和标准，鼓励实行国际标准，规定实施统一的争端解决程序，使国际贸易中的动植物检疫措施向科学、规范的方向迈进了一大步。

但协定及实施仍存在明显缺陷。《实施卫生与动植物检疫措施协定》确定了各成员方在采用卫生与植物检疫措施时必须基于科学依据的原则，但是对于出具这一科学依据的权威机构则无明确规定，这极易引起成员方之间对于某一卫生检疫措施是否具有科学性产生争议。没有足够的科学证据而采取的卫生与植物检疫措施，很容易被视为不合理的贸易保护措施。卫生与植物检疫措施的制定或实施的成员方往往借口"预防原则"或"临时性卫生与植物检疫措施"这些例外规定，来规避科学依据原则的约束。此外，在协定的实施过程中，争端解决机构对在实施偏离国际标准的卫生与动植物检疫措施的争端进行裁决时，给予了实施国较大的自由空间，使发达国家可能采用高于国际标准的检疫措施和程序，以达到限制其他成员方特别是发展中成员产品进口、保护国内市场的目的。

第二节 WTO框架下非关税壁垒的发展现状

随着关贸总协定成功举行多轮谈判，关税大幅度下降，非关税壁垒逐渐引起广泛关注。在东京回合谈判中GATT第一次大范围检讨非关税措施，并制定了一系列有关非关税壁垒的协议，尝试加以约束。但是这些协议中的权利和义务并非适用于GATT所有的成员国，许多发展中国家都未加入协议，所以当时对非关税壁垒的限制具有很大的局限性。直到乌拉圭回合谈判，WTO在非关税壁垒的抑制上终于取得了显著的成效，使“东京回合守则”中的多数内容被纳入到多边贸易规则的总框架中。尽管如此，非关税壁垒仍以它的灵活、隐蔽、有效等特点，成为国际贸易中限制外国商品进口的利器。非关税壁垒的广泛存在阻碍了各国经济贸易的健康发展，对于经济基础薄弱和技术水平不高的发展中国家影响尤为严重。

一、非关税壁垒的表现形式

（一）传统非关税壁垒的种类和特征

非关税壁垒的数量繁多，形式各异。根据不同的标准，非关税壁垒可以分成不同的种类：

根据非关税壁垒的影响方式，可分为直接性非关税壁垒、间接性非关税壁垒。

直接性非关税壁垒是指明显用于限制和影响贸易的措施，如数量限制（配额）、自愿出口限制、有秩序的市场安排、出口和出口信用补贴、政府采购和进口许可证等。直接性的非关税壁垒对进口贸易的影响非常明显。间接性的非关税壁垒是指那些表面上是为了达到其他政策目标而又实际对进口贸易的模式和商品的流动产生影响的措施，如对部分地区和企业的补贴、安全健康和环境法规、海关估价、原产地标记等。间接性的非关税壁垒的影响比较隐蔽，间接影响进口贸易。

根据非关税壁垒制定的主体，可分为内生性非关税壁垒和外生性非关税壁垒。

内生性非关税壁垒是指本国政府设立的，影响和限制外国商品进口的非关税措施。外生性非关税壁垒是外国政府设立的，影响和限制本国商品出口的非关税措施。

根据非关税壁垒的作用机制，联合国贸易发展会议将非关税壁垒分为七类，详见表4-1。

表 4-1 七类非关税壁垒

非关税壁垒类别	具体措施
与进口有关的非关税壁垒	关税附加费、额外收费、对进口产品征收的国内税收
价格控制措施	管理定价、最低限价、海关估价制、反倾销、反补贴
财政金融措施	进口押金制、提前支付要求、多重汇率、支付延迟、外汇管制
自动许可措施	自动许可证、提前监管
数量控制措施	非自动许可证、配额、禁令、出口限制安排、企业特别具体限制、保障措施
垄断措施	专营、制定进口强迫性国内服务、歧视性政府采购
技术性措施	技术法规、装运前检验、技术标准、合格评定程序、特别海关程序、使用过的产品的返回义务、循环利用的义务、包装标签要求、绿色壁垒、动植物卫生检疫措施

传统非关税壁垒具有以下特点：

第一，非关税壁垒比关税壁垒具有更大的灵活性、针对性。一般来说，各国关税措施的制定和税率的调整都要通过一定的法律程序，具有一定的延续性和稳定性。同时，关税在实施过程中还受到最惠国待遇条款的约束，从有协定的国家进口的同种商品适用同样的税率，因而较难在税率上作灵活调整。但在制定和实施非关税壁垒措施上，通常采用行政的程序，过程迅速，手续简单，制定国可以根据不同情况作出调整，因而具有较强的针对性。

第二，非关税壁垒比关税壁垒更具有隐蔽性和歧视性。一国的关税税率一旦确定之后，往往以法律法规的形式公布于世，出口国企业比较容易获得有关信息。但是，一些非关税壁垒措施往往不公开，或者规定极为繁琐复杂的标准和手续，使出口商难以对付和适应。同时，一些国家往往针对某个国家采取相应的限制性的非关税壁垒措施，结果大大增强了非关税壁垒的差别性和歧视性。

（二）WTO 框架下非关税壁垒的新形式

在贸易自由化大趋势下，在多边贸易规则的规范和约束下，以数量限制为代表的传统非关税措施在国际贸易中的地位逐渐被削弱，已不再构成市场准入的主要障碍。而在科技不断创新、消费者对产品安全及品质要求提升、国际商业活动日趋活跃以及社会与环保议题备受关注的背景下，以技术性贸易壁垒为代表的新型非关税措施大量涌现并被广泛采用，它们对国际贸易的规模及流向产生了相当复杂的影响，也导致非关税措施的运用出现了前所未有的新变化。

1. “两反一保”措施

“两反一保”是反倾销、反补贴、保障措施的简称，是 WTO 临时性的贸易救济措施。按照 WTO 规则的规定，当进口产品以倾销方式、补贴方式和数量扩张方式，对进口成员方同类产品或直接竞争产品的产业造成损害或威胁和阻碍时，允许进口成员方政府分别采取反倾销措施、反补贴措施和保障措施，以消除或减轻这种损害或损害威胁或阻碍，保护产业的安全，维护市场正常贸易秩序。

2. 贸易技术壁垒

贸易技术壁垒是指在国际贸易中，一国以维护国家安全或保护人类健康和安全，保护动植物生命和健康，保护生态环境，或防止欺诈行为，保证产品质量为由，采取一些强制性或非强制性的技术性措施。技术性壁垒有狭义和广义之分。狭义的技术壁垒是指 WTO 框架下《技术性贸易壁垒协定》中规定的技术法规、技术标准、合格评定程序。广义的技术壁垒是指所有影响贸易的技术性措施，包括货物贸易、服务贸易、投资措施和知识产权保护等诸多领域，此外还包括 WTO 规则之外的与环境、资源、劳工标准等有关措施。目前国际贸易中的技术贸易壁垒主要指广义的技术贸易壁垒。贸易技术壁垒的形式主要有：

（1）技术标准壁垒。指一国通过垄断的技术标准优势筑成了另一国外贸出口的技术贸易壁垒。在国际贸易实践中，技术标准壁垒已经成为重要的技术性贸易壁垒，发达国家通过标准设置贸易壁垒的案例屡见不鲜。

（2）技术法规壁垒。指通过规定产品特性或与其有关的工艺和生产方法的强制性规范文件来限制他国进口的一种贸易壁垒。

（3）合格评定程序壁垒。合格评定程序是关贸总协定乌拉圭回合谈判中技术贸易壁垒协议中提出的一个概念。它本身具有积极的意义，有利于提高生产效率和推动国家贸易的发展。但是，一些发达国家利用严格而又繁杂的合格评定程序来限制他国商品进口的措施已逐渐成为国际贸易中重大壁垒。

（4）动植物卫生检疫措施壁垒。动植物卫生检疫随着经济发展、人类进步而产生，从根本上说是为了提高人们的福利。但是由于各国采用的检疫方法存在着一定差异或不一致，抑或处于贸易保护的目的，从而影响到特定商品的出口，形成新的贸易壁垒。

3. 绿色壁垒

绿色壁垒是指在国际贸易领域，一些发达国家以保护环境、自然生态和人口健康为借口，通过立法，制定苛刻的法律、法规和标准从而限制外国产品的进口。绿色壁垒的表现形式有以下六种：

（1）绿色关税和市场准入。一些发达国家处于保护自然、环境的目的，制定一系列限制进口的环境标准，对可能造成生态环境威胁或破坏的进口产品征收进口附加税，提高市场准入的门槛。

（2）绿色技术标准制度。由于发达国家在技术上占据垄断地位，因此他们通常以保护环境为名，通过立法制定一系列苛刻的技术标准和环境法规，来限制一些发展中国家产品的进口。

（3）绿色环境标志。绿色环境标志是根据有关的环境标准和法规，由政府部门或民间组织依照严格的程序和环境标准颁发给厂商，在产品或包装上，以向消费者表明该产品或服务，从研发到使用后回收都符合环境保护的要求。绿色环境标志制度一方面提高了消费者的认知能力，另一方面也使发达国家为保护本国市场增添了一层保护网。如欧盟的“EU”制度，日本的“生态标志制度”。

（4）绿色包装制度。绿色包装制度要求包装材料能够节约资源、用后易回收且不污染环境。绿色包装制度已逐渐成为发达国家实施贸易保护的措施。

（5）绿色卫生检疫制度。国家有关部门为了确保人类和动植物免受毒素、微生物、污染物、添加剂等影响，而对产品是否含有毒素、微生物、污染物、添加剂等进行卫生检查，防止超标产品进入国内市场。虽然 WTO 要求成员方政府在实施该措施时要以非歧视、透明的、科学的方式制定标准，但各国仍有很大的自由度，因而发达国家常常以此作为控制发展中国家出口的工具。

（6）绿色补贴制度。为了保护环境和资源，生产企业必须把保护环境和资源的费用内在化，而发展中国家的多数企业本身无力承担治理环境的费用，因此，政府为了鼓励绿色产品的出口就对其产品进行补贴。发达国家认为发展中国家的“补贴”制度违背了 GATT 和 WTO 的规定，因而以此限制其产品的进口。

发达国家凭借其科技优势和经济总量优势，纷纷制定出严格的、繁多的、苛刻的技术法规、标准和评定程序等市场准入要求。它们通常采用的主要方式有：提高标准、增加检验检疫项目和技术法规频繁变化等，而且有不断提高要求的趋势。这些标准和卫生与动植物检疫措施愈演愈烈，有时实施的措施对进口施加了远远超过保护人类健康所需要的限制。在绿色消费的旗帜下，发达国家有时制定的相关技术标准过于苛刻，或远远超出一般意义上的环境标准，使发展中国家的相关企业难以达到；发达国家还不断提高环保要求，不仅规定终端产品需符合环保要求，而且规定从产品的研制、生产、使用、循环再利用等整个过程均需符合环保的要求。这一切都严格地阻止了外国，特别是技术落后的发展中国家的产品出口。

4. 复合型贸易壁垒

复合型技术壁垒是以技术标准和技术专利复合叠加构成的非关税壁垒。WTO 成立后，以“技术性贸易壁垒”和“知识产权保护”为主要特征的复合型非关税壁垒，成为世界各国尤其是发达国家限制进口和推行贸易保护主义的最直接、最有效的手段。与原有的行政手段为主的非关税壁垒不同，复合型技术壁垒以技术实力和技术水平作为支撑条件。目前，许多发达国家、跨国公司和产业联盟都力求将自己的专利技术作为标准，以获得最大的经济利益。同时，复合型技术壁垒实施的领域还不断得到延伸，已经从商品流通领域扩展到生产加工领域，不仅包括货物商品，还延伸到金融、信息等服务业，成为非关税壁垒主要组成部分，是各国保护产业和促进对外贸易发展的重要手段。技术标准与专利的捆绑，是当今世界技术标准发展的重要趋势，它比反倾销等措施更为隐蔽，理由也更为冠冕堂皇。

5. 社会壁垒

社会壁垒是以劳动者的劳动环境和生存权利为借口采取的贸易保护措施。国际上对于有社会保障、劳动者待遇、劳工权利、劳工标准等问题的关注由来已久，相关的国际公约有100多个，包括《男女同工同酬公约》、《儿童权利公约》、《经济、社会与文化权利国际公约》等。目前，在社会壁垒方面颇为引人注目的标准是SA8000，SA8000是社会责任标准体系（Social Accountability 8000 International Standard）的简称，由美国经济优先权认证委员会制定的，基于国际劳工责任宪章、联合国儿童权利公约、世界人权宣言，以保护劳动环境和条件、劳工权利等为主要内容的管理标准体系。尽管SA8000的宗旨是出于保护人权的良好愿望，但由于其具有合法性、隐蔽性和针对性等特点，在关税和一般非关税壁垒不断被削减的今天，被贸易保护主义者所利用，成为限制发展中国家劳动密集型产品出口的有力工具。

6. 动物福利壁垒

动物福利是指人类应该合理、人道地利用动物，要尽量保证那些为人类作出贡献的动物享有最基本的权利。目前国际上公认的动物福利标准有五项：享有不受饥渴的自由；享有生活舒适的自由；享有不受痛苦伤害和疾病的自由；享有生活无恐惧和悲伤感的自由；享有表达天性的自由。所谓动物福利壁垒，就是指进口国在进口动物及与动物相关的产品时，以出口国国内对待涉及的动物没能满足本国动物福利标准为由，限制该项产品的进口而形成的贸易壁垒。随着动物保护和人道主义作用的不断加强，动物福利的贸易壁垒作用已经显现。欧洲会议2003年年初通过了一项法令，要求在2009年之后，欧盟各国的化妆品公司不得在动物身上进行化妆品的毒性或过敏性试验，欧盟也将禁止进口在动物身上进行过试验的化妆品。

二、WTO 框架下非关税壁垒盛行的主要原因

（一）新贸易保护理论的支撑

非关税壁垒与新贸易保护主义相伴而生，新贸易保护理论也随之兴起。在国际贸易实践中，新贸易保护理论为各国实施非关税壁垒提供了理论基础。

克鲁格曼和赫尔普曼的战略贸易论认为，工业品的国际市场竞争是不完全的，工业品生产存在规模经济，所以一国政府可以通过贸易保护和补贴、信贷优惠、国内税收优惠等政策，保护和扶持那些承担巨大风险、需大规模生产以获得规模经济、能够产生外部经济的高新技术产业和对本国未来发展至关重要的行业等战略性产业，创造本国在这些产业上的比较优势，获取大量的外部经济利益，为本国未来的发展增强后劲。战略贸易论认为在完全竞争市场结构和不存在规模经济效应的前提下，自由贸易优于保护贸易理论的结论。但现实的情况是不完全竞争的市场结构，规模收益递增成为经济中的常态，这种对传统自由贸易理论假设前提的背离，使市场本身运行结果处于“次优”境地，适当的政策干预有可能改进市场运行的结果，使自由贸易政策失去最优的地位。战略贸易论的政策主张包括不完全竞争市场方面的战略性政策干预和外部经济效应方面的战略性政策干预。

以英国学者蒂姆·朗和科林·海兹为代表的地区经济保护论认为：自由贸易无法解决贸易与发展、贸易与环境等问题，必须用新的贸易保护主义取代它。他们主张，首先，要加强地区间合作，实行地区性贸易保护主义；其次，一国应根据预期的出口量控制进口量并且要使两者严格平衡，从而制定高标准的进出口限制规则。

环境保护论为环境壁垒提供了有力支持。随着全球性环境问题的日益突出，保护环境和实现可持续发展成为世界各国共同追求的目标。但是，一些国家却以环境保护之名行贸易保护之实，借口保护环境，构建本国的环境标准然后强加于他国，排斥或限制对他国商品的进口。有的国家甚至在环境保护问题上公然实行双重标准，

对于他国商品实行歧视性待遇。以环境保护论为依据所实行的贸易保护政策被称为“绿色贸易壁垒”。

社会保护论，或劳工保护论，也是一种贸易保护的非经济主张，主要流行于当代的发达国家。该理论认为，发展中国家产品的生产成本低，是因为劳工成本低，而劳工成本低的原因是因为发展中国家忽视劳工保护，甚至采取“血汗工厂”式的生产方式，这对发达国家构成了不公平竞争。因此，发达国家应该对来自发展中国家的进口采取进口限制措施，以抵消发展中国家因不公平竞争而获得的成本优势，同时也可以迫使发展中国家加强国内的人权和劳工保护。该理论还主张制定一个统一的劳工标准来强制发展中国家执行。

（二）发达国家转移国内矛盾的结果

非关税壁垒近年的迅猛发展与西方发达国家的内部经济矛盾逐渐深化有关。毫无疑问，一国经济出现衰退时，其国内的贸易保护势力必将抬头。尤其是当一国的经济衰退或困难向世界蔓延时，各国间的经济矛盾就会加剧。激烈的国际竞争使得非关税壁垒成了他们相互限制进口、转嫁矛盾的主要工具。尤其是在发生金融危机、经济衰退的今天，政治家们更是惯于用贸易保护主义转移选民对国内经济政策的不满。正如克鲁格曼在《流行的国际主义》一书中指出的那样，“把美国的经济困难归咎于主要是由于在国际竞争中失败造成的，可以使这些困难看起来似乎容易解决些。美国一般工人的生产率是由许多因素决定的，其中绝大部分是政府政策无能为力的”。

（三）发达国家调整产业结构的必然

迅速发展的新技术革命及国际产业转移进程加快了发达国家的产业结构调整，那些丧失了竞争力的所谓进口竞争部门往往是发达国家的基础产业，其就业构成社会就业的重要部分。这些产业的调整或需要技术升级或要被淘汰，就业人口需要重新培训，产业或企业集团的利益也要保护，这既需要相当的调整时间也需要昂贵的调整成本。因此，发达国家政府不得不实施所谓的保护贸易政策强化非关税壁垒，对这些已经丧失了竞争力、技术水平落后、生产成本居高不下的产业实施保护。

（四）WTO规则的实施使一些非关税壁垒打上了合法的烙印

WTO有关非关税壁垒的规则对成员方有较强的约束力，通过多轮谈判，各国关税已普遍降低，规则对成员实施非关税措施作了一些限制，各成员限制贸易的权力相应减少，只能采取一些合法措施来保护国内市场。反倾销、反补贴和保障措施就是WTO赋予其成员在产业发展受到进口产品损害时可以动用的合法保护措施。而且WTO对正当的绿色贸易壁垒持肯定态度，《实施卫生与植物卫生措施协定》规定成员方政府有权采取措施“以保护人类与动植物的健康”确保人类和动植物免遭污染物、有害毒素和添加剂影响，确保人类健康免遭进口动植物携带疾病而造成的伤害，该协议强调在设立和实施上述措施时“要把对贸易的消极影响减少到最低程度”。这些规则为成员方加强技术性非关税措施的使用打上了合法的烙印。

（五）科技水平的差异导致某些非关税壁垒不断强化

一方面，科技水平的提高和经济全球化的深入发展，使技术标准在提高企业、行业乃至国家竞争力等方面的作用日益凸现，各国在技术标准、法规、认证制度、检验检疫措施及环境保护上的要求增多。而随着技术密集型产业产品在世界贸易额中的比重上升，国际贸易中涉及的各种技术问题也变得更加复杂。另一方面，科技水平的提高为一些国家设置新贸易壁垒提供了技术及物质条件和保障，比如各种高灵敏和高技术的检测仪器的发展，使检测精度大大提高，极大地提高了对进口商品的检验能力。发达国家不仅在生产和出口具备先进性、适用性、竞争性的产品上占据主导地位，而且在技术标准的制定和专利的占有上也居于领先地位，它们采取的贸易措施对各国非关税措施的实施起着重要的示范效应。同时，发展中国家忽视环境发展，忽视动植物卫生与检疫状况也是客观存在的现象。

第三节　中国非关税壁垒的应对策略

一、中国面对的主要非关税壁垒及应对策略

（一）中国面对的主要非关税壁垒

在中国外贸出口呈现了高速增长的同时，中国出口产品也遭遇到大量的非关税壁垒。非关税壁垒给中国出口企业带来的成本和风险损失，呈逐年递增之势。目前对中国出口产品影响最大的非关税壁垒措施是“两反一保”等贸易救济措施、337调查和技术性贸易壁垒等几大类。我国连续多年成为贸易救济措施的最大受害者。根据WTO统计，中国已连续15年成为遭遇反倾销调查最多的成员。2007年10月18日，美国商务部宣布对中国铜版纸反补贴案终裁结果，对涉案企业征收反补贴税和反倾销税，这是23年来美国首次将反补贴案运用于非市场经济国家。美方认为中国铜版纸企业获得了7.4%—44.25%不等的国内补贴，依据是中国每发放一笔贷款就存在7%的补贴，不存在商业化运用的银行体系。在计算补贴幅度时，将与中国人均收入水平相当的37个中低收入市场国家的贷款利率的平均数作为基准利率（13%），而中国当时的实际贷款利率为6%。这一计算方法刺激其他产业和成员方对华反补贴调查的迅速增加，使中国连续4年成为遭遇反补贴调查最多的成员。

根据“特定产品过渡性保障措施机制”，在我国入世后12年内，如原产于中国的产品在输入任何WTO成员领土时，其增长的数量或所依据的条件对生产同类产品或直接竞争产品的国内产品的国内生产者造成市场扰乱，则受影响的WTO成员可请求与中国进行磋商，以期寻求双方满意的解决办法。如磋商一致，则中国应采取行动以防止或补救此种市场扰乱；如磋商未果，则该受影响的WTO成员有权在防止或补救此种市场扰乱所需的限度内，对中国产品采取撤销减让或限制进口措施。因而启动这种对中国的特保措施相对容易，使中国成为该措施的重大受害者（见表4-2）。

表 4-2　　入世以来中国产品被采取“双反”措施情况

（单位：起）

年　　份	2001	2002	2003	2004	2005	2006	2007	2008	2009	2010
中国被采取反倾销措施数量	32	36	41	44	41	38	48	53	55	52
成员方采取的反倾销措施总数	170	218	224	154	138	140	108	139	137	121
中国被采取反补贴措施数量	0	0	0	0	2	0	1	10	6	10
成员方采取的反补贴措施总数	14	14	6	8	4	3	2	11	9	19

数据来源：WTO 网站。

从 2002 年到 2010 年，WTO 各成员方对中国实施的保障措施案 30 起，实施成员方包括美国、土耳其、波兰、中国台湾地区、秘鲁、欧盟、多米尼加、哥伦比亚、加拿大、印度和厄瓜多尔。

近年来，美国对华“337 调查”呈上升趋势，主要针对中国中、高端电子产品。2010 年 1 月 1 日至 12 月 31 日，美国国际贸易委员会共发起 58 起 337 调查，其中有 19 起调查被诉方涉及中国企业，占调查总数的 1/3。2010 年美国国际贸易委员会发起的 337 调查总数及涉华案件总数均达历史新高。这 19 起案件的特点是：均为专利侵权诉讼；涉案产品绝大部分为机电产品，特别是电子信息技术产品，如动态随机存储器、显示设备、半导体集成电路芯片、喷墨墨盒等；大部分案件涉及国外在华投资企业。①

近年来对中国设置的贸易技术壁垒的成员方越来越多。从中国出口产品遭遇贸易技术壁垒情况看，贸易技术壁垒呈现出下列特点：第一，WTO 成员通报的贸易技术壁垒和动植物检疫措施不断增加，波及的产品种类不断扩大，模仿效应明显。第二，贸易技术壁垒已从个别限制指标发展成为名目繁多的综合限制指标体系。第三，从波及产品角度看，不仅涉及初级产品，而且几乎牵涉所有的中间产品和制成品，涵盖了研究、开发、生产、加工、包装、运

① 资料来源：中国贸易救济信息网。

输、销售和消费以及处置等产品生产、流通和消费全过程；从涉及领域来看，已从有形商品扩展到金融、信息等服务贸易以及投资、知识产权和环境保护等各个领域。

（二）中国应对非关税壁垒的策略

1. 发挥政府在应对非关税壁垒中的主导作用

目前，我国应对国际贸易保护存在一个突出的问题就是预警系统不完善，缺乏系统的技术积累和预警分析人才，因而始终处于被动应对状态。面对日益增多的贸易摩擦和形形色色的贸易保护措施，政府必须加快完善贸易摩擦的预警机制，实现对外贸易保护前置化，紧密跟踪重点出口的国家和地区的情况，保持信息的高度敏感，以便及时了解国外某些贸易壁垒的动向，定期或不定期发布预警信息。

针对“两反一保”措施，建立和完善政府的权威信息发布与交换机制，对进出口产品的市场份额、生产量、利润与亏损等进行通报，进行广泛的信息交换。贸易主管部门、国内相关产业主管部门之间应建立联席会议机制，及时相互通报产品的国内生产、销售与进出口情况。一方面，对出口产品数量猛增，并可能对进口成员方产业造成损害或造成损害威胁的情况进行预警。另一方面，政府部门还应建立相应的快速反应机制，对相关的事务作出快速反应，避免经过繁琐的程序，耽误时机。

继续完善技术性贸易壁垒信息服务平台建设，积极主动加强对国际市场技术准人条件和出口商品技术竞争力的监测，通过多渠道收集国外各种技术性贸易措施信息。通过加强对发达国家贸易保护政策、法规及贸易技术壁垒、标准等的研究，及时通报成员方相关法规、指令的实施近况，为企业做好信息咨询、培训等工作。充分发挥驻外机构、经贸研究机构的优势，定期收集、整理和发布国外技术标准和规则的最新变化并及时将信息反馈给相关部门和企业。

我国应在国际事务中发挥积极作用，积极参与国际贸易规则的制订和修订，善于利用WTO争端解决机制和程序，公平、客观、合理地解决与其他成员之间的经贸摩擦。此外，还应加强多边磋商，充分利用WTOTBT/SPS委员会以及各相关平台进行交涉，积极维护和争取中国利益。

2. 发挥行业协会在应对非关税壁垒中的协调作用

加入世界贸易组织后，政府的功能受到限制，而行业协会的作用得到加强。在应对国外的非关税壁垒时，行业协会发挥着特殊的双重作用：一方面行业协会可以协调组织企业应诉，发挥中介作用；另一方面行业协会自己也可以作为应对主体参与应对国外的非关税壁垒。加入WTO意味着政府必须退出对市场的直接干预，更要求行业协会有效地协助政府发挥其职能。行业协会除了需要与有关政府部门做好沟通，为自身发展创造良好的外部环境外，更重要的是从内部着手，实现观念的改变，认清自身的地位和目标，加快培养实现政府和会员企业赋予的职能的能力。

我国《对外贸易法》第56条明确规定了行业组织的法律地位和功能，"有关协会、商会应当遵守法律、行政法规，按照章程对其成员提供与对外贸易有关的生产、信息、培训等方面的服务，发挥协调和自律作用，依法提出有关对外贸易救济措施的申请，维护成员和行业的合法利益，向政府有关部门反映成员有关对外贸易的建议，开展对外贸易促进活动"。行业协会被法律赋予了足够权力，关键问题是我国行业协会还存在运作不规范、定位不准确、作用发挥不充分等问题，实际运作效果还不令人满意。企业也应积极、主动与行业协会加强联系，遇到国外对本企业产品不公正的待遇应及时向其通报，相互配合以应对贸易摩擦。

3. 发挥企业在应对非关税壁垒中的主体作用

企业是应对非关税壁垒的主体，面对国外非关税壁垒，积极应对是企业的当然选择。首先，企业应提高对非关税壁垒的认识，充分利用现有的机构，更好地开展应诉工作。其次，企业应积极参与应对非关税壁垒基金的建设，研究合理的规避措施。再次，协调好与政府、商会、协会的关系，提高企业对非关税壁垒应诉和应变能力。最后，企业应按照国际规则和惯例建立一系列生产、质量控制、环境保护、知识产权保护、财会、管理、进出口管理等制度，加强自我保护意识。面对国外反倾销、反补贴、知识产权保护等，积极应诉，以便降低反倾销税率和保住出口市场；在应对技术性贸易壁垒和绿色壁垒方面，企业要积极主动采用国际标准。

4. 积极推进区域一体化的建设，为我国产业发展创立良好的外部环境

继续推进区域经济一体化组织的建立，充分利用作为亚太经济合作组织的重要成员和东盟主要对话国的优势，加快中国同东盟一体化进程，提高本国的竞争实力和在国际谈判中的地位。同时，中国应最大限度地团结广大发展中国家，利用一切可能的公开场合，积极开展维护自身利益的活动。要积极争取 WTO 给发展中国家的特殊差别待遇，要善于联合发展中成员的力量，并尽可能利用发达国家之间的矛盾，巧妙应对新型非贸易壁垒，在斗争中不断提高我国出口产品的质量和技术含量。

二、中国非关税壁垒改革

在加入 WTO 之前，我国有包括配额、许可证、特定招标管理等在内的非关税措施 385 种。2005 年 1 月 1 日，随着以客车、越野车、小轿车等汽车整车为主的 35 类产品最终取消非关税措施，我国承诺取消的涉及机电产品、石油产品、橡胶产品、汽车及其零部件、摩托车及其零部件、彩色感光材料等产品的非关税措施全部解除，也就是说，除加入 WTO 承诺中允许采用的非关税措施外，我国取消了其他所有的非关税措施，这是我国加入 WTO 各项承诺中最早整体完成的部分。

非关税壁垒的种类繁多，有些是公开的、直接的，有些是隐蔽的、间接的，因而非关税壁垒通常被分为显性非关税壁垒和隐性非关税壁垒。我国加入 WTO 后，必须规范这两类非关税壁垒保护措施，即非关税壁垒措施的制定和实施要符合相关规则的要求，在符合 WTO 规则的前提下，合法、适度地利用非关税措施保护国内幼稚产业和受到进口过度冲击的行业。目前，中国的非关税壁垒措施还仅仅限于配额、进口许可证等显性的措施。因此，有必要改革非关税措施，使其多样化。采取反倾销、反补贴、技术标准等更隐蔽的非关税措施，运用 WTO 允许的手段来减少因进口增加给本国产业带来的损害。

1. 合理运用进口配额、进口许可证等非关税措施

中国在入世后的5年内，显性非关税壁垒被大量拆除，使之符合WTO的要求，履行自己的承诺。在中国仍然有一些进口商品要同时受到高关税、进口配额以及进口许可证的多重限制。入世后，中国努力减少交叉保护，进一步减少配额。同时，应利用WTO所允许的保护措施，把不合理的进口拒之于国门外，为国内企业创造公平竞争的环境。进口配额作为显性非关税主要手段之一，一般是受WTO禁止的。但也有不少例外，如允许发展中国家保留一定配额，允许对新建工业在出现国际收支问题时使用进口配额，允许对一些特定农产品、纺织品使用数量限制等。我国的进口配额、进口许可证等非关税措施的使用首先应满足WTO上述规定，尽量使用非歧视的全球配额，并在配额、许可证的管理方面，尽可能全面采取招标、投标制度。

2. 合理利用隐性非关税壁垒措施

隐性非关税壁垒措施一般可分为两类：一类是以保护国内产业为目的，但不采用贸易政策的形式，如对国内与进口商品竞争的行业给予支持政策；另一类是与进口直接相关，但不以保护国内产业为理由的措施，如技术标准、卫生标准等。我国入世后，应在不违反WTO规则前提下，充分利用产业支持政策和合法的技术壁垒，以缓解加入WTO后进口产品对国内产业的严重冲击。

(1) 运用各种合理手段，实施产业支持政策

对国内与进口商品竞争的行业给予支持，可以通过提供资金、信贷、税收方面的优惠，对企业的技术研究给予援助或直接资助和组织有关的研究工作。这种支持国内企业的做法更容易为国际社会所接受，因为它采用的是产业政策而非贸易政策。我国入世后，可以对国内重要战略性产业，运用财政金融手段，采取产业支持政策；对一般企业提供间接支持，如提供良好的基础设施和其他高效便捷的生产服务体系，提供信息、培训服务，简化行政程序等。

(2) 运用政府采购，扶持高新技术产业

WTO的《政府采购协定》是作为诸边协定存在的，只对签字国起约束作用。但实际上，各成员方都在不同程度地运用歧视性政

府采购措施来支持本国产业尤其是高新技术产业的发展。我国也应在权衡利弊的基础上，充分利用政府采购对高新技术产业的扶持作用。

(3) 完善中国的贸易技术壁垒措施

首先，中国要积极参与国际标准的制定工作。技术标准实际上就是国际贸易的游戏规则，谁控制了国际技术标准，谁就控制了国际市场。因此，我国加入WTO后，要充分利用我国是国际标准化组织（ISO）和国际电工委员会（IEC）的成员这一有利条件，根据我国的需要参加国际标准的制定工作。其次，要完善我国技术法规与技术标准，对没有相关技术法规与标准的要尽快制定。WTO允许各国在具有合理和正当目标的前提下制定自己的技术法规。在技术要求方面，凡基于保护国家安全，防止欺诈行为，保护人的健康和安全，保护动物和植物的生命或健康，保护环境为目的，都可以制定自己的技术法规和标准。因此，我们应尽量采用国际通用的技术标准，并对现有落后的技术标准进行提升；要引导企业努力适应国际标准，取得技术、质量认证。同时，我国应当加强对进口商品的管理、审查、检测，坚决杜绝危险、有毒的废旧物资的进口，杜绝技术不合格产品进入国内市场，以维护国内市场的正常秩序，保护我国生态环境免遭破坏。最后，要熟悉、利用WTO有关贸易技术壁垒如TBT、SPS的各项规定。WTO有关贸易技术壁垒的协定在技术壁垒方面对各成员的贸易行为及义务都进行了规范，并给予发展中国家一些特殊优惠待遇，我们必须了解并充分利用。

3. 推进社会责任标准的“本土化”

当前有很多人把企业社会责任等同于“SA8000”标准。实际上，“SA8000”仅为美国部分企业推行的对供应商适用的所谓社会责任标准。世界上许多国家包括中国在内都有相应的社会责任标准，目前统计有近百个。跨国公司作为采购商以社会责任的名义理直气壮地要求作为供应商的生产企业遵守高于当地的法定劳动标准社会责任，而对于由此带来的社会责任成本完全不予理会，但在采购的时候对于产品的价格却是寸土不让、锱铢必较，这是极其不公平的做法。作为供应商的生产企业绝不会做亏本的买卖，最终通过各种手段把成本的增加强行转嫁给产品的劳动者、消费者，使社会责任的目标变成了这场博弈的牺牲品。

将国际化的企业社会责任标准在中国“本土化”，建立适合中国国情的企业社会责任标准，这是中国应对企业社会责任的对策之一。中国纺织工业协会在 2005 年 5 月 30 日正式推出来中国第一个行业性社会责任管理体系——CSC9000T，并且成立了中国纺织工业协会社会责任建设推广委员会。到现在为止，这个推广委员会已经有 170 家成员企业和单位。除了 CSC9000T，中国应该在建立一个让全球都能够理解，并符合中国国情的企业社会责任标准体系下进一步努力。

总之，加入 WTO 后，改革我国的非关税壁垒措施，必须从规范法律、法规着手。凡是违反世贸组织规则和我国承诺的法律、法规都应废除；凡与 WTO 规则不一致的法律法规，要通过修改使它一致起来；凡是没有相关法律法规的，要根据 WTO 规则和我国的承诺，加以制定，从而使我国非关税壁垒的设置、管理进一步规范化。

第五章　WTO 与中国服务贸易的发展

第一节　WTO 有关服务贸易的规则

随着服务贸易在国际贸易中所占比重的日益增加，各缔约方特别是发达国家强烈要求将服务贸易也纳入贸易自由化的轨道，经过长期的磋商、妥协，乌拉圭回合最终达成了《服务贸易总协定》作为一揽子协议的组成部分，对所有的成员方生效。同时，由于服务贸易涉及范围较广，许多问题不可能在一个协议中得到全部解决，因而乌拉圭回合以后，世界贸易组织各成员方还就有关服务贸易的某些问题进行协商并取得了一定的成果。服务贸易总协定的主要内容包括：

一、服务贸易总协定的基本内容

（一）服务贸易的定义与范围

该协定首先对“服务”进行了界定，它是指除政府当局为履行职能所提供的服务之外的所有部门的一切服务。具体来看，服务贸易包括四种提供方式：跨境提供，指成员方在其境内向任何其他成员方境内提供的服务；境外消费，指在一成员方境内向任何其他成员方的服务消费者提供的服务；商业存在，指一成员方的服务提供者通过在其他任何成员方境内建立商业实体提供的服务；自然人流动，指一成员方的自然人在其他成员方境内提供服务。

（二）各成员方的一般义务

各成员方的一般义务或普遍义务是指不论成员方是否在其承诺

清单中予以具体承诺，都必须遵守的义务。

1. 最惠国待遇。根据《服务贸易总协定》第 2 条的规定：关于本协定涵盖的任何措施，每一成员方对于任何其他成员方的服务和服务提供者，应立即和无条件地给予不低于其给予任何其他成员方同类服务和服务提供者的待遇。① 服务贸易的最惠国待遇也有若干例外规定，某一成员方援引了这些例外，就可以保留其与最惠国待遇原则不一致的措施。这些例外包括：成员方可在《服务贸易总协定》对其生效时声明免除某些部门的最惠国待遇义务，如属于5 年以上的义务免除，则须经服务贸易理事会审查，且此类免除的期限最长不超过10 年；成员方与其相邻国家之间为了方便边境贸易而相互提供的优惠；该协定允许的经济一体化组织内部成员方彼此之间给予的优惠待遇；政府采购，即政府机构为了非商业转售目的而购买的服务，可以免除最惠国待遇义务。协定的附件规定，除上述例外之外，今后将不再允许新的例外。

2. 透明度。成员方在透明度方面的基本义务包括：除非存在紧急情况或属于不宜公开的资料，各成员方应迅速公布有关或影响本协定运用的所有普遍适用的措施，最迟应在此类措施生效之时；如上述公布不可行，应以其他方式使此类信息可公开获得。成员方在制定对服务贸易有重大影响的新的法律法规、行政命令，或对现行法律法规、行政命令作任何修改时，应立即并至少每年向服务贸易理事会通知；每一成员方在其他成员方要求提供所采取的有关服务贸易的措施或其参加的有关服务贸易的国际协定的资料时，应立即予以答复，并成立一个或多个咨询点，以便向其他成员方提供此类信息。

3. 发展中国家的更多参与。协定要求各成员方，主要是发达国家应通过承诺清单承担具体义务，促使发展中国家成员方更多地参与服务贸易。这些具体义务包括：通过商业性的技术转让，提高发展中国家国内服务能力、效率和竞争力；改善发展中国家分销售

---

① 参见《世界贸易组织乌拉圭回合多边贸易谈判结果法律文本》，法律出版社，2000 年版。

渠道和利用信息网络的机会；对发展中国家有出口利益的部门和服务提供实现市场准入自由化方式。同时，发达国家成员方及其他有能力的成员方，应自《建立世界贸易组织协定》生效后 2 年内建立联系点，以便发展中国家成员方的服务提供者能够获得与其有关的市场准入信息资料，包括商业和技术方面的信息；有关专业资格方面的登记注册、认可和获得的信息；有关服务技术的可能的信息。以上两项内容的实施，应特别优先考虑最不发达国家成员方。

4. 经济一体化。《服务贸易协定》第 5 条规范了经济一体化组织在服务贸易领域的运作。

(1) 在符合以下条件时，该协定不阻止任何成员方参加或达成在成员方之间服务贸易自由化的协定：只要该协定涉及众多的服务部门；除非符合《服务贸易总协定》规定的例外，所签订的协议应规定在一个合理期限内取消现有的歧视性服务贸易措施，并禁止采取新的、更多的歧视性措施。

(2) 在评估服务贸易一体化协议是否符合上述条件时，应考虑此类协议与成员方之间更广泛的经济一体化或贸易自由化进程的关系。

(3) 如果发展中国家成员方是上述经济一体化协议的参加方，应按其服务贸易总体发展水平和特定服务部门的发展水平，在遵守上述条件方面（特别是取消歧视性贸易措施方面）给予更加灵活的考虑。

(4) 这种协定应旨在便利协定参加方之间的贸易，并且与订立该协定之前的适用水平相比，对于该协定外的成员方，不得提高相应服务部门或分部门内的服务贸易壁垒的总体水平。

此外，该项条款还规定了通知和审查等程序性问题。

5. 国内法规。每一成员方在其已作出具体承诺的部门中，应保证普遍以合理、客观和公正的方式实施。具体包括：

(1) 每一成员方应维持或尽快设立司法、仲裁、行政庭或程序，在受影响的服务提供者请求下，对影响服务贸易的行政决定迅速进行审查，并在请求被证明合理的情况下提供适当的补救，但不应要求成员方设立的这一法律程序违反其国内宪法与法律制度。

(2) 每一成员方的主管当局应在另一成员方提出某一要求批准的服务项目时，按其国内法律、法规有关申请、审批的程序及有关期限的规定作出是否批准的决定。在申请者的请求下，该成员方主管当局还应毫不延迟地向其提供有关申请方面的信息资料。

(3) 为了确保有关服务资格的要求、技术标准和许可等不致对服务贸易构成贸易壁垒，服务贸易理事会应建立适当机构以制定必要的标准。在已就专业服务作出具体承诺的部门，每一成员方应规定适当的程序以核验任何其他成员方专业人员的能力。

6. 资格的认可。成员方之间是否相互认可对方授予服务提供者的学历、资格、专业资格证明或工作许可证等，是影响服务贸易中自然人流动的一个重要因素，该协定第 7 条对此专门作了规定：

(1) 一成员方可根据与有关国家签订的协议承认他国授予的教育或经历、已满足的要求，或已给予的许可或证明，也可采取自动承认的方式给予对方此类待遇。

(2) 根据最惠国待遇，一成员方有关资格认可的规定，不应构成对其他不同国家的歧视，或成为限制服务贸易发展的障碍。因而一成员方在与其他成员方达成此类协议时，应对其他有关的成员方提供适当的机会，就其加入该协议或达成类似的协议进行谈判。如果采取自动认可的方式，则也应为其他有关成员方提供适当机会，以证明在其他成员方获得的教育、经历、许可或证明以及满足的要求得到承认。

(3) 在通知的义务方面，成员方除了应在《服务贸易总协定》生效后的 12 个月内将其现行的措施通知服务贸易理事会外，成员方之间如准备举行有关资格认可的谈判，则应尽可能将谈判的有关情况通知服务贸易理事会，以便其他成员方有足够的机会表明参与谈判的意愿。如果一成员方要采取新的资格认可措施或对已有措施进行重大修改，则应迅速通知服务贸易理事会，并说明此类新措施或重大修改是否基于多边协议。

(4) 有关资格认可应以多边协定的准则为依据。在适当的情况下，成员方应与有关政府间组织和非政府组织进行合作，以制定和采用关于承认的共同的国际准则，以及有关服务行业和职业实务的共同国际标准。

7. 垄断或专营服务提供者。由于各国服务贸易中不同程度地存在垄断或专营现象，为了规范此类行为，协定第8条对此作了专门规定：

（1）各成员方应确保其境内的垄断或专营服务提供者在提供服务时，不违背本协定规定的最惠国待遇原则和该成员方在其承诺表中承诺的义务。

（2）在垄断或专营服务提供者参与或通过其子公司参与垄断权范围之外的竞争时，不能滥用其垄断权，也不能违背该成员方承诺的义务。

（3）一成员方准备授予其承诺范围内的某项服务的垄断或专营权时，应在此前3个月内通知服务贸易理事会。成员方实施的垄断行为也受到其他成员方的监督及服务贸易理事会的审查。

（4）某些商业惯例实际上也会起到阻碍服务贸易自由化的作用。因此一成员方向另一成员方提出取消此类商业惯例的要求时，另一成员方应予以充分考虑，并提供与此有关的、可公开的、非机密性的资料予以合作。如果双方就有关保密性资料的保密问题达成协议，也可提供有关保密性资料，以澄清该商业惯例是否违反《服务贸易总协定》的规定。

8. 例外规定。一成员方在遇到特殊情况时，在符合协定规定的条件下，可以免除其履行承诺的义务。

（1）紧急保障措施。协议仅对各成员方就紧急保障措施进行谈判的期限提出了要求，即基于非歧视原则的紧急保障措施问题需以多边方式进行谈判，谈判结果应在不迟于《世界贸易组织协定》生效之日起3年的某一日期生效。

（2）国际收支严重失衡例外。成员方在遭遇国际收支严重失衡和对外财政困难时，可对其已承诺的服务贸易的具体义务采取某种限制措施，但这些措施应符合以下条件：非歧视性地实施；与国际货币基金组织的有关规定相一致；应避免对其他成员方的经济、贸易利益造成不必要的损害；采取的限制措施的程度不能超过解决国际收支困难所必需的程度；这类措施都是临时性的，一旦国际收支状况得到改善，应逐步予以取消；采取此类限制措施时，可以优先考虑那些对成员方经济发展较为重要的服务部门和服务提供者，但不能只为保护某一特定部门的利益而采取此类限制措施。

(3) 政府采购。成员方政府机构为了政府使用而非商业目的而进行的服务采购，可以不适用有关最惠国待遇、国民待遇和市场准人的规定。

(4) 一般例外。成员方可采取以下措施作为其履行承诺义务的例外：为维护国内公共道德或公共秩序所必需的措施；为保护人类、动植物生命和健康所必需的措施；为履行涉及下述事项的国内法律、法规所必需的措施，如防止欺诈与假冒行为或处理不履行服务合同的后果；安全；保护个人隐私或防止个人资料的扩散等；为确保公正有效地对其他成员方的服务和服务提供者征收直接税而采取的违背国民待遇原则的差别待遇措施；为履行避免双重征税的国际协议而实施的违背最惠国待遇原则的差别待遇措施。

(5) 安全例外。安全例外主要涉及不能要求成员方提供其认为一旦公开将有损于其根本安全利益的任何资料；不能阻止成员方采取下述保护其安全利益的行为，如直接或间接地为军事机关提供给养的服务有关的行动、与裂变或聚变物质或衍生此类物质有关的行动、战争时期或国际关系处于其他紧急状态下所采取的行动；不能阻止任何成员方根据联合国宪章规定的义务为维护国际和平与安全而采取的行动。成员方根据上述规定采取的行动应尽最大可能通知服务贸易理事会。

(6) 补贴。鉴于各国服务贸易中普遍存在补贴行为，协议要求各成员方通过多边谈判制定必要的规则来减轻这类扭曲作用的影响。但考虑到发展中国家服务贸易部门中补贴的重要性和必要性，在此问题上应给予发展中国家一定的灵活性。此外，所有成员方应相互交换其国内提供给服务部门的补贴的资料；当某一成员方认为另一成员方的补贴使其受到损害时，可以提出要求磋商的请求，另一成员方应对这一请求予以考虑。

(三) 具体承诺义务

协定的第三部分是有关成员方具体承诺义务的规定，它与每一成员方提交的服务部门承诺计划表相互结合，对该成员方发生效力。

1. 市场准入。在市场准入方面：第一，每一成员方应按其提交的承诺表所指明的有关服务部门的开放期限、限制和条件为另一成员方提供市场准入的待遇。第二，每一成员方在其承担市场准入义务的服务部门中，除非在承诺计划表中有特别规定，不应采取或继续维持下列影响市场准入的措施：以数量配额、垄断、专营服务提供者的方式，或以要求测定经济需求的方式，限制服务提供者的数量；以数量配额或要求测定经济需求的方式，限制服务交易或交易资产的总金额，或限制服务业务总量，或限制在某一服务部门可以雇用的自然人数量；对法人实体形式的限制，即规定服务提供者必须通过特定的法人实体才能提供服务；以限制外国股权最高百分比或限制单个及总体外国投资总额的方式限制外国资本的参与。

2. 国民待遇。服务贸易中的国民待遇原则的内容包括：第一，每一成员方按其递交的承诺计划表中列明的服务部门以及明确表示的各种适用条件和资格给予其他成员方的服务和服务提供者以不低于其本国相同的服务和服务提供者的待遇。第二，上述给予另一成员方服务和服务提供者的待遇在形式上可以与提供给本国相同服务和服务提供者的待遇不同，即无论采取相同或不同的形式，只要不造成对其他成员方服务和服务提供者事实上的歧视，就不属于违反国民待遇。第三，无论形式上是否相同，只要给予内外不同的服务或服务提供者的待遇改变了双方的竞争条件，使其实际上有利于国内的服务和服务提供者，则此类待遇应被视为较为不利的待遇。

3. 附加承诺。各成员方可就影响服务贸易、但根据市场准入和国民待遇不需要列入减让表的措施，包括有关资格、标准或许可事项的措施，谈判承诺。此类承诺应列入一成员方的减让表。

（四）逐步自由化

乌拉圭回合第一次将服务贸易纳入谈判议题，许多问题有待今后成员方之间的磋商和谈判逐步加以解决。因此，为了促进服务贸易的自由化进程，该协定第四部分为今后具体服务部门的谈判和各成员方具体承诺计划表的制订和修改作了详细的规定。

1. 具体承诺的谈判

为了逐步实现服务贸易自由化的目标，在不迟于《世界贸易组织协定》生效后的 5 年内应开始并在此之后定期地举行多轮谈判，以减少或消除各成员方的有关措施对服务贸易产生的不利影响。这种谈判应当本着平等互利的原则进行，通过谈判实现所有成员方权利与义务的全面平衡。

服务贸易自由化的进程应考虑到每一成员方相应的国内政策目标和其服务部门的发展水平。在对待发展中国家上，应体现适当的灵活性，具体表现在：当发展中国家提出少开放一些服务部门、放宽较少类型的交易、逐步扩大市场准入以及在市场准入方面附加某些条件时，应当充分考虑其要求的合理性。

协定要求服务贸易理事会应为今后的谈判确立准则和程序。今后的谈判应在先前谈判中各成员方承诺的自由化义务基础上进行，并给予最不发达国家以特殊待遇。每一回合的双边或多边谈判，都应使服务贸易自由化的程度进一步提高。

2. 具体承诺减让表

每一成员方应根据第三部分规定的市场准入和国民待遇的要求，制订其承担具体义务的承诺减让表。该表应就其开放的具体服务部门规定以下详细内容：市场准入的期限、限制和条件；国民待遇的条件和资格；与附加承诺有关的承诺；实现上述义务的时间表；承担上述义务的生效时间。各成员方的具体义务承诺减让表将作为《服务贸易总协定》的附件，成为其不可分割的组成部分，对各成员方具有强制约束力。

3. 计划表的修改

各成员方具体义务承诺减让表可按规定的条件和程序进行修改。该协定规定成员方可在其承诺减让表开始生效 3 年后修改或撤销某项承诺，但应提前 3 个月将此修改计划通报服务贸易理事会。

如果某一成员方对减让表的修改影响其他成员方的利益，受影响的成员方可请求与之进行谈判，以达成必要的补偿协议。这种谈判及谈判达成的协议应坚持互利的原则，有关成员方应努力维持互利承诺的总体水平，使其不低于在此类谈判前具体承诺减让表中规定的对贸易的有利水平。补偿性调整应在最惠国待遇基础上作出。如果双方不能在规定的期限结束前达成协议，则受影响的成员方可将此事提请仲裁。如果受影响的成员方没有提请仲裁，则修改计划表的成员方可自行实施其对计划表的修改和撤销。

如果修改承诺表的成员方未遵守仲裁结果而实施其拟议的修改或撤销，则参加仲裁的任何受影响的成员方可修改或撤销符合这些结果的实质相等的利益，但这种修改或撤销应只对修改成员方实施。

（五）《服务贸易总协定》的机构条款

1. 磋商。《服务贸易总协定》第22条规定了磋商的具体原则：每一成员应对任何其他成员可能提出的、关于就影响本协定运用的任何事项的交涉所进行的磋商给予积极考虑，并提供充分的机会。在一成员方请求下，服务贸易理事会或争端解决机构（DSB）可就其通过磋商但未能找到满意解决办法的任何事项与任何一个或多个成员进行磋商。在各成员不能就一措施是否属它们之间的此类协定范围达成一致的情况下，应允许两成员中任一成员将该事项提交服务贸易理事会。理事会应将该事项提交仲裁。仲裁人的裁决应为最终的，并对各成员具有约束力。

2. 争端解决机制。根据《服务贸易总协定》第23条的规定，如某一成员认为任何其他成员未能履行本协定项下的义务或具体承诺，则该成员为就该事项达成双方满意的解决办法可援用争端解决机构（DSB）。如DSB认为情况足够严重有理由采取此类行动，则可授权一个或多个成员依照DSB第22条对任何其他一个或多个成员中止义务和具体承诺的实施。如任何成员认为其根据另一成员在具体承诺的条件下可合理预期获得的任何利益，由于实施与本协定规定并无抵触的任何措施而丧失或减损，则可援用DSU。如DSB确定该措施使此种利益丧失或减损，则受影响的成员方有权要求作出双方满意的调整，其中可包括修改或撤销该措施。

（六）服务贸易总协定的部门协议

《服务贸易总协定》的第29条是有关某些具体服务贸易部门

的附件，此外，在《服务贸易总协定》和部长会议确定的原则基础上，各成员方在乌拉圭回合谈判结束后，继续进行了各具体部门开放市场的谈判，并达成了一系列协议。虽然这些协议不是作为一揽子协议的组成部分对各成员方自动生效，而需各成员方签字承诺后方可能生效，但它们在推动服务贸易自由化进程中的作用是不可忽视的，也是服务贸易自由化规则的重要组成部分。

具体来看，《服务贸易总协定》可分为三种类型。

第一种类型是属于除外性规定。如《关于第二条豁免的附件》，规定同最惠国待遇不一致的措施，如符合免除条件可保留 5 年，超过 5 年期的豁免，应由服务贸易理事会在不迟于《WTO 协议》生效的 5 年后进行首次审议，且此类豁免原则上不得超过 10 年；《关于本协定项下提供自然人流动的附件》，要求各成员方可就在本协定项下提供服务的所有类别的自然人流动所适用的具体承诺进行谈判，应允许具体承诺所涵盖的自然人依照该具体承诺的条件提供服务，但不得阻止一成员方实施对自然人进入其领土或在其领土内作短暂居留进行管理的措施，只要此类措施的实施不至于使任何成员方根据一具体承诺的条件所获得的利益减损或丧失；《关于空运服务的附件》要求各方确认在本协定项下承担的任何具体承诺或义务不得减少或影响一成员方在《WTO 协定》生效之日起已生效的双边或多边协定项下的义务，该附件只适用于航空器的修理和保养服务、空运服务的销售和营销以及计算机预订系统服务，不适用于航空业务权及与其直接相关服务。

第二种类型的附件对具体部门或服务提供方式作出了原则性规范。如《关于金融服务的附件》，要求成员方不得阻止并承认其他成员方基于审慎的原因而采取的措施；《关于电信服务的附件》要求成员方保证任何其他成员方的任何服务提供者可按合理和非歧视的条款和条件进入和使用其公共电信传输网络和服务，以提供其减让表中包括的服务。

第三种类型的附件对具体部门的后续谈判和承诺表的修改作出了具体安排，如《关于金融服务的第二附件》、《关于海运服务谈判的附件》、《关于基础电信谈判的附件》等。

二、《服务贸易总协定》简评

《服务贸易总协定》为服务贸易自由化的发展创立了可资共同遵循的国际准则，是迈向自由化的重要里程碑。标志着多边贸易体制的日益完善，对推动全球产业升级和服务贸易发展的规范化起到至关重要的作用。与《关税与贸易总协定》相比较，它呈现以下特点：

（一）《服务贸易总协定》属于框架性协议

该协定在序言中开宗明义地指出："希望建立一个服务贸易和规则的多边框架，以期在透明和逐步自由化的条件下扩大此类贸易，并以此为手段促进所有贸易伙伴的经济增长和发展中国家的发展。"① 服务和服务贸易内容广泛，发达国家和发展中国家在服务贸易项目和水平上存在较大差异，因此，规范服务贸易自由化的规则只能是一个原则性和纲领性的文件，不应该太具针对性。同时，服务贸易不发生跨越国境的实体货物移动，关税和非减税措施影响较小，各国管制服务贸易的主要手段是国内政策和法规，多边贸易规则会涉及与国内法的协调，规则过细会过多干预国内法，制定详细规则的可能性也就大为降低。

作为原则性规范，服务贸易本身的法律约束力略显弱势，为了约束成员方遵守规则，《服务贸易总协定》赋予了争端解决机构较大的自由裁量权，其实际约束力在很大程度上取决于专家小组和上诉机构在具体安全中的司法解释。从实际案件的处理来看，存在对服务贸易总协定从宽解释的倾向，并存在跨行业交叉报复的可能性，从而增强了它的约束力。②

作为一个框架协议，许多规则尚待细化和明确。如政府采购、补贴等问题需要成员方进一步谈判加以明确；同时，新的国际贸易

① 参见《世界贸易组织乌拉圭回合多边贸易谈判结果法律文本》，法律出版社，2000年版，第286页。

② 参见《服务贸易总协定法律约束力研究》，房东著，北京大学出版社，2006年版。

方式在不断增加，新的矛盾不断需要解决，《服务贸易总协定》也需要不断补充和完善。

（二）《服务贸易总协定》的产生是发达国家和发展中国家相互妥协的产物

由于发展中国家国内服务业发展滞后，对该议题了解不深，只能采取小心谨慎和保守的态度。在达成协议过程中，虽然精心维护着发达国家和发展中国家利益的平衡，但也无法掩饰发达国家利益导向的实质。

在服务贸易的定义与范围上，服从于发达国家的意愿，选取了较为宽泛的定义。《服务贸易总协定》适用于跨境交付、境外消费、商业存在、自然人流动四种提供方式，其涵盖的领域较广，之间还有交叉重复。而货物贸易仅包括跨境交付，且国际收支平衡表中经常项目只统计了居民与非居民之间进行的交易，并不包括外国投资者以商业存在形式与居民之间进行的交易，对于服务贸易这种宽泛的界定，致使发展中国家面临较大的潜在开放压力。

在开放部门的确定上，则遵从了发展中国家的意愿，采取了肯定列表的方式。每个成员方只有义务在具体承诺表中所列的部门向外国从业者提供市场准入的机会和国民待遇，凡未列入具体承诺表的部门，成员方则不承担此义务，这是典型的肯定式清单。肯定式清单使成员在外来自由化压力时保留一定的自由权，也使他们承担的义务处于稳定状态，有利于《服务贸易总协定》规则的执行。① 但即便如此，成员如果在这些已作出具体承诺的部门还要采取或维持什么限制性条件和措施，则必须在承诺表中列明，未列入表中的限制和措施不能继续维持或采取。实际上，肯定清单已被发达国家不正当地加以利用了，发达国家把发展中国家有比较优势的服务部门排除在开放清单之外，并专注于某些部门的讨价还价，致使无法达成协议而拖累整个谈判进程。

---

① 参见徐崇利：《经济全球化与国际经济条约谈判方式的创新》，载《比较法研究》，2001年第3期，第70页。

（三）《服务贸易总协定》的承诺表制度是一种灵活变通的有效方法

《服务贸易总协定》将普遍的原则与特定的义务分开规范，这样的立法技术有利于保障各成员方在遵循服务贸易领域一般原则的同时，也根据本国服务贸易的发展现状及时对国内有关服务贸易的法律和政策作出调整。对某些国内发展水平不高的服务业部门可以略加限制，设立一定的开放过渡期，待时机成熟再行全面开放，在这个问题上发展中国家的收益是较为明显的。正是该协定较为充分地考虑了发展中国家在发展服务贸易方面的实际情况，规定有关服务贸易自由化的谈判建立在部门清单的基础上进行，才给予了发展中国家较大的灵活性和选择空间，对吸收发达国家先进的服务贸易制度，提升自身在国际服务贸易市场的竞争力大有裨益。这种制度化却具有灵活性的立法模式是很有前瞻性的。

（四）《服务贸易总协定》对GATT规则的演进削弱了它的约束力

关贸总协定的最惠国待遇、国民待遇和透明度原则，是贸易自由化的精髓，在《服务贸易总协定》中得到进一步沿用，但GATS对一些规则也作了适当演进和改造。

最惠国待遇是GATT倡导的一项基本原则，原先只给予货物本身，现在须给予服务提供者，这不仅是一项惯例沿用，也是一项制度变革。因为不能只对接受方规定条件，也要对服务提供者提出要求。但某一成员方无法取消背离上述规定的措施时，可以申请最惠国待遇例外，只要符合上述豁免义务的相关条件即可。这就大大限制了最惠国待遇在服务贸易领域内的实施。

服务贸易谈判以互惠为前提，这与最惠国待遇原则存在潜在冲突。在互惠的基础上展开的服务贸易自由化谈判，与最惠国待遇关于“立即无条件地给予”的基本精神是相悖的。事实上，尽管许多发达国家在谈判中一再表示如其他贸易伙伴提交的相应承诺令人满意，它们可以放弃互惠政策，但贸易大国在谈判中始终没有放弃对等原则，如对方的市场准入承诺不能让其满意，这个国家的有竞争力的服务部门就会被列入最惠国待遇例外中，成为逼迫对方开放市场的筹码。

《服务贸易总协定》对国内政策施加的限制也非常有限，成员方在制定政策上可有一定的随意性，只要不歧视来源不同的服务，即使实施不利于或不符合经济效益的政策也可。如协定不要求成员方实施反垄断政策，而在诸如金融、运输、电信服务部门实施改革和有效的竞争政策来增加贸易和投资的自由化是非常必要的，如果只简单地增加外国投资者的市场准入机会，对于缺乏竞争的市场，其自由化的结果是不理想的。

第二节　服务贸易发展的现状与特点

一、国际服务贸易发展的现状和特点

当前，经济全球化推动世界经济进行广泛而深刻的调整，服务业的国际化和跨国转移成为经济全球化的新趋势。在国际金融危机的影响下，全球货物贸易增长有所回落，国际服务贸易保持较为稳健的增长态势。图 5-1 显示了 1981—2009 年的国际服务贸易增长情况。

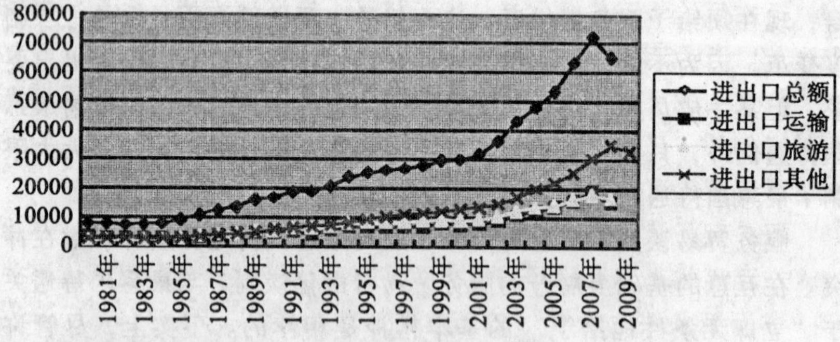

图 5-1　1981—2009 年世界服务贸易进出口情况图（单位：亿美元）

数据来源：商务部网站，国际贸易数据统计库。

由图5-1不难看出，国际服务贸易进出口增长稳健，且自2000年以来，增长速度较快，除了2009年由于受世界金融危机的影响增长速度有所下滑。与此同时，运输和旅游的增长速度慢于其他项目，其他项目包括高新技术在内的现代服务项目，这表明国际服务贸易增长中，高新技术等现代服务项目的增长速度快于以运输和以旅游为代表的传统项目。

作为国际贸易的重要组成部分，服务贸易在各国国民经济中的地位和作用日益明显。服务贸易已经成为世界各国产业结构调整的工具。因此，服务贸易得到了世界各国的高度重视，服务贸易得到了快速发展。近年来，国际服务贸易迅速发展，主要表现为以下几个方面的特征：

（一）从总量和规模上来看，国际服务贸易增长迅速。1970年国际服务贸易总额仅为1000亿美元，进入20世纪80年代后，全球产业结构呈现出“工业型经济”向“服务型经济”转型的总趋势，服务贸易总额快速提升，据统计，1980年至2009年，全球服务贸易规模已经从3600亿美元扩大到64950亿美元，自1994年以来，除2009年外，进口和出口的总体规模均出现年递增的趋势。

（二）从增长率角度来看，国际服务贸易呈现高速增长趋势，1979年至2009年国际服务贸易平均增长速度为8.43%。1979年国际服务贸易的增长速度为24%，首次超过了世界货物贸易的21%的增长速度。进入80年代后，服务贸易以高于商品贸易的速度增长。据世界贸易组织统计，1990年至2000年的10年中，国际服务贸易年均增长率为7%，超过同期货物贸易年均增长率1个百分点。进入21世纪以来，服务贸易的增长率依然领先。

（三）在服务贸易的结构上，国际服务贸易交易内容日趋扩大，服务品种不断增加，服务的知识和技术不断提高。传统的国际贸易主要是以运输和劳动输出的形式为主，当今，金融、保险、运输、旅游、信息处理与传递、设计与咨询、许可证贸易、租赁、航空与航天技术转让等已经成为服务贸易的重要项目。

发达国家和发展中国家服务贸易结构差异大。发达国家服务贸易较为合理，比较优势主要集中在以通信、计算机和信息服务、金融、保险、专有权利使用费和特许费为代表的其他服务类型。如美国，不仅在运输和旅游等传统服务项目上处于世界领先地位，还在新兴服务项目上独占鳌头。美国服务贸易结构合理主要体现在新兴服务贸易行业的出口构成上，在技术密集型的专有权利使用费和特许费及包含了金融、保险与咨询等项目的其他私人服务上美国每年都保持巨额的顺差。在这些具有高附加价值、高收益率的现代服务项目上，美国在国际市场长期拥有绝对优势，仅专有权利使用费和特许费一项的出口额，便是中国的数百倍。2008 年，美国该项目的出口额达到了 882 亿美元，而中国该项目的出口额仅为 6 亿美元。发展中国家在服务贸易总体结构上存在明显的劣势。发展中国家的比较优势主要体现在旅游服务项目上，旅游服务贸易额在其服务贸易总额中占有相当大的比重。

（四）世界服务贸易总体格局未发生明显变化。2008 年和 2009 年，服务出口排名前五位的国家分别是美国、英国、德国、法国、中国，进口排名前五位的国家分别是美国、德国、英国、日本、中国；2010 年，服务出口世界排名前五位的国家依次为美国、德国、英国、中国和法国，其出口额分别为 5150 亿美元、2300 亿美元、2270 亿美元、1702 亿美元和 1400 亿美元，占世界服务出口总额的比重依次为 14.1%、6.3%、6.2%、4.6% 和 3.8%。进口方面，世界排名前五位的国家依次为美国、德国、中国、英国和日本，其进口额分别为 3580 亿美元、2560 亿美元、1922 亿美元、1560 亿美元和 1550 亿美元，占世界服务进口总额的比重依次为 10.2%、7.3%、5.5%、4.5% 和 4.4%。位次没有出现明显变化。美国、德国和英国继续保持世界服务进口总额的前三位，中国排名仍为第四，但在进出口总额上与英国的差距大幅缩小，由 2009 年相差 1130 亿美元缩减到 2010 年仅相差 210 亿美元。

二、中国服务贸易发展的现状和特点

加入 WTO 后，中国服务贸易发展的现状和特点表现在以下几个方面：

(一)服务贸易地位逐步上升

首先,加入WTO之后,中国服务贸易的进出口规模在不断地扩大。2001年中国服务贸易的进出口总额为719亿美元,而2009年,虽然受到全球金融危机的影响,中国服务贸易进出口总额相比2008年下降了6%,这是自加入WTO以来服务贸易规模的首次缩减,但其总额仍旧是2001年进出口总额的298.89%。与此同时,对外服务贸易的规模在不断地扩大,保证服务贸易发展的经济环境也有了很大的改观。为了与WTO的相关规定与要求相符合,中国政府出台了一系列规范和促进服务贸易发展的政策法规,为服务贸易的健康有序发展奠定了基础。

表5-1反映了中国服务贸易加入WTO后服务贸易的进出口状况。

表5-1 **2002—2009年中国服务贸易进出口情况**

(单位:亿美元)

年份	中国出口额	世界出口额	中国进口额	世界进口额	中国进出口额	世界进出口额
2002	394	16014	461	15793	855	31807
2003	464	18340	549	18023	1013	36363
2004	621	21795	716	21328	1337	43123
2005	739	24147	832	23613	1571	47760
2006	914	27108	1003	26196	1917	53304
2007	1216	32572	1293	30591	2509	63163
2008	1465	37313	1580	34690	3045	72003
2009	1286	33120	1582	31150	2868	64270

数据来源:WTO国际贸易统计数据库(International Trade Statistics Database),中国商务部服务贸易统计①

① 遵循WTO有关服务贸易的定义,中国服务贸易数据不含政府服务。

从表 5-1 中可以看出，加入 WTO 之后，中国服务贸易的进出口额均呈现出逐年上涨的趋势。1989 年，中国服务贸易的进出口总额在全世界名列第三十位；2009 年，中国服务贸易的出口、进口额分别位居世界第五位和第四位。虽然与服务贸易大国还有一定的差距，但国际服务贸易地位已不容忽视。

近年来，中国服务贸易的发展面临着前所未有的机遇。国际货物贸易的大幅度增长推动了中国服务贸易的快速复苏；旅游服务贸易在上海世博会、广州亚运会的推动下也逐步实现了快速回升；金融服务以及中介服务等其他新兴服务贸易的增长潜力巨大，已经重新成为服务贸易增长的重要因素。

（二）服务贸易结构不尽合理

随着服务贸易开放程度的加深，我国传统服务贸易额比重下降，建筑服务以及计算机和信息服务、咨询、通信服务等新型服务增速提高，而部分高附加值行业则出现了持续、较快增长，2001 年，运输、旅游和其他商业服务的出口及进口占我国服务贸易出口及进口的比重分别为 88.6% 及 82.4%，2009 年则分别降至 76% 及 70%，2009 年我国金融服务及计算机和信息服务进出口额占比已提高到 42%。商业存在形式的服务贸易仍为我国服务贸易的主要内容，2009 年，我国服务贸易领域利用外资 378.7 亿美元，占同期利用外资总量的 42%；服务业对外投资 236.4 亿美元，占当年中国对外直接投资总额的 67%。但与发达国家相比，我国服务贸易结构仍然不尽合理。

1. 进出口结构不合理

目前，全球服务贸易发展的重点主要是在金融保险、咨询、信息、通信与计算机软件服务等技术、知识与资本密集型服务方面，而我国在这些领域起步较晚，尚未在国际服务贸易中站稳脚跟。图 5-2 是我国近年服务贸易进出口的分布情况：

从图 5-2 可以看出，我国服务贸易出口近十年来规模最大、增长最快的是旅游、运输、建筑等传统服务业部门，而在全球服务贸易量最大的金融、保险、通信、计算机与信息服务、专利服务、咨询等技术密集和知识密集的行业，尽管其出口增速较快，但目前这

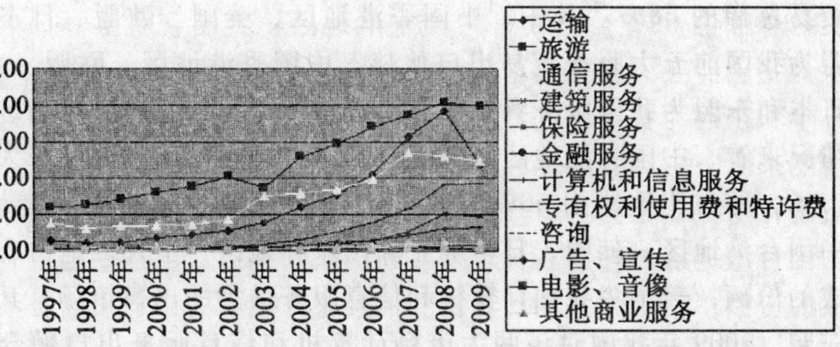

图 5-2　1997 年到 2009 年我国服务贸易出口分项目表（单位：亿美元）

数据来源：中国商务部服务贸易统计

些行业规模仍然偏小。通信服务、金融服务以及专有权利使用费和特许费的出口额分别只有 12 亿、16 亿和 4 亿美元。

图 5-3 是我国近年来服务贸易进口分项目的详细情况：

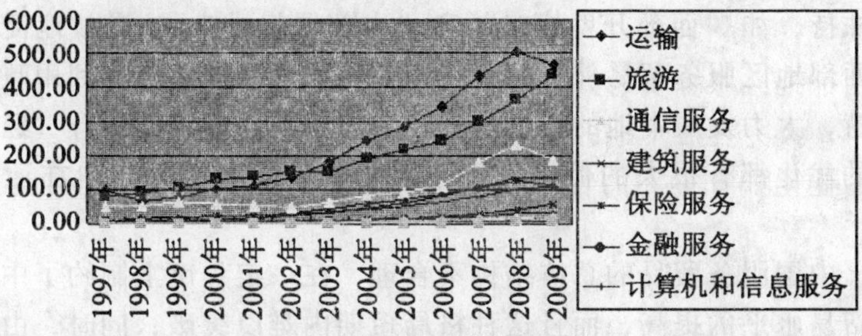

图 5-3　1997 年到 2009 年我国服务贸易进口分项目表（单位：亿美元）

数据来源：中国商务部服务贸易统计

同样，从图 5-3 中我们可以看到运输、旅游这些传统服务部门在进口中的比重很大，而金融保险服务、计算机和信息服务等规模和比重相对较小。

2. 服务贸易的地区分布较为集中

截至 2009 年，我国前五大服务贸易伙伴依次为中国香港地区、美国、欧盟、日本和东盟，与该五大伙伴之间的服务贸易额占服务贸易总额的68%。其中，中国香港地区、美国、欧盟、日本、东盟为我国前五大服务贸易出口伙伴，中国香港地区、欧盟、美国、日本和东盟为我国服务贸易前五大进口伙伴。从主要领域的进出口情况来看，中国香港地区及美国分别为我国运输第一及第二大出口市场，所占比重约为50%，旅游出口市场集中于中国香港地区、中国台湾地区、韩国、日本等亚洲国家和地区，上述四地占有近六成的份额；美国为我国计算机和信息服务最大的出口市场，其次是东盟，2009年我国对该两大市场计算机和信息服务出口额合计占该行业出口总额的一半；中国香港地区是我国咨询第一大出口市场，其次是欧盟和美国，占比均超过20%。

3. 服务贸易的区域发展不够平衡

我国的服务贸易主要集中在沿海发达地区，沿海发达地区由于优越的地理条件和较发达的现代服务业，在运输、保险、计算机、信息服务、咨询服务和广告宣传等领域具有明显的优势，是中国服务贸易的主要出口地区。近年来，由于国家对中西部落后地区的政策扶持，如“西部开发战略”和“中部崛起战略”，有效地促进了中西部地区服务贸易外资的引进，使得该地区能够充分利用政府的扶持，大力发展本地的特色服务业，对于整体经济的提升、经济结构的优化都有很大的促进作用，服务贸易的区域分布也在逐步改善。

中国服务贸易的总体结构不合理，在一定程度上制约了中国服务贸易水平的提高，而且这种格局短期内难以突破；同时，由于中国服务贸易发展的多元化程度还不够，直接导致中国服务贸易的抗冲击能力较差，易受国内外政治、经济形势变化的影响。

（三）服务贸易的逆差额呈逐年扩大趋势

2001年，中国服务贸易进口额为390亿美元，出口额为329亿美元，逆差为61亿美元。而2009年，中国进口额为1582亿美元，出口额为1286亿美元，逆差达到了295.1亿美元，其主要逆差行业为运输、专有权利使用费和特许费、保险服务和旅游等服务部门（见表5-2）。

表5-2　　**2009年中国服务贸易进出口差额及行业分布**

（单位：亿美元）

总计	运输	旅游	通信服务	建筑	保险服务	金融服务
-295.1	-230.1	-40.3	-0.1	36	-97.1	-2.9
计算机和信息服务	专利和特许使用费	咨询	广告宣传	电影音像	其他商业服务	
32.8	-106.4	52.1	3.6	-1.8	59.2	

资料来源：中国商务部服务贸易统计数据。

（四）服务贸易的市场主体开始呈现出多元化发展的趋势

中国加入世贸组织之后，积极利用世贸规则，推进区域和世界经济的一体化，这一战略也有力地推动了服务贸易多元化战略的实施。尽管外资企业仍然是对外贸易的主力军，但民营经济体也不甘落后，努力提高竞争意识，在服务贸易对外出口方面发挥着越来越重要的作用。随着中国政府逐步放开对外贸易的经营权，特别是政府为兑现世贸承诺所采取的一系列措施，都使得私营企业和民营企业的竞争潜力被逐步释放出来，成为我国服务贸易发展的新的增长点。

第三节　WTO与中国服务贸易发展策略

加入WTO近十年来，中国积极地履行了各项承诺，在银行与证券、电信、法律以及旅游等在内的多个服务部门，对国外的市场准入水平都有了大幅度的提高。中国已经开放的服务贸易部门达到了100多个，其开放的程度已接近发达国家的水平。自由化程度的加深，一方面带给中国服务业进步与学习的机会，另一方面也带来了巨大的挑战。从现阶段来看，近年来中国开始不断加快结构调整的步伐，不少新兴的服务行业逐步从制造业中分离出来，同时服务贸易也开始由劳动密集型向知识和技术密集型转变。中国政府也逐步认识到服务贸易自由化所带来的机遇和挑战，一系列促进咨询、软件、文化、技术、会计等行业服务贸易发展的政策也相继出台，有利地促进了中国服务贸易的良性发展。

一、中国服务贸易发展面临的困境

（一）中国服务业发展相对滞后

长期以来，我国服务业发展滞后，服务业的众多领域如电信、运输、金融等行业以少数国有大中型企业为主，市场竞争程度不够，以至于没有足够的能力参与国际服务市场竞争，在一定程度上延缓了中国服务业发展速度。从 2000 年至 2009 年，中国服务业在国内生产总值中的比重基本上没有太大变化（见表 5-3），明显落后于其他国家，而 2010 年这一比重在美国达到 80%。①

表 5-3　　**我国三大产业占 GDP 的比重**　　（单位:%）

年份	农业	工业	服务业
2000	15.1	45.9	39.0
2001	14.4	45.1	40.5
2002	13.7	44.8	41.5
2003	12.8	46.0	41.2
2004	13.4	46.2	40.4
2005	12.5	47.5	40.0
2006	11.7	48.9	39.4
2007	11.3	48.6	40.1
2008	11.3	48.6	40.1
2009	10.3	46.3	43.4

数据来源：中国国家统计局年度数据。

① 由于美国采用联合国产业分类法进行产业分类，计算归总后可以得到三次产业数据，数据来源：http://www.bea.gov/industry/gpotables/gpo_list.cfm?anon=947507&registered=0

中国服务业的发展相对滞后，服务贸易也远远落后于货物贸易的发展（见表5-4）。

表5-4　　2009年服务贸易与货物贸易占比情况

（单位：10亿美元，%）

国别	对外贸易额	服务贸易额	服务贸易占比	货物贸易额	货物贸易占比
美国	3462	801	23.1	2661	76.9
中国	2493	286	11.5	2207	79.6
世界	31534	6426	20.4	25108	88.5

资料来源：中国商务部服务贸易统计。

（二）中国服务业部分领域对外开放程度明显高于发展中国家水平

在《中国加入WTO议定书》中，我国政府承诺全方位、有步骤地开放服务业市场。在列入服务贸易开放减让表的33项内容中，包括一般商品的批发、零售、进出口贸易和物流配送在内的商业分销服务，会计、审计、法律服务等专业服务，以及教育服务等领域的开放度较大；电信，售后服务，视听服务中的电影院建设和经营，燃气、热力、供排水等城市管网首次列为开放的领域；银行、保险、证券等领域行业也进一步放宽了限制。在分地域开放的领域，如金融、保险、电信增值等，经济比较发达的东南沿海地区和内陆中心城市都列入了开放名单，广州和上海成为第一批开放的城市之一；在不分地域开放的领域，如运输、文教等领域，对外资的市场准入程度也大大提高。根据我国政府在议定书中的承诺，我国在加入世贸组织后1—6年内逐步开放服务业市场。总体看来，我国对服务贸易的开放承诺水平较高，关于跨境支付、境外消费几乎很少有限制，对几乎所有部门都作出了局部承诺，但在自然人移动、商业存在方面限制则稍多。在服务贸易12个领域中，针对9个领域作了具体承诺。在160个细分领域中，针对102个作了具体承诺，明显高于一般发展中国家的承诺水平。2005年以来，我国服务贸易领域的开放进一步加快，对一些敏感行业，包括商业、通信、建筑、分销、教育、环境、金融、旅游和运输9个领域，约90多个分部门作出了开放承诺。截至2010年，在按WTO规则分类的160多个服务贸易部门中，中国已经开放了100个，并承诺将进一步开放11个分部门，涉及银行、保险、电信、分销、会计、教育等重要服务部门，远高于发展中国家平均水平，为外国服务提供者提供了广阔的市场准入机会，也带来了国内市场较强的竞争压力。

（三）服务贸易管理体制不完善

与WTO的相关要求相比，目前中国服务行业的管理体制不健全，制约了中国服务贸易的发展，主要表现为：服务贸易缺乏统一的协调与管理部门，目前对服务贸易的管理仍旧处于各自为政的状态。与世界发达国家相比，我国的服务贸易的规章制度还有待完善，服务贸易的发展政策缺乏透明度，各有关职能部门在服务贸易方面多头管理、政出多门甚至相互掣肘的问题还没有完全解决。此外，我国对服务业的统计也不规范，在行业划分标准、服务标准等方面也还有许多地方不符合国际惯例与要求。

（四）服务贸易法律法规不健全

长期以来，中国有关服务贸易方面的立法严重滞后，直到加入WTO，我国服务贸易立法才有了较大的改观。目前中国已颁布了一系列涉及服务贸易领域的重要法律法规，《如对外贸易法》、《商业银行法》、《海商法》、《律师法》等，修订了《知识产权法》，根据所作出的承诺在一些重要的服务贸易部门颁布了新的审批外资进入中国的法规和条例，包括：《外国律师事务所驻华代表机构管理条例》、《外商投资电信企业管理规定》、《中华人民共和国外资金融机构管理条例》、《外资保险公司管理条例》、《中华人民共和国国际海运条例》、《中外合作音像制品分销企业管理办法》、《国务院关于修改〈旅行社管理条例〉的决定》等，对构建适应我国市场经济和国际通行规则的服务贸易体制发挥了重要的作用。但由于服务贸易涉及面比较广，许多领域仍旧没有相关的法律与之匹配。已有的一些法律、法规也较为模棱两可，不同法规之间存在一些漏洞和矛盾，损害了法律法规的权威性和可执行性。此外，不少法律法规与国际运作惯例的要求不符，不利于服务业对外开放和管理，也不利于内外资企业合法经营。

加入WTO之后，世界对于中国贸易相关的法律法规提出了更高的要求。然而在我国的经济立法中，服务贸易立法相对而言是最为薄弱的环节，存在的问题相对也较多。具体来看，存在以下几个方面问题：

第一，现有法律框架不规范、体系不完备。已有的一些服务业法律原则性条款过多，操作性条款过少；目前调整服务贸易的法律主要是行业性法律，缺乏具有统领全面功能的基本法；相当一部分服务行业缺乏行业性基本法律，旅游、电信、商业、卫星发射等领域只有内部规定；大量服务行业缺乏配套的专项法律，某些部门原来配套的法规制度，也与我国服务贸易《承诺表》的相关规定不符。

第二，立法技术滞后、专业性程度低。中国目前已有的法律法规中，某些指导原则、立法精神等方面与国际规范相比还存在着一定的差距。许多法律规范过于抽象化和原则化，缺乏可操作性，在实施过程中往往被任意解释，如《知识产权法》、《税法》、《公司法》等法律中缺乏配套条款，有待进一步制定细则加以完善。

第三，法律体系内外不一、相互矛盾。不少立法对国外服务贸易提供者所规定的权利义务明显与GATS原则不符，易招致“非歧视性”、“市场准入”等方面的质疑。另外，由于中国服务贸易方面的法规中，大部分是各职能部门的规章和规范性文件，各部门在制订时往往从本部门利益出发，致使不同规章和规范文件之间存在空隙和矛盾，引起法规冲突，影响了法律的权威性和可执行性。

（五）国际服务贸易壁垒隐蔽而盛行

国际服务贸易壁垒，如禁止国外服务提供商进入某些行业或者在某些地区设立机构以及提供服务，或者对某些行业实行政府垄断，或者禁止外国服务人员进入本国从事职业服务工作等。其主要形式包括开业权壁垒、人员移动壁垒、资本移动壁垒以及产品移动壁垒等。

国际服务贸易的竞争正愈演愈烈，而经济危机的爆发又导致各个国家的保护主义开始盛行。服务贸易的迅速发展，使其国际化和多元化的趋势越来越明显，而各国逐步认识到服务贸易对本国经济的重要性，使得在服务贸易领域出现了一系列的隐蔽性壁垒。服务贸易的壁垒很难列表分类和整理分析，但其中最普遍的是影响各类服务贸易的限制，比如电信技术、通信技术以及移民的限制。这三种最普通的限制不管是对于服务的生产者还是服务的消费者，其影响的结果都是相似的，使得服务贸易的生产者很难获得有效经营所必需的信息、物品或者难以将利润转移到本国，以及难于使其人员跨越国境等。而对于服务贸易的消费者而言，则是难以获得有关竞争性服务产品的相关信息、难以在其他国家购买服务，以及难于进入其他国家等。

虽然在目前的WTO框架下，国际服务贸易表现为自由化和全球化的总体趋势，但为了保护国内某些弱势服务产业，竞争力较弱的国家往往对本国服务市场的开放施加诸多的限制。今后服务贸易壁垒的隐蔽化趋势也将继续体现。作为一个发展中国家，中国在服务贸易方面的优势主要体现在建筑、运输等劳动密集型服务部门，这些服务部门都需要中、低技术劳动力作为中间投入，需要人员的流动。而目前发达国家在人员跨境流动方面的限制较多，对自然人提供的服务方面原则上不作承诺，只是将与设立提供服务的商业机构联系在一起的少数高级管理或技术人员的流动作为例外情况规定在承诺表中，这使得自然人提供服务在很大程度上仅作为“商业存在”的补充，人员跨境流动也高度依赖于设立在外国的商业机构的需要。入境限制、资格认证、技术标准、外汇限制等服务贸易壁垒也成为中国服务贸易出口的实质型障碍。

（六）服务贸易专业人才匮乏

当今世界，新兴服务贸易在贸易总额的相对份额不断扩大，现代服务业是知识、技术密集型产业，需要大批专业性强的技术与管理人员。但由于中国服务业的比较优势是劳动密集型服务业，服务提供者只需具备一般的文化素质或经过简单培训后就可以上岗，一些的对人才技术性要求较强的行业，特别是从事保险、国际旅游、国际会计、广告、法律等方面的高级专业人才不足，严重影响我国服务贸易的发展。加之中国对服务专业人才的培养不够重视，导致目前服务行业从业人员的素质普遍不高，这种人才供给状况不能适应现代服务业发展的需要，削弱了中国服务贸易的国际竞争力。

中国社会科学院发布的2007年财经蓝皮书《中国服务业发展报告——中国服务业体制改革与创新》指出，2005年，中国服务业劳动就业不仅远低于国际的平均水平，并且绝大部分都集中在劳动密集型产业。发达国家的经验表明，随着人均GDP的提高和城市化水平的加速，服务业将会成为容纳劳动力的主渠道，而我国第三产业的就业容量还未表现出明显的优势，这也衬托出我国服务业发展相对滞后的现实。

二、加快中国服务贸易发展的对策

加入WTO之后，从2005年起，中国进入"加入WTO后过渡期"，这意味着中国的开放程度与融入世界贸易体系的步伐进一步加快。在服务贸易全球化与自由化的浪潮下，国际服务贸易对世界经济产生着越来越重要的影响。中国服务贸易的发展如何在现有的经济政治体制下，在WTO框架下构建我国可持续的服务贸易发展战略成为急需解决的重大课题。

（一）改善服务贸易的基础环境，提高服务贸易的整体竞争力

1. 加强对WTO相关规则的研究，完善服务业发展的制度环境。服务贸易的发展，要求有严格的法律法规约束，我们应进一步加强对GATS、WTO有关条款的学习和研究，将服务市场准入原则、服务贸易税收、投资、优惠条件等都以法律的形式规定下来，增强中国服务贸易的透明度。同时，要根据GATS的要求，逐步完善中国服务贸易领域的法律法规。

2. 推进改革，完善管理体制。具体包括以下几个方面：（1）各地方的服务贸易政策和规章应该与国家服务贸易的总体战略和整体规划保持统一；（2）因地制宜，根据不同地区服务业的特点和

服务贸易的优势，充分发挥地方政府在发展服务贸易中的作用，大力开发西部地区的服务业，充分利用特色资源发展特色服务，从而促进中国总体服务贸易水平的提升。

3. 大力发展新兴的现代服务贸易。中国在一些传统的服务行业（如旅游、建筑和其他商业服务）还存在着比较优势，在具有高附加值、巨大潜力的现代服务业，如金融、保险、咨询及电影音像行业，与发达国家相比，仍旧存在着较大的差距。因此，我国应该继续巩固发展以劳动和自然资源密集型为主的传统服务贸易领域，如运输服务、旅游服务，培育竞争优势并形成长期动态比较优势；同时加大力度发展新兴服务贸易，提高其在服务贸易总额中的占比和地位。

4. 国家应该迅速建立全国服务贸易协调管理机制，加强中央和地方、政府和企业的紧密联系；建立符合国际规范的社会化服务贸易统计体系，建立境内外及时沟通的服务贸易网络。加强国际交流与合作，与世界贸易组织、联合国际贸易发展会议、欧盟等国际组织，以及各国的政府组织之间建立联系，发挥政府在服务贸易中的扶持、引导作用，为服务贸易的发展创造一个良好的外部条件。

5. 建立和完善国内的服务贸易管理体制。服务贸易涉及行业广泛，服务业的经营活动需要良好的城市基础设施和完善的产业体系，需要企业之间、部门之间的协调。WTO和发达国家都设有专门机构进行相关领域的管理和协调。我国商务部在2005年成立了服务贸易司，但其职责权限还需要进一步理顺。除了政府部门的管理外，通过一些半官方和非官方的行业协会、同业组织引导和监督服务业进行自我约束和管理也非常重要。

（二）加快服务贸易立法进程

GATS第一条第二款对服务贸易下了定义，它按照服务贸易要素跨国流动的方式将国际贸易分为四种类型：（1）跨境交付；（2）境外消费；（3）商业存在；（4）自然人流动。而我国目前现有的法律法规，绝大部分都是对商业存在进行规范，对其他三种服务提供方式很少涉及，甚至空白。这反映出了我国服务贸易法律调整范围的有限性。

为了保证服务贸易能沿着正常、健康的轨道发展，我们应加强对 GATS、WTO 有关条款原则的研究，正确利用 GATS 的有关例外条款，制定适度的保护政策，以促进我国服务贸易的正常发展。对涉及国家安全和主权的服务部门应以法律的形式对保障的范围和程度予以规定，防止发达国家以此为借口采取相应的报复措施。

建立既符合本国经济的发展要求、又符合国际标准的法律法规，可以从以下三个方面来实施：第一，完善现有法律，解决不同法律之间的冲突或者疏漏，将行之有效的法律解释性条款补充到程序法和实体法之中。第二，清理不符合市场化发展原则的政府规章，将立法层次较低的政府规章和地方法规，依次上升到地方法规和国家法律。第三，对于部分服务行业存在的法律空白，应该加强探索研究，借鉴发达国家的成熟经验，尽快制定出相应的法律法规以进行有效的监督，促进服务业健康、有序的发展。

在加强与完善我国国内服务业立法工作的同时，还应扩大服务业法律、法规和政策的透明度，保证有关服务业和对外服务贸易的法规政策及时对外公布。中国应制定和完善相关的产业政策，使中国的产业政策进一步向服务业倾斜；还应积极鼓励民营企业参与发展服务业，尽快建立和完善全国统一、公平竞争、规范有序的服务市场体系。

（三）合理部署服务业开放结构和进程

中国的 20 多年改革开放，已经使广大民众品尝到商品贸易领域自由竞争的丰硕成果。随着生活水平的提高，大家自然要将目光转向服务贸易领域。如同前者在开放之初要经历的阵痛一样，后者一定会在蜕变中获得新生。这种求变既是普通民众的呼声，是那些真正经得起市场考验的商家的呼声，又符合现政府倡导的和平、稳定及发展的大局观。这也可以从一个侧面解释，中国政府在入世谈判中所显示的决心与诚意是不容质疑的。

在对不同服务部门开放结构和进程的安排上，应该结合中国的实施情况，有所选择和侧重。长期以来，我国服务业部门如邮政电信、银行、保险、电力等具有很强的垄断性，导致活力不够，服务质量低下，缺乏有效竞争。降低国内市场的垄断程度，适度放宽对外资企业进入垄断性服务行业的审批标准，允许有条件的企业投资于这些企业，通过充分竞争来提高国内服务企业的效率和国际竞争力非常重要。

国际服务贸易经过半个世纪的快速发展，正在进行全球范围内的结构调整与优化。跨国公司在全球范围内组织生产与经营活动，因而也需要获取全球化的通信、交通与咨询、会计等服务。一些发达国家的生产性服务行业也逐步转移到发展中国家，更加促进了服务行业跨国转移的进程。而以IT技术为主导的高科技在服务行业中的广泛应用，为服务业国际分工的全面深化奠定了基础。近年来，外商对华服务业投资比重逐年增加，但主要集中于房地产、社会服务业、交通运输、仓储和邮政、批发零售和餐饮等传统服务业，而在金融保险、科研和综合技术服务等现代服务业领域，外商投资比重仍然较低。要有步骤地将外商直接投资引向我国服务竞争力较弱的资金、技术密集行业，鼓励跨国公司来华设立研发中心、出口采购中心、地区总部等，打破过度保护，促进内外资企业公平竞争，增强外资企业对我国服务业投资的信心。

要将稳步扩大服务贸易开放作为我国服务贸易发展的总方向。要加强对GATS及WTO有关条款原则的研究，建立、健全既符合本国经济发展目标又顺应国际准则要求的服务贸易开放措施。要对服务市场准入、服务贸易的税收、投资、优惠条件等制定具体的法律法规，增加服务贸易的市场透明度，做到自由化和规范化有机结合。同时，要把握好服务贸易开放领域：凡涉及国家主权、国家安全和国家机密的极少数部门或项目，仍应采取禁止的政策，不予开放；凡关系国民经济命脉和人民生活安定的重要部门或项目，允许开放，但要设定外商进入的股权比例。

（四）积极应对服务贸易壁垒

服务贸易壁垒对服务贸易的阻滞作用正日趋明显，针对中国服务贸易遭受贸易壁垒的现状，我们应采取积极的应对措施：第一，充分利用WTO的争端解决机制，以解决因服务贸易壁垒而产生的纷争。WTO争端解决机制鼓励成员各方通过双边协商来解决贸易争端，是一种行之有效的争端解决方法。因此，中国企业应充分利用WTO争端解决机制，合理解决争端。第二，加快服务贸易壁垒相关救济措施的立法。在国外对中国服务贸易设置壁垒、实行歧视性待遇和不公正贸易时，使企业能够通过法律手段争取自己的合法权益。第三，加强行业协会的作用。行业协会是联系政府和企业之间的纽带，在服务贸易发展方面应发挥重要用途。行业协会可制定统一的行业规范和资格审查制度，对行业欺诈、牟取暴利等不规范行为进行约束。还可以通过跟踪国外非关税壁垒措施的变化动向，使企业能够及时地掌握国外市场贸易壁垒的相关信息。

总而言之，为了促进服务业的健康、持续发展，我们应认真研究WTO的有关条款，学习借鉴发达国家的实践经验，灵活利用国际惯例和WTO规则，提高企业在国际经济贸易中的竞争力。

（五）加快人才培养，尽快适应服务贸易开放带来的机遇和挑战

经济的竞争突出表现为人才的竞争，目前中国缺乏大量服务贸易方面的高素质人才，如熟悉服务贸易的研究人员、工商企业家、金融家、审计师、律师和工程承包商等，这是服务贸易发展中的突出问题。为加快中国服务贸易的发展，一方面，政府要制定相关措施，形成多渠道多层次的人才培育体系。教育、人事和劳动保障等部门，应按照服务贸易发展的需要，完善相应的职业资格和职称制度，尽快设立相应的职业资格和职称。另一方面，要建立激励机制，发挥现有高层次服务贸易人才的作用，避免由于外资服务企业的大批进入而导致国内人才的流失，为服务贸易的长远发展积累和培养竞争优势。此外，还应加速服务型企业的自主创新，培育有国际竞争力的服务业企业，加大对服务业科研和基础设施的研发投入。引导企业积极参与国际服务业竞争，积极有效地利用外资，有序承接国际现代服务业转移，改进外汇与资本流动管理，支持有条件的服务企业到境外投资。大力培养和引进适应全球化发展的服务业人才，提高从业人员素质，培养熟悉国际服务贸易的复合型人才。

为促进现代服务业更快更好发展，政府有关部门应制定加快和鼓励发展现代服务业的有关政策，吸引服务专业人才，具体措施包

括：多渠道、多形式吸引海外优秀研发人才，鼓励留学人员回国参加工作；承认在国外取得的学历、学位，并根据个人的实际水平和能力，给予专业技术职务的评定；对于留学人员回国创办外商投资的生产服务业企业，给予一定的税收优惠，并可以适当设立服务业专业人才特别贡献奖，鼓励海外留学人员带来大量的就业机会；每年选派一定的人员到美、日、欧等发达国家或地区，进行服务贸易专业技术和知识方面的培训。全面推进职业资格证制度，建立服务业职业资格标准体系。同时，尽快加强对现有人员的培训，提高专业技能并熟悉 WTO 以及《服务贸易协定》的有关条款，改善我国服务贸易专业人才的技能水平。

第六章　WTO 与中国的知识产权保护

知识产权是指公民或法人对其在科学、技术、文化、艺术等领域的发明、成果和作品依法享有的专有权，即人们对自己通过脑力活动创造出来的智力成果所享有的权利。随着世界经济全球化、信息化的发展，国际贸易中的知识产权贸易比重不断增大，而对知识产权造成侵害的假冒、盗版等行为也不断增多，为保持国际贸易秩序，维护贸易间的规范和平等，与贸易有关的知识产权保护问题就越来越被关注，并形成了许多阶段性成果，主要有《保护工业产权巴黎公约》(简称《巴黎公约》)、《商标国际注册马德里协定》(简称《马德里协定》)、《专利合作条约》、《保护文学和艺术作品国际公约》(简称《伯尔尼公约》)、《保护表演者、录音制品制作者与广播组织公约》(简称《罗马公约》)、《集成电路知识产权公约》等。但上述公约存在着诸多不完善性，一是公约覆盖不够宽泛，没有保护商业秘密的专门条款，关于计算机软件及录音制品的保护力度不够；二是公约所规定的义务的履行完全依赖国内法，缺少统一、有效的国际监督机构，对违反公约的行为也缺乏强有力的制裁措施，也缺少知识产权争端解决途径等。由于发达国家极力推动在 GATT 框架下达成更高标准的知识产权保护规则，发展中国家不得不作出让步，促使了《与贸易有关的知识产权协定》的签订。

第一节　WTO 有关知识产权保护的规则

关贸总协定早在“东京回合”谈判中，就已经明确提出关于与贸易有关的知识产权保护问题。1982 年，首次将假冒商品贸易的议题列入议程，但因为分歧过大尤其是发展中国家担心强化知识产权保护会助长跨国公司的垄断，形成对市场价格的控制而没有达成协议。在乌拉圭回合中，经过多次谈判协商，与贸易有关的知识产权协定（简称《TRIPs协定》）才最终得以通过。

一、TRIPs协定的基本原则

TRIPs协定由一个序言和七个部分组成，是乌拉圭回合三个新议题中条文最多的协定。

第一部分规定了成员方对知识产权的最低保护标准，规定了TRIPs协定与《巴黎公约》、《伯尔尼公约》、《罗马公约》与《集成电路知识产权公约》等国际知识产权公约之间的关系、国民待遇原则和最惠国待遇原则及其例外。

第二部分规定知识产权的效力、范围及使用标准。该部分相应规定了TRIPs协定予以保护的知识产权范围，即版权及邻接权、商标权、地理标志、工业品外观设计、专利、集成电路布图设计、商业秘密等。

第三部分是知识产权保护在国内执法方面的规由，主要规定了民事程序、行政程序、刑事措施、临时措施和边境措施等。

第四部分规定了知识产权的取得、维持及当事方之间的相关程序。

第五部分规定了知识产权争端的防止与解决。该部分一方面要求成员应保护法律法规的透明度，即各成员所实施的，与协定有关的法律、条例以及普遍使用的终审判决和终局行政裁决，均应以本国文字予以公布；另一方面规定成员方争端的解决适用WTO争端解决机制。

第六部分是关于过渡期的安排。这一部分是发展中国家与发达国家成员讨价还价的结果，即考虑到发展中国家成员的实际情况，协定允许发展中国家成员有5年的过渡期，其中最不发达国家成员可以有10年的过渡期。

第七部分是机构安排和最后条款。其中，第69条规定成员应在其行政机构内设立联络处，以进行成员之间的信息交流，尤其是海关之间应加强有关假冒商标商品以及盗版产品贸易的信息交换与合作。另外，该部分还规定了属于保证安全的例外，即协定不得解释为要求成员披露涉及国家安全的信息，也不能妨碍有关国家安全的行为。

在TRIPs协定框架下，作为每一个WTO成员都有着相同的义务和权利，依照同一原则进行知识产权贸易活动，自觉实施知识产权保护和约束。所应遵循的原则主要体现为：

（一）国民待遇原则

知识产权保护实施的国民待遇原则也是体现WTO非歧视原则的重要内容，它主要反映在TRIPs协定的第一部分第3条：各成员在知识产权保护上，应包括涉及本协定专指之知识产权利用的事宜，也应包括涉及知识产权的效力、获得、范围、维护及行使的诸项事宜，对其他成员国民提供的待遇，不得低于其本国国民。

对于"国民"的解释，TRIPs协定第1条第3款作了特定注释，认为"在WTO成员是一个独立关税区的情况下，应被认为系指在那里有住所或者有实际和有效的工业或商业营业场所的自然人或法人"；当成员是一个主权国家政府时，即"其他成员的国民应理解为合乎《巴黎公约》、《伯尔尼公约》、《罗马公约》、《集成电路知识产权公约》所规定的保护标准项下的自然人或法人，是那些条约成员国与WTO所有成员的国民"。

由此看来，协定规定的国民待遇原则覆盖的是以上四大公约成员国的国民和WTO成员的国民，使得知识产权保护范围得到大大扩展。

但协定的国民待遇原则对知识产权本身的适用范围是有限制的，它包括以下例外：

1. 在国民待遇问题上，已经在上述四大公约中规定了的可以例外。

2. 给予表演者、录音制品制作者和传播媒体的国民待遇，仅适用于TRIPs协定所规定的权利。

3. 有关知识产权在司法和行政程序方面的例外，包括对服务地区的指定或在某一成员司法管辖中对代理人的指定。但不能违背协定所规定的义务，不能构成潜在性贸易限制。

（二）最惠国待遇原则

最惠国待遇原则是 WTO 规则体系中最普遍的原则，是维系和密切成员间贸易关系的基石，它主要体现在 TRIPs 协定的第一部分的第 4 条：任何成员就知识产权保护提供给另一成员国民的任何利益、优惠、特权或豁免，均应立即无条件地给予其他成员国之成员。这种优惠同其他协定中的优惠一样，是无条件的、多边的、永久的。

这一原则的确立是 WTO 基本原则延展，是知识产权保护的创新，它弥补了四大知识产权国际公约的缺陷，扩大了知识产权国际保护的辐射范围，为 WTO 成员间知识产权的非歧视性贸易提供了重要的法律依据。在这原则下，以下情况属于例外：

1. 来自有关司法协助或法律实施的双边及多边国际协定的优惠等，这类协定并不是专门针对知识产权保护签订的，但却形成了一揽子优惠或特权，这种情况可允许其仅适用签约国家或地区，而不涉及其他成员。

2. 按照《伯尔尼公约》和《罗马公约》的规定，此类规定允许所给予的待遇不属于国民待遇性质而属于在另一国中给予待遇的性质。

3. 本协定项下未作规定的有关表演者、录音制品制作者及广播组织的权利。

4. 自《WTO 协定》生效前已有知识产权保护的国际协定所派生，只要此类协定已向 WTO 知识产权理事会通报，并对其他成员的国民不构成任意的或不合理的歧视。

二、知识产权的效力、范围和使用的标准

（一）版权及邻接权

1. 版权权利及范围。《知识产权协议》第 9 条规定，各成员方应遵守《伯尔尼公约》(1971) 第 1—21 条及公约附录的规定，但其中第 6 条第 2 款规定的权利排除在外。即《知识产权协议》所规定的版权是指一切经济权利，包括翻译权、复制权、公开表演

权、广播权、朗诵权、改编权、录制权、制版权，但排除作者发表权、修改权、署名权、保护作品完整权等精神权利。鉴于各国版权法对待出租问题存在差异，协议要求成员至少必须承认计算机程序及电影作品的出租权。且版权保护应延及表达，但不包括思想、工艺、操作方法或数学概念之类。对于计算机程序，无论是源代码还是目标代码，必须按照《伯尔尼公约》(1971) 所指的文学作品给予保护；对于数据或其他材料的汇编，无论采用机器可读形式还是其他形式，只要其内容的选择或安排构成智力创作，即应予以保护。

就版权的保护期限而言，《知识产权协议》对《伯尔尼公约》作出了补充规定。除摄影作品或实用艺术作品外，如果某作品的保护期并非按自然人有生之年计算，则保护期限不得少于经许可出版之年年终起50年，如果作品自完成起50年内未被许可出版，则保护期应不少于作品完成之年年终起50年。

此外，《知识产权协议》对各种专有权的限制和例外作了原则性规定，即各成员方应将各种专有权的限制和例外局限于某些特殊情形，而这些特殊情形与作品的正常利用不相冲突，也不应不合理地损害权利持有人的合法权益。

2. 关于邻接权的保护。协议在参考《罗马公约》的基础上，对表演者、录音制品（唱片）制作者和广播组织的权利分别作了规定。

对于将表演者的表演固定于录音制品的情况，表演者有权制止未经许可的下列行为：对其尚未固定的表演加以固定，以及将已固定的内容加以复制；将其现场表演以无线方式向公众广播或向公众传播其现场表演。录音作品制作者应享有许可或禁止直接或间接复制其录音制品的权利。广播组织对未经许可的下列行为有权禁止：将其广播以无线方式重播、将其广播固定、将已固定的内容复制，以及通过同样方式将其电视广播向公众传播。世贸组织成员方可以不授予广播组织的上述权利，但应遵守《伯尔尼公约》的规定，向广播内容的版权所有人提供防止上述行为的可能性。

对表演者和录音制品制作者享有的保护期至少应当自有关的固定或表演发生之年年终延续到第五十年年终；对广播组织的保护期限为自广播播出之年年终起至少二十年。

任何成员均可在《罗马公约》允许的程度内对邻接权规定条件、限制、例外和保留，但《伯尔尼公约》第 18 条应在原则上适用于表演者权及录音制品制作者权。

（二）商标

1. 可保护的客体。商标是指任何能够将一企业或服务与其他企业的商品或服务区分开的标记或标记组合。这类标记，尤其是单词，包括人名、字母、数字、图形要素，色彩的组合，以及上述内容的任何组合，均能够作为商标获得注册。如标记无固有的区别于有关货物或服务的特征，则各成员可以由通过使用而获得的显著性作为注册的条件。各成员可要求作为注册的条件，这些标记应可感知。

此外，为了防止各国对商标注册的不合理规定，协议还规定：拒绝商标注册应遵守《巴黎公约》第 6 条第 5 款的规定；各国可以将作用作为注册条件，但一商标的实际使用不得作为接受申请的一项条件。不能仅以自申请日起 3 年期满后商标未按原意使用为由拒绝该申请；申请注册的商标所标示的商品或服务的性质，在任何情况下均不应成为该商标获得注册的障碍。为了增加注册程序的透明度，协议要求各成员方在有关商标获得注册之前或之后，对外公布，并提供取消注册和对商标注册提出异议的机会。

2. 对商标所有人授予的权利。注册商标所有人应享有专有权，以防止任何第三方未经许可而在贸易活动中使用与注册商标相同或相近的标记去标示相同或类似的商品或服务，以造成混淆的可能。且商标的专有权不应损害任何已有的优先权，也不得影响各成员以使用为基础提供权利的可能性。

协议将《巴黎公约》第 6 条第 2 款关于驰名商标的规定扩大到服务。各国在确认某商标是否系驰名商标时，应顾及有关公众对其知晓程度，包括在成员中因促销该商标而获得的了解程度。对于驰名商标的保护范围，协议作了扩大性规定，即原则上适用于与注册商标所标示的商品或服务不类似的商品或服务。只要一旦在不相类似的商品或服务上使用该商标，即会暗示该商品或服务与注册商标所有人存在某种联系，从而注册商标所有人的利益可能因此受损。

成员方可规定商标权的有限例外，诸如对说明性词汇的合理使用之类，只要这种例外顾及了商标所有人与第三方的合法权益。

3. 保护期限和使用要求。商标的首次注册及各次续展注册的保护期，均不得少于7年，并允许无限次续展。

如果成员方要将使用作为保持注册的前提，则只有至少3年连续不使用，商标所有人又未出示妨碍使用的有效理由，方可撤销其注册。如果因不依赖于商标所有人意愿的情况而构成使用商标的障碍，诸如进口限制或政府对该商标所标示的商品或服务的其他要求，则应承认其为"不使用"的有效理由。在商标受其他人所控制时，他人对商标的使用，亦应承认其为"不使用"的有效理由。同时，商标在贸易中的使用不得被不合理的特殊要求所干扰。

4. 商标的许可与转让。成员方可确定商标的许可与转让条件，而确定条件应理解为不得采用商标强制许可制度。同时，注册商标所有人有权连同或不连同商标所属的经营一道转让其商标。

（三）地理标志

1. 对地理标志的保护。地理标志是指表明一种商品来源于某一成员方地域内，或来源于该地域中的某地区或某地方，该商品的特定质量、信誉或其他特征与该地理来源相关联。

在地理标志方面，成员方应提供下列措施以使利害关系方阻止下列行为：在商品的名称或外表上，明示或暗示有关商品来源于非真正来源地、并足以使公众对该商品来源误认；在商品名称或外表上使用任何方法，构成《巴黎公约》第10条之二所称的不正当竞争行为。

如果商标中包含有或组合有商品的地理标志，而该商品并非来源于该标志所标示的区域，此时，在该成员地域内即具有误导公众不去认明真正来源地的性质，如果立法允许，该成员应依职权驳回或撤销该商标的注册，或者依一方利害关系人的请求驳回或撤销其商标的注册。

如果某地理标志虽然逐字真实地指明商品的来源地域，但仍误导公众以为该商品来源于另一地域，则亦应适用以上规定。

2. 对葡萄酒与白酒地理标志的补充规定。各成员方均应为利害关系人提供法律措施，以制止用地理标志去标示并非来源于该标志所指的地方的葡萄酒或白酒，即使在这种场合也同时标出了商品的真正来源地，即使该地理标志使用的是翻译文字，或即使伴有“种类”、“类型”、“风味”、“仿制”等字样，也均在制止之列。

如果某葡萄酒或白酒的商标中包含有或组合有标示该酒的地理标志，则对于所标示者并非该酒之来源地的商标，各成员方应在其法律许可的条件下依职权或应利害关系方的请求，拒绝该商标的注册或撤销其注册。

不同葡萄酒采用多个同音或同形的地理标志，只要符合以上不误导公众对来源地认识的规定，每一地理标志就应受到保护。在顾及给予各有关生产者公平待遇以及消费者不致受到误导的情况下，各成员方应确定使同名地理标志能够区别的条件。

为了便于对葡萄酒地理标志进行保护，与贸易有关的知识产权理事会应就建立多边的葡萄酒地理标志的通知和注册制度举行谈判，使在参加该制度的成员中有资格获得保护的葡萄酒地理标志得到保护。

（四）工业设计

1. 保护要求。对独立创作的、具有新颖性或原创性的工业设计，全体成员方均应提供保护。各成员方可规定：非新颖或非原创，系指某外观设计与已知设计特征之组合相比，无明显区别；各成员可规定该保护不应延伸至主要出于技术或功能上的考虑而进行的设计。

对于纺织品的外观设计，协议作了专门的规定。每一成员方应保证其对纺织品外观设计的要求，特别是对成本、检验或公布的要求，不得无理损害寻求和获得这种保护的机会。各成员方可以自由选择工业设计法或版权法来履行这一义务。

2. 设计的保护。受保护的工业设计的所有人，应有权制止第三方未经许可而为商业目的制造、销售或进口带有或体现有受保护设计的复制品或实质上是复制品的物品。

成员方可对工业设计的保护规定有限的例外，只要在顾及第三方合法利益的前提下，该例外并未与受保护设计的正常利用不合理地冲突，也未不合理地损害受保护设计所有人的合法利益。

工业设计可以获得保护的期限至少为10年。

（五）专利

1. 可授予专利的客体。协议规定，一切技术领域中的任何发明，无论是产品还是方法，只要它们具有新颖性，包含创造性并可付诸于工业应用，均有可能获得专利。各成员方应给专利权的获得及实施以非歧视待遇，尤其不能因发明地点不同、技术领域不同及产品系进口或本地制造的不同而给予歧视。

如果为了保护公共秩序或社会公德，包括人类、动植物的生命与健康，或为避免对环境的严重破坏，各成员均可排除对某些发明授予专利，可制止在该成员地域内就这类发明进行商业性使用，只要这种排除并非仅由于该成员方的域内法律禁止该发明的使用。

成员方还可以将下列各项排除于可获得专利之外：人类或动物的疾病诊断、治疗和外科手术方法；除微生物之外的植物和动物，以及本质上是生产动物、植物的生物方法（生产动、植物的非生物方法及微生物方法除外）。但成员方应以专利制度或有效的专门制度，或以任何组合制度，给植物新品种以保护。

2. 专利权人的权利。专利应赋予其所有人下列权利：如果该专利保护的是产品，则有权制止第三方未经许可制造、使用、提供销售、出售或为上述目的进口该产品；如果该专利保护的是方法，则有权制止第三方未经许可使用该方法的行为，以及使用、提供销售、销售或为上述目的的进口至少是依照该方法而直接获得的产品。同时，专利所有人还应有权转让或通过继承转移其专利，应有权缔结许可合同。

成员方应要求专利申请人以足够清楚与完整的方式披露其发明，以使同一领域的技术人员能够实施该发明，并可要求申请人指明在申请日或在优先权日该发明人所知的最佳实施方案。成员方还可要求专利申请人提供其相应的外国申请及批准情况的信息。

3. 对专利权的限制。成员方可对所授予的专利权规定有限的例外，只要在顾及第三方合法利益的前提下，该例外并未与专利的正常利用不合理地冲突，也并未不合理地损害专利所有人的合法利益。

如果一个成员方的法律允许在未获得权利所有人许可而就专利内容进行其他使用，包括政府使用或政府授权的第三方使用，则应遵守下列规定：（1）这类使用的授权应个案酌处；（2）只有在使用前，意图使用之人已经向权利人要求依合理的商业条款及条件获得许可，但在合理期限内未获得成功，方可允许这类使用。但在紧急状态或其他特别紧急的情况下，或非商业性公共利用的情况下，则不受此限，但应尽快通知权利所有人；（3）这种使用的范围或限制应限于准许使用的目的。如果所使用的是半导体技术，则仅限于公共的非商业性使用，或经司法或行政程序已经确定为反竞争行为而给予救济的使用；（4）这类使用应系非专有使用，且不能转让，除非与从事使用的那部分企业或商誉一并转让；（5）任何这样的使用都应主要是为投放到准许该使用行为的成员方国内市场而授权的；（6）在对被准许使用者的合法利益提供适当保护的条件下，如果导致作出准许的情况已不复存在，又很难再发生，则应中止该使用的授予。主管当局应有权主动要求审查导致授权的情况是否继续存在；（7）在顾及有关授权使用的经济价值的前提下，上述各种场合均应支付权利持有人使用费。此外，协议还规定有关这种授权决定的法律效力及所付的费用的决定，均应接受司法审查或更高一级主管当局的独立审查。

4. 保护期限。专利可享有的保护期，应不少于自提交申请之日起第二十年年终。

5. 方法专利及举证。在方法专利侵权的民事诉讼中，如果专利的内容系获得产品的方法，司法当局应有权责令被告证明其获得相同产品的方法，不同于该专利方法。所以，成员方应规定，至少在下列情况之一中，如无相反证据，则未经专利所有人许可而制造的任何相同产品，均应视为使用该专利方法而获得：（1）如果使用该专利方法而获得的产品是新产品；（2）如果该相同产品极似使用该专利方法所制造，而专利所有人经合理努力仍未能确定其实际使用的制造方法。任何成员方均有自由规定，只有在满足上述（1）或（2）中规定条件的情况下，被告的侵权者才应承担以上所规定的举证责任。在援引反证时，应考虑到被告保护其生产和商业秘密的合法权益。

（六）集成电路的布图设计（拓扑图）

1. 与《集成电路知识产权条约》的关系。全体成员同意，依照《集成电路知识产权条约》第2至第7条（其中第6条第3款除外）、第12条及第16条第3款，为集成电路布图设计（拓扑图）提供保护；此外，全体成员还同意遵守下列规定。

2. 保护范围。除了下条第1款规定的情况之外，成员方应将未经权利人同意而进行的下述行为认作是非法行为：为了商业目的而进口、出售或以其他方式发行受到保护的布图设计、受到保护的布图设计的集成电路、含有上述集成电路的物品（仅以其持续包含非法复制的布图设计为限）。

3. 无需获得权利持有人许可的活动。（1）尽管有上述第2条的规定，但对于该条中所提及的从事非法复制的布图设计的集成电路或从事包含这种集成电路的产品的活动，如果从事或提供活动者在获得该集成电路或装有这种集成电路的产品时不知道、也无合理根据应知有关物品中采用了非法复制的布图设计，则任何成员方都不得将这种行为视为非法行为。成员方应规定，在上述行为人收悉该布图设计原系非法复制的明确通知后，仍可以就其事先库存物品或预订物品，从事上述活动，但是却有义务向权利持有人支付一定的费用，支付额应相当于自由谈判签订的有关该布图设计的许可合同应支付的使用费。(2)“未经权利持有人许可的其他使用”里所规定的条件，原则上应适用于有关布图设计的任何非自愿许可，或由政府使用或为政府而使用的、未经权利持有人授权的活动。

4. 保护期。在要求将注册作为保护条件的成员中，布图设计保护期不得少于从注册申请的提交日起、或从该设计于世界任何地方首次付诸商业利用起 10 年；在不要求将注册作为保护条件的成员中，布图设计保护期不得少于从该设计于世界任何地方首次付诸商业利用起 10 年；无论上述二项如何规定，成员方均可将保护期规定为布图设计创作完成起 15 年。

（七）未公开信息

1. 与《巴黎公约》的关系。成员方应确保按照《巴黎公约》第 10 条之二所规定的不正当竞争行为对未公开信息提供有效的保护。此外，成员方应根据第 2 款的规定对未公开信息提供保护，根据第 3 款的规定，保护向政府或政府的代理机构提交的数据。

2. 自然人和法人应有可能防止其合法控制的信息在未经其同意的情况下以违反诚实商业行为的方式向他人披露，或被他人取得或使用，只要有关信息符合下列三个条件：（1）在一定意义上，其属于秘密，也就是说，该信息作为整体或作为其中内容的确切组合，并非通常从事有关该信息工作之领域的人们普遍了解或容易获得；（2）因其属于秘密而具有商业价值；（3）合法控制该信息的人为保密已经根据具体情况采取了合理措施。则自然人及法人均应有可能防止他人未经许可，而以违背诚信商业行为的方式，披露、获得或使用合法处于其控制下的该信息。

3. 当成员要求以提交未披露过的实验数据或其他数据，作为批准一种采用新化学成份的医药用或农用化工产品上市条件时，如果该数据的原创活动包含了相当的努力，则该成员应保护其数据，以防止不正当的商业使用。同时，除非出于保护公众的需要，或者除非已采取措施保证对该数据保护、防止不正当的商业使用，成员方均应保护该数据以防其泄露。

（八）对许可合同中限制竞争行为的控制

鉴于与知识产权有关的某些妨碍竞争的许可证贸易活动或条件，可能对贸易产生消极影响，并可能阻碍技术的转让与传播，因此，不应阻止成员方在其国内立法中具体说明在特定情况下可能构成对知识产权的滥用，从而在有关市场对竞争有消极影响的许可证贸易活动或条件下，各成员可以在与本协议的其他规定相一致的前提下，根据该成员的有关法律和规则，采取适当措施防止或控制这类行为，如排他性返授条件、禁止对有关知识产权的有效性提出异议和强迫性一揽子许可证。

协议还为成员方解决滥用知识产权行为提供了磋商程序规则。每一成员方在发生下述情况时应请求与另一成员方进行磋商，即提出请求的成员方有理由认为作为被请求的成员方的国民或居民的知识产权所有人正在进行限制竞争的行为，而且提出请求的成员方又希望不损害任何合法活动，既不妨碍各成员方作终局决定的充分自由，又能保证对其域内法律的遵守。在符合其域内法律、并达成令双方满意的由请求成员保守秘密的协议的条件下，被请求的成员方应对这样的磋商予以充分的考虑，并且通过提供与磋商问题有关的公众可获得的非保密性信息，以及该成员所能获得的其他信息予以合作。

三、TRIPs 协定的新发展

根据世界卫生组织统计，全球每年有 1400 万人死于传染性疾病，其中 90% 以上发生在非洲、亚洲和南美洲。① 用于治疗包括艾滋病在内的传染性疾病有关药品的专利只掌握在发达国家跨国制药公司手中，严格的药品专利保护带来垄断，从而造成药价高昂。高昂的药价使发展中国家成员对艾滋病等重大传染病疫情进行预防和控制付出了沉重代价。面对全球传染性疾病带来的严峻问题，WTO 合法性越来越受到挑战：是维持 TRIPs 协定对药品专利的高标准而漠视人民的生命权，还是与时俱进发展 TRIPs 协定中关于强制许可的规定以维护公共健康？这是 WTO 面临的一个难题。WTO 分别于 2001 年和 2003 年通过的《TRIPs 协定于公共健康多哈宣言》(简称《多哈宣言》) 和《关于实施多哈宣言第 6 条款的理事会决议》(简称《总理事会决议》) 对 TRIPs 协定作了新的发展。

① 参见曹建明，贺小勇著：《世界贸易组织》，法律出版社 2004 年版，第 289 页。

（一）关于 TRIPs 协定对全球公共健康危机反应的法律缺陷

尽管 TRIPs 协定对于协调公共健康安全与药品专利保护之间的冲突规定了相应条款，如第 27 条、第 30 条、第 31 条、第 65 条和第 66 条，然而在实践中，这些条款均存在法律缺陷。

TRIPs 协定第 27 条一方面规定成员方必须对“一切技术领域中的发明，无论产品发明或方法发明均应授予专利。不得因为发明地点不同、技术领域不同及产品系进口或系本地制造之不同而给予歧视”；同时又规定某些特定情况下，如果授予药品专利与公共秩序相冲突，则 TRIPs 协定成员方可以拒绝授予该药品专利。然而，各成员方必须证明其拒绝授予药品专利是维护公共秩序的“必要”措施。对于何谓“必要”措施，WTO 一系列案例要求成员方证明所有其他可能性措施均已穷尽而不能有效维护公共秩序时，实施的例外措施方可构成“必要措施”。具体到专利例外问题，不授予药品专利必须被证明是最后的目的。反之，如果存在其他措施可以保护健康权，TRIPs 协定要求成员方选择其他有利于维护药品专利权人的措施。可以看出，TRIPs 协定中对药品专利权的授予例外要求非常高，大多数时候都难以满足“必要措施”要件而失败。

TRIPs 协定第 31 条规定，在特定情况下，可以对专利实行强制许可。所谓强制许可，是指国家主管机构可以不经专利权人的同意，通过行政申请程序直接允许申请者实施专利，并向其颁发专利的强制许可。但是，TRIPS 协定第 31 条对实施强制许可规定了极为繁琐的条件，许多发展中国家在试图援引该条实施药品专利的强制许可时发现其极为不便。一是 TRIPs 协定中规定的强制许可目的和条件不明；二是 TRIPs 协定第 31 条（f）款规定实施强制许可所生产的产品主要供应本国国内市场，对于艾滋病药物的强制许可而言，这就意味着一国必须具备生产艾滋病药物的生产能力，这对于不具备生产治疗艾滋病等传染病药物能力的一些非洲小国或贫穷国家而言，即使能够根据第 31 条实施强制许可，其实际效果上也会变得毫无意义。三是 TRIPs 协定第 31 条（h）款要求在考虑实施强制许可的经济价值因素情况下，必须向专利权人支付适当使用费。可以看出“适用”标准很模糊，这必然会阻碍成员方强制许可某些药品专利以维护公共健康权的行动。

TRIPs 协定第 65 条和第 66 条赋予了发展中国家成员方和最不发达国家成员方履行义务的过渡期。但 1997 年，美国向 WTO 争端解决机构提出诉讼，指控印度没有履行其过渡期内的义务，该义务规定体现在 TRIPs 协定第 70 条第 8 款和第 9 款，主要内容是发展中国家成员方在过渡期内应给予医药和农药以专利申请权，且给予相关申请者 5 年的专有销售权。WTO 专家小组和上诉机构均采纳美国的观点，裁决印度败诉。由此可见，TRIPs 协定并没有完全豁免发展中国家在其过渡期内的义务，事实上使发展中国家成员方的过渡期安排大打折扣。

（二）《多哈宣言》对 TRIPs 协定的发展

鉴于 TRIPs 协定条款不能很好地平衡药品专利权与公共健康权的冲突，发展中国家成员方对 WTO 合法性提出了强烈质疑。为了增强 WTO 的合法性，WTO 第四次部长级会议于 2001 年 11 月通过了《TRIPS 协定与公共健康多哈宣言》，对 TRIPs 协定作了如下发展：

1. 明确公共健康权利优先于知识产权的法律原则

《多哈宣言》第 4 条明确规定：“我们同意 TRIPs 协定不能够也不应该妨碍成员采取措施以维护公共健康。因此，在重申对 TRIPs 协定承诺时，我们确认该协定能够也应该在解释和执行方面支持 WTO 成员方维护公共健康的权利。基于此，我们再次确认 WTO 成员方充分使用 TRIPs 协定中为此目的提供灵活性条款的权利。”

TRIPs 协定第 8 条虽然允许“各成员方可以在其国内法律及条款的制定或修改中，采取必要措施以保护公众健康与发展，以增加对其社会经济与技术发展至关重要领域中的公共利益”，但其条件是这些维护公共健康与发展的措施“要与本协议的规定一致”。换言之，能否采取与 TRIPs 协定条款不一致的维护公共健康与发展的措施，存在争议。《多哈宣言》则明确规定，TRIPs 协定各条款不能够也不应该妨碍各成员方采取措施以维护公共健康。也就是说，当 TRIPs 协定中的有关条款妨碍成员方采取措施维护公共健康时，公共健康权利优先。

2. 明确 TRIPS 协定中用于维护公共健康、限制专利权人权利的具体条款

《多哈宣言》规定，对 TRIPs 协定每项条款的解释，应按其目标和原则中所表述的宗旨和目的解释。TRIPs 协定在其第 7 条目标条款中强调："知识产权的保护与权利形式，目的应在于促进技术的革新、技术的转让与技术的传播，以有利于社会及经济福利的方式去促进技术知识的生产者与使用者互利，并促进权利与义务的平衡。" TRIPs 协定第 8 条原则条款进一步规定："各成员方可在其国内法律及条例的制定或修改中，采取必要措施以保护居民的健康与发展，以增加对其经济与技术发展至关重要领域中的公关利益，只要该措施与本协议的规定一致。" 由此可见，知识产权保护不是目的，而只是手段，知识产权保护的目的在于促进技术革新、转让和传播，并促进社会与经济福利的增加。

《多哈宣言》明确面临公共健康威胁时可视为"国家紧急状态"。根据 TRIPs 协定第 31 条（b）款规定，对于一般专利强制许可的申请，申请人必须证明其已经努力向权利人要求依合理的商业条款及条件获得许可，但在合理期限内未获成功，国家紧急状态除外。对于公共健康危机是否构成国家紧急状态，TRIPs 协定没有明确规定。《多哈宣言》第 5 条明确规定，WTO 成员方在面临艾滋病、结核病或其他流行病威胁时有自由决定国家处于紧急状态的权利，从而无须与专利权人磋商而自行颁布强制许可生产仿制药品。

《多哈宣言》确认了平行进口行为符合 TRIPs 协定的规定。《多哈宣言》明确规定 TRIPs 协定中与"知识产权权利竭尽"的有关条款应允许成员方在不违背国民待遇和最惠国待遇的前提下自由建立自己的权利竭尽体制而不受质疑。根据《多哈宣言》规定，发展中国家可以在相关的专利立法中明确规定平行进口的权利，其最大好处在于发展中国家可以平行进口药品，从而提高市场的竞争

力以降低药价。这是因为，同一专利药品在世界各国的价格不尽相同，权利竭尽的国际性可以使发展中国家选择进口相对低价的药品。

3. 延长了最不发达国家成员方的过渡期

《多哈宣言》第7条将最不发达国家在医药产品方面履行TRIPs协定有关义务的过渡期延长至2016年。"有关义务"指的是根据TRIPs协定第二部分第5节（专利保护）和第7节（未披露信息的保护）所规定的义务。这一规定为最不发达国家推迟药品专利保护及仿制药品提供了法律依据。

（三）《总理事会决议》对TRIP协定的新发展

经过长期的法律争论，2003年8月30日，WTO总理事会通过了《关于实施多哈宣言的第6条的理事会决议》。根据决议，缺乏药品生产能力或药品生产能力不足的贫穷国家，可以进口其他成员方通过强制许可而生产的廉价仿制药品。这一规定实际上豁免了出口方实施强制许可只能主要满足国内市场需要的义务，有利于贫穷国家在必要时更容易进口用于治疗艾滋病等重大传染病疾病的廉价仿制药品，从而为发展中国家维护公共监督安全进口仿制药品提供了法律依据。

四、TRIPs协定简评

（一）TRIPs协定的特点

TRIPs协定是对近两个世纪以来国际知识产权保护制度的总结和发展，是迄今为止有关知识产权方面最新最全面的一个多边协定，其对知识产权保护的传统标准作了许多意义深远的改进。这些改进提高了知识产权国际保护体系的经济价值，并对世界经济的发展产生深远的影响。作为一种新的知识产权国际保护制度，《知识产权协议》具有以下主要特点：

1. TRIPs协定引入了国际贸易中通行的基本原则

非歧视原则作为GATT的基石，主要体现为国民待遇原则与最惠国待遇原则。在传统的知识产权国际保护中经常强调的是国民待遇原则，而最惠国待遇原则在 TRIPs 协定之前一般适用于有形贸易。TRIPs 协定首次引入了最惠国待遇原则，体现了知识产权保护与贸易之间的密切关系，促进了国际贸易的发展。此外，TRIPs 协定还引入了国际贸易中的透明度原则，这将有利于各成员之间相互了解，相互监督，保证了协定的有效实施。

2. TRIPs 协定的保护范围广，保护标准高

《知识产权协议》将几乎所有的知识产权形式，如版权和邻接权、商标权、专利权、工业设计权、集成电路设计、地理标志权、未披露信息权等，均纳入了保护范围。其保护范围远远超过了以往任何知识产权国际公约。

TRIPs 协定还具有较高的保护标准。这具体表现在实体法和程序法两个方面，在实体法方面：（1）明确了协定规定的保护标准为最低标准并不允许保留，各成员内部立法不得低于此标准；（2）对各项知识产权所包含的权利范围设置得较为完整；（3）对知识产权的强制许可作了严格限制；（4）为知识产权提供了较长的保护期限。在程序法方面，协定的第三部分规定了严格详细的知识产权保护的国内实施制度和程序要求，具体包括民事、行政、刑事、边境保护及临时措施。各成员间的知识产权争端适用 WTO 争端解决机制，并允许交叉报复，这对各成员方特别是发展中成员遵守规则形成了强有力的约束。

3. TRIPs 协定偏重于对权利人利益的保护而对公共利益的保护不够理想

TRIPs 协定制订的目标是：对知识产权提供充分有效的保护；促进技术革新及技术转让和传播，有助于维护技术知识的创造者和使用者的相互利益，从而达到社会和经济福利及权利人权利与义务的平衡。但从协定的具体条文来看，它更偏重于对知识产权的保护和权利人利益的保护，其目标并没有得到公平的体现，对知识产权权利人应承担的社会责任没有很好的考虑，对发达国家在技术贸易中滥用垄断地位和技术优势没有制约，却对强制许可问题作出了过多限制。因此，协议在社会利益和知识产权权利人利益之间并没有实现真正的平衡。

4. TRIPs协定对发展中成员方利益考量不充分

协定所确定的知识产权保护的最低标准，实质上是由发达国家主导、发展中国家被动接受的制度安排。发达国家由此可以在国际贸易中继续保护以知识产权为后盾的技术优势。协定象征性地给予发展中成员特殊和差别待遇条款，其措辞相当模糊，缺乏法律的确定性和可预见性，发展中国家迫切需要的技术转让规则在充分的知识产权保护下难以得到切实的执行。此外，由于现行的知识产权制度建立在独创性要求的基础上，对发展中国家的传统知识或艺术形式，在无法采取著作权或专利权的形式进行保护时，没有给予充分的重视，忽视对文化和知识多样性保护的原则，导致一些发展中国家、地区或族群应有权利的散失。

（二）TRIPs协定对发展中国家的影响

发展中国家的知识产权保护一直是国际社会政策谈判和国际经济理论学界争论的热点。在南北研究框架中，主流观点认为发展中国家加强知识产权保护将对自身不利：从静态局部均衡视角的研究发现，知识产权保护会加强发达国家企业的市场力量，并提高其在发展中国家的产品价格，降低发展中国家的福利水平；从动态一般均衡的研究发现，加强发展中国家知识产权保护将强化发达国家创新企业的市场力量，减缓其创新速度。强有力的知识产权保护通过鼓励创新而促进技术进步，但同时抑制了发展中国家对发达国家技术的吸收与模仿，从而不利于发展中国家的技术赶超。以赫尔普曼为代表的经济学家基于南北技术扩散的分析框架得出：加强发展中国家知识产权保护增加了模仿成本，知识产权保护对全球创新率的影响主要取决于跨国公司对知识产权保护的反应，中间存在一个反应机制。但争论的另一方认为发展中国家需要提高知识产权保护水平。首先，发达国家与发展中国家具有不同技术偏好和产品偏好，这种技术特征的差异导致发展中国家放松知识产权保护，发达国家不可能研发发展中国家所需要的技术；其次，如果发展中国家疏于知识产权的管理，发达国家企业会尽力使其技术更加难以模仿，这不但降低发达国家的研发效率，也会减少发达国家的创新成果；第三，完善的知识产权保护体制可在一定程度上阻止因对知识产权保护不力而产生的发展中国家向发达国家的人才流失现象，激励发展中国家的自主创新，加强发达国家对发展中国家的技术转移，使世界总体技术水平提高。第四，虽然加强知识产权保护对发展中国家不利，但有助于世界总体技术水平和福利的提高，发达国家与发展中国家可以通过国际合作达到双赢。对于发展中国家是否应该加强知识产权保护，其依据主要来自对国家福利和技术转移两方面的考虑。

然而，TRIPs 协定签署后，反对的呼声却越来越大。一些发展中国家政府、联合国机构，例如联合国贸易发展会议、联合国开发计划署以及可持续发展委员会均认为严格的知识产权保护体系并不会给发展中国家带来增长的 FDI 和技术的转移。相反，严格的知识产权保护体系甚至可能限制发展中国家的国内研发。需要注意的是，世界上大部分的专利是掌握在发达国家手中而不是发展中国家手中，发展中国家的技术研发水平低，全球总共只有 3% 的专利掌握在发展中国家的发明人手中，有着强烈的保护色彩的知识产权保护甚至会放慢发展中国家技术创新的步伐，并且扩大发达国家和发展中国家之间的技术鸿沟。知识产权能够影响技术转移的领域主要是制药和化学工业行业。有趣的是，对该领域的技术进行模仿是比较困难的，也就是说，在知识产权影响较大的领域内，不论是否建立了严格的保护制度，其市场体制已经自然地形成了垄断性保护，这在中国体现得尤为明显。中国一直被认为是保护知识产权最不力的国家之一，但是中国近几年来吸收的 FDI 增长是十分显著的。同时，在受美国的“特别 301 条款”威胁之前，很多亚洲国家对知识产权的保护都是比较薄弱的，但是它们中的一些国家却也是 FDI 所青睐的国家，比如印度尼西亚和泰国。加强以专利为主的知识产权保护并不必然就会促进 FDI。事实上，几乎三分之二以上申请了专利的产品从未投入过生产，将这些产品申请专利的目的只是在该领域排除竞争而已。

从 2000 年 1 月 1 日起，发展中国家就面临着执行 TRIPS 协定或者被起诉至 WTO 争端解决机构的风险。发展中国家如何找到与它们自身的发展政策和目标相一致的履行方式以及相应的应对策略，显得尤为重要。

第二节　WTO 与中国知识产权保护现状

知识产权保护是当今中国经济发展中最重要的话题之一。中国知识产权制度在完成国际接轨后能不能有效地融入中国社会肌体，关系到中国整体技术进步、经济增长以及福利增加。

一、中国现代知识产权制度建立的历程

中华人民共和国成立之初至改革开放以前，在知识产权制度方面，几乎是一片空白。尽管新中国成立后先后颁布过《保障发明与专利权暂行条例》等五个发明奖励条例，对技术发明实行保护政策，但实际上当时的这种保护方法是对发明创造给予奖励而不是确认权利，发明的所有权属于国家，而且全国各单位都可以无偿利用。

改革开放之后，知识产权立法进程大大加快，用二十多年的时间建立了较高水平的知识产权法律体系，而且也基本上与国际接轨。我国知识产权制度的“跨越式发展”大致经历了三个阶段：

第一阶段是在 20 世纪 70 年代末至 80 年代。1973 年，中国国际贸易促进会代表团首次出席了世界知识产权组织的领导机构会议，回国后，该代表团在报告中首次使用了“知识产权”这一术语，并建议在中国建立知识产权制度。1979 年 1 月，中美签订《中美高能物理协议》，该协议规定双方在高能物理方面加强技术合作，同时也要求互相保护著作权。当时我国没有《著作权法》，美国提出中方要按《世界版权公约》标准保护。鉴于当时中方谈判代表对著作权的保护了解不多，在签订协议时，附加了一个条件：协议条款的实施需由双方专家再行谈判签订具体执行协议。1979 年 9 月，美国商务部长访华，中美在上海签订《中美贸易关系协定》，该协定起草时，美方提出我国应考虑把专利、商标、版权纳入贸易协定之中，要对这些知识产权提供保护，否则美国不签订该协定。几经谈判，为了取得美国的贸易最惠国待遇，中国不得

已才同意签订，这极大地推动了中国《著作权法》及其他知识产权法律的产生。由于要履行签署的协定，并推进改革开放，中国加快了知识产权的立法进程：1979 年中央批准由国家出版局负责组织起草《著作权法》，1985 年 7 月国务院批准成立版权局；1980 年 1 月，国务院批准成立国家专利局，并开始起草新中国第一部《专利法》，1984 年 3 月 12 日，第六届全国人大常委会第四次会议审议通过了《中华人民共和国专利法》；1982 年 8 月 23 日，第五届全国人大常委会第 24 次会议通过《中华人民共和国商标法》。至此，我国法制建设总框架中的知识产权保护体系基本形成。与此同时，我国也加快了与国际知识产权接轨的步伐，1980 年 3 月 3 日，我国加入了《成立世界知识产权组织公约》，成为世界知识产权组织成员国，1984 年 12 月 19 日我国向世界知识产权组织递交了《巴黎公约》的加入书，次年正式成为《巴黎公约》的成员国，1989 年参加了《商标注册马德里协定》。

第二个阶段是 20 世纪 90 年代初期。尽管中国的知识产权立法取得了前所未有的进步，但发达国家并不满意。1989 年 5 月，美国将中国在内的 8 个国家列入“特别 301 条款”重点观察名单，开始了旷日持久的中美知识产权谈判。这轮谈判从 20 世纪 80 年代末延续到 90 年代中期，曾几次成为全世界所关注的焦点。在 1989 年 5 月美国将中国列入“特别 301 条款”重点观察名单之后两年，中美知识产权谈判前夕，1990 年 9 月 7 日七届人大常委会第 15 次会议通过了新中国第一部《著作权法》。1991 年 6 月 4 日国务院颁布《计算机软件保护条例》。谈判结束后，根据谅解备忘录中在规定的期限内加入有关公约的承诺，1992 年 7 月，中国分别向世界知识产权组织和联合国教科文组织递交了《伯尔尼公约》和《世界著作权公约》的加入书，分别在 1993 年 10 月 15 日和 30 日成为这两个公约的成员国；1993 年 1 月向世界知识产权组织递交了《保护录音制品制作者防止未经许可复制其制品公约》，同年 4 月正式成为该公约成员国；1993 年 9 月向世界知识产权组织递交了《专利合作条约》加入书，次年 1 月成为该条约的成员国。此外，1992 年 9 月 4 日，第七届全国人大常委会第 27 次会议通过了《关于修改〈中华人民共和国专利法〉的决定》，对专利法进行了第一次重要的修订；1993年2月22日，七届全国人大常委会第30次会议通过了《关于修改〈中华人民共和国商标法〉的决定》，对《商标法》进行了第一次修订；1993年9月2日，八届全国人大常委会第3次会议通过了《反不正当竞争法》。在此阶段，国务院设立了"知识产权办公会"，一些大专院校成立了"知识产权学院"，一些研究单位成立了知识产权中心。"知识产权"真正开始在全国蔓延开来，中国知识产权研究也从"初步"逐步向"深入"过渡。

第三个阶段是21世纪初。这个阶段，美国继续以中国对知识产权保护不力为由对中国施加压力；同时为了"复关"和"入世"而进行的旷日持久的谈判也到了最为关键的阶段。在这种背景下，我国对知识产权法作了大幅度的修订：中华人民共和国著作权法于2001年10月27日九届全国人民代表大会常务委员会第24次会议通过了《关于修改〈中华人民共和国著作权法〉的决定》。这是对著作权法进行的自其颁布10年以来的第一次修订，也是一次较大的修订；2000年8月25日九届全国人大常委会第17次会议通过了《关于修改〈中华人民共和国专利法〉的决定》，对《专利法》进行了第二次修订；2001年10月27日，九届全国人大常委会第24次会议通过了《关于修改〈中华人民共和国商标法〉的决定》，对《商标法》进行了第二次修订。当世界贸易组织正式接纳中国成为其成员，中国的知识产权事业也从此进入后TRIPs时代。其后，《关于修改〈中华人民共和国专利法〉的决定》由中华人民共和国十一届全国人民代表大会常务委员会第6次会议于2008年12月27日通过，对《专利法》进行了第三次修订，自2009年10月1日起施行。2010年2月26日十一届全国人民代表大会常务委员会第13次会议对《著作权法》进行了第二次修订，使我国的知识产权法律体系进一步与WTO接轨。我国根据TRIPs协议的要求扩大知识产权保护范围。新专利法将保护客体扩大到所有化学发明，对方法专利保护延及依该方法直接获得的产品，并增加了专利产品进口的保护等；新商标法增加了商标权客体，不仅规定了立体商标的注册，还增加了集体商标、证明商标，将地理标志纳入了法律保护的范围，使我国的商标保护体系更加完善；新著作权法赋予著作权人出租权及信息网络传播权，将建筑作品、工程设计图、计算机软件、杂技作品等列入受保护作品的范围，还将电影、电视、录像作品、修改为电影的作品和以类似摄制电影的方法创作的作品，扩大到该类作品的保护范围。此外，还颁布集成电路布图设计保护条例，为集成电路提供法律保护，颁布计算机软件保护条例，将软件的保护延伸到软件的实际使用者。

二、中国知识产权保护面临的问题

从中国成为世界知识产权组织的成员国到现在，中国知识产权保护体系经历了 31 年的发展，在取得巨大成就的同时，也遇到了一些亟待解决的难题。

（一）中国知识产权保护存在的内在问题

1. 频繁立法与民众普遍众意性侵权的矛盾

中国知识产权内在的问题主要表现在：一方面，知识产权没能在中国形成普遍的法律共识，中国法制没有真正了解知识产权的本质，这使得知识产权成为外挂的一项摆设，从而不能形成知识产权自我发展的有效动力和渠道，使中国知识产权陷入始终跟随和受制于西方先进知识产权国家的局面。而另一方面，中国知识产权立法在不断地进行，而法律的实施却是艰难而又窘迫，民众普遍众意性侵权现象严重，影响了中国法律的权威。

当前，各种形式的知识产权侵权是所有类型的法律侵权中最严重的一类。根据知识产权法保护对象的不同，知识产权侵权大致分为盗版、剽窃、强链、滥载、仿冒等。并且这些行为具有广泛的侵权产品消费群体基础。民众中普遍存在着对知识产权侵权行为的容忍态度以及大量存在的盗版制品和假冒商品的消费群体，真正让这种侵权行为滋生、蔓延的不是制假售假而是买假用假。

显然，虽然近年我国在知识产权立法、执法和司法方面作出了很多努力，社会整体知识产权认知程度和自我保护意识也明显提升，但公众尊重知识产权方面却未见明显成效。盗版、假冒等群体性知识产权侵权问题是一个具有世界共性的问题，它普遍发生于类似于中国这样技术产业不发达、迫切需要现代化的发展中国家，即使在一些发达国家也曾经或正在面临着这样的问题。造成民众普遍众意性侵权的直接原因主要在于经济成本和性价比的考虑，另外，民众并不认为尊重他人的知识产权是一件重要的事情，而且知识产品定价畸高，忽视民众的承受能力，导致民众对知识产权产生一种逆反心理，公平的严重失衡造成的心理扭曲使民众对知识产权产生一种蔑视的态度。

中国目前解决群体性侵权的主要措施是依靠专项行动等行政执法，如在全国轰轰烈烈的“山鹰”行动等，该措施具有立竿见影的效果，但整治过后总是会死灰复燃，以致形成高成本而低效率的执法怪圈。这种状况使中国知识产权发展陷入停滞不前甚至倒退的困境，不仅挫伤知识产权维护者的信心，而且形成对知识产权抵制者的默许暗示。

2. 企业对知识产权需求与保护处于不平衡之中

知识产权的载体主要在企业，企业在技术革新、产品更新、服务提升等方面需要采用新技术、吸收新成果、进行新创造，企业往往是知识产权保护的主体，企业的各项工作离不开作为产权形态的知识。但是，中国目前既有知识产权要求程度不高的企业，如部分中小企业以及一些个体私营企业，它们还停留在劳动密集型行业当中；也有需要大量知识产权的知识密集型企业，这些企业对科学技术、知识产权保护非常重视，甚至把专利申请当成企业持续发展的根本。中国企业对知识产权的需求与保护存在着不平衡，决定了企业对知识产权的重视程度呈现出差异性，对知识产权保护方法以及保护形式呈现出多样性。有的企业把知识产权保护视为企业的生命线，他们高度重视企业知识产权的保护，加大科技创新力度，及时申请专利，进行商标保护以及产品配方秘密保护等措施。有的企业则加大与科研院所合作的广度与深度，依托科研院所进行科技创新或者直接向这些单位购买专利。当然，还有很多中小企业本身对科技要求不高，他们对于知识产权保护意识不强，不仅不及时申请专利，进行科技创新，甚至还仿冒他人的发明创造，盗用他人的知识成果。

总的看来，中国在科技创新、科研开发等方面的投入比较低，研发经费支出总额只有美国的三十分之一、日本的十八分之一，与一些发展中国家也存在着一定的差距。这样就出现了知识产权保护与利用不平衡问题。一些企业片面地追求眼前利益而忽视长远利益，只抓住当前的既得利益，忽视依靠科学技术知识竞争的意识，从而对知识产权运用能力极低；有的企业只注重知识和技术的利用而忽视对知识与技术的保护，甚至设法盗用别人的知识、技术与专利；还有的单位（尤其是高等学校、科研院所）则强调知识、技术与专利的申请与保护而不重视把这些技术转化为现实的生产力。

（二）中国知识产权保护面临的外在压力

TRIPs 的生效与实施使得国际知识产权保护准则发生了前所未有的新变化，对于中国这样的发展中国家而言，知识产权保护面临着更大的压力。

1. 国际知识产权法律制度本身存在着制度性缺陷

首先，TRIPs 的形成过程就是一个发达国家软硬兼施、发展中国家步步妥协的过程。以美国为代表的发达国家为了减少因为知识产权保护的不充分而给国际贸易带来的扭曲和障碍，力主把贸易和知识产权问题挂钩，坚持将知识产权列入关贸总协定乌拉圭回合谈判的议程中，以增强其在多边基础上对侵犯知识产权行为的报复能力。而发展中国家在一开始就持反对态度，因为制定知识产权的国际协调和保护规则，对发展中国家来说明显是弊大于利。因此，在发起乌拉圭回合谈判的埃斯特角宣言中，对于知识产权保护就特别强调了“拟定关于国际假冒产品的多边规则”。发达国家希望在农产品和纺织品贸易上作出大幅让步，来换取并补偿发展中国家纳入知识产权而带来的损失，并接受了发展中国家“不把知识产权措施变成合法的贸易障碍”的主张。

然而，很多发展中国家的知识产权制度在面临 TRIPs 的巨大挑战时，表现出极大的不适应：在 TRIPs 的执行方面，虽然给予了发展中国家过渡期的延长，但是发展中国家并不可能在数年内就可以从经济技术上赶超发达国家。由于 TRIPs 缺乏 GATT 中所具有的对发展中国家的特殊优惠待遇，可能会形成一种发达国家与发展中国家竞争甚至对立的局面。而发达国家在经济全球化进程中倚仗技术垄断地位，在国际技术转让中向发展中国家提出一系列限制性商业条款等滥用知识产权的行为，TRIPs协定对此几乎没有实质性的约束力。在争端解决方面，从WTO体系内二十余个有关知识产权的案件情况来看，无一不与美国有关，同样是发达国家占据了绝对的优势地位，发展中国家则一直处于被动的状态。

2. 由发达国家掌握国际知识产权规则“话语权”的格局没有改变

发达国家和发展中国家在国家经济、科技发展水平方面的不平衡，是导致知识产权法律意识及其制度规范产生差异的根源。而这种差异必然会进一步扩大经济、科技发展水平的差距，从而转变为国家之间现实利益的全方位冲突。当今世界，90%的知识产权属于发达国家，高新科技、特别是能够转化为生产力的高新科技仍然主要掌握在发达国家手中；发展中国家掌握的知识产权则很少，特别是核心技术更少。对于拥有绝大多数知识产权的发达国家来说，如果其知识产权得不到保护或得不到充分保护，必然是对其国家利益的重大损害；而对于拥有较少知识产权的发展中国家而言，如果其所保护的主要是外国的知识产权，同样也是在维护外国的权益。然而，知识产权在发达国家与发展中国家之间的严重不均衡性，决定了发达国家必然会利用其在经济、科技方面的优势，力求在制定知识产权制度的国际协调和保护规则方面占据主导地位，以有效维护其国家利益。国际知识产权法律制度体系在规则正义上就表现出合理性的渐行渐远，其注重的是对知识产权的垄断而不是传播，其根本目的已经不再是鼓励创新，而是维护发达国家尤其是其跨国公司对知识的垄断权利。只要发达国家在制定知识产权国际协调和保护规则上的“话语权”优势不被根本性动摇，发展中国家的利益没有可靠保障的局面得不到改善，那么国际知识产权法律制度的发展前景将不会是令人鼓舞的。

3. 国际知识产权法律制度更多地偏向私人垄断利益和较少地关注全球普遍利益

随着经济全球化的进程和科学技术的迅猛发展，知识产权成为各国参与市场竞争的“本钱”和目标，知识产权国际保护的标准也日益提高，主要表现为知识产权的国际保护已经开始考虑更多的权利客体和保护内容。比如，在计算机程序上适用版权保护和专利保护，对药品给予专利保护，以及不断创设植物新品种权、集成电路布图设计权等新的权利。归根结底，这些变化反映了国际知识产权法律制度在其动态发展过程中，知识产权私人垄断利益的日益扩张和知识产权制度的日益强化。但是，这种扩张和强化的最大受益者并不是占世界绝大多数的发展中国家和不发达国家，而是少数的发达国家，包括其跨国公司。同时，发达国家还强调，知识产权人行使其权利的自由和对利益的享有不应受到任何限制，并不断提高保护标准。这种权利的行使可以无视全人类的公共利益，已经偏离了制度设计者们所追求的理想状态，而成为私益追逐者的有力工具。由此，国际知识产权法律制度在实现知识产权国际保护的过程中，就突显出其与经济全球化条件下产生的全球普遍利益（特别是发展权利、生态权利、环境权利等）之间越来越多的冲突，与其他权利之间的矛盾难以调解。特别是在经济全球化的今天，知识产权制度设计日益细密，知识产权的国际保护与人权、可持续发展等问题之间的关系已经成为相关学科的前沿研究议题。

第三节　WTO 与中国知识产权保护策略

中国的知识产权发展必须首先依附国际标准，这是不得不面对的现实。但进入 21 世纪，社会的发展速度已经超出了人类的控制和预期，各种新的“知识产权性”客体不断涌现，导致知识产权有冲破国际标准，寻求个性发展的趋势。我国也同样有这样一种矛盾冲突存在，是按部就班地与国际标准接轨，还是遵循知识产权保护的规律，走一条适合自己的发展道路，成为我国知识产权保护中迫切需要解决的问题。

一、确立中国知识产权发展战略

美国、日本等世界知识产权大国，在占有绝对的贸易优势的同时，为知识产权的发展和保护给予了强有力的战略性支撑。这些大国的知识产权发展策略可以归结为四点：高度重视知识产权的保护与创造；以完善的立法确保知识产权战略的实施；以专利输出作为国际贸易的发展重点；适应知识产权国际化趋势，积极参与知识产权国际保护协议。这些做法给予了我们有益的启示。加入WTO后，中国要能取得在TRIPs协定作用下的知识产权贸易新的进展，必须要注重借鉴美日发达国家发展知识产权战略的经验，确立具有中国特点的知识产权发展战略，从战略和立法高度为中国知识产权发展设置动力和保障条件。中国应制定适合中国国情、预见世界知识产权制度的发展变化趋势、结合各国知识产权战略部署与TRIPs协定相一致的战略体系，内容应由创造战略、保护战略、应用战略和人才战略构成，其核心是鼓励创新的创造战略，以此引领中国知识产权发展进入新的阶段。

二、完善中国知识产权保护立法

作为一个发展中国家，我国主要是知识产权输入国，如果不顾国情，一味追赶西方国家的潮流，扩大知识产权的保护范围，纵使坚持国民待遇原则，也会形成表面上的平等掩盖事实上不平等的合法保护伞。表面上看知识产权是一种先进制度，而实际上却是一种既能促进也能延滞国家产业的制度。目前，中国正在大力关注技术转移和技术开发，能否有效利用这一制度是决定中国发展至关重要的一环，国家应积极利用这一制度，又应对其加以适当限制，作出全面考虑。

加入WTO前，中国已经根据WTO的TRIPs协定的原则和要求，对国内的知识产权立法进行了全面审视，作出了与TRIPS协定相适应的调整。但由于中国知识产权保护立法只有20多年的历史，与国外百年历史的立法体系相比还有很多不完善之处，调整难以迅速到位。加入WTO后，无论是发达国家还是发展中国家都将同处一条起跑线以及规则体系下，因此，要针对中国立法的薄弱环节，加快知识产权立法建设，借鉴国外经验，不断充实和完善中国的知识产权法律体系。知识产权法律体系的完善可从以下几个方面入手：

（一）加强对传统文化的保护

加入 WTO，并不意味着我们只能被动修改法律，TRIPs 协议也不仅仅保护发达国家的利益，我们在知识产权方面也有一些特长需要我们主动保护。我国传统知识和文化极为丰富，但现行的知识产权法对传统文化没有规范。1990 年、2001 年和 2010 年修改后的《著作权法》都提到了："民间文学艺术作品的著作权保护办法由国务院另行规定。"尽管此后国家版权局、文化部等相关部门多次组织相关力量拟定此方面草案，例如《中国民间文艺作品保护条例》（征求意见稿）和《民间文学艺术作品著作权保护条例》，但由于各种原因这些草案并未能出台或付诸实施。但令人欣慰的是，2010 年修订后的《著作权法》将"口述作品"、"音乐、喜剧、曲艺、舞蹈作品"以及"美术作品"等民间传统文化艺术作品形式纳入到著作权法的保护范围。另外，我国近年来加快了对包括民间文学艺术作品在内的非物质文化遗产提供综合保护的立法进程：2004 年 8 月，继十届全国人大常委会第 11 次会议批准我国加入联合国《保护非物质文化遗产国际公约》以后，《非物质文化遗产保护法》已于 2011 年 6 月 1 日起实施。但我国现有保护遗产资源和传统文化的立法分散于各单行法律法规，法律规定过于原则化，缺乏可操作性。

我国有着丰富的生物资源、传统文化资源以及人类基因资源。如果不能得到恰到好处的保护，不仅使我国的经济利益受到损失，也使我国的安全利益受到损失。例如，从文化安全和经济利益双重角度看，美国迪斯尼公司演绎我国古代故事"花木兰从军"，并没有支付中国人民一分钱。不仅经济利益受到了损失，而且，由于文化上的差异性和美国文化产业的高科技性的吸引力，美国版"花木兰"对中国精神、中国文化的扭曲，以及由于其强大的传播能力对中国人民诠释自己文化遗产的权利的实际剥夺，也为我国传统文化的发展和人民集体意识形态的形成带来了威胁。我国的中草药资源十分丰富，传统工艺品也高度发达，也是人类智力劳动的成果，也应作为知识产权予以保护。可是由于中药的特殊性，使其无法获得发达国家现有知识产权的保护，导致我国中药被许多国外公司仿制，造成中草药智力资源的流失。因此，我们应主动立法，加强对中药的专利保护，维护我们的中华瑰宝。我们应该通过深入的调查研究，厘清优势，保护好这些资源，通过知识产权制度来保护我们的优势，制定适合我国国情的整体知识产权战略，才能在中长期保护我国国家利益和经济安全。

（二）完善知识财产的产权体系及其法律保障

目前有明确法律依据的知识财产权限于知识产权，许多新的知识形态尚未纳入知识财产权的范围。商业秘密在《合同法》、《反不正当竞争法》、《劳动法》、《刑法》等立法中虽有零散规定，但对其产权至今尚未作明确规定。而对公知信息的产权，立法上几乎是空白。为此，有必要回应知识产权不断扩大的国际趋势，遵循产权法定原则，对立法中知识产权的类型作出完整的规定，使各种形态的知识都有相应的产权形式而真正成为法律意义上的财产。例如应当把生物技术、动植物新品种、计算机软件中具有新颖性、创造性和实用性的部分纳入专利法保护范围，把信息技术发展中出现的新的商标形式纳入商标法的保护范围，把数字化网络环境中出现的新的作品形式纳入著作权法的保护范围。①

（三）完善知识产权权利行使的法律，有效规制知识产权的滥用

在TRIPs协议框架下充分利用现有的规则体系，实现国家的利益追求，是我国应对国际知识产权保护制度的重要原则。知识产权与其他所有权利一样，由于知识的公共性与知识产权的公共政策目标导向，决定了其权利存在一定的界限与规定。在此过程中，知识产权限制起到了重要的作用，这在知识产权国际条约的知识产权限制规定中有所体现。尊重他人知识产权与加强知识产权保护乃是各国政府与民间的共识，但在保护权利人利益之余，也应当注重社会

① 参见陈宗波、陈祖权：《国际知识产权保护的发展趋势和中国知识产权法律政策的回应》，载《苏州大学学报》，2005年第6期。

公益与文化发展之平衡。事实证明，有效的知识产权保护与适度的权利限制有利于促进知识的创新与传播，进而推动经济的发展与科技的进步。

我国现行法律虽然对知识产权的滥用行为作了一些直接或间接的规定，但是这些规定不是专门从规制知识产权滥用的角度作出的规范，其适用范围有限，需要进行重新完善，建立以《反垄断法》为核心的规制知识产权滥用的法律制度。可在《专利法》、《商标法》、《著作权法》中明确细化有关知识产权滥用的条款，为被控侵权人提供明确的抗辩依据，或者使其可以对权利人提出反诉。还可在《反垄断法》中设置若干条款，从正面对知识产权的垄断、限制竞争的行为或不正当竞争加以明确规制。

三、营造良好的知识产权执法环境

我国与国际知识产权保护的最大差距关键在于意识。由于我国知识产权起步较晚，人们的知识产权意识普遍淡薄。因此，必须加大力度宣传普及知识产权法律知识，为知识产权法的实施创造良好的环境。首先，要学会尊重别人的知识成果，懂得知识是一种财产，是受法律保护的权利，做到不侵权。其次，要善于保护自己的知识成果。要让科技工作者转变观念，懂得科技成果产权化，把过去在科研过程中追求奖励和成果鉴定变为追求市场，企业管理者也要转变观念，树立品牌意识，督促企业申请专利和商标注册，减少我国名牌商标被假冒和抢注的悲剧。再次，要加强知识产权的执法力度。就中国目前市场建设状况来看，还存在诸多不尽如人意的地方，假冒伪劣行为以及“山寨”产品屡禁不止，无论是引进的国外技术还是自主生产的知识产品，都不能得到良好的保护，尤其是品牌产品的仿冒和文化产品的盗版行为随处可见。尽管国家三令五申，并加大了打击力度，但都尚未有效地遏止上述行为。这种状况一方面极大地扰乱了市场秩序，侵犯了所有者利益和消费者利益，阻碍了中国自主知识产权的发展；另一方面破坏了中国在世界的市场形象，妨碍了国外先进技术和知识产品进入中国市场，对中国的知识产权贸易产生了直接的影响。因此，无论从国内生产还是参与国际竞争的角度来看，规范国内市场都是一项不容轻视且刻不容缓的任务。加强知识产权执法需要有一批高素质的专门办理知识产权案件的司法人员，严格按照法定程序，加大知识产权的保护力度和惩治力度，提高全民的知识产权保护意识。我国的知识产权法律和执法机制，应该在不断融入经济全球化的过程中、在逐步承诺履行知识产权国际公约中成熟和完善起来。

四、健全企业知识产权管理制度

从某种意义上讲，现代企业的竞争实质上表现为知识产权的竞争，知识产权可以帮助企业获得与维持市场竞争优势。但就目前而言，我国企业知识产权管理存在着诸多问题，体现为：企业知识产权战略意识薄弱，未能将知识产权管理视为企业商业模式与策略的常用手段，知识产权管理缺乏战略规划，知识产权保障措施不足等。在现今激烈的市场竞争环境下，企业健全知识产权管理制度彰显出巨大的价值。

具体来讲，企业要熟悉知识产权方面的新知识，多学习国内外优秀企业在知识产权保护与利用方面的成功经验，尽快建立起本企业的知识产权管理制度，及时将企业自主研发的新成果、新技术、新发明和新创意到国内外有关部门申请知识产权注册，构筑自身的知识产权创造、管理、实施和保护措施体系。在自主知识产权相关权益受到侵害时，要善于运用法律武器加以维护，积极应对跨境知识产权纠纷。同时，企业应将知识产权当成重要的经营资源之一，利用知识产权保护的机制和功能，在知识产权价值创造和整合的基础上创造高额利润，使之成为企业常用商业策略和盈利模式的一种。

在具体操作上，企业应建立有效的专利信息利用机制。目前，全世界最新的发明创造信息，有90%以上都是首先通过专利文献反映出来的。利用专利文献，可以节约40%的科研开发费和60%的研究开发时间。企业应用国内外知识产权文献库和检索系统，在新技术、新产品的开发立项和产品的技术进出口过程中，进行专利文献的比对，以避免低水平重复和侵权现象的出现。

企业还应制定内部知识产权管理制度，将知识产权切实纳入到企业的技术创新、投资经营和服务等各个环节。企业知识产权保护与管理应制度化、规范化，使一切可以取得专利等知识产权保护的技术，及时取得国内外专利保护，最大限度地减少因专利保护不充分、不及时而造成的技术的流失。

五、加大知识产权人才的培养力度

由于我国知识产权实践总体上还是处于发展初期，自中国加入WTO以来，面临的知识产权压力逐渐增大，我国企业与大型跨国公司的知识产权冲突不断，现阶段总体处于中外知识产权纠纷多发期。目前大多数中小企业和民营企业初步具有知识产权意识，运用知识产权制度来防范法律风险。而随着企业知识产权管理制度的日益完善和健全，知识产权管理与企业管理的其他方面一样，将朝分工更加精细、专业的方向发展，这要求建立具有多元化专业背景的知识产权团队，注重将知识产权融入企业管理的各个方面。同时，企业知识产权人才应培育企业的创新精神和知识产权文化底蕴，并综合利用外部的法律、政策等制度资源和内部技术、管理和人力资源，针对企业发展的不同阶段，结合企业总体经营战略，对企业的专利战略和品牌战略进行细致规划。为适应企业知识产权管理实践的纵向发展需求，知识产权管理人才应该是专业基础扎实，具有战略眼光和国际化视角，一专多能的复合型知识产权管理人才。

第七章　WTO 与中国的国际投资

第一节　WTO 有关国际投资的规则

从总体上看，WTO 涉及国际投资的协定主要有以下四个：《与贸易有关的投资措施协定》(Agreement on Trade-Related Investment Measures，TRIMs)、《服务贸易总协定》(General Agreement on Trade in Service，GATS)、《与贸易有关的知识产权协定》(Agreement on Trade-Related Aspects of Intellectual Property Rights，TRIPs)、《补贴与反补贴措施协定》(Agreement on Subsidies and Countervailing Measures，SCM)。这些规则对从事国际投资的企业在产品购买、服务业经营、外汇使用、商标注册以及鼓励或限制投资措施方面作出了具体规定，对各国的国际投资活动有着重大而深远的影响。其中 TRIMs 协议的影响较为直接。

一、《与贸易有关的投资措施协定》的主要内容

《TRIMs》是迄今为止国际社会在国际投资领域所达成的唯一一个全球性、实体性的多边协定。它由序言和正文 9 个条款及 1 个附件组成，协议采用概括式与列举式相结合的做法对应予禁止的与贸易有关的投资措施作出了规定。协议的宗旨在于避免某些投资措施可能给贸易带来的限制和扭曲作用，以此“期望促进世界贸易的扩大和逐步自由化，便利跨国投资，以便提高所有贸易伙伴、特

别是发展中国家成员的经济增长，同时保证自由竞争”。① 协议的基本原则是各成员实施与贸易有关的投资措施，不得违背 GATT 的国民待遇和取消数量限制原则。归纳起来，《TRIMs》的主要内容如下：

（一）适用范围

协议第 1 条规定，该协议仅适用于“与贸易有关”的投资措施，换言之，与服务贸易和技术贸易有关的投资措施不属于 TRIMs 调整的对象。在这里，如何理解“与贸易有关”是一个关键问题，它直接涉及协议适用范围的大小，也关系到对协议真实意图的准确和客观把握。从 TRIMs 谈判的背景和发展中国家的现实经济发展状况来看，对协议适用范围应当从严解释。② 因此，“与贸易有关”的投资措施应当是指那些直接关系到货物进出口的投资措施。

（二）国民待遇和数量限制

在国民待遇方面，协议第二条规定，投资东道国采取的与贸易有关的投资措施应符合《1994 年关贸总协定》确立的国民待遇原则，即在投资过程中产生的进口产品的待遇仍适用国民待遇原则。根据协议附录的规定，违反国民待遇原则的与贸易有关的投资措施不仅包括东道国国内法律和行政规定的强制性措施，也包括那些采用后会给东道国带来竞争优势的措施。尽管这类措施种类繁多，但在最终达成的《与贸易有关的投资措施协定》中，明文禁止东道国采取的与国民待遇不相符合的投资措施只列明了两种：

1. 当地成份要求。要求外国投资企业购买或使用本国产品或来源于国内渠道的产品，这类投资措施对贸易的扭曲作用主要表现为阻止或限制进口产品的使用。具体包括：规定外国投资企业必须

---

① 出自《TRIMs 协议》序言，由对外经济贸易合作部国际经贸关系司译《世界贸易组织乌拉圭回合谈判结果法律文本》。

② 由于贸易与投资的关联性，投资措施可能总是会对贸易产生某种影响，但投资措施对贸易的作用和影响毕竟有直接与间接之分，如果不能根据影响的程度加以区别，那么，所有的投资措施都可以说是与贸易有关，这种定义显然就过于宽泛了。

购买指定的特定产品；规定购买当地产品的数量或价值；规定购买与使用当地产品的数量或价值的比例。

2. 贸易平衡要求。要求外国投资企业购买或使用进口产品的数量或价值应与该企业出口当地产品的数量或价值相当。

在普遍取消数量限制义务方面，协定要求东道国采取的投资措施应符合《1994年GATT》关于禁止数量限制的规定。协定附录中规定，与普遍取消数量限制义务不相符的投资措施包括国内法律、行政法规的强制性规定以及那些采用后会给东道国带来竞争优势的措施。它具体列举了三种不符合禁止数量限制的投资措施：

1. 对外国投资企业进出口产品的限制。包括两种形式：一般地限制企业用于当地生产的产品的进口或与当地生产相关的产品的进口；规定企业出口在当地生产中所占数量或价值的比例。

2. 以外汇平衡的方法限制企业进口产品。具体方式是规定企业用于购买进口产品的外汇应与其出口产品的创汇额相当。

3. 限制外国投资企业出口其产品。具体形式包括：对特定产品出口的数量限制；对出口产品数量或价值的限制；规定出口产品的数量或价值应在当地生产中所占的比例。

（三）发展中成员方和例外规定

《TRIMs》第四条规定：发展中成员方应有权暂时背离国民待遇和一般取消数量限制的义务。此背离权力来源于GATT第十八条、GATT关于收支平衡条款的谅解等。作出这种特别规定的原因在于，发展中成员方尤其是那些最不发达成员方在贸易、发展和财政方面有着特殊的需要。但要注意的是，这种背离只是暂时性的，协议第五条第2款与第3款指出，发展中成员方实施的与协议不符的与贸易有关的投资措施应当在WTO生效5年内予以取消，最不发达成员方实施的此类措施应在WTO生效7年内取消。另外，为确保协议实施过程中的灵活性，同时也为了使协议在最大限度上吸收成员方以扩大其普遍适用性，协定还在第三条中规定了能为所有成员方适用的例外情形。这些例外包括幼稚产业的建立与发展、国际政治稳定与安全、保障人类及动植物的生命与健康需要、边境贸易优惠等。

（四）通知与过渡安排

为使《TRIMs》的成员方对实施协定所造成的政策、法律上的诸多重大变动有一个适应的过程，协定对实施的通知和过渡问题作出了专门的规定。协议第五条规定，各成员方应在 WTO 生效后的 90 天内将各自正在实施的且与协定不符的一切与贸易有关的投资措施通知货物贸易理事会。发达成员方和发展中成员方限期取消与《TRIMs》不符的投资措施。

（五）透明度规则

各成员方重申其在《1994 年 GATT》第十条承诺的透明度和通报义务，并遵守 1979 年 11 月 28 日通过的《关于通报、磋商、争端解决与监督的谅解》以及《关于通报程序的部长决定》中所包含的通报义务。另外，各成员方应向秘书处通报其刊载《TRIMs》的出版物。各成员方应对另一成员方提出的关于提供与本协议下产生的任何问题有关的材料的请示予以同情的考虑，并提供充分的磋商机会。但可以不公开那些会妨碍其法律实施，或违背其公共利益或有损于企业的合法的商业利益的资料。

（六）管理机构

为贯彻执行《TRIMs》，协定专门建立了一个对协议所有成员方开放的与贸易有关的投资措施委员会。该委员会的主要职责是管理《贸易有关的投资措施协定》的运作和实施，并就此向货物贸易理事会提交年度报告；向各成员方提供有关该协议运作和实施的任何事项的协商机会；负责执行货物贸易理事会指派的其他职责。

（七）争端解决

《TRIMs》第八条规定，协商程序和争端解决适用《1994 年 GATT》第二十二条和第二十三条以及 WTO《争端解决谅解书》的各项条款。

二、《与贸易有关的投资措施协议》简评

《TRIMs》是世界上第一个专门规范贸易与投资关系的国际性定议，在国际投资法中有重要地位。它将投资问题纳入 WTO 的多

边贸易体制，并以多边协定的形式将GATT中的国民待遇原则和一般取消数量限制原则引入国际投资领域。它的实施意味着各国必须承担国际义务，取消那些限制贸易或对贸易有不良影响的投资措施，从而有力地促进世界贸易的扩展和逐步自由化，并在便利跨国投资以确保自由竞争的同时，促进全球经济，尤其是发展中国家的经济增长。协定中对发展中国家的特殊和差别待遇，有利于对发展中国家利益的保障。TRIMs委员会的设立，不但为成员方之间的争端和磋商解决提供了有利条件，也为协议的贯彻和实施提供了强有力的监督。

由于发达国家和发展中国家的分歧，《TRIMs》本身并没有涉及太多的投资问题，只是在与货物贸易有关的狭义投资措施方面达成了一致，大量的与服务贸易和知识产权有关的外国直接投资措施被排除在协定之外。《TRIMs》还规定了众多的例外，许多违背国民待遇和普遍取消数量限制的措施可以因此而变得名正言顺。

发展中国家为了保护民族工业，引导外资流向，往往会对外资采取较多限制，但过渡期后这些措施面临取消，使发达国家和发展中国家在同一起跑线上竞争。因此，《TRIMs》并不能对发展中国家利益进行充分保护，对于发展中国家来说，由于经济发展水平的限制，《TRIMs》在某种程度上不利于保护民族工业的发展，甚至对其经济发展有负面影响。

第二节　WTO与中国国际投资的发展现状

一、加入WTO后中国国际投资立法和政策的调整

在加入WTO后，中国国际投资立法的调整主要体现在外商投资立法的完善和发展上。WTO的自由化原则在国际投资领域的延伸实质上就是开放性的外资准入态度和多元化的外资形式，而非歧视原则的本质就是实行国民待遇原则，满足上述特征的外资法就是“市场经济型”外资法。入世后，中国的外资法逐渐向“市场经济型”外资法转变，主要表现如下：

（一）加入时立即接受《TRIMs》

《中华人民共和国加入议定书》第七条规定：自加入 WTO 之日起，中国应遵守《TRIMs》的规定，但不援引协定第五条，即过渡期安排的规定。中国取消并停止通过《中外合资经营企业法》、《中外合作经营企业法》、《外资企业法》中外汇收支平衡要求、当地成份要求、出口实绩要求和生产计划备案要求，中国将不执行设置此类要求的合同。在不损害议定书有关规定的情况下，中国应保证国家和各级地方主管机关对进口许可证、配额、关税配额的分配或对进口、进口权或投资权的任何其他批准方式不以下列内容为条件：此类产品是否存在与之竞争的国内供应者；任何类型的实绩要求，如当地含量、补偿、技术转让、出口实绩或中国进行研究与开发等。

（二）进一步开放外商投资领域

自 2002 年 4 月 1 日起，中国正式施行《指导外商投资方向规定》和新的《外商投资产业指导目录》及附件。相比 1995 年颁布的《指导外商投资方向暂行规定》和 1997 年颁布的《外商投资产业指导目录》，这两个新规定不仅更加明确了对外资项目进行鼓励、允许、限制和禁止的划分，大大缩小了“限制”与“禁止”的范围，扩大了“允许”和“鼓励”的外商投资范围。给“鼓励类”外资项目更优惠的待遇和切实可行的鼓励措施，同时结合中国加入世界贸易组织的有关承诺，对外资控股的比例在附件中都一一列明。引资政策已从初期的全面吸引外资转向营造良好的投资环境，吸引优良外资进入国家鼓励的投资项目转变。商务部、科技部于 2003 年年初修订的《关于设立外商投资创业投资企业的暂行规定》，降低了创业投资企业的设立条件，鼓励风险资本投资于高新技术企业，进一步完善了鼓励外商投资于研发中心的政策措施；同年 7 月，两部又联合出台了《外商投资高新技术产业目录》，为外商投资于高新技术企业创造了更为有利的条件。2006 年《外商投资产业指导目录》再次被修订，有区别、有重点、有步骤、有控制地推进对外开放。

（三）进一步采取多元化的外资形式

入世以来，中国在坚定实施一系列有关外资形式的单行法规基础上，继续允许和鼓励外国投资者采取新的投资形式，外商投资形式由传统的“三资企业”向多样化方向发展。早在2001年10月，原外经贸部、财政部、中国人民银行联合发布《金融资产管理公司吸收外资参与管理费用与处置的暂行规定》，2001年11月中国证监会颁布《关于上市公司涉及外商投资有关问题的若干意见》等法规，明确了涉外投资企业在境内A、B股市场上市的条件、程序，允许外商投资企业按照《外商投资企业境内投资的暂行规定》收购境内上市公司非流通股，允许含有B股的外商投资股份公司和非上市外交股在B股市场上流通，允许外交参与金融资产管理公司资产的重组和处置等；在《关于设立外商投资创业投资企业的暂行规定》中扩大了创投公司的经营范围；2006年中国证监会、中国人民银行和国家外汇管理局联合发布《合格境外投资机构投资者境内证券投资管理办法》，允许境外合格投资者投资境内A股，一定程度上实现了A、B股的融通与通过收购而设立外商投资股份有限公司的做法。

（四）逐步实行国民待遇原则

长期以来，外商投资企业在中国享有内资企业所无法享有的税收减免和进出口权等优惠待遇，即所谓的“超国民待遇”，而外商投资企业在投资行业、信贷支持和生产经营环节等方面却没有享有与内资企业同等的待遇，也即受到“次国民待遇”。根据要求，中国对外资的“超国民待遇”和“次国民待遇”作了较大幅度调整，践行了WTO规则中的国民待遇。中国政府从2008年1月起实施新的《中华人民共和国企业所得税法》，实现双轨税制并轨，外商投资企业在五年过渡期后，将不再仅因为是外商投资企业而享受所得税优惠。但对外资的税收优惠仍适用于产业结构优化，投资于农牧业、国家重点扶持的基础设施建设、科技进步与转化、环境保护与节能减排、创业投资等领域的外资项目，仍可享受减免所得税的待遇。新的《中华人民共和国企业所得税法》的实行，标志着中国内外资税收政策有别的时代终结。此外，国家还进行了国内经济法和民商法相关内容的统一化，推动外资法体系的结构性调整。

（五）与国际通行规则的接轨

中国入世后，对三资企业法的一系列修订集中反映了中国外资法与国际通行规则接轨的新发展。中国对外资法的修订是对国际投资立法的法律文件进行回应，目前，中国立法已取消了在立法中对外商投资企业经营管理方面的限制，使企业获得更大的经营管理自主权，主要体现在物资采购、产品销售、劳动雇用以及外汇管理等方面。

入世后，中国政府对外投资的税收政策总体上调整力度不大。目前，中国企业对外投资必须缴纳商品税、所得税和财产税等。与国内投资相比，企业对外投资要承担国内所得税和国外所得税两个部分。与引进外资的税收优惠政策相比，对外投资几乎没有任何税收激励政策，无论企业是否从事跨国经营，国家都一视同仁地对待，中国企业普遍适用统一的无差异性的税收政策。

二、中国对外投资的发展

改革开放以来，在党中央“走出去”发展战略的指导下，中国国际投资发展迅速，取得了重大突破。2009年，中国对外直接投资流量565.3亿美元；2002—2009年，中国对外直接投资年均增长速度为54.4%。截至2009年年底，中国8500家境内投资者设立对外直接投资企业（以下简称境外企业）13000家，分布在全球177个国家（地区），投资覆盖率为72.8%。对外直接投资累计净额（以下简称存量）2457.5亿美元，境外企业资产总额超过1万亿美元（见图7-1）。

从各国对外直接投资规模在全球的排名来看，中国取得的进步也是明显的。自改革开放以来，经过30多年的发展，在196个国家及地区中，中国无论在对外直接投资流量位次上还是对外投资存量位次上都是大幅上升。2004年，中国对外直接投资的流量及存量都在20位左右，2008年上升到第六位。从2006年起，在发展中国家对外直接投资中，中国连续位列榜首。

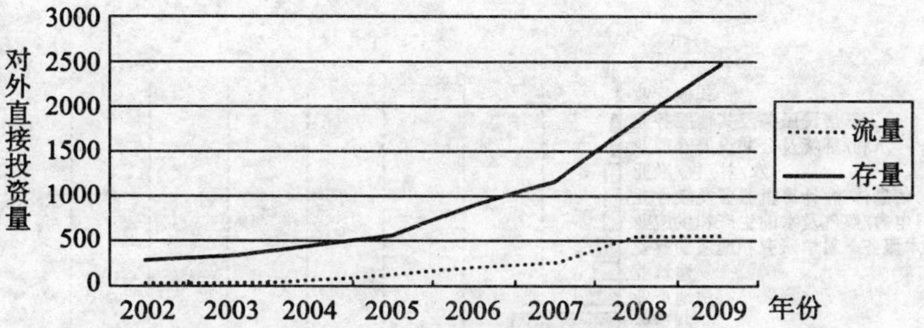

图 7-1　中国 2002—2009 年对外直接投资统计结果（单位：亿美元）

注：2002—2005 年数据为中国非金融类对外直接投资统计数据，2006—2009 年为全行业对外直接投资数据。

资料来源：2009 年度中国对外直接投资统计公报

（一）中国对外直接投资的行业分布

2009 年年底中国各行业对外直接投资存量分别如下：商务服务业的比重最大，为 729.5 亿美元，占 29.7%；金融业由 2008 年的 366.9 亿美元上升到 459.9 亿美元，占比为 18.7%，其中银行业存量是 365.95 亿美元，占金融业存量总量的 79.6%；采矿业上升到第三位，为 405.8 亿美元，占 16.5%，主要投资在石油和天然气开采业、黑色金属及有色金属矿采选业；批发和零售业下降到第四位，为 357 亿美元，占 14.5%，其中主要为贸易类投资；交通运输/仓储业和邮政业为 166.3 亿美元，占 6.8%，主要投资在航空运输业和水上运输业；制造业为 135.9 亿美元，占 5.5%；房地产业为 53.4 亿美元，占 2.2%；建筑业为 34.1 亿美元，占 1.4%；技术服务、科学研究和地质勘察业为 28.7 亿美元，占 1.2%，主要分布在专业技术服务业和地质勘察业；电力/煤气及水的生产与供应业为 22.6 亿美元，占 0.9%；信息传输/计算机服务及软件业为 19.7 亿美元，占 0.8%，主要分布在电信及其他信息传输服务业上；农/林/牧/渔业为 20.3 亿美元，占 0.8%；水利/环境及公共设施管理业为 10.7 亿美元，占 0.4%；居民服务及其他服务业为 9.6 亿美元，占 0.4%；其他行业为 1.6 亿美元，占 0.1%（参见图 7-2）。

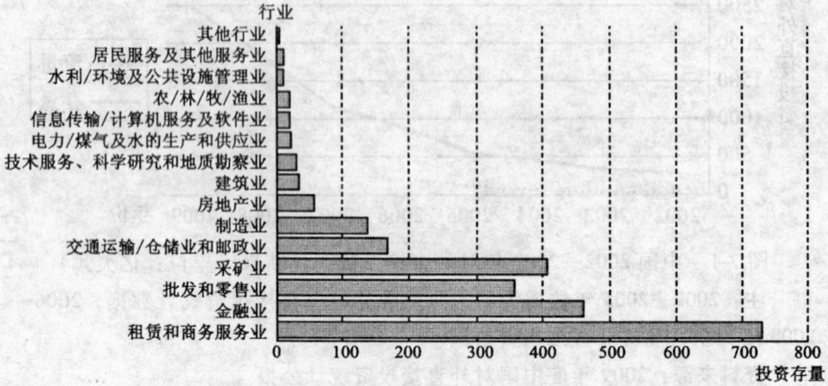

图 7-2　2009 年年底中国对外直接投资存量行业分布（单位：亿美元）

资料来源：2009 年度中国对外直接投资统计公报

从所得数据可以看出，一方面，中国国际投资涉及的领域非常广泛，涉及金融业、批发零售业、采矿业、信息通信业、制造业、商务服务业等多个行业在内的全方位经营活动，其中批发零售业、制造业、商务服务业、邮政业、交通运输/仓储和采矿业、金融业占据了中国对外直接投资存量的 90%。

另一方面，与发达国家相比，中国对外直接投资中制造业所占比重较小，这部分原因是中国产业结构自身问题、国内劳动力成本较低及中国企业国际竞争力不强，这说明中国制造业和发达国家相比还存在较大的差距。此外，中国服务业项目中劳动密集型仍然占据主导地位，而知识、技术密集型服务比重极低。

（二）中国对外直接投资的方式

随着经济全球化的进一步演进，对外直接投资由跨国收购、兼并方式逐步替代传统的新建方式，成为主导方式。跨国并购可以有效减少投资成本、缩短投资周期，在世界范围内越来越流行。当前，美国、日本、英国、加拿大、德国等发达国家的跨国并购已经成为对外直接投资的主要方式。在中国，以并购方式实现对外投资的比例也逐年增加，2008年，中国以收购、兼并方式实现的直接投资有302亿美元，较上年增长了379%，占当年流量的54%，其中金融类收购达97亿美元，占32.1%；非金融类收购为205亿美元，占67.9%。2009年中国非金融类对外直接投资达433亿美元，同比增长了6.5%，其中并购类投资为175亿美元，占投资总额40.4%。但是，目前中国跨国并购数目并不多，在全球的并购总数中的比例很低，并且多以国有企业为主体，对政府依赖过多。

（三）中国对外直接投资的区域分布

覆盖率方面，截至2009年年底，中国13000多家对外直接投资企业（以下简称境外企业）分布在全球177个国家及地区，全球投资覆盖率为72.8%，其中亚洲及非洲地区投资覆盖率分别达90%及81.4%。从对外直接投资流量来看：亚洲地区占71.4%，欧洲地区占5.9%，非洲地区占2.6%，北美洲地区占2.6%，拉丁美洲地区占13.0%，大洋洲地区占4.5%。①

（四）中国对外直接投资的主体分布

中国对外直接投资的实现主体涉及境内登记注册的各类企业。2009年年底，中国对外直接投资者持续保持多元化的格局。根据相关数据，自2003年以来，中国对外直接投资的主体最明显的变化是，国有企业所占比重大幅下降，由2003年的43%下降到2009年的13.4%。目前，国有企业处在境内投资者数量排行的第二位，而有限责任公司的比重则上升到57.7%，位于投资者数量的榜首，私营企业占到7.5%，位于境内投资者数量的第三位，但较上年有所下降（见图7-3）。

在非金融类的对外直接投资者中，其中央企业和单位仅占4.9%，各省市区投资者则占据95.1%。其中上海、广东、江苏、浙江、黑龙江、福建、山东六省一市的境内的投资者数量占71%；浙江省境内投资者数量最多，占到21.4%；七成私营企业的投资者来自浙江和福建两省。

① 资料来源：2009年度中国对外直接投资统计公报。

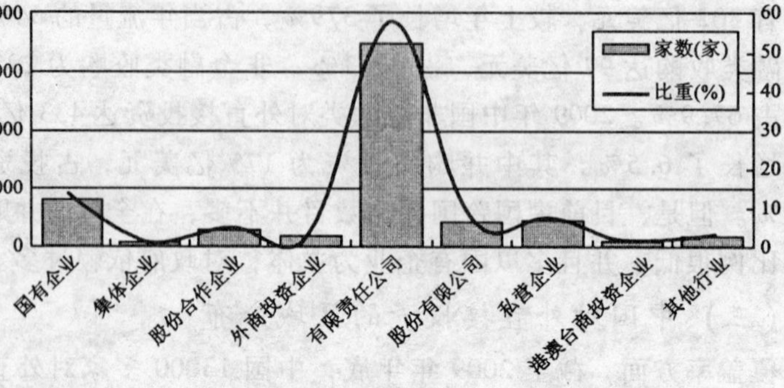

图 7-3　2009 年年底境内投资者按登记注册类型分类情况

资料来源：2009 年度中国对外直接投资统计公报

从境内投资者行业分布看，批发和零售业，占总数的 36.6%；制造业的投资者占总数的 31.9%，其主要是分布在纺织服装制造业、纺织业、工艺品及其他制造业、电子设备制造业、金属制品业、电气机械及器械制造业、交通运输设备制造业、医药制造业、专用设备制造业等；再以后是租赁和商务服务业、建筑业、农/林/牧/渔业等（见图 7-4）。

（五）中国对主要经济体的直接投资

中国对外投资主要分布在中国香港、欧盟、美国、澳大利亚、俄罗斯、东盟等国家和地区，其中中国香港占据六成之多。①

至 2009 年年底，中国内地对香港的投资存量达 1645 亿美元，占对外投资存量总额的 66.9%。从行业分布来看，商务服务业为 28.2%；金融业为 24.2%；批发和零售业为 18.6%；交通运输/仓储业为 7.9%；制造业为 3.1%；房地产业为 2.4%；采矿业为 13.3%；水利、环境及公共设施管理业为 0.7%。

中国对欧盟的直接投资存量为 62.77 亿美元，占对欧洲投资总存量的 72.3%，已经覆盖 27 个欧盟成员国。从存量的行业构成

① 资料来源：2009 年度中国对外直接投资统计公报。

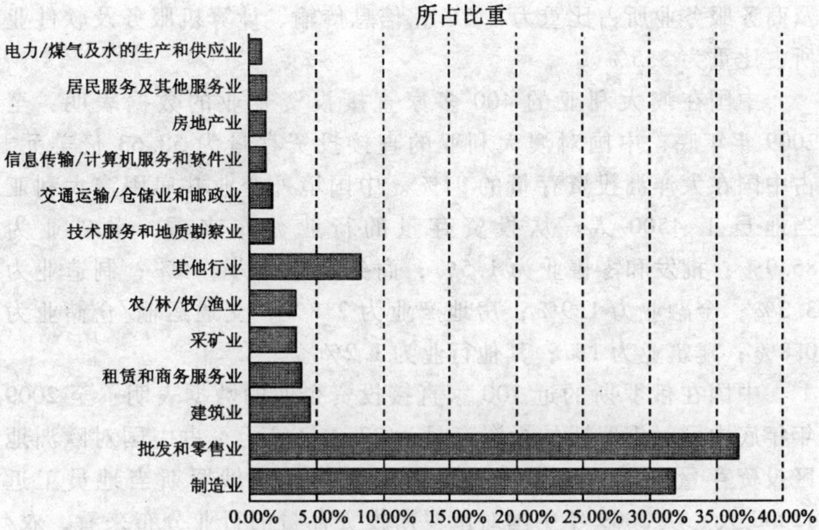

图7-4　2009年年底境内投资者行业构成情况

资料来源：2009年度中国对外直接投资统计公报

看，制造业为25.6亿美元，占25.6%，主要是分布在英国、德国、波兰、罗马尼亚、法国、意大利、匈牙利、捷克等国家；金融业占24.4%，主要是分布在英国、法国、德国、意大利、卢森堡等国家；批发和零售业占14%，主要是分布在英国、法国、德国、意大利、瑞典、罗马尼亚等国家；租赁及商务服务业占10.5%，主要是分布在德国、爱尔兰、荷兰等国家；采矿业为7.2%；交通运输、仓储业为5.4%；农林牧渔业为4.4%；房地产业为2.1%；其他行业为6.4%。

中国在美国的1300家直接投资企业的数据表明：2009年年底，投资存量为33.38亿美元，境外企业雇用美国当地员工已达9000余人。从对美国直接投资存量的行业分布来看，批发零售业为9.5亿美元，占28.5%；制造业为9.4亿美元，占28.2%，其主要分布在交通运输设备、纺织业、通信设备、专用设备、计算机和其他电子设备、橡胶制品、通用设备、医药设备等制造业；金融业所占比重为14.6%；交通运输、仓储业所占比重为6.7%；租赁及商务服务业所占比重为5.5%；信息传输、计算机服务及软件业所占比重为3.5%。

中国在澳大利亚的400多家直接投资企业的数据表明：至2009年年底，中国对澳大利亚的直接投资存量为58.63亿美元，占中国在大洋洲投资存量的91%。中国境外企业共雇用澳大利亚当地员工4500人。从投资存量的行业分布来看，采矿业为85.9%；批发和零售业为1.5%；商务服务业为1.6%；制造业为3.3%；金融业为1.9%；房地产业为2.8%；交通运输/仓储业为0.8%；建筑业为1%；其他行业为1.2%。

中国在俄罗斯的近700家直接投资企业的数据表明：至2009年年底中国对俄罗斯的投资存量为22.2亿美元，占中国对欧洲地区投资存量的25.6%。中国境外企业共雇用俄罗斯当地员工近11000人。从2009年中国对俄罗斯投资存量的行业分布来看，农/林/牧/渔业为24.6%；房地产业为32.1%；制造业为12.2%；租赁及商务服务业为8.3%；采矿业为10.1%；批发及零售业为3.5%；金融业为3.4%；建筑业为3.2%。

2009年，中国对东盟十国的投资存量为95.71亿美元，占中国对亚洲投资存量的5.2%，其中新加坡是投资最多的国家。从行业构成来看，电力、煤气及水生产与供应业为185.849亿美元，占19.4%，其主要是分布于新加坡、印度尼西亚、柬埔寨、缅甸等国家；制造业为148.65亿美元，占15.5%，其主要是分布于越南、马来西亚、老挝、柬埔寨、泰国等国家；商务服务业为10.9%，其主要分布于马来西亚、新加坡等国家；批发及零售业为17.1%，其主要分布于新加坡、越南、泰国等国家；交通运输和仓储业为7.0%，其主要分布于新加坡；金融业为7.0%，其主要分布于新加坡、泰国、印度尼西亚、马来西亚等国家；采矿业为9.5%；建筑业为7.1%，其主要分布于新加坡、泰国、马来西亚、缅甸、菲律宾、越南等国家；农林牧渔业为3.6%，其主要分布于泰国、越南、缅甸、老挝、柬埔寨、菲律宾、印度尼西亚等国家；科学研究、技术服务业及地质勘察业为1.4%，信息传输、计算机服务及软件业为0.4%；房地产业为0.6%；居民服务业及住宿/餐饮业各为0.2%。

（六）中国对外投资存在的主要问题

自中国加入WTO后，由于外资进入中国的准入限制的放宽，关税的降低，非关税壁垒的削减，使得企业生产成本大大下降，资源配置得到优化，经济效益也得到提高。入世使得外国向本国出口商品更容易，外资的进入也更容易。而进口的增加，外资的大量进入会使得国内市场竞争愈发激烈，国内企业面临着更严峻的挑战。国内市场竞争的加剧迫使国内一些企业发展对外投资，开拓新市场。从以上因素看，入世确实促进了企业对外直接投资的发展。中国近年的投资数据也充分表现了中国对外直接投资在近10年内的迅猛发展，但是中国企业的对外直接投资仍处于发展的初期，面临着许多亟待解决的问题。

首先，目前中国对外直接投资无论投资市场还是投资主体都存在着区域结构严重不均衡的特性。一方面，投资市场上，2009年亚洲和拉丁美洲仍然是中国对外直接投资最为集中的地区，对外直接投资流量所占比重之和为84.4%。中国对外投资主要把发达国家及地区，或者周边国家及地区当作是最主要的投资目的地，而对发展中国家及地区的投资甚少。这种狭隘的投资形式会使得投资成本过高，难以发挥中国的比较优势。另一方面，投资主体上，中国对外投资主要是集中在沿海地带及与边境接壤的省市。在非金融类的对外直接投资者中，上海、广东、江苏、浙江、黑龙江、福建、山东、北京、河南七省二市的境内的投资者数量占总数的60%；浙江省是境内投资者数量最多的一个省份；七成私营企业的投资者来自浙江和福建两省。由于这种区域结构的严重不均衡，难以充分利用国内资源和进一步开拓国外市场，直接导致了中国资源的浪费及对外直接投资的逆差。

其次，中国对外直接投资收益较低，投资效率不理想。在国家方面，政府对对外直接投资的宏观管理有效性不足，对企业投资方向及风险控制缺乏一个适合中国具体国情的，明确的规划和指导。此外，中国对外投资宏观管理体制相对落后，外汇管理制度相对严格，使得企业在融资、企业负担上不能满足跨国经营的需要，经常错失投资良机。在对对外投资企业的监管方面，缺乏一部完善的对外投资法律体系，导致跨国投资混乱无章。企业方面，没有明确的经营战略，具有专业素质、相关知识的优秀人才匮乏，企业投资意识薄弱，风险管理能力差。

再次，中国企业跨国经营的行业主要颁布在贸易加工型行业，多数企业仅贴牌生产，技术水平低下，附加值低。中国对外投资的企业，比起发达国家的跨国经营企业，核心技术缺乏、研发能力低下，企业规模普遍偏小，无论是核心技术研发还是先进技术的引进上，都存在着严重的不足，产品竞争力弱。近年来，中国对外直接投资的数量有所上升，但多为劳动密集型产业，这些直接制约着中国对外投资的发展。从中国对外直接投资的行业分布来看，批发零售业、制造业、商务服务业、邮政业、交通运输/仓储和采矿业、金融业聚集了中国对外直接投资存量的90%，分布比较集中。

三、中国引进外资的发展

近年来，中国吸引外资有起有伏，在加入WTO后，中国市场的进一步扩大及投资政策更加符合国际投资要求，使中国吸引外商直接投资进入了一个新的阶段。而外商在华投资由于国民待遇的获得、政策透明度和取消外汇平衡等政策的实施具有了一些新特点。但存在一个总体趋势：即外资持续、大量进入中国，境外企业大多以直接投资方式大举入驻中国，外资经济迅猛发展。总结这个发展过程，可以看出中国吸引外资方面呈现出以下特点和趋势：其一，投资规模不断扩大，并保持较快增长速度；其二，投资方式转变，由中外合资为主转变为外商独资为主；其三，投资领域不断拓展，但主要流向仍然是第二产业；其四，投资区域主要集中在东部地区，但随着西部大开发、振兴东北老工业基地和中部崛起政策的实施，中西部投资正在一步步地加大；其五，投资来源地仍以亚洲为主，但是在日趋多元化。

（一）中国引进外资的总体状况

自1978年中国实行改革开放之后，外资经济已成为中国经济的重要组成部分，成为经济增长不可或缺的推动因素。2002—2009年，中国实际利用外资额总体呈上升趋势，其中偶有下降出现。批准外资情况（项目数）在2007年之前是逐年上升的，但从2008年开始出现回落状况。2007年伊始的金融危机开始波及全球，从而影响外商对中国的投资活跃程度。具体数据见表7-1。

表7-1 **2002—2010年中国实际利用外资情况**

年份	2002年	2003年	2004年	2005年	2006年	2007年	2008年	2009年	2010年
实际使用外资额（亿美元）	527.43	535.1	606.3	724.06	694.68	835.21	952.53	918.04	1057.35
增幅（%）	12.6	1.5	13.3	19.42	-4.06	20.2	14.05	-3.62	18.54
批准外资情况（项目数）	34171	41081	43664	44019	41485	41496	27514	23435	27406
增幅（%）	30.72	22.22	6.3	0.81	-5.76	0.02	-33.7	-14.83	16.94

资料来源：根据中国投资指南网上数据整理而得。

根据商务部外商投资统计，2010年，全国新批设立的外商投资企业共27406家，同比增长了16.94%；实际使用外资金额为1057.35亿美元，同比增长了17.44%。

亚洲十国/地区（中国台湾地区、香港、澳门、日本、泰国、菲律宾、马来西亚、新加坡、韩国、印尼）对华投资新设立企业共22058家，同比增长20.4%；实际投入外资金额881.79亿美元，同比增长20.55%。美国对华投资新设立企业1576家，同比增长0.76%，实际投入外资金额40.52亿美元，同比增长13.31%。而欧盟二十七国对华投资新设立企业1688家，同比增长6.97%；实际投入外资金额65.89亿美元，同比增长10.71%（见图7-5）。

对华投资前十位国家/地区（以实际投入外资金额计）依次

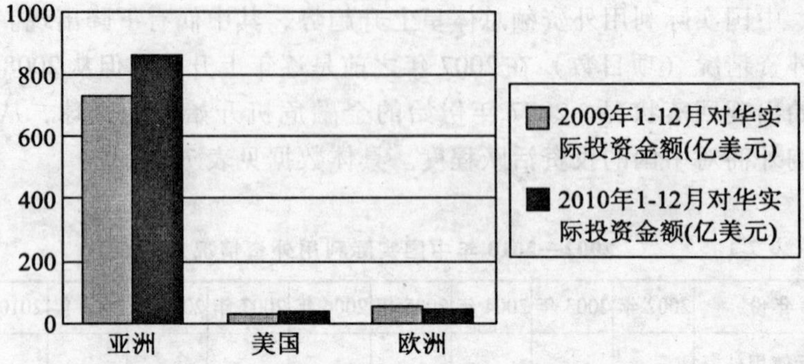

图 7-5　2009—2010 年对华实际投资金额情况

资料来源：中国投资指南网 http：//www.fdi.gov.cn/pub/FDI/wztj/wstztj/lywzkx/t20100115_117047.htm，http：//www.fdi.gov.cn/pub/FDI/wztj/wstztj/lywzkx/t20110117_130179.htm

为：中国香港（674.74 亿美元）、中国台湾地区（67.01 亿美元）、新加坡（56.57 亿美元）、日本（42.42 亿美元）、美国（40.52 亿美元）、韩国（26.93 亿美元）、英国（16.42 亿美元）、法国（12.39 亿美元）、荷兰（9.52 亿美元）和德国（9.33 亿美元），前十位国家/地区实际投入外资金额占全国实际使用外资金额的 90.1%。

（二）中国引进外资的产业分布

近年来，中国引进外资的产业结构逐渐优化。从表 7-2 中数据可以看到，中国引进的外商投资产业结构继续以第二产业为主，第三产业吸收外商直接投资的增势保持持续增长状态。自 2002 年以来，第二产业所占产业总体呈上升趋势，2008 年第二产业吸收外资达 532.53 亿美元，同期增幅 25.8%，但 2009 年数目略有下降，为 500.7 亿美元。与此同时，中国服务业利用外资取得突破性进展，2002 年非金融服务贸易领域实际利用外资金额为 131.53 亿美元，2009 年达到 385.3 亿美元，所占产业比重较 2002 年上升了 18.22 个百分点。非金融服务贸易领域吸引外资主要集中于运输服务业、计算机应用服务业、分销服务业、旅游和旅游相关的服务业、金融服务业等领域①。入世后，中国政府对外资进入第三产业的门槛降低和在服务业开放承诺的兑现，使服务贸易领域依然成为外商角逐的新热点。联合国贸易发展会议的《世界投资报告》研究分析表明，目前服务业国际直接投资的流量已经占全球该类投资流量的一半以上，而其中70%以上投向金融业、保险业和销售服务业。外商尤其是跨国公司正愈来愈多地关注中国的服务业市场，角逐的投资领域主要集中于保险、金融、物流、旅游、批发和零售等服务业。

表7-2 **2002—2009年按行业分外商实际直接投资额与比重变化**

（单位：亿美元；%）

年份	2002年	2003年	2004年	2005年	2006年	2007年	2008年	2009年
第一产业金额	10.28	10.01	11.14	7.18	5.99	9.2	11.9	14.3
所占份额（%）	1.95	1.87	1.84	1.19	0.95	1.23	1.29	1.59
第二产业金额	385.59	391.79	454.63	443.37	425.07	425.8	532.53	500.7
所占份额（%）	73.47	73.23	74.98	73.5	67.45	56.95	57.64	55.61
第三产业金额	131.53	133.35	140.53	152.7	199.15	312.7	379.52	385.3
所占份额（%）	24.58	24.9	23.18	25.31	31.6	41.82	41.08	42.80

资料来源：商务部相关资料、搜狐整理及国家统计局

http：//www.stats.gov.cn/tjsj/ndsj/2009/indexch.htm

http：//news.sohu.com/20100225/n270434358.shtml

① 商务部外资司，外商投资企业主要经济指标及进出口情况，见中国发展门户网 www.chinagate.com.cn.

中国引进外资结构进一步优化的另一方面表现是，外商投资企业研发活动开始向中国扩散。根据联合国贸易发展会议研究，中国已经取代美国，成为跨国公司海外研发活动的首选地，2005 年至 2009 年，高达 61.8% 的跨国公司将中国作为其海外研发地点的首选，而美国以 41.2% 位列第二，印度以 29.4% 排在第三位①。由于入世后中国对知识产权保护力度加大、专利审查进程加快等因素，使外商在中国投资的行业技术含量出现了显著变化。从过去只引进二流技术以避开最新成果的做法，到现在出现了竞相引进最新技术及投资建立研发基地的显著变化。据统计，在 2001 年已有 42% 的企业使用最先进技术的基础上，2002 年又有 80% 以上的新投资项目采用了其母公司最先进的技术，目前这一数据仍在上升。新技术投资涉及的领域中，最热门的乃信息通信行业，对于生物制药行业和家用电器行业也纷纷使用了最新技术。与此同时，外商加大了对研发部门的投资。譬如美国 AMD 公司与中国基础软件有限公司组建的合资研发公司；惠普公司在上海成立了惠普中国软件研发中心；戴尔将自己的首家海外研发机构建于上海长宁区多媒体产业园；诺基亚在杭州设立了其全球性研发中心；全球第六大芯片制造商——英飞凌科技股份公司从 2004 年开始 3 年内投资 12 亿欧元，在上海扩建其研发中心，并与中方合作生产商用记忆芯片；汉高集团在上海投资兴建的技术中心已在 2003 年年初投入使用，此中心已成为汉高集团中国业务链乃至全球技术战略的中心环节。外资在中国投资的行业技术水平在迅速提升，原创型研发内容增加迅速，开发的技术部分已达到全世界同行业的顶尖水平。

在鼓励外商投资高新技术产业的同时，中国外资政策对高污染、高耗能项目实行限制。自 2005 年以来，在钢铁、电解铝、水泥等行业，外商投资新项目或者扩大产能项目均未获批。2006 年钢铁、水泥行业实际使用外资大幅度下降，降幅分别为 66.67%、

① 卢志勇等，中国利用外资“升级换代”开始进入一个新阶段，新华网，http://news.xinhuanet.com/fortune/2007-09/17/content_6738941.htm

55.67%，这些都说明中国利用外资趋向理性，已经进入产业结构调整时期。

（三）中国外资的地区分布

自2004年以来，中国引进外资政策加强了区域引导，东部实际使用外资平稳增长，西部利用外资逐年增加。2008年，西部地区实际吸收外商投资2563.11亿美元，占东、中、西部地区实际吸收外商投资比重的11.02%①。相关数据表明，2002—2009年吸收外商直接投资增速明显加快。2008年中部8省外商投资总额2927.27亿美元，比上年增长8.01%，占全国的比重从2007年的12.85%略微下降为2008年的12.60%。但西部三省表现出大幅度上升。2008年四川省、新疆和内蒙古自治区外商投资总额分别达421.13亿美元、45.60亿美元和221.55亿美元，从2007年到2008年三省年增长分别为56.74%、47.57%和29.20%。这表明了西部地区招商引资优势正在逐步凸显，中国对于外资的区域引导政策效果明显。

入世后，第一家中外合资物流公司——兰州捷时特物流有限公司成立，紧接着青海省第一个由外商独资，投资14.2亿元的直岗拉卡水电站项目启动，这些投资不仅增加了总投资量，而且改变了过去那种多限于西安、重庆、成都、昆明等较发达西部地区的投资格局。但事实上，由于外商直接投资企业所在的母国国家竞争优势不同，对华投资的区位选择战略也有所不同。出于资源导向、市场导向、劳动力导向等战略分析，尤其出于投资环境、投资成本考虑，中国沿海地区明显优越的区位优势、比较完备的基础设施和先行改革开放的体制优势得到了外资的青睐。特别是上海及其周边区域，雄厚的产业基础，较高的科技、教育发展水平，相对较好的社会信用、市场秩序、行政效率等投资软环境因素，吸纳外商直接投资仍然位居全国前列。因此在加入WTO初期，直接投资的区域仍然集中于中国沿海地区。以德国为例，其在华投资的地区路径是首

① 数据来源中华人民共和国统计局网站2009年统计年鉴，其中将海南化为西部地区。

先选择在地区基础设施相对完备、市场发达、劳动力素质较高，能为企业提供比较满意的咨询、金融、保险、法律和物流等投资配套服务的长江三角洲一带。但随着全国各地区积极推出促进吸引国际直接投资的措施，中西部的引资也处于上升趋势。

（四）中国在引进外资方面存在的问题

国际直接投资的进入在众多方面扮演着积极的角色，例如对中国弥补资金缺口、促进技术和管理进步、获得全球销售资源、提高中国产业竞争力、增加劳动力就业和实现经济较快增长等方面的促进作用。过渡期的主要任务从长期看仍然是继续扩大引资规模。因为全面建设小康社会还需要中国进一步扩大对外开放。同时也应该看到：外国直接投资的企业的目标是追求利益最大化。而作为东道国，除了要重视经济增长问题，还要对产业安全、民族经济发展以及可持续增长等问题备加关注。从中国吸引外商投资现状的深度剖析可以看到，中国在引进外资方面还存在着几个问题。

首先，从外商对中国投资的增长态势来看，廉价生产要素和市场潜力居于中国吸引外资因素的前两位，而尚未显现在投资环境综合竞争力上，这是一个值得引起重视的问题。

其次，从产业结构和地区结构来看，外商在中国的直接投资有所改善，但还存在一定程度的失衡。失衡主要表现在两个方面，第一，产业投向失衡。虽然在改革开放后的几十年内，外资经济不断拓展投资领域，特别是在加入 WTO 之后，外商投资领域得到了进一步的扩大，已经涵盖了国民经济各主要行业，如工业、农业、交通运输邮电业、饮食娱乐业、金融保险业、卫生体育和社会福利业等，但数据表明，第二产业一直是外资投向最为集中的领域。第二，投资地区结构失衡。外商在中国的投资区域主要集中在东部地区，和中西部地区的引资状况存在着严重的不平衡。加入 WTO 之后，外商直接投资分布有所改善，从 20 世纪 80 年代只专注于沿海地区，到现在中西部地区的吸引外资比重逐步上升。但东部地区无论是从外商投资企业的数量，还是从实际利用外资的金额方面仍然是远远超过了中西部地区。这说明，中西部地区在区位上依然存在劣势以及前向和后向配套产业的不完善，这种劣势导致了中国吸引外资的不平衡性。

再次，面对近些年以来的企业跨国并购成为直接投资新特征和重要内容的态势，中国的反应略显迟缓。而这对于正处于加快产业结构调整，推进产业升级关键时期的中国经济来说无疑是一个重大的潜在损失。其背后的原因主要有两个：第一，中国现行的法律和管理体制对国外跨国公司对中国国内企业并购有所限制，这使其对中国企业的并购缺乏法律依据。第二，与并购主体难以匹配。近年来，跨国公司并购的重点在于金融、保险、电信、媒体、航空领域，而中国此五类企业在规模和技术管理方面都较发达国家甚至新兴工业国落后，使中国企业难以成为被跨国公司并购的对象。

综上所述，中国吸引外资还存在着诸多需要改进的地方，特别是加入WTO之后，对中国在外资引入方面提出了更高水平和更紧迫的要求。

第三节 WTO与中国国际投资策略

一、中国对外投资策略

入世后，中国和世界其他经济体的联系越来越紧密，对外投资在国民经济中的地位也越来越重要。近几年，中国对外投资规模逐渐提高，但是在发展的过程中存在的问题也应该引起我们的重视。对此，需要政府和企业携手积极应对，采取适当的措施，以保证中国对外投资的可持续发展，进而提高国民福利，提高中国的国际地位。

第一，调整地区结构，拓展多元化市场。投资主体方面，政府应该通过鼓励政策以充分调动企业积极性，使中国对外投资的主体不仅仅局限于沿海地带及过境省市区。投资市场方面，既要合理规划投资，选择适合中国产业发展的地区，也需要深入了解投资市场所在地区的特点，充分利用其各项优势。从目前中国海外投资分布来看，对发展中国家及地区投资相对偏少，抑制了中国对外投资的进一步发展。发展中国家的印度、巴西、巴基斯坦等国家，人口众多，消费群体也庞大，经济增长较快，且中国许多产业相对这些国家有很强的竞争优势，是国内企业理想的投资目标国。

第二，企业应合理调整经营战略，重视人才的培养。企业可以通过兼并重组国内市场以形成实力更强大的产业集团从而进行跨国经营，利用市场优势提高竞争力。与此同时，企业要加大创新力度，加大对核心技术研发的投入，积极营造自主品牌，以提高企业竞争力。人力方面，为了发展国际化经营管理，除了需要营销、金融、财务、技术等方面的专业人才外，还需要具有战略思想、熟悉现代管理的管理人才。因此，一方面企业应该吸引优秀的国际人才，把握市场动态，从而在国际竞争中立于不败之地；另一方面，企业要努力培养本土人才，与世界接轨，将人才的培养纳入企业长期发展的战略中。

第三，调整对外投资的行业结构，促进行业多元化。从产业角度来讲，目前中国并没有某种产业能在国际竞争中占有垄断优势的地位。事实上，根据小岛清的边际产业理论，中国应该把边际产业转移到其他在国际产业分工上层次较低的国家和地区，劳动密集型产业是中国具有比较优势的产业，我们应该把它转向非洲、中东、拉美及其他一些东南亚国家，这样才符合产业发展规律。此外，随着本国劳动密集型产品在海外市场份额的扩大，越来越多的企业面临反倾销诉讼，而通过对外投资则可以绕过贸易壁垒，充分发挥中国企业的小规模适应性技术，且不增加劳动力成本，这样既可以带动半成品、原材料和相关设备的出口，又有益于中国企业在海外形成稳定的市场。

第四，转变对外投资方式。对外直接投资方式主要包括绿地投资和并购这两种方式：绿地投资是指在东道国新建企业和工厂，生成新的生产经营单位。这种方式的特点在于投资方能在较大程度上把握风险，资本的投入也较为灵活，但筹建工作繁琐、周期长、速度慢、风险大。并购指企业通过购买某企业的股权，以取得对该企业的所有权及经营权。这种方式的特点是投资者可以在最短周期内迅速进入目标市场，且成本低，还可以利用现有经营资源，如市场网络、技术、信息及人才等，投资风险也相对较小，而且可以迅速提高企业的规模经济。近年来，中国以并购实现对外直接投资的比例逐年增加，但是相对其他发达国家，中国跨国并购数目并不多，在全球的并购总数中的比例很低，因此有必要加大力度把对外投资方式的重点由绿地投资转向跨国并购。

第五，完善对外投资相关的政策法律法规。为了促进国内企业对外投资，国家相关部门应积极采取有效措施，运用国家行政权力制定和完善企业海外投资立法，在保险、投资保证、信贷等各方面为企业到海外投资创造有利的条件。此外，还应该尽快制定出与当前国际惯例、国际法相接轨的相关法律法规，以保证本国企业在海外投资可持续稳定发展。要充分发挥政府部门、社会团体、信息中心的资源优势，建立有效的对外投资帮助体系，积极向企业提供有效的市场信息和技术支持。

二、中国吸收外资策略

一个国家或地区引进外资的策略应该取决于其内部经济发展的需要，即外资策略应符合中国的外资政策，而政策服从中国内部基本经济结构、产业结构和地区经济的调整方向。2001年年底，中国加入WTO使中国利用外资面临重要契机。国内外形势的改变要求中国对吸引外资策略进行适当调整。调整的总方向是逐步减少优惠，实行国民待遇。即从税收激励机制转为公平竞争机制为主的规则政策。2008年1月1日，《中华人民共和国企业所得税法》实行，标志着中国内外资税收有别的情况结束。这一次的企业所得税法的优惠政策表现了明显的引导性，即高新技术企业、注意环保的企业、创业企业、从事农林牧渔业项目和从事国家重点扶持的公共基础设施项目的企业享受相应的优惠待遇。这种税收法律的调整，即是对中国吸收外资的调整，2006年11月9日，国家发改委公布了《利用外资“十一五”规划》，这是中国第一次公开利用外资的规划，标志着中国进入了更加理性利用外资的阶段。

（一）提供更为规范和公平的投资环境，加大力度吸收外资

近年来，外商投资环境的关注重点逐渐从关注优惠政策转到法律执行、产业导向、技术标准等方面，这对中国进一步健全法律制度，提高执法能力和水平，增强监管制度的透明度，改善行政管理体制，加快对各项体制创新和机制创新等均提出了更高的要求，这可以促进中国改变过去相对优势只存在于廉价要素和市场潜力的落后局面。在国际资本的流动更加理性的趋势之下，一方面，中国应进一步完善吸收外资的法律体系，在保证外商投资政策法律的稳定性、连续性、可预期性和可操作性之外，努力地为外商对华投资创造一个统一的、稳定的、透明的、可预见的法律环境和政策环境；另一方面，中国要增强法制观念，中国政府要做到公开、公正、透明，努力建设廉洁、勤政、务实、高效，提供一个良好的外商投资法律执行环境。

目前，中国应结合全国范围的整顿和规范市场经济秩序两项工作，对外商反映最强烈的乱收费、乱检查、乱摊派、乱罚款的恶性行为进行坚决制止，必须打破地方保护和行业垄断，加大对知识产权保护的执法力度，侵权盗版行为必须坚决打击，这样才能创造一个统一开放、公平竞争的市场环境。此外，还需要进一步完善外商投资企业的投诉制度，依法保护外商合法权益不受侵犯。这样，构建一个完善、宽松的投资环境，必然会提高外商对华投资的信心和积极性，尤其有助于吸引那些较重视投资软环境的国外中小型企业安心地来华投资。与此同时，应加强对中国旨在促进外商投资的立法或修订法律的宣传力度。比如中国在加入WTO之后对外商投资“三法”的修改、对新的《外商投资产业指导目录》和《著作权法》、《商标法》、《专利法》等多个法律法规的修订、一系列外商投资政策和法律法规的出台完善，以及对知识产权保护的加强等做了大量的工作，应对法律法规的修改和完善加强宣传和透明度建设，使外商对中国的投资环境改善有一个充分的了解和合理预期。

（二）改善外商投资的产业结构和地区结构

1. 鼓励外商投资有利于中国产业结构升级的领域

2003年颁布的《鼓励外商投资高新技术产品目录》的宗旨即"进一步吸引和鼓励外商投资高新技术产业，引进国外先进适用技术，增强国内消化吸收和自主创新能力"。① 在鼓励其投资于高新技术产业和配套产业外，也应鼓励外商投资中国服务业。加快中国服务业对外资开放的步伐，争取能较大幅度地提高中国服务业引资的比重。当前形势下，中国应该积极利用国际资本急于寻找出路的机会，主动扩大开放。在主动开放的过程中，根据加入WTO后中国服务业的发展情况，放宽服务业准入条件，选择当前最有利于开放的行业，实行有层次和积极推进，而不是仅限于有限的"试点"。譬如放开外贸、旅行社、律师会计师事务所等中介服务的外商投资权限；有限地扩大地方政府对外商投资农业、基础设施、非限制类制造业项目的审批权限；对于中西部地区经营的外商投资金融机构，可以对经营人民币业务实行优先放开等。与此同时，要加快对服务贸易领域的法律规范的完善，使服务业市场准入制度更加健全统一规范，要重点鼓励对国外服务业的现代化理念、优秀的经营管理经验、先进的技术手段和现代化的市场运作方式的引进，这些做法不仅有利于改善中国服务业结构，提高服务业的水平，还可以为中国制造业的发展提供有力的支持，进而吸引更多的国际资本投入到中国制造业的建设中。

2. 鼓励外商投资于中西部地区

改革开放以来，中国的对外开放呈现出"经济特区——沿海开放城市——经济开发区——中西部"的外资投资路径。2002年公布的《指导外商投资方向的规定》和2007年修订的《外商投资产业指导目录》都着力落实对西部实行外资优惠政策。目前鼓励外商到中西部投资的政策主要包括：鼓励外资参与西气东输、西电东送；放宽融资条件；促进沿海外商投资企业到中西部再投资等。

① 科学技术部、商务部，鼓励外商投资高新技术产品目录，2003-06。

加大对中西部地区吸收外商投资的政策力度，努力为这些地区的外资吸收创造条件，加强对外商投资的区域引导。中国仅西部的 12 省区市就占全国面积的 68.2%，其人口占全国的 28.6%，可以看出中西部地区引进外资的潜力巨大。

目前，积极实施西部大开发战略，关键的是要有真正对外资有吸引力的鼓励政策。中西部地区除基础设施、国企改造等方面对跨国公司有吸引力外，在短时期内其他领域还缺乏与沿海地区相同的竞争实力。所以，西部地区一方面要更加努力地提升自身条件，大力建设基础设施，努力改善投资的环境。对那些存在资源优势和竞争优势的产业应专门地制定恰当的合资或并购政策，加大引资力度，特别是对老工业基地的改造，要大力鼓励外商投资，从而发挥老工业基地的基础雄厚、人才聚集优势。另一个更重要的方面是国家应针对中西部地区的实际情况，进一步放宽这些地区吸引外资的门槛，改善中西部地区外商投资项目的国内融资条件，实施“中西部大优惠”的政策。早在 2002 年，中央政府就已经制定了诸多鼓励各类企业到中西部投资的优惠政策，但这些政策还不能弥补中西部地区因其投资硬环境的差距所抵消的吸引力，因此在吸引外资方面的见效也并不明显。2008 年 1 月 1 日，《中华人民共和国企业所得税法》实行，虽然已经标志着中国内外资税收有别的情况已经结束，但是可以相应地为西部引资制定优惠的吸引政策，可借鉴改革开放之初中央对特区采取的政策和世界其他国家开发其落后地区的做法，对在中西部（或仅限西部）省份注册的企业实行企业和个人所得税的双重优惠。观察国际上和中国沿海地区成功的经验，这种地区税收倾斜政策存在很大的积极政策效应，如果由国家统一制定政策，对内资外资等各类企业实行国民待遇，那么，这既不违反 WTO 的规则，也不会对中央财力和国内市场经济秩序造成负面冲击。

（三）大力推进外资并购

当下，在跨国公司并购已成为国际直接投资的新特征和重要内容的形势下，中国应重视跨国并购所带来的巨大机遇。因此，必须高度重视国际直接投资的新特征，抓住机遇，按照中国对国有经济的战略性调整的总体部署，结合中国产业升级和结构调整的需要，循序渐进地开放投资领域，允许和鼓励外资对部分行业的国内企业采取并购。特别要重点引进发达国家如美国、欧洲、日本等经济发达、产业层次高、追求长期投资以获得稳定回报的跨国公司来华进行并购和投资。

与此同时，要根据中国现阶段的特点和产业发展水平及布局的需要，加快制定符合中国国情的企业并购方面的法律法规，使国际资本在中国的企业并购尤其是对国有企业的并购活动有法可依、有理可循。目前，中国已制定出台了多项向外资转让国有资产的政策法规，如《关于向外商转让国有股和法人股有关问题的通知》、《利用外资改组国有企业暂行规定》、《上市公司收购管理办法》、《合格境外机构投资者境内证券投资管理暂行规定》等。但这些政策法规中存在着明显的不足，一是仍然未成体系；二是与其他中国的相关法律法规存在一些不配套、不协调的条款；三是开放程度有限，离真正的"促进"、"鼓励"外资并购还有相当的距离。因此，应尽快建立起外商投资并购中国国有企业的法律政策框架体系，使外商投资企业境内股票市场上市顺畅，并做好已有的外商投资法律政策与中国证券市场管理规定的衔接与配套，允许和鼓励境外企业参与国内企业的产权交易，并加快建设相关中介服务机构等。使外商投资进入成本降低，提高其进入效率，从而为跨国公司来华投资创造明显、有利的条件。

（四）积极保障国家产业安全

国际直接投资的大量进入对中国政治、经济、社会、文化等产生重大的影响，因此，在积极引进的同时必须对国家产业安全足够重视，包括三个方面的策略建议。

首先，合理的产业导向政策。在建立了合理的产业导向政策后，才能促进产业结构合理化。例如为了保障国家政治、经济、文化的独立性和安全性，需限制外资进入中国国防企业、与意识形态有关的行业及自然垄断行业，一般应准许外国跨国公司对其他行业进行投资。对那些准许进入的行业，比如金融、保险、商品零售批发、物流等，应出台相应的管理办法，从而减少和避免其对国内相关企业的冲击。按照国家的产业政策，要积极引导外国资金流向技术含量高和工艺先进的产业；流向规模大并且产业关联性强的产业；流向基础设施和基础产业。

其次，完善的外资引入法律体系。中国应运用法律手段规范跨国公司的竞争行为，以保证中国的产业安全。通过立法、严格执法，规范外国跨国公司，严格制止其在中国进行倾销活动和垄断经营。尤其值得注意的是防止大型跨国公司利用其优势地位限制市场竞争，损害中国企业利益。应使这些跨国公司遵守中国的有关反不正当竞争法律，特别要禁止其通过垄断、兼并等手段，限制、消灭竞争，进行不合理买卖，对竞争者进行掠夺，歧视性定价等恶劣行为的发生。

最后，还应该建立健全符合中国国情的国家产业管理体制及监控机制。通过一系列的完善措施，将中国吸收外商投资而产生的负效应减少到最低程度，使中国能最大限度地利用其优势为中国的经济发展服务。

第八章　WTO与中国区域经济合作

第一节　WTO与全球区域经济合作的发展

一、WTO与区域经济一体化发展的理论与实践

（一）WTO有关区域经济一体化的规则

虽然WTO及其前身GATT的一项根本原则就是成员方（缔约方）在实行贸易政策时采取非歧视性（Non-discrimination）原则，但是GATT和WTO都明确允许在部分缔约方（成员方）中存在互惠性质的贸易协定。为了避免这一规定被滥用，GATT和WTO都规定了允许这种贸易协定存在所必须达到的条件，并为其他缔约方（成员方）提供了对区域协定体制进行审查的机制。

关税同盟的定义规定在第24条第8款（a）项中："（a）关税同盟应理解为以一单一关税领土替代两个或两个以上关税领土，以便（i）对于同盟成员领土之间的实质上所有贸易或至少对于产于此类领土产品的实质上所有贸易，取消关税和其他限制性贸易法规（如有必要，第11条、第12条、第13条、第14条、第15条和第20条下允许的关税和其他限制性贸易法规除外），及（ii）在遵守第9款规定的前提下，同盟每一成员对同盟以外领土的贸易实施实质相同的关税或其他贸易法规。"对自由贸易区的定义规定在第24条第8款（b）项中："（b）自由贸易区应理解为在两个或两个以上的一组关税领土中，对成员领土之间实质上所有有关产自此类领土产品的贸易取消关税和其他限制性贸易法规（如有必要，按照第11条、第12条、第13条、第14条、第15条和第20条下允许

的关税和其他限制性贸易法规除外)。"

为了保证关税同盟和自由贸易区符合 GATT 所期望的目标，第 24 条对此类区域经济一体化组织的构建规定了几个条件。要求它们应当有助于贸易在同一组内成员领土之间更自由地流动，而与此同时对与组外非成员领土的贸易不会出现壁垒。换句话说，区域一体化应当补充多边贸易体系的不足而不应当对它产生威胁。为了实现这些目标，GATT 规则对关税同盟和自由贸易区的构建规定了标准。这些标准可以概括为三类：即深化区域内部贸易自由化的承诺，与非成员方的贸易保持中立并保持透明度。

1947 年 GATT 第 24 条第 5 款规定，不得阻止在缔约领土之间形成关税同盟或自由贸易区，或阻止通过此类临时协定，只要它们符合这样的规定："就关税同盟或导致形成关税同盟的临时协定而言，在建立任何此种同盟或订立临时协定时，对与非此种同盟成员或协定参加方的缔约方的贸易实施的关税和其他贸易法规，总体上不得高于或严于在形成此种同盟或通过临时协定之前，各成员领土实施的关税和贸易法规的总体影响范围。""就自由贸易区或导致形成自由贸易区的临时协定而言，每一成员领土维持的且在形成此种自由贸易区或通过此种贸易协定时对非自由贸易区成员或非协定参加方的缔约方实施的关税或其他贸易法规，不得高于或严于在形成该自由贸易区或签署协定之前相同成员领土内存在的相应关税或贸易法规。"也就是说，GATT 要求新建立的关税同盟或自由贸易区或签署的临时协定，其所实施的关税和其他贸易限制措施总体上不得高于或严于未建立之前各领土所实施的关税和其他贸易限制措施的水平。同时，GATT 规定对上述所指的过渡到关税同盟或自由贸易区的临时协定，应包括一个在合理时间内形成关税同盟和自由贸易区的计划和时间表。

关于透明度，第 24 条第 7 款（a）项要求任何决定加入关税同盟或自由贸易区的成员应通知其他成员并向他们提供其所建立的区域安排的详细内容。这将包括消除内部壁垒和在关税同盟的情况下，在合理的时间内，建立共同外部壁垒的计划和时间表。各成员方可获得实施协定的法律和程序方面以及所涉经济、贸易规模和衡量协定与相关规则的一致性等方面的信息。1996年2月6日，WTO总理事会下设立了区域贸易委员会，其目的是对区域安排进行审查，并评价他们是否与GATT的规则保持一致。

由于调整区域协定的GATT法律框架影响到发展中国家，在这一法律框架的发展进程中，特别重要的是在东京回合中达成了《关于对发展中国家的差别和更优惠待遇、互惠和更充分参与的协定》，该协定中关于承认对发展中国家有利或互利的关税和非关税优惠待遇的规定被称之为“授权条款”。第1款和第2款是这样规定的：“1. 虽然总协定第1条作出了规定，但缔约方可以给予发展中国家差别和更优惠的待遇，而无需将此类待遇授予其他缔约方。2. 第1款规定适用于以下情形：……（c）欠发达缔约方为了相互削减或取消关税以及根据由缔约方全体为了相互降减或取消非关税措施而规定的标准和条件，对其相互进口的产品所达成区域或全球安排。”该条适用于发展中国家之间缔结的优惠安排，且将上述规定与GATT第24条结合起来看时，就可看出授权条款只适用于货物贸易，而不适用于服务贸易和投资措施等。

由于1947年GATT关于区域经济一体化的规定过于笼统且不明确，如关税同盟或自由贸易区成立前后的减税关税水平对比是基于简单平均还是加权平均？成立关税同盟或自由贸易区之前的过渡协议中，应说明过渡的“合理时间”，但该时间的长短没有明确规定。还有一个更现实的问题就是，哪怕新建立的关税同盟或自由贸易区或签署的临时协定，其所实施的关税和其他贸易限制措施总体上没有高于或严于未建立之前各领土所实施的关税和其他贸易限制措施的水平，但是由于存在贸易转移以及贸易偏转等问题，最终都会损害非此种同盟成员或协定参加方的缔约方。比如，在1994年以前，中国一直是输美纺织品的最大出口国，但是自从1994年美国、加拿大和墨西哥实施了北美自由贸易协定（NAFTA）之后，墨西哥就一举替代中国成为输美纺织品的最大出口国，最近几年加拿大对美国的纺织品出口也超过了中国。此外，就更不必说投资转移效应带来的投资领域的扭曲和损害，以及对非此种同盟成员或协定参加方的更长远的负面影响。

针对上述缺陷，乌拉圭回合谈判达成的《关于解释 1994 年关贸总协定第 24 条的谅解》，重申了达成关税同盟和自由贸易区协作的目的是为了“便利成员领土之间的贸易，而非提高其他成员与此类领土之间的贸易壁垒，在此类协定形成或者扩大时，参加方应在最大限度内避免对其他成员方的贸易造成不利影响”。并对上述的缺陷进行了补充和完善：

第一，评估某一关税同盟形成前后适用的关税和其他贸易限制的总体影响范围，应根据加权平均关税率和实征的关税全面评估关税和费用。该评估应根据关税同盟提供的前一代表期的进口统计数据，细分至税号，列出价值和数量，并按 WTO 原产国别进行分类。秘书处应依照乌拉圭回合多边贸易谈判中评估关税出价时使用的方法，计算加权平均关税税率和实征的关税。

第二，对于从临时协定过渡到关税同盟的“合理时间”，只有在例外情况下方可超过 10 年，如属某一临时协定参加方的成员认为 10 年时间不够，它们应向货物贸易理事会提供需要更长期限的全面说明。

第三，谅解的第 24 条第 6 款规定了形成关税同盟的成员提议提高约束关税时应遵循的原则，即按照《关于解释 1994 年关贸总协定第 28 条的谅解》规定的程序与利益方进行谈判，以期达成双方满意的补偿性调整。如不能在谈判开始后的合理期限内达成协定，则关税同盟仍有权修改或撤回减让，受影响的成员方因此也有权依第 28 条撤销实质相等的减让。

应该说 GATT 的第 24 条的产生是与当时的时代背景密不可分的，是为了保证 GATT 的运行而出现的多方妥协的产物①，正如《关于解释 1994 年关贸总协定第 24 条的谅解》中所言，认识到自《1947 年 GATT》制定以来，关税同盟和自由贸易区的数量和重要性大为增加，此类协议参加方的经济更紧密的一体化可以对世界贸易

① “二战”以后，在赞同全球性 MFN 实践的美国和赞同保留英联邦特惠区（Commonwealth Preferences）的英国之间展开的一场争论，最终导致 GATT 协定第 24 条的采纳。

的扩大作出贡献，如果成员间的贸易限制取消延伸至所有贸易，则其贡献更大。正是基于此种认识，导致了区域经济一体化快速发展的局面。

随着服务贸易自由化规则的达成，WTO在服务贸易总协定（GATS）中也规定了区域经济一体化例外，即服务贸易总协定不得阻止任何成员方参加或达成在参加方之间实现服务贸易自由化的协定，只要此类协定满足以下条件：

第一，协定应该涵盖众多服务部门。此条件应该根据部门数量、受影响的贸易量和提供方式进行理解。为满足此条件，协定不应规定预先排除任何服务提供方式。

第二，协定应在生效时或一段合理时间内，不实行或取消列入承诺表中的与国民待遇不一致的所有歧视性措施，并禁止新的或更多的歧视性措施。

第三，协定应旨在便利参加方之间的贸易，并且与协定订立之前的适用水平相比，对于协定以外的任何成员，不得提高相应服务部门或分部门内的服务贸易壁垒的总体水平。

GATS第5条第3款要求对于发展中国家参加的一体化组织，应按照有关国家总体和各服务部门及分部门的发展水平，在取消歧视待遇方面给予灵活性。

事实上，对于在GATT/WTO框架下对自由贸易区和关税同盟是否符合第24条的论证，其结论并不是令人满意的。自从对1957年建立欧洲经济共同体的《罗马条约》（Treaty of Rome）进行审议之后，几乎没有一次对按照第24条进行审议的协定得出过一致的结论或认识。正如有的专家所指出的那样，在美加自由贸易协定前的50多个关税同盟和自由贸易区的工作组一直未能就这些协定是否符合GATT规定的问题达成一致的结论——另一方面，也没有任何一个此类协定被明确地拒绝批准。①

到20世纪80年代后期，只有4个审议有关区域经济一体化的

① 伯纳德·霍克曼和麦克尔·考斯泰基：《世界贸易体制的政治经济学——从关贸总协定到世界贸易组织》，法律出版社，1999年版。

工作组，表示同意区域性协定满足了第 24 条的要求。① 因此，说 GATT 关于区域经济一体化的规则实际上是形同虚设一点也不过分，而产生这样的尴尬和无奈的局面的根源就在于政治性的妥协。GATT 的缔约方在 20 世纪 50 年代被迫作出了一个政治决定，即不对欧洲经济共同体的建立进行严格的审查，因为欧洲经济共同体最初的六个成员方当时表示，如果 GATT 认为欧洲经济共同体违反了第 24 条，那么它们就将退出 GATT。

（二）有关区域经济一体化对全球经济一体化影响的相关理论研究

专门对区域经济一体化进行经济学研究的理论，人们公认是随着 Viner（1950）的开创性研究成果的发表而开始成型的。在 Viner 的关税同盟理论发表之前②，经济学家们是将区域经济一体化简单地认识为通向自由贸易之路的一步，区域经济一体化即使没有实现福利最大化，但至少也提高了福利水平。正是 Viner（1950）提出的有影响力的“静态”概念——贸易创造和贸易转移才引起了人们对区域经济一体化福利效应问题的广泛关注。

随着大多数国家积极寻求加入或者已经成为各种区域经济一体化组织的成员，经济学家和政策分析家不得不更多地关注这些区域经济一体化组织对全球贸易体系的影响问题。用 Bhagwati（1991）的名言就是：他们在研究区域经济一体化是作为世界贸易自由化的“垫脚石”(Building Blocks) 还是“绊脚石”(Stumbling Blocks)。学者们研究得出的结论也是莫衷一是。

当今的区域化浪潮是在比 20 世纪 50、60 年代出现的第一次浪潮更自由的贸易环境下兴起的，关于区域主义在当前全球贸易体系中的作用，经济学家中存在着相反的观点。Krugman 和 Summers 都认为区域贸易集团当然是改进的，并且不可能对多边贸易体系有任

---

① Schott, J. Free Trade Areas and US Trade Policy, Washington D. C.: Institute for International Economics, 1989.

② Viner, J. (1950), *The Customs Union Issue.* New York: Carnegie Endowment for International Peace.

何的负面影响。根据Summers的研究，如果世界分成少数几个贸易集团，由于从体系中剔除了搭便车者，多边谈判将会变得比较容易。① 但是，正如Bhagwati和Panagariya指出的那样，这样的解释值得怀疑，因为并不清楚自由贸易区协定对于成员方在多边贸易体系中的行为将会产生何种影响。与关税同盟不同，自由贸易区协定的成员们保留它们各自的外部贸易壁垒，因此，在多边舞台上，这些自由贸易区协定的成员方是独自进行关税谈判。此外，即使欧盟成员国如同一个单一的个体那样参加多边贸易谈判，但它对于这些谈判进程的影响也值得怀疑。按照Bhgawati和Panagariya的观点，欧盟过多地关注自身内部的问题和日程表，事实上阻碍了多边贸易谈判的进程。②

主流经济学家们中的大多数更倾向于认为区域主义对多边贸易体系是具有伤害性的，他们认为优惠贸易协定在本质上是带有歧视性的，并且20世纪80年代中后期出现的优惠贸易协定潮流对于多边贸易体系是一个严重的威胁。Bhagwati和Krueger指出，不断增长的区域主义是很危险的，因为区域主义不仅容易导致贸易集团之间的贸易战和贸易集团内较小的国家受到较大国家的控制，而且区域主义还会降低对多边贸易体系参与的热情。③ 这些学者表达了对日益增长的区域主义负面影响的强烈关注，并且担心区域经济一体化会分散各国对多边贸易自由化的注意力。他们认为经过区域主义的特别设计，许多优惠协定导致贸易歧视并因此伤害多边贸易体系。WTO的官员也表达了相似的观点。快速增长的区域主义给WTO机制主义带来的威胁，或许正如WTO的前总干事Supachai

① Krugman, P. R. (1991a), "Is Bilateralism Bad?" In E. Helpman and A. Razin, eds., *International Trade and Trade Policy*. Cambridge: MIT Press.

② Bhagwati, J. and A. Panagariya (1998), "Trading Preferentially: Theory and Policy." *Economic Journal*. Vol. 108: pp1128-1148.

③ Bhagwati, J. and A. Krueger, eds. (1995), *The Dangerous Drift to Preferential Trade Agreements*. Washington, DC: American Enterprise Institute for Public Policy Research Washington.

Panitchpakdi 博士的一次演讲中所总结的那样："区域主义可能会成为多边体系的一个强有力的补充，但区域主义不可能替代多边体系。第二次世界大战后多边贸易体系被建立就是要明确阻止竞争性的贸易集团的统治。今日区域主义的复活是对全球经济合作失败以及对多边主义支持降低的一个危险信号。区域主义威胁到了 WTO 的基础，尤其对于那些最弱小和贫穷的国家，预示世界将有更大的分裂、冲突和排斥。"

由于对 WTO 作用的怀疑，发展中国家目前的选择就是在多边贸易体系和优惠贸易协定中"二选一"。许多南—南型的优惠贸易协定，正在帮助这些发展中国家扩展市场准入而不用在国家政策的自主权方面作出让步。或者说，比较和选择正发生在两个次优状态之中——事实上不平衡的多边贸易体系和理论上可能要差一些的解决方案——优惠贸易自由化。许多发展中国家寻求南—南优惠贸易协定以便扩展它们的市场准入，这些区域贸易协定可能对发展中国家是有益的，因为它降低了对发达国家市场的依赖，不仅会帮助这些国家抵制来自霸权经济权力的压力，而且将帮助它们融合和促进在多边贸易谈判中尚显陌生的南—南联盟。在 WTO 中实际上已经出现一个清晰的南—北分割的局面，这或许对多边贸易体系会有一个很大的负面影响。

WTO 成员方青睐区域经济合作原因是多方面的。历经了 GATT 八轮多边贸易谈判，成员方总体关税水平已大幅度削减，当今贸易领域的争端焦点问题已转向非关税壁垒、环境保护、投资措施、劳工标准等领域，而这些问题远较关税问题复杂，在 WTO 多边贸易体制下鲜有实质进展，多数国家便转向 RTA（区域贸易安排）订立相关条款寻求解决，使得某些区域经济组织的贸易自由化程度和合作范围比 WTO 更加深化。区域贸易谈判有明显的运行优势，更易达成效果。多边贸易体制下成员国数目多，成员国间的差异大，谈判议题的难度也在不断加大，妥协余地越来越小，往往造成议而不决。谈判结果也容易受非经济因素的影响，出现少数国家或组织的强势主导。WTO 体制就是一种典型的多边贸易体制，WTO 要在一个特定议题上达成一致的难度越来越大，多哈发展议程举步维艰充分说明了这一点。而RTA通常是以地理上的相近性或者经济上的互补性为合作的主要考虑，成员有着天然的亲近感和安全感，并且在世界事务中往往有着共同的局部利益，加上RTA成员较少，协商成本相对低，在决策上容易达成一致。RTA对于非成员的歧视是隐蔽的，给予区外WTO成员的感觉不是很强烈，客观上也为它的发展赢得一定的缓冲。基于此，WTO成员出于现实利益考虑，在当今贸易自由化道路的选择上就有所侧重了。

从本质上讲，区域经济一体化的发展对WTO的基石——最惠国待遇原则确实构成了严峻挑战，影响了WTO贸易自由化功能的发挥。RTA的歧视虽然是隐蔽的，也即通过给予区内成员减免关税等优惠待遇，但实质上是对自由贸易的扭曲，对GATT第1条非歧视最惠国待遇条款形成重大挑战。从关税上看，区域经济组织对内减免，对外则维持原各自税率或采取共同关税，这必然产生明显的贸易转移效果，即将可能属于区外成员的贸易机会转移至区内。从非关税措施上看，为解决非成员搭便车，享受区域内贸易自由化的便利，区域经济组织往往利用原产地规则实施贸易保护，对成员的产品实行特别优惠。在实践中，原产地规则成为强迫投资的工具，位于区域经济组织外的公司往往进退维谷：要么在区域内进行投资，要么停止贸易。在反倾销及保障措施的适用上，也内外有别，如欧盟就仅对非成员国而排除了对成员国之间的反倾销措施的适用，这也是典型的违反最惠国待遇原则的贸易保护手段。作为例外的GATT第24条的规定的适用成了常态，区域经济组织如雨后春笋般呈现，形成了一个复杂、多层次的网络关系。随着区域经济一体化的深化，区域经济组织的对内优惠措施扩展至新成员或新的贸易领域，对非成员的贸易障碍则越发深厚；区域经济组织数量众多，把全球分割为不同的经济板块，相互之间难免引发争端，尤其如欧盟与美国或NAFTA之间的争端会引发集团之间的对抗，对国际经济环境与WTO多边贸易功能的影响也很不利。

尽管对区域主义和多边主义的关系众说纷纭，但那些坚持多边主义的经济学家们大多来自发达国家，尤其主要来自目前世界上经济实力最强大的美国。自由贸易和保护贸易的使用是有条件的，即每个国家都应结合自身的现实国情和当时的国际环境作出理性的选择，不可能用一个统一的、抽象的所谓的效率标准作为唯一的评判标准，这个标准本身就应该是多元的。因此，关于区域主义和多边主义之间的关系，今后仍将是国际经济学领域的一个重要研究课题。

二、全球区域经济一体化的发展历程

区域经济一体化的发展已经有数百年的历史。例如，1664 年法国出现了省际关税同盟；18—19 世纪，奥地利与周边的五个国家签订了自由贸易协定；一些殖民帝国也是建立在特惠贸易的基础上的。关税同盟还可以成为新的国家产生的前奏，最有名的例子或许就是德国（商业同盟）和美国。

在最早于法国出现的省级关税同盟之后的两百年中，区域经济一体化发展迟缓。1860 年英国和法国签订了以无条件最惠国待遇为基础的商业协定后，区域经济一体化在欧洲得到迅速发展。到 20 世纪初期，英国与 46 个国家、德国与 30 个国家、法国与 20 个国家签订了双边贸易协定。这些贸易协定极大地推进了欧洲一体化的进程。这一时期被经济史学家 Irwin 称为“激进的双边主义时代”(progressive bilateralism)①，它引发了欧洲和全球削减关税的浪潮，其历史作用堪与“二战”以后的 GATT 相比。

第一次世界大战虽然中断了区域经济一体化的发展进程，但战争结束后，新一轮的区域主义迅速发展，这个时期签订的区域贸易安排更具有歧视性和政治性。比如，1928 年法国与其殖民地国家签订的关税同盟、1932 年英国与英联邦成员建立的英联

---

① Irwin, D. (1993), “Multilateral and Bilateral Trade Policies in the World Trading System: An Historical Perspective”, in J. de Melo and A. Panagariya, eds., *New Dimensions in Regional Integration*, New York: Cambridge University Press.

邦优惠制度，便是从巩固英法帝国控制势力的角度考虑的。这些以邻为壑的双边贸易协定盛行，结果自然加剧了国家间的经济和政治冲突。

在“二战”结束后的半个多世纪中，区域经济一体化已经成为世界经济发展的主流现象。可以说，区域经济一体化改变了“二战”后国际分工与贸易发展的方向，对于全球经济格局变化产生了重大影响。半个多世纪以来，区域经济一体化在世界范围内经历了三次大的发展浪潮。第一次浪潮发生在 20 世纪 50、60 年代，它以 1956 年成立的欧洲经济共同体（EEC）为标志；第二次浪潮发生于 20 世纪 80 年代末 90 年代初，其标志是欧洲统一市场的形成，北美自由贸易协定的诞生；第三次浪潮出现在 20 世纪 90 年代后期，并一直延续至今，其特点是区域贸易协定特别是双边自由贸易协定在全球各地不断涌现。

截至 2011 年 5 月 15 日，向 GATT/WTO 通报的各种 RTA 已多达 489 个。其中，依据《1947 年 GATT》或《1994 年 GATT》通报的 RTA 有 358 个，依据授权条款（Enabling Clause）通报的 RTA 有 36 个，依据 GATS 的第 5 条进行通报的 RTA 有 95 个。与此同时，其中的 297 个 RTA 已经在执行。其中，自由贸易协定（FTA）和局部的自由贸易协定（partial scope agreements）占到了 90% 以上，而关税联盟的比例则不到 10%。

目前，全球的 RTA 呈现出一种三足鼎立的态势。欧洲的 RTA 以欧盟（EU）和欧洲自由贸易联盟（EFTA）为主要轴心，其中的欧盟早已超越了自由贸易区范畴，不仅建立了关税同盟和共同市场，而且在部分成员国之间还实现了经济货币联盟和统一货币，是目前全球经济一体化程度最高、影响力最大的区域经济组织。美洲的 RTA 以北美自由贸易协定（NAFTA）和南方共同市场（MERCOSUR）最具影响力，并且正朝着建立美洲自由贸易区（FTAA）的方向努力。东亚地区的 RTA 以东盟自由贸易区（AFTA）发展最快，此外中国与东南亚国家联盟（Association of

Southeast Asian Nations, ASEAN，东盟）①、日本与东盟等双边自由贸易区也在谈判建设与发展之中。

此外，在许多情况下，RTA 所涵盖的范围和所确定的贸易管理体制已经远远超越现行多边贸易体制的规则。而且已经不满足于实现货物贸易自由化，而是越来越多地将服务贸易自由化列为重要内容，同时也更加强调经济技术合作和贸易投资便利化措施。而诸如投资保护、竞争政策、环境保护、劳工标准、知识产权保护等在多边贸易谈判中有争议的议题也往往被纳入 RTA 中。为了减少和更加有效地解决贸易摩擦，FTAs 一般都对反倾销、特殊保障等作出更加严格的规定和限制，对原产地规则和贸易争端解决机制也采取与现行多边贸易体制不同的做法，以最大限度地保证 FTAs 的有效实施。

之所以会出现这种趋势，是由于在经济全球化过程中，处于不同经济发展水平和历史阶段的各国在可以预见的时间和空间范围内，很难找到一个共同的经济利益均衡点。因此，建立 RTA 是应对经济全球化特别是 WTO 框架中多边协议难以达成下的一种次优选择。

三、当代区域经济一体化发展的特点

可以说，“二战”结束以来全球范围内的区域经济一体化浪潮经历了从“老区域主义”到“新区域主义”②，再到“新双边主

① 1967 年 8 月 8 日东盟成立。东盟成立的宗旨虽是“提倡以平等及合作精神共同努力，促进东南亚地区的经济成长、社会进步与文化发展”，但其根本用意却是希望遏制共产主义势力在东南亚的扩展，政治用意大于经济用义。其后，随着国际形势的变化，逐步转为以政治、经济合作为主的区域集团。现在东盟拥有十个成员国，即：印度尼西亚、新加坡、泰国、菲律宾、马来西亚、文莱、缅甸、越南、老挝和柬埔寨。

② 关于“老区域主义”和“新区域主义”的区别，目前在学术界并没有达成广泛的共识。主要是按时间来划分的，当然“新区域主义”的一个很重要的特点就是，发达国家和发展中国家之间形成的区域经济一体化组织出现并明显增多，比如北美自由贸易协定。

义”的发展历程。从世界范围来看，亚太地区的区域经济一体化进程似乎总是显得缓慢，尤其是东亚地区。

在“二战”后的较长时间里，亚太地区的大多数经济体都对歧视性的优惠贸易安排（PTAs）嗤之以鼻，这一地区的许多经济体都认为它们是世界上其他地区特别是欧洲地区歧视性地区主义的受害者，因此它们大多数是多边贸易自由化和“开放的区域主义”的极力支持者。截止 2001 年年底，世界贸易组织的 144 个成员方中只有东亚的中国、日本和韩国未加入任何一个歧视性的区域经济一体化组织。但是从 20 世纪 90 年代末开始，特别是东南亚金融危机之后，亚太地区的大多数经济体明显地转变了先前极力支持多边贸易自由化的立场，而逐渐倾向于区域经济一体化进程，在向区域主义的转变过程中则更多地选择双边自由贸易协定（bilateral free trade agreements，BFTA）来实现贸易自由化。1998 年，日本-韩国自由贸易协定首先被提出，很快智利与韩国、新加坡与新西兰、新加坡与日本、新加坡与美国、东盟与中国、东盟与日本等自由贸易协定被提上了议事日程。亚太地区至少有 45 个双边 FTA 将会在 10 年之内成立，而且有更多的双边 FTA 正在研究中。

中国从 2001 年年末加入世界贸易组织以后也加快了区域经济一体化进程。2002 年 11 月 4 日，中国和东盟 10 国领导人共同签署了《中国-东盟全面经济合作框架协议》，双方同意于 2010 年建成中国-东盟自由贸易区（China-ASEAN Free Trade Area）。从 2004 年开始，中国又陆续启动了与澳大利亚、新西兰和智利等几个国家商谈双边 FTA 的相关工作。

与前一轮的区域经济一体化浪潮相比，新区域主义不仅数量增加、范围扩大，而且内涵大大扩展，不再局限于狭隘的安全和经济目标。新区域主义所关注的内容和要求实现的目标不断增加，涉及建立在地区基础上的人权、民主、环境和社会正义以及跨国社会和文化网络等方面。

新区域主义与老区域主义的主要区别在于以下几点：（1）开放性。20 世纪 80 年代以前的老区域主义侧重于区域内部的合作和区域整合，对外相对封闭；新区域主义则提倡在注重区域内部合作的同时加强与其他区域的横向联系和交往；（2）包容性。以西欧为代表的老区域主义注重政治制度、经济结构、意识形态、宗教信仰、文化传统的相同或相似，对与其相异的国家采取排斥的态度；而新区域主义则要把不同体制的国家包容在一起，并不强求各方面的相似或一致，允许成员在各方面存在差异；（3）合作性。与老区域主义相比，新区域主义突破了传统国际政治南北关系的界限，出现了发展中国家与发达国家的合作，共同构建区域组织的新态势。（4）多元性。新区域主义所包含的一些内容并不是以显著的贸易自由化为特征，而这些恰恰不是传统经济收益所能涵盖的，因此传统的国际经济一体化理论并不能给出很好的解释。有学者认为传统的区域经济合作强调贸易条件改善、规模经济、强化竞争等收益，但经验研究显示这些收益并不大（Schiff 和 Winters，1998）。于是国内外一些学者开始从其他的角度来探讨新一轮区域经济一体化的成因，提出了所谓的区域经济一体化非传统收益理论。综合国内外学者的研究状况，区域经济一体化的非传统收益理论主要包括建立协调一致机制、实现谈判收益的最大化、经济波动减弱效应、提高讨价还价的能力、锁定国内改革进程、保险效应、轴心-辐条效应、发信号、改善成员国的安全和获取政治收益这十个方面。

第二节 中国区域经济合作的现状

一、亚太区域经济合作的历史演变和基本格局

亚太地区的区域经济一体化是随着区域内经济和贸易的发展而逐步演进的，并表现出显著的阶段性特征，其进程与欧洲和北美相比要相对滞后。目前，亚太地区经济一体化虽然处于起步阶段，但是发展迅速，特别是双边自由贸易谈判非常活跃。

20世纪60年代初期至80年代中期是亚太区域贸易安排的探索阶段。尽管亚太区域经济一体化的实践落后于世界其他地区，但关于亚太区域经济合作的战略构想却从未间断。日本是亚太地区最早关心亚太区域经济合作的国家之一，整个20世纪60年代到80

年代中期，由于日本经济的崛起，日本一直致力于推动亚太地区经济合作。日本工商界、学术界和政界提出了一系列有关亚太地区经济合作的战略构想，其核心就是建立一个以日本为中心、以日美合作为基础、由太平洋沿岸各国广泛参加的“新区域社会”。

可惜的是，日本的愿望并没有得到有效地实施。一方面，20世纪60年代，亚太地区发展中国家的经济正处于“起飞”的准备阶段，大多数国家都还坚守着“进口替代”的外贸发展战略，相互经济往来并不十分密切，再加上意识形态仍然处于对峙状态，许多国家参与地区经济合作的愿望并不强烈。另一方面，当时美国在资本主义世界经济中占据着霸主地位，其产品在国际市场上具有很强的竞争力，它所需要的是利用关贸总协定推行全球多边贸易自由化，以便最大限度地打开别国市场。在这种情况下，美国对日本提出的种种设想不感兴趣，澳大利亚、新西兰等国家也态度谨慎。但这一阶段随着东南亚诸国之间政治关系的改善，要求“联合自强”的呼声日渐高涨，于1967年8月8日成立了次区域性政治经济组织——东南亚国家联盟。

亚太地区的大部分经济体在“二战”后都一直坚持在多边贸易体制下来实现全球贸易自由化，并一直认为自己是欧洲区域经济一体化的受害者，由此亚太经济合作组织的宗旨也反映了这一理念。到20世纪90年代中期，亚太地区的贸易自由化仍然坚持以开放式区域主义和多边贸易体制为基础。亚太地区各个经济体都处于一种区域主义与多边主义协调共存的稳定状态，在各个经济体的贸易政策中，更多地倾向于通过多边途径实现贸易自由化目标。作为该地区最具影响力的区域经济合作形式——亚太经合组织（APEC）也一再强调以非歧视的、开放的区域主义为基础促进贸易自由化，并积极地维护和支持多边贸易体制的利益。

Baldwin认为，“东亚或亚太区域经济一体化具有十分重要的意义，但这仍未产生，似乎在短期内也不会产生，因为歧视性的区域经济一体化在这里还不被理解和采纳”。现实的发展推翻了Baldwin的“预言”，从20世纪90年代末开始，特别是东南亚金融危机之后，亚太地区越来越多的经济体开始转向签订贸易协定来实现贸易自由化。

1998 年，日本-韩国自由贸易协定首先被提出，很快智利与韩国、新加坡与新西兰、新加坡与日本、新加坡与美国、东盟与中国、东盟与日本等自由贸易协定被提上了议事日程。在其后的 8 年中，亚太地区至少有 15 个特惠贸易协定建立，同时至少有 30 个新的特惠贸易协定在谈判之中。

从亚太双边贸易协定的发展现状和趋势来看，一张“特惠贸易协定的网”正悄然形成。新加坡、澳大利亚、新西兰、日本、美国等发达国家俨然成了这个网络的中心。但就未来而言，东盟有望在新的特惠贸易协定网中扮演重要的角色。在过去的 5 年中，东盟已经成为中国、印度、日本、韩国、澳大利亚和新西兰等国争相建立特惠贸易协定的首选对象。东盟采取了自由区的框架，加快了在投资、服务，包括农业在内的贸易自由化的步伐。“10+1”机制有望成为未来十年亚太区域贸易协定最主要的框架。

曾有学者担心东亚贸易集团的建立会分化世界贸易，整个世界贸易将被划分为三个贸易集团：美洲自由贸易区、以欧盟为核心的贸易集团和东亚贸易集团。但从最近的发展来看，世界贸易划分为三个贸易集团的趋势似乎不是很明显。许多东亚国家开始与主要的美洲贸易伙伴建立双边自由贸易区，美国也同样热衷于在亚太地区建立双边自由贸易区。欧盟在南美和东南亚同样有类似的考虑。

在可预见的将来，人们最有可能在亚太地区看到的就是双边、多边和区域自由贸易协定相互交叉的贸易协定网。该地区特惠贸易协定网将跨越经济和地理的障碍，其中将以双边自由贸易区为主，距离的远近将不成为主要考虑的因素。

二、东亚地区区域经济一体化的实践

日本是亚太地区最早关心亚太地区区域经济合作的国家之一，其对亚太区域经济合作先后提出了建立“太平洋共同体”、“太平洋经济圈”和“东亚经济圈”的构想，但均没有付诸实施。

东亚地区走在区域经济一体化实践最前端的是东盟。1967 年 8 月 8 日为开展经济合作，并使彼此间领土纷争有所缓和，印度尼西亚、新加坡、泰国、菲律宾四国外长和马来西亚副总理在泰国宣告东南亚国家联盟（简称东盟，Association of Southeast Asian Nations，ASEAN）的成立。此后东盟五国先后与中、美、日关系正常化。1973年五国协调一致，成立东盟-日本橡胶论坛，集体向日本施压，最终改善了东盟橡胶生产业状况并获得6亿日元的无偿援助。自此，东盟逐渐以一个区域组织的整体形象活跃在世界政治经济舞台。

东盟国家于1976年签订了《东盟协调一致原则》和《东南亚友好合作条约》两个重要条约。此后，在柬埔寨问题，中东问题，核武器问题以及其他诸多国际事务问题上，东盟各国都尽量用一个声音说话，使区域外大国充分感受到了“弱国”联合的力量。

1990年12月马来西亚总理马哈蒂尔率先提出“东亚经济集团（East Asian Economic Community，EAEG）”的构想，表明了东盟积极倡导东亚区域合作的决心。① 由于此构想只包括东盟和中、日、韩，不包括美国和大洋洲的澳大利亚和新西兰，遭到以美国为主的西方国家的极力反对和抵制而一直未能如愿。文莱加入东盟后，1992年东盟六国在新加坡举行东盟贸易部长会议，正式提议在15年内成立“东盟自由贸易区”(AFTA)，其核心内容为关于共同有效关税优惠计划（CEPT），要求从1993年开始的15年内东盟各国降低关税和取消非关税壁垒，于2008年达到0—5%的平均关税水平。

除了在经济贸易的领域合作，东盟还积极开展多方位外交。1994年7月成立东盟区域论坛（ARF），除成员国本身外，还包括美国、加拿大、澳大利亚、中国、日本、韩国、欧盟和俄罗斯。这是一个高级协商对话机构，旨在使东盟与周边国家一起就共同关注的政治和安全问题进行建设性对话，建立信任措施和开展预防性

① EAEC后易名为“东亚经济论坛（East Asian Economic Caucus，EAEC)。Katzenstein和Shiraishi（1997）认为马哈蒂尔的这一倡议有三个目的：一是在APEC中达成针对美国和日本的政治平衡；二是在亚洲达成针对日本和中国的经济平衡；三是作为针对西方国家经济集团的一个筹码。

外交。

此后，由于东盟影响日益扩大，越南、缅甸和老挝分别加入东盟，1999 年 4 月，柬埔寨成为东南亚地区最后一个加入东盟的国家。至此，有了正式意义上的东盟 10 国。

1997 年的亚洲金融危机给东亚地区的区域一体化注入了强心剂，并促使东亚国家重新思考调整各自的地区合作政策，共同寻找一个新的经济合作机制。1997 年 12 月 15 日首次东盟与中日韩领导人会议（1999 年易名为“10+3”）在吉隆坡举行，东盟各国和中日韩三国领导人就东亚的发展前景、亚欧合作、亚洲金融危机、深化地区经济联系以及在国际经济问题上进行协调与合作等问题上达成许多共识，这是东南亚和东北亚两个次区域开展合作的标志。

1999 年在马尼拉召开的“10+3”会议上，13 国共同签署了“东亚合作联合声明”，这个声明表明了成员国在各个领域实现东亚合作的决心。在“10+3”合作进程中，外交、财政、经济、农林、旅游和劳动六个部长级会议机制已经建立，并考虑建立“东亚经济委员会”，有力地推动了相关领域的合作。与“10+3”并行的是东盟分别与中日韩领导人“10+1”会议，即三个“10+1”合作机制。这些会议为整个东亚合作构筑了坚实的基础。

与此同时，2002 年东盟自由贸易区（AFTA）提前在六个老成员国间正式启动。东盟初始六国从 2002 年起建立 AFTA，将平均关税水平降到 0—5%，越南、老挝和柬埔寨、缅甸分别于 2006 年、2008 年和 2010 年达到该目标。

2002 年 11 月 4 日，中国和东盟领导人在柬埔寨首都金边签署了《中国与东盟全面经济合作框架协议》。这不仅标志着中国-东盟建立自由贸易区的进程正式启动，也标志着中国与东盟的经贸合作进入了崭新的历史阶段。这一举动无疑刺激了日本。随即，“日本-东盟自由贸易区”，“韩国-东盟自由贸易区”相继步入协商阶段。

2003 年 10 月 8 日，中国政府在印度尼西亚巴厘岛举行的第七次东盟与中国领导人会议上宣布加入《东南亚友好合作条约》，并与东盟签署了宣布建立“面向和平与繁荣的战略伙伴关系”的联合宣言。2003 年 12 月 11 日，日本和东南亚国家联盟特别首脑会议在东京开幕，日本首相小泉纯一郎在会议上不仅宣布日本正式加入《东南亚友好合作条约》，而且继2001年之后，又一次提出了"东亚共同体"的目标，这一计划是建立一个包括"10+3"及澳大利亚和新西兰的扩大的东亚共同体。

2005年12月14日的东亚峰会在马来西亚开幕，参与方有东盟十国、中日韩三个东北亚国家、传统上属于南亚地区的印度，以及大洋洲的澳大利亚和新西兰。会后参与国签订了《东亚峰会吉隆坡宣言》。宣言明确表示，东亚峰会将定期举行，由东盟主席国主办并担任主席，与东盟年度首脑会议同期举行。

三、中国参与多边和双边区域经济合作的进展

中国在区域经济合作方面的起步相对比较晚，这主要和中国在改革开放以前的国家大政方针思想有很大的关系。1986年7月10日中国正式向WTO的前身——GATT递交"复关"申请后，中国也开始积极参与各种区域经济一体化活动。1991年11月，在汉城召开的第三届APEC部长级会议接纳中国为APEC成员，它虽然是一个松散的论坛性质的机构，但却是中国加入的第一个协调区域成员贸易自由化、贸易便利化的组织。2000年4月，曼谷协定第十六次常委会在泰国曼谷召开，与会成员国一致同意中国加入曼谷协定，曼谷协定是中国加入的第一个具有实质性关税减让的组织。①

但真正将东亚区域合作推向实际意义的是中国-东盟自由贸易协议（CASEAN）的缔定。2000年11月5日，第四次"10+1"领导人会议在新加坡举行，中国国务院总理朱镕基在会上就今后一段时间在政治领域、人力资源开发、加强湄公河流域基础设施建设、高新技术领域、农业、贸易与投资等方面的双边合作提出了具体建议，并在会上提出10年内正式建立中国-东盟自由贸易区（China ASEAN Free Trade Area，CAFTA），基本上得到了东盟诸国首脑的肯定。2001年11月，在文莱举行的第五次"10+1"领导人会议

① 按WTO的官方网站的统计报告，中国参加并实行的第一个区域经济一体化组织是曼谷协定（Bangkok Agreement），2002年1月正式实行。

上，双方一致同意在 10 年内，即 2010 年建立中国-东盟自由贸易区。①

从双边角度来看，自 2001 年起中国已经与二十多个经济体签订了自由贸易协定或正在开展建立自由贸易区的谈判。已经实施的包括与东盟十国的自由贸易区、与中国香港和中国澳门两个特别行政区的更紧密经贸关系的安排（Closer Economic Partnership Arrangement，CEPA）、与新西兰的自由贸易协定、与新加坡的自由贸易协定、与智利的自由贸易协定、与巴基斯坦的自由贸易协定，以及正在与澳大利亚、挪威等国进行的自由贸易区谈判或可行性研究。

中国与新西兰签署的双边自由贸易协定意义重大。中国和新西兰都是传统的农业大国，农产品贸易是中新货物贸易的主要内容，也是中新自由贸易区建立的重要内容。中国与新西兰在资源禀赋上存在巨大差异，中国主要是生产劳动资源密集型产品，而新西兰是生产资源密集型产品。新西兰一直是中国进口奶制品、羊毛、毛皮等产品最主要的来源国之一，而中国也是新西兰主要的农产品出口目的地之一。近年来，中国与新西兰双边贸易发展比较快，中国已成为新西兰第三大贸易伙伴国，第四大出口市场和第二大进口来源地。

中国和新西兰自 1972 年建交以来，经贸关系一直稳定、健康发展。1997 年 8 月，新西兰在西方国家中率先与中国就中国加入 WTO 市场准入问题达成双边协议，为双边经贸合作关系的进一步发展打下了良好的基础；2004 年 4 月 14 日，新西兰正式宣布承认中国“市场经济国家”地位，两国展开自由贸易协定谈判的最大障碍被彻底清除；2004 年 6 月，中国与新西兰联合研究小组开始对两国签署自由贸易协定的可行性、合作领域及 FTA 可以带来的潜在利益进行研究，2004 年 11 月，在亚太经合组织领导人会议期间，中国国家主席胡锦涛和新西兰总理克拉克共同对外宣布启动中

① 2004 年，日本、澳大利亚和新西兰均与东盟达成协议，将在两年内完成自由贸易谈判。

新自贸区谈判，同时这也标志着中国和新西兰FTA双边谈判正式启动；2006年3月，内容涵盖货物贸易和服务贸易等领域的第六轮市场准入谈判也已圆满结束，这些意味着中新农产品贸易将面临更宽松和自由的贸易环境；2008年4月7日，中国和新西兰在北京正式签署了《中国-新西兰自由贸易协定》，新西兰由此成为第一个与中国完成自由贸易区谈判的国家。至此，新西兰在经贸方面有四个“中国第一”：第一个完成中国入世双边谈判的国家；第一个承认中国完全市场经济地位的发达国家；第一个与中国展开FTA谈判的发达国家；第一个与中国完成自由贸易区谈判的国家。

《中国-新西兰自由贸易协定》是规范中国与新西兰进一步相互开放市场、深化合作的法律文件。在货物贸易方面，新西兰将在2016年1月1日前取消全部自中国进口产品关税，其中63.6%的产品从协定生效时起即实现零关税；中方承诺在2019年1月1日前取消97.2%自新西兰进口产品关税，其中24.3%的产品从协定生效时起即实现零关税。

在服务贸易方面，新西兰在商务、建筑、教育、环境4个部门的16个分部门作出了高于WTO的承诺；中国在商务、环境、体育娱乐、运输4个部门的15个分部门作出了高于WTO的承诺。在人员流动方面，双方承诺将进一步便利两国人员往来，新西兰将为中医、中餐厨师、中文教师、武术教练、中文导游5类职业提供800个工作许可，并允许车工、焊工、计算机应用工程师、审计师等20类职业至少1000名中方人员赴新工作。

在投资方面，协定就投资促进和保护等问题作出了明确的规定，为解决与投资相关的争端建立了有效的机制。还针对中新两国在海关、检验检疫、知识产权等领域的合作作出了制度性安排。

第三节　中国区域经济合作的战略与策略

一、中国的区域经济合作战略

中国早在2001年所制定的“十五”计划纲要中，就明确提出将“积极参与多边贸易体系和国际区域经济合作”作为提高对外开放水平的重要途径之一。中国在2001年成功加入世界贸易组织后，也积极投入到区域经济一体化中，在全球范围内寻找自由贸易区合作伙伴。

中国对FTA感兴趣的原因主要有：第一，为了保持和扩大出口市场；第二，降低其对WTO承诺贸易自由化的调整成本；第三，欧盟和北美自由贸易协定的贸易保护主义日显强烈，频频对中国出口产品发动反倾销调查，由此中国想通过建立自己的FTA作为应对贸易保护主义的屏障。

中国与不同伙伴国家组建区域经济一体化组织的目标侧重点可能不同，如何最大限度地达到这些目标是中国在选择区域经济一体化组织形态时考虑的首要因素。但是，在目前的“新区域主义”浪潮的冲击下，各大洲、各次区域都在组建或者试图重新构建本区域的区域经济一体化组织网络，各国都试图在这一进程中占据优势地位。尤其是在“轴心缺位”的东亚地区，各国纷纷制订区域经济一体化战略，加速区域经济一体化进程，欧盟、美国等一些发达国家的利益触角也已经在这一地区显现。因此，中国的当务之急是构建能够最大程度符合中国利益的区域经济一体化组织网络，成为东亚地区的“轴心”。故速度是首要的考虑因素之一。

中国的现实也是应该考虑的因素，包括国内政策协调的难度以及政治体制。中国是一个要素流动性比较低的国家，存在着行业和地区为主要的贸易利益冲突，因此平衡各个行业和地区之间的利益冲突是一个重要难题。当然，任何决策都离不开中国特殊的政治体制这个大背景。美国和欧盟国家成功地选择了不同的区域经济一体化组织形态，但都并不完全适用于中国；而且对不同合作伙伴也需要采取不同的合作形态，要综合考虑传统的贸易利益和中国在经济、外交、战略关系等方面的利益以及中国特有的政治体制等多方面因素。也就是说任何决策的制定都离不开现实的国际、国内环境，在吸取成功的区域经济一体化组织的经验的基础上，根据不同合作伙伴的特征、以前的合作基础、战略方面的考虑组建不同的组织形态，将传统的经济和贸易协定（如以关税削减为基础的自由贸易区和关税同盟）与更宽范围的战略关系的建立融合起来。

在现行国际贸易体系规则和国际、国内环境的约束下，区域性规则一般超过了多边协定并反映了大国在任何小市场上的绝对优势，因此对于中国这个发展中大国而言，考虑区域经济一体化组织带来的综合收益最大化，比单纯考虑区域经济一体化组织能够实现的经济收益最大化更有意义。中国区域合作战略的主要原则有：

（一）优先发展封闭化、制度化区域经济一体化组织——降低“搭便车”成本

APEC模式的实施效果不明显的一个主要原因就是其“单边自愿协调主义”和“开放主义”与贸易自由化的“互惠主义”相矛盾。同样，东盟方式也导致了东盟一体化进程中承诺大于行动。其实，一个运转良好的组织的吸引力在于它能够提供在组织机构外无法享受到的超额收益，也就是说保持了一定的排他性，但超额收益的持续获取需要建立制度，以克服组织成员的机会主义行为，这两者是任何一个组织成功运行的关键要素。

很容易理解，如果优惠政策的给予没有限定在区域内，区域外国家同样可以享有，那么区域外成员国没有任何动力实质性加入该组织，也就是说不会主动承诺任何单边关税削减，因此就无法保证“互惠”地获得其他成员方的市场。这就又回到了区域内各国进行“非合作博弈”的贸易战状态，区域经济一体化进程不仅不会有较快的发展，有时甚至会形成倒退。实际上，EU和NAFTA都是以“区域发展优先”为原则的封闭型区域经济一体化组织。

因此中国在选择区域经济一体化组织形式时，放弃开放主义所坚持的“区域”与“多边”共进，坚持区内外有别的原则是必要的。但这并不妨碍区域合作整体和个体实行“开放主义”，积极发展与其他地区和国家组建新的区域经济一体化组织。特别是当今的区域经济合作机制出现了扩大和相互融合的趋势。东盟已从原有五国扩展到十国，欧盟也是经历了由小到大的发展过程，东欧剧变后欧盟则不断地东扩和南下，出现了越来越多的追随者。美国正在推动“西半球自由贸易区”的建立，并试图以NAFTA为纽带把美洲与亚洲连接起来，组建“环太平洋经济圈”并促成NAFTA与EU

共同建立“大西洋共同体”。从长远观点看，亚太区域经济合作不能不关注这一新趋势，中国也应该在这个大背景下考虑相应的对策。

缺乏“硬机制”的约束也是区域经济一体化组织发展状况不佳的一个病因，各个利益主体都有机会主义倾向，一个组织最终绩效的获得在很大程度上取决于该组织是否能够减低成员方的机会主义倾向。机会主义倾向表现在区域经济一体化组织中主要是“搭便车”行为，如果只是采取承诺原则，没有建立相关制度安排，就会造成承诺多于行动，“搭便车”行为盛行，关税削减计划得不到有效贯彻，例外条款会应用泛滥。目前东亚地区的区域经济一体化组织中制度化约束不强，普遍没有建立有效的争端解决机制，大大影响了实施效果。因此在组建区域经济一体化组织中，有必要特别注意建立争端解决制度安排。

（二）优先建立双边、浅层次的区域经济一体化组织——降低国际协调、监督成本

中国目前最紧迫的任务是尽快构建能够符合自己最大化利益的区域经济一体化组织，也就是力争在东亚地区的区域经济一体化进程中占据“轴心”地位。然而不可忽视的事实是中国组建区域经济一体化组织的经验以及进行国际间协调、谈判的能力还十分缺乏。随着谈判方的增多、融合程度的加深会大大增加协调难度，而对于一个国际协调能力不足、国际谈判经验缺乏的发展中国家而言，可能是一体化进程中致命的阻碍。

从组织的稳定性来考虑，参与方数量越少，稳定性就越好，原因在于：第一，政策溢出（Spill-over）效应在各国之间是不平衡的，溢出效应小，在政策协调中所获利益的贴现值也相对较小，因而背离协定的积极性就越大，组织的稳定性就越差。而参与方数量的增多会减少参与方的政策溢出效应；第二，组织间的信息是不对称的，有限理性普遍存在，这就产生了很高的监督协定实施的成本。很明显参与方的数量越多，监督成本就越大；第三，参与方的增多会降低惩罚机制的力度。在多国之间进行政策协调，成员方有理由认为即使自己违约，其他没有受到违约直接伤害的参与方可能

仍然有动机继续合作，助长了违约的积极性。而在双边组织中，如果每个国家都声明对方违约它将采取不协调政策，这就足以维持政策协调的稳定性。因此，双边区域经济一体化组织可以使合作性协议比广泛的区域合作发展得更迅速、更深入、更有效。

浅层次的区域经济一体化组织一方面是协调、监督成本小，协议容易达成一体化组织的运行所需要的经验不太多，因此比较适合中国这样的发展中国家。另一方面，对于中国这样一个市场机制不健全，经济体制、政治体制正在全面改革过程中的国家而言，让渡过多的国家主权会给国家经济安全、社会稳定、政策独立性带来一定的危险，过度的开放、过度的冲击有可能给发展中国家的发展带来致命的打击，这样的例子比比皆是。因此，从谈判协调难度大、运行协调成本过高、可能带来的冲击过大这三方面考虑，中国现阶段应该更多地考虑缔结浅层次的区域经济一体化组织。

虽然多边的、深层次的区域经济一体化组织能为最广泛、最多样化的国家集团的合作建立一套可以普遍接受的基本原则，并且实现最大程度的融合、产生最大的贸易净效应。但是受到国际国内环境的约束，选取战略意义重大、达成协议较容易的国家或组织作为突破口，先行组建浅层次的双边区域经济一体化组织，积累国际间协调和谈判的经验，再将这些双边区域经济一体化组织融合成为区域性一体化组织，以点带面，最终实现点面结合是中国现阶段切实可行的战略。

（三）优先建立灵活的、"肯定清单"方式的区域经济一体化组织——降低国内协调成本

中国的要素流动性相对较低，行业间、地区间的要素收入差别都比较大，在这种情况下，根据"特定要素理论"，贸易自由化所引致的行业间、地区间冲突就会占主导地位。而中国在行政体制改革中为了提高政策的执行力、调动各地方政府的积极性，下放了行政管理和税收权，这种分权同时产生了严重的地方市场分割以及地方保护主义倾向，各地区在政策决策中立场和话语权的差异巨大。此外，行业间的不平衡性也十分突出，争夺保护政策引致的冲突明显。而且虽然中国不允许专业化的公开进行的游说活动，但是各行

业与政府“归口”管理的专业职能部门有很明显的裙带关系，这种直接针对政策制定者的隐蔽的、边缘性的游说活动效果更直接、更明显。因此，对行业和地区福利有明显影响的区域经济一体化政策的决策和实施，在国内进行协调一致的难度会比想像中的要大得多。

广泛部门的贸易自由化会引致国内受冲击的行业组织、行业企业或者各地方政府和企业之间的冲突，难以在很短的时间里达成有效的协调一致。因此，中国可以采用灵活的处理方式，将这些行业、部门暂时搁置，不为个别领域的分歧影响整个区域经济一体化组织的建立。先行采用部门优惠协定的方式或者附加协定延长个别部门的实施期限等方法，都可以有效解决这一问题。

此外，中国市场机制不完善、开放程度不高，建议利用中国发展中国家的地位，在根据“授权条款”组建区域经济一体化组织时，采用“肯定清单”方式，避免由于经验不足带来的对一些行业潜在冲击的忽视。根据中国参与亚太地区经济合作的经验表明，与贸易投资自由化进程相比，贸易投资和经济技术合作的难度较低，更容易取得实质性成果。可以先行推进贸易投资便利化和经济技术合作，尤其是海关程序、商务人员流动、卫生和检验检疫、标准和一致化几个领域。这些领域的合作成果不仅可以对整体框架内容的实施起到一定的示范作用，而且对于提高双边贸易投资活动的效率和便利化程度，最大化降低交易成本，充分实现区域经济一体化组织的福利效应有实质性推动作用。

二、中国参与双边自由贸易区的策略框架

从 20 世纪 90 年代末期开始兴起的区域经济一体化第三次浪潮中，双边 FTA 的发展尤为引人注目，世界各地区都出现了许多新的双边 FTA。中国作为世界上最大的发展中国家和东亚经济增长的引擎，积极参与和发展双边 FTA，是在更大范围、更广领域和更高层次上参与国际经济技术合作与竞争，是以开放促改革促发展的新途径，中国应进一步认识参与双边 FTA 的重要性和迫切性，加快参与双边 FTA，制定和实施整体战略。

（一）积极开展建立双边 FTA 的筹划和研究，对目标伙伴国进行合理排序

目前中国为签订双边 FTA 决策服务的研究严重缺乏，往往是政治决策在前，可行性论证在后，科学依据不足。而美国、欧盟、日本、澳大利亚、新加坡、加拿大等国及中国台湾地区都有专门机构负责规划并对潜在对象国进行研究和评估，中国在这方面有很大差距。

今后中国应密切注意贸易伙伴或可能与中国缔约的国家的情况，对可能的合作方式提出预案，对合作的影响进行详细而科学的评估，并对相关的贸易协定进行研究并作出合理排序。就目前而言，中国的区域经济一体化政策的重心仍应该放在东亚；加快与韩国就建立 FTA 进行谈判，由此谋求中国在东亚一体化中的主导地位，削弱日本在东亚的领导权。同时，积极与承认中国市场经济地位的主要的贸易伙伴国家建立双边自由贸易区，保障中国国内紧缺资源的供应。虽然中国与这些国家间的贸易量可能很少，对中国实质经济效益可能不大，但可借此巩固中国的战略利益，而且因双方贸易量少，对中国产业的冲击也相对较小，更容易达成协议，并可借此积累谈判及协议执行经验。

（二）尽力谋求东亚地区的“轮轴国”地位，以此推进东亚经济一体化

与欧洲和美洲相比，东亚由于是中日两强相争的局面，缺乏一个强有力的主导国家和主导的一体化组织，因此东亚经济一体化不可能在短期内形成，就目前而言最容易形成多个“轮轴-辐条”模式相互交织的局面，使该区域内利益分配出现不平衡，导致双边主义的竞争。尽管东亚各国对推动东亚一体化仍然抱有普遍的共识，但不同的推进路径对各国的利益分配却有很大不同。“轮轴-辐条”体系的利益分配更加复杂，不平衡性加剧。轮轴国处于中心地位，可以自由进入所有辐条国，在贸易和投资方面处于明显的优势地位。而辐条国和体系外国家在轮轴国的市场上处于不利地位。并且双边贸易协定的制度特性决定了先加入的辐条国家收益大于后加入

的辐条国。基于对双边贸易协定的考察，中国在东亚新双边主义的大潮中不可能“独善其身”，中国必须在这个进程中尽早尽快并尽可能多地建立适合自己的双边自由贸易区，谋求成为双边贸易协定的“轮轴国”，并以自身为中心进一步推进更大范围的区域经济一体化。现阶段，与韩国达成双边贸易协定将是中国最先的区域经济一体化决策任务。

（三）合理评估收益与成本，适当保护国内“幼稚”产业

双边FTA不仅会带来巨大的经济利益和政治利益，也会带来一定的国内产业调整成本。因此，为了确保国内产业的发展和对外开放处于平稳状态，中国应积极探讨参与双边FTA等区域贸易协定的必要性和可行性，深入研究双边FTA带来的影响，权衡利弊，按照由近及远、先易后难、循序渐进的方针，有步骤、有层次、由低到高逐步推进双边FTA，尽可能避免贸易转移带来的损失，在互惠互利的基础上与其他国家或地区建立更为紧密的经贸关系。同时，更要在进行双边FTA谈判和签订时利用好GATT/WTO第24条对自由贸易区的模糊规定，恰当地从双边自由贸易的清单中除去调整成本比较高或暂时仍不能实行自由贸易的部门或产品。在关税减让方面，应该设置合理的过渡阶段，为国内产业调整预留足够的空间和时间。

三、中国主导的东亚经济一体化思路

目前东亚各国是中国的主要贸易伙伴和投资伙伴，在区域经济一体化浪潮中，中国需要通过制度上的确立来巩固和发展其在东亚市场的影响力，并以中国为中心积极主导东亚一体化的进程。

当前中国区域经济一体化的重点仍应放在东亚。在以双边贸易协定为基础的东亚区域经济一体化进程中，中国应该积极谋求轮轴国地位，在与东盟建立自由贸易区的同时，积极推动与日本、韩国形成东北亚经济一体化，最后将以中国为轮轴国的两个自由贸易区对接形成东亚经济一体化组织（见图8-1）。

中国与东盟自由贸易协定的签订已经使中国在东盟市场上取得

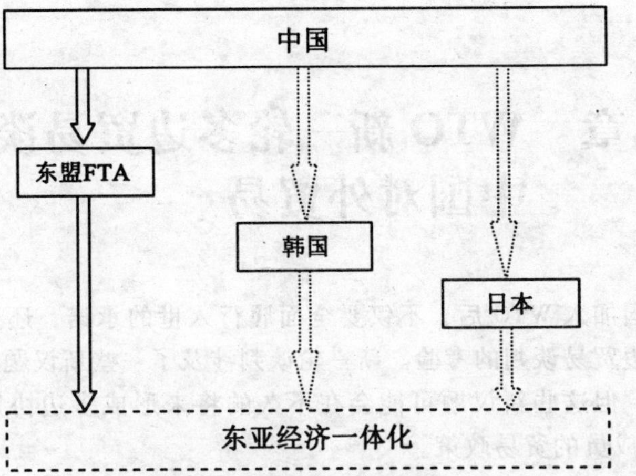

图 8-1　中国主导的东亚经济一体化

了先发优势，中国与日本、韩国形成东北亚经济一体化或者率先与韩国签订双边贸易协定将使中国在东亚地区处于双边贸易协定的轮轴国地位，中国可以自由进入东盟国家、韩国或日本，有利于中国吸引外资，在东亚形成投资和贸易平台，提高中国的福利水平，增加消费者和生产者剩余。

由于中国与日本的区域经济合作仍然不可预期，中国在中日韩自由贸易区的构建中应该首先考虑建立中韩自由贸易区，以此为突破口，再向三方合作推进。为此，中国应加快与韩国自由贸易区的谈判，掌握先发优势，充分享有轮轴国地位的出口、福利增加的收益，避免处于辐条国和外部国家的不利地位。当然在这个过程中，中国必须在规模经济和不完全竞争的基础上建立对国内市场的保护机制。

第九章 WTO新一轮多边贸易谈判与中国对外贸易

中国加入WTO后，不仅要全面履行入世的承诺，还要接受新一轮多边贸易谈判的考验。新一轮谈判涉及了一些新议题且南北争议较大，但这些新议题可能会在不久的将来形成多边协定并约束WTO各成员的贸易政策。

第一节 WTO的新一轮多边贸易谈判

一、WTO启动新一轮多边贸易谈判的过程

WTO是多边贸易体系的法律基础和组织基础，也是各国通过集体辩论、谈判和裁判，发展其贸易关系的场所。而部长会议（Ministerial Conference）正是各成员方最重要的谈判场合，是世界贸易组织的最高决策权力机构，它负责履行世界贸易组织的各项职能，并为此采取必要的行动。部长会议虽不是一个常设机构，只是一个由各成员方部长参加，定期举行会议，对国际贸易重大问题作出决策的会议制度，但它有权对有关多边贸易协定中的任何事项作出决定。至启动新一轮多边贸易谈判，世界贸易组织总共举行了四次部长会议。

（一）新加坡部长级会议

1996年12月9日至13日，世界贸易组织首届部长会议在新加坡召开。这次被称为多边贸易体系里程碑的部长会议取得的主要成果是通过了《新加坡部长宣言》。宣言指出，世界经济的日益一体化为经济增长与发展和创造就业机会提供了前所未有的机遇，承诺

要建立一个更加公平、开放、在规则基础上的自由贸易体制。

在这届会议上，劳工标准成为讨论的焦点之一。宣言确定，建立由国际劳工组织制定和处理劳工标准的机制，反对滥用劳工标准来推行变相的贸易保护主义。这次会议取得的主要成就即是以美国、日本、欧盟和加拿大为首的 28 个经济体达成了《信息技术协定》。

此外，新加坡部长会议决定成立四个工作小组来处理有关贸易与投资、贸易与竞争政策、增强政府采购透明度、简化海关手续步骤这四个方面的问题，贸易与投资、贸易与竞争政策、政府采购的透明度和贸易的便利化也因此合称为“新加坡议题”。在这四个工作小组中，关于贸易与竞争政策及贸易与投资两个工作小组对未来新贸易问题谈判具有不可低估的影响。

（二）日内瓦部长会议

WTO 于 1998 年 5 月 18 日—20 日在日内瓦举行第二次部长级会议，这同时也是多边贸易体制 50 周年大庆。这次部长级会议主要围绕乌拉圭回合各项协议的执行情况、下届部长会议议程以及发动新一轮多边贸易谈判的准备工作等展开讨论。这届部长会议通过的《部长宣言》除总结多边贸易体制在过去半个世纪中所发挥的作用之外，还就新一轮多边贸易谈判的有关事宜作出安排，欢迎申请加入方尽早加入 WTO。

在日内瓦部长会议上，主要发达国家要求启动新一轮多边贸易谈判，并希望把这轮谈判建立在新议题上，使发展中国家作出更大的让步。而发达国家在谈判过程中又是 WTO 有关投资、竞争政策和政府采购这些新议题的主要倡导者。因此作为发展中国家就要在谈判过程中表明自己在这些问题上的观点和目标，尽可能地找出与国内政策相协调的办法，以防这些问题在谈判中突然升级。

（三）西雅图部长级会议

1999 年 11 月 30 日至 12 月 3 日，被称为“千年回合”谈判的世界贸易组织第三届部长会议在美国西雅图开幕。根据乌拉圭回合协议以及各方在部长级会议前所达成的共识，新一轮多边贸易谈判的议程包括“既定议程”和“新议题”。“既定议程”主要指农产品和服务贸易的进一步开放，“新议题”包括竞争政策、贸易便利、电子商务、政府采购透明度等议题。但这次会议一开始就笼罩在阴影中，强大的示威抗议行动，使会议召开一波三折。谈判中与会代表在多项议题上出现重大的歧见，导致会议进展缓慢，竟然结束时在几个主要的议题上无法达成一致的意见。如在环境保护问题上就遭到了各国环保组织的强烈反对，这也是西雅图部长级会议未能发动新一轮多边贸易谈判的部分原因。正是由于 WTO 中几个著名的环境案例的争端解决结果均被视为不利于环境保护，WTO 在人们的心目中也因此成为环境保护的对立面。

例如美国海龟保护案就是一个有关贸易与可持续发展的著名案例。为了保护珍稀海龟，美国国会将海洋拖网捕虾误害海龟的行为视为非法，并规定在一定的海域内，如果某国的捕虾网上没有使用海龟排离器，或没有达到美国保护海龟的标准，美国将禁止从该国进口捕获的野生虾及虾类制品。1996 年美国又将这一禁止扩大到一切国家，由此引发了贸易争议。不久印度、巴基斯坦和泰国等 20 多个国家向世贸组织提出申诉，认为美国的这种行为属于国内法律域外使用的单边行为，危害了多边自由贸易原则，损害了其他国家的在其本国水域决定如何捕虾的自主权，并给其他国家造成了损失。1996 年 4 月，WTO 成立了针对美国的专门辩论小组，专家组拒绝了世界许多动物保护与环保组织提供的佐证意见，判定美国的该行为违背了自由贸易原则，必须予以修改。①

美国等少数西方国家企图将劳工标准等问题纳入新一轮谈判，受到了广大发展中国家的坚决抵制，会议由此未能达成协议，启动新一轮多边贸易谈判的努力失败。随后欧洲一些国家对世界贸易组织的不满和批评不断出现，认为世界贸易组织在有效性、民主性和广泛性方面均存在不足，而被美国利用为其自身利益服务，强烈要求改革世界贸易组织的呼声日益高涨。

---

① 郎丽华：《国际贸易案例精选》，经济日报出版社 2005 年版，第 180-181 页。

（四）多哈会议

2001年11月9日至14日，世界贸易组织第四届部长级会议在卡塔尔首都多哈举行。

世界贸易组织从西雅图失败中吸取了教训，为多哈会议做了大量的准备工作，其精华就是世界贸易组织总理事会主席、香港常驻世界贸易组织代表夏秉纯所起草的多哈会议主席声明草案，这一文件是多哈会议各方磋商的出发点。

但在一些关键性的领域各方还是难以消除分歧。如：农业补贴、知识产权、乌拉圭回合多边贸易协定的实施、环境与贸易、投资规则、竞争政策和反倾销问题等。世界贸易组织总干事穆尔表示，为了给多哈会议提交一份全面平衡的讨论框架，WTO组委会作出了艰难的努力，并最终确定下来谈判方针——集中力量解决主要问题，尽量避免在细节上纠缠。

11月15日多哈部长级会议在经过六天艰难的谈判与讨价还价后，贸易部长们终于达成协议，就新一轮多边贸易谈判的启动达成了共识，同意启动新一轮多边贸易谈判，这也重建了因1999年在美国西雅图会议失败而丧失的信心。

为了更好地参与多边贸易谈判，发展中国家作了积极的准备，力图改变以往谈判中的被动和边缘地位，以及谈判结果的严重不平衡。虽然发达国家与发展中国家在议题上的分歧导致了西雅图会议的失败，但并没有改变发展中国家对谈判的支持。它们希望通过含有广泛而均衡议程的谈判来全面落实乌拉圭回合的成果；再次充分确认对发展中国家的“特殊和差别待遇”，并转化为实际利益；改革WTO的决策机制，使之更加有效、透明与民主等。

二、多哈回合谈判的主要议题及争议

（一）多哈回合谈判的主要议题

多哈会议的主要成果是通过了关于发动新一轮多边贸易谈判的《多哈宣言》。《多哈宣言》又称“多哈发展议程”，明确了新一轮谈判的主要内容，涉及8个谈判领域，即农业、非农产品市场准入、服务贸易、知识产权、规则谈判、争端解决、贸易与环境以及贸易与发展问题①。与以往的多边谈判相比，多哈回合谈判是包括议题范围最广，参加成员最多的一轮谈判。具体的谈判议题有19个②：

与执行相关的问题 关于WTO协议的实施与执行，是自新加坡首届WTO部长级会议以来，一直困扰着发展中国家的焦点问题。多哈会议上达成了《关于乌拉圭回合协议执行问题的决定》，并在《多哈宣言》中规定了特定的谈判授权，使相关问题的实施遵照该授权进行，充分考虑了发展中国家在实施WTO协议中遇到的问题和困难。

农业 关于农业问题的谈判，已于2000年在日内瓦WTO总部的协调农业贸易的谈判时就开始了。多哈回合谈判的目标是通过根本性的改革计划（包括实质性削减关税，分阶段消除所有形式的出口补贴和实质性削减对贸易产生扭曲的国内支持），建立公平、以市场为导向的国家产品贸易体制；同时给予发展中国家体制的特殊需要，将发展中国家的特殊和差别待遇作为整个谈判不可分割的一部分。

服务贸易 本次贸易谈判在2000年1月开始的扩大服务贸易政策协调谈判的基础上，重申了服务贸易理事会于2001年3月通过的《服务贸易谈判的指导原则和程序》，旨在实现服务贸易总协定（GATS）中所确定的目标。在发展中成员的要求下，强调谈判的目的在于促进发展，并在《服务贸易总协定》现有的框架和原则基础上进行，不应事先排除任何服务部门和服务提供方式，应特别注意发展中国家有出口利益的部门和提供方式。

非农产品的市场准入 这是发达国家发动此次谈判的一个主要目标，涉及工业产品和水产品的关税和非关税壁垒，其中关税谈判

---

① 杨颖红，李岩：《WTO香港会议进展及其影响》，载《商业时代·学术评论》2006年12期，第72页。

② 薛荣久，樊瑛：《WTO多哈回合与中国》，对外经济贸易大学出版社2004年版，第47页。

包括高关税、关税升级和关税高峰，尤其是不发达国家向发达国家的出口产品的关税问题。《多哈宣言》明确该议题谈判范围应是全面的，任何产品都不得排除在外；谈判应特别关注与发展中成员利益攸关的产品，并对发展中成员、最不发达成员的利益和需要给予充分考虑，包括给予非互惠优惠；加强研究和能力建设，帮助最不发达国家提高参与谈判的能力；将乌拉圭回合协议实施问题纳入一并考虑，在具体实施中体现特殊和差别待遇。

与贸易有关的知识产权　各成员强调《与贸易有关的知识产权协定》的重要性，同意支持公众健康，并对此通过一项单独的宣言——《知识产权与公共健康宣言》。多哈部长会议对谈判主题和内容作了较明确的规定：为缺少制约能力的成员使用强制许可遇到的问题寻找解决方案；进行有关葡萄酒和烈酒的地理标志多边登记系统的谈判；继续审查有关的 TRIPs 条款；继续审查成员提出的非违约申诉的范围和方式；制定一个监督和保证发展中成员方履行协定中规定的技术转让义务的机制。

贸易与投资谈判　关于启动多哈发展议程决定的《多哈宣言》阐明同意建立一个多边框架来保证跨国投资、特别是外国直接投资提供透明、稳定和可预见的条件，这有助于扩大贸易以及在该领域增强技术援助与能力建设的需要；有必要在该领域为发展中国家和最不发达国家提供更多的技术援助，包括政策分析和发展，以便它们能够更好地评价那些致力于其发展的政策、目标、人文和制度的发展；对发展中国家要求延长协议过渡期的要求给予考虑。

贸易与竞争政策　欧盟在首轮谈判中要求充分讨论的另一个问题是贸易与竞争政策，主张在 WTO 框架内建立一套规范各成员方竞争法及其执行方式的核心原则。日本和许多发展中国家倾向于将竞争政策议题谈判的重点限定于反倾销问题，美国对此提出异议，认为反倾销与竞争政策无关。

政府采购的透明度　1996 年 12 月召开的部长会议上，决定成立政府采购透明度工作组，每年召开会议，讨论和研究各成员方政府采购透明度的有效手段，进一步强化政府采购透明度规则、提高政府采购透明度的方法与途径等问题，为将来可能建立的 WTO 政府采购透明度多边协定提供内容上的支持。这就意味着《政策采购协定》目前虽属于诸边协定，但其中的透明度条款已向多边化方向发展。

贸易便利化 贸易便利化是批简化和协调货物在国际贸易中所涉及的各种程序。美、日、欧等国要求加强贸易便利化程度；部分成员方主张便利贸易措施与广泛的技术援助计划并行谈判；发展中国家对此持消极态度，即支持贸易便利化议题谈判，但不希望承担新的义务，担心拟定的贸易便利化规则将超出其承受能力，使其面临较多的贸易争端。

WTO 规则 这一领域涉及颇受争议的反倾销与反补贴规则。各成员同意对这些规则的实践和适用进行谈判，旨在澄清和改进反倾销和反补贴措施的有关规定和增强使用协定的约束性。同时，成员也同意进行 WTO 渔业补贴规则谈判，该领域对于发展中成员非常重要，部长们正努力澄清和改进这些规则。WTO 既定规则执行议题谈判还包括区域贸易协定的规则和程序问题。

争端解决谅解 新的谈判应以至今业已完成的工作为基础，就《争端解决规则与程序的谅解》的改进与澄清进行谈判，并在 2003 年 5 月前达成一致意见。

贸易与环境 为了加强在贸易与环境方面的相互支持，各成员同意就现行的 WTO 规则与多边环境协定中列明的具体义务之间的关系进行谈判，减少或取消环境商品与服务的关税和非关税壁垒；谈判还涉及环境合作和对发展中国家的援助等。

电子商务 WTO 与电子商务有关的问题有：现有的贸易协定如何影响电子商务；现有的法律中是否存在漏洞需要填补；电子商务是否产生了新的义务，使成员要面临新的规则？跨理事会最重要的议题是分类问题，即以前被认为是货物而现在通过网上传输的产品，应该属于 GATT 还是 GATS 管辖？

小型经济体 各成员同意在总理事会的支持下形成一个审议与小型经济体贸易相关问题的工作计划，旨在使小型经济体更充分地融入到多边贸易体制，不使其成为下属成员，而使其融入世界经济一体化中。

贸易、债务与金融　各成员同意在总理事会的支持下，设立一个工作组对发展中国家和最不发达国家的外部债务解决问题进行审查，并向第五次部长会议报告审查进展情况。

贸易与技术转让　发展中国家和最不发达国家强烈要求对这个议题进行谈判。多哈会议要求成立贸易与技术转让工作组，其目标是分析技术转让与贸易、外国直接投资的关系；在 WTO 框架内采取措施，促进技术向发展中国家转移。

技术合作与能力建设　部长们接受并签署了《WTO 为建设、成长和融合进行技术合作的新战略》。WTO 的技术援助应特别关注发展中国家和最不发达国家以及低收入的转型经济国家，以适应 WTO 规则和制度。

最不发达国家　部长们同意对最不发达国家免关税、免配额，并为最不发达国家市场准入的提高考虑额外措施，保留其入世优先权，努力加快其入世谈判，以使最不发达国家更快地融入多边贸易体制。

特殊和差别待遇　特殊和差别待遇是 WTO 协议不可分割的一部分。部长们注意到一些国家提出的《特殊和差别待遇的框架协定》，并且在《对与执行有关事项和关注的决定》中列明的关于特殊和差别待遇的相关工作计划获得了批准。

（二）多哈回合谈判的主要争议

新一轮多边贸易谈判自 2002 年初拉开序幕以来，各领域的谈判进展异常缓慢，时常陷入僵局。在此期间，WTO 总干事素帕猜一直呼吁各国政府要继续推动新一轮多边贸易谈判，以使谈判能如期完成，促进全球贸易增长。八国集团和一些国际经济组织也不断作出要按时、圆满完成多哈回合的承诺。但由于各成员在许多议题上面存在严重分歧，谈判一直进程缓慢。

1. 农业问题

农业是国际贸易中价格扭曲最严重的行业，农业问题成为“多哈回合”中最核心的内容之一。加快农业问题的谈判是多边贸易谈判的重中之重，是解决其他议题的关键。

发达国家一方面对本国农产品给予高额的国内支持和出口补

贴，另一方面又对本国的农产品进口设置较高的关税壁垒和技术贸易壁垒。而大多数发展中国家因各种因素的影响，对农业支持水平较低，一些发展中国家甚至是“负保护”。因此，发展中国家的农产品在国际市场上根本无法与发达国家竞争，但农业又在发展中国家的经济中占有非常重要的地位，发展中国家的出口也主要是初级产品的出口。发展中国家主张关税减让和出口补贴削减相联系，给予发展中国家切实有效的特殊差别待遇。可是以美国和欧盟为代表的发达国家和地区，在农业问题上一直不肯作出实质性让步。多哈回合谈判多次破裂，最主要的原因就在于发达国家与发展中国家在农业问题上的互不让步。

多哈回合中的农业问题的矛盾焦点主要集中在市场准入、国内支持和出口补贴三方面。

美国和凯恩斯集团成员作为农产品出口国，主张扩大市场准入，要求其他国家大幅度削减农产品关税。而欧盟和日本等农产品进口国则强调农业的非贸易特性，例如日本认为在讨论关税减让时，应综合考虑产品的特性、供需状况及维持国内生产的必要性。此外，农产品关税减让的模式也颇受争议。以欧盟和日本为代表的成员方主张继续实行乌拉圭回合减让模式，因为该模式是在相对较长的时期内逐步削减平均关税，且在单个税目的处理上具有较大的灵活性，对农产品关税的实际降低意义有限。而以澳大利亚为代表的凯恩斯集团成员方对乌拉圭回合模式的减让方案提出质疑，他们赞同对所有农产品关税减让适用瑞士公式①。

在国内支持方面，美国主张以较公平简单的方式对扭曲贸易的支持措施加以限制和约束，并建议将国内支持由三类（即绿箱、蓝箱和黄箱支持措施）简化为两类（绿箱和黄箱措施），停止给予蓝箱特例。欧盟和日本认为蓝箱措施是黄箱措施过渡到绿箱措施的重要工具，因此主张蓝箱措施应与绿箱措施一样继续维持。而一些发展中国家认为绿箱措施仅符合发达国家的要求，未能解决发展中

① 曹玖梅：《农业市场准入谈判：再叩多哈回合之门》，载《国际商报》2004 年 5 月 17 日。

国家的相关问题，还使补贴结构复杂化，因此建议将所有国内支持归为一类，统称为一般补贴措施，使《农业协定》的补贴结构更合理化。此外，关于和平条款（WTO《农业补贴》第13条“适当约束”的规定）到期后是否应当延长，各国看法也不一致。

在农产品出口补贴问题上，美国和凯恩斯集团建议在5年内将出口补贴的预算及出口补贴的数量降为零；欧盟和日本则主张渐进式地削减出口补贴，不同意完全终止或一次性大幅度削减出口补贴；而印度认为应继续按《农业协定》逐步削减出口补贴，并在谈判结束后三年内取消出口补贴，但应给予发展中国家灵活性。①

2. 非农产品市场准入问题

非农产品市场准入是多哈回合谈判的重要议题之一，谈判涉及的问题主要有“关税高峰”，“高关税”、“关税升级”、“非关税措施”和“发展中国家的特殊需要”等。由于议题涉及范围的广泛性、谈判本身的复杂性和各成员的谈判态度的巨大差异，谈判进展缓慢。

从谈判内容来看，各成员所关注的重点有许多差别。美国对贸易数据的利用非常关心，建议重新对关税和贸易数据进行评估，并强调应对各成员提交贸易数据的最终期限进行限制。欧盟关心的是关税的全面削减、关税结构的调整，希望各成员能大幅度削减关税，降低关税高峰。日本主张撤销数字家电和汽车的进口关税，这些产业是日本的优势产业，与自身利益紧密相关。日本希望能将数字家电纳入到取消关税的《信息技术协定》，汽车关税能得到大幅度削减，还呼吁各成员取消家用电器、汽车、陶瓷、照相机和手表等产品的关税，这些产品也是日本出口贸易的具有竞争力的产品。发展中国家重视的问题是差别待遇问题，如薄弱的工业基础、无区别的差别待遇需要等。尤其在工业品关税削减方面，发达国家建议进一步削减工业品的关税，但发展中国家工业基础薄弱，大幅度削减工业品进口关税将使得这些国家的工业部门和工业企业更难

① 张幼文：《多哈发展议程：议题与对策》，上海人民出版社2004年版。

生存。

在谈判范围上，美国、欧盟、日本主张在非农产品市场准入谈判中纳入环境产品。如美国认为，非农产品市场准入谈判应该尽力与环保产品的一般目录相一致；欧盟认为，环境产品的关税与非关税壁垒的削减或取消，应当成为市场准入谈判的一个重要部分。但发展中国家认为，高环境标准将使得其成本增加，在国际市场的竞争力下降，不利于其产品进入发达国家市场，并担心发达国家可能以环境名义滥用贸易措施或采取单方面制裁行动，从而产生新的非关税壁垒。因此，虽然非农产品市场准入谈判已将环境产品列为议题之一，但达成一致协议的难度非常大。

在具体的谈判方式上，各成员方也存在着分歧。美国主张部门谈判方式，但欧盟和日本认为谈判应涉及所有部门。欧盟提倡公式型谈判方式，日本建议将部门谈判方式、协调模式和公式型谈判方式结合起来，对不同的产品适用不同的方式。而发展中国家希望谈判能体现发展中国家的特殊需要，允许发展中国家选择自己适合的谈判方式。

3. 服务贸易谈判

在谈判过程中，发达国家和发展中国家的谈判立场有很大分歧。在紧急保障措施（ESM）的谈判上，美国作为最大的出口国，一直对ESM谈判的必要性提出质疑，认为GATS规则工作组无法有效地证明在服务贸易领域内确实需要建立一个保障机制；东盟等一些发展中国家则认为有必要建立一套保障机制，以确保它们在今后的谈判中，因保障机制的补救可放心地作出新的减让；但部分发展中国家对保障机制是否可行和如何运用心存疑虑。在市场准入谈判方面，发达国家积极推动知识密集型服务行业的市场准入，如金融、通信、专业服务和信息技术服务等行业，而这些行业多为发展中国家的劣势行业。发展中国家则对紧急保障机制、自然人流动、服务贸易评估等议题很关注，希望谈判能更多体现发展中国家的利益，这些矛盾是服务贸易谈判进程受阻的重要原因之一。例如，在自然人流动问题上美国是否作出新的承诺是美国和发展中国家的一个分歧点。美国认为自然人只包括高级管理人员和高技能人员，但发展中国家认为一般工人和健康护理等人员也应包括在内。

在谈判中，许多国家把服务贸易谈判与农业谈判挂钩，包括美国在内的许多发达国家都以削减农产品补贴和非农产品关税为条件，来要求发展中国家在服务市场开放上作出更大让步。日本在谈判中也坚持把非农业市场、服务贸易与农业谈判挂钩，把开放农产品市场的出价与发展中国家在非农产品市场和服务市场出价相联系。印度和巴西也是把服务谈判的出价与农业谈判挂钩的国家，且态度强硬。印度曾发表官方声明，指出其服务贸易改进出价将以发达国家在农业谈判方面的让步为前提。在农业谈判中，农产品的保障机制问题是印度关注的焦点，因此如果农业问题不能取得进展，那么让印度开放服务市场将非常困难。巴西作为农业谈判的主要参与方，承诺服务贸易直接取决于农业谈判是否获益，因此要想巴西政府就服务贸易市场准入作出让步，要看农业谈判结果能否让巴西满意。

4. 新加坡议题

新加坡议题是导致多次多边贸易谈判失败的重要原因之一，也是发达国家和发展中国家立场最为对立的领域之一。早在 1996 年新加坡举行的首届 WTO 部长级会议上，各成员部长就同意审议贸易与竞争以及贸易与投资之间的关系，同意就政府采购透明度形成一份研究报告，并调查如何简化贸易程序。但直到多哈部长级会议时各成员才对这四个问题形成一致决定，指出须经第五次部长级会议（也就是坎昆会议）在协商一致的基础上才可进行“新加坡议题”的谈判。

发达国家出于经济技术上的巨大优势，极力主张在贸易谈判中引入这四个议题，以便可以进一步获得发展中国家的市场准入。但发展中国家极力反对就这些议题进行谈判，因为发展中国家认为在乌拉圭回合协定实施问题没有解决之前，它们不愿谈论它们不熟悉的新谈判议题。而且发展中国家认为引入这些议题只能加剧规则不公和义务负担，使本国经济发展的政策自主权逐渐丧失。例如欧盟之所以争取新一轮贸易谈判应该包括这些新议题，目的之一就是想用它来平衡可能在农产品补贴问题上不得不作出的让步。而印度和马来西亚根本不同意谈判新议题，并且认为，欧盟应该首先切实兑现乌拉圭回合多边贸易协议中的承诺，才有权提出谈判新议题的要求。为了打破僵局，发展中国家提出了首先加强发展中国家在投资和竞争领域的能力建设的建议，并已被越来越多的世界贸易组织成员接受。

三、多哈回合谈判的进程

多哈回合按最初计划应在2005年1月1日前结束，但在谈判过程中，因涉及各方利益的进退取舍，谈判进行得十分艰难。自多哈回合启动以来，谈判历程大致可分为以下五个阶段。①

（一）从多哈部长会议到坎昆部长会议：陷入僵局

WTO于2002年2月设立了“贸易谈判委员会”，在总理事会授权下由其负责监督谈判工作的进行，并设立相应的谈判机制，各项谈判正式启动。但是，此后的近两年中，由于各成员在谈判中存在严重分歧，谈判进展缓慢。

按照2001年11月多哈部长级会议制订的时间表，WTO第五次部长级会议于2003年9月10日至14日在墨西哥海滨小城坎昆召开。为了打破谈判僵局，保证坎昆会议顺利召开，WTO各成员间不同形式和规模的磋商一直在紧锣密鼓地进行，以期协调立场，寻求相关对策。2003年5月在巴黎召开的非正式部长级会议上，日美欧等13个WTO主要成员举行了磋商，美国提出了争取在农业等六大领域达成折中意见的建议，得到与会国家和地区的支持。2003年6月在埃及红海，来自33个WTO成员的代表虽未能就农产品贸易等议题达成一致，但有关药品知识产权方面的磋商取得了进展。2003年7月底在加拿大的蒙特利尔举行的非正式会议上，大约25个国家的贸易部长就面临的悬而未决的难题进一步协调立场。然而，随着坎昆会议会期的日益临近，各方之间存在的分歧仍难以缩小，原定于8月22日出台的WTO坎昆会议宣言草案修改稿

① 张磊：《多哈回合谈判中止：矛盾焦点、发展前景及其对中国的影响》，载《世界经济研究》2006年第11期，第34页。

未能如期完成，直到 24 日晚才最终产生并散发给各成员。这份宣言草案综合了各成员在农业、非农产品市场准入等领域削减关税和取消补贴的不同立场，期望在各成员方政府的分歧中找到平衡，但还是遭到了广泛的批评。一些成员方认为计划过于庞大，也有成员方抱怨宣言不能满足它们的需要。

2003 年 9 月，在墨西哥的坎昆召开了 WTO 第五次部长级会议，在为期 5 天的会议上，来自 WTO 的 140 多个成员的近 5000 名代表以及非政府组织代表出席了会议。坎昆会议的主要议题有两个：一是对已经进行了 22 个月的新一轮多边贸易谈判进行中期评估；二是讨论是否在未来的谈判中启动“新加坡议题”的谈判。在坎昆会议期间，与会各成员就农业、新加坡议题等焦点问题进行了激烈的讨论，会场外非政府组织的抗议活动导致流血冲突甚于西雅图会议。由于成员间在农业改革和出口补贴等问题上分歧巨大，谈判各方固守立场，会议最终未能取得实质性成果。

坎昆会议是继 1999 年西雅图会议之后，WTO 近 4 年来第二次没能取得实质性成果的部长级会议。新一轮多边贸易谈判启动后的进展艰难及坎昆会议的无果而终大大吞噬人们对谈判的信心。坎昆会议虽没有取得实质性成果，但对发展中国家来说却具有特别的意义。在 5 天的谈判中，发展中国家表现出强大的凝聚力，以集体的力量共同对抗发达国家的强大攻势。继西雅图会议之后，坎昆会议再次向人们传递出这样的信号，即在多边贸易谈判中，各方要想达成共识，就应该保持各个领域的谈判平衡进展，同时必须仔细倾听发展中国家的意见和呼声，高度重视发展中国家的利益，特别是发达国家必须在谈判中作出必要的让步，这样才有可能最终真正实现“多哈发展议程”的目标。①

（二）从坎昆部长会议到日内瓦总理事会：构建框架

坎昆会议失败之后，WTO 着手对其决策机制进行改革，与各成员方政府进行广泛和深入的磋商，以期多哈回合谈判能继续。

---

① 王平，钱学锋：《WTO 与中国对外贸易》，武汉大学出版社 2004 年版，第 95 页。

WTO实行所有成员一致同意的决策机制，但这种机制容易导致无协调的分歧。此外，多哈回合实行一揽子计划，必须等到列入谈判的所有议题达成协议之后才能完成谈判，就是说在其他协议达成之前，各协议不可能生效。WTO必须协调各成员在所有议题上的立场，但难度相当之大，这也被认为是造成多哈回合进展缓慢的原因之一。因此2003年10月由WTO总干事指定的贸易专家们组成了一个委员会来专门考虑如何简化目前这种决策模式等问题。2003年10月14日举行了WTO首席代表的非正式会议，会议上，通过各参与代表的一致同意，确定了4个关键性议题：农业问题、棉花问题、非农产品市场准入问题和“新加坡议题”。这四个关键问题的突破对于新一轮贸易谈判的推进具有重要意义。11月18日，在首席代表的第三轮非正式会议上，各成员对4个关键议题进行了更加深入和实际的磋商。2003年12月15日至16日，按照坎昆会议的声明，在日内瓦召开了WTO总理事会议，大会主席卡斯提洛在会议上作了报告，对坎昆会议以来各项工作的进展进行了回顾，并对4个关键问题提出了技术性解决方案供大会讨论，且对以后工作日程的安排提出了建议。这次会议提供了解决多哈回合谈判的关键性议题的可能途径，指明了今后多边贸易会谈的方向。

坎昆会议之后，除世贸组织之外，各成员方也都进行反思，提出了一些建设性的意见和今后谈判的方向。

2003年11月底，欧盟发表最新立场，表示已重新调整了自己在谈判中的立场，已作好重返世界贸易谈判的准备。2004年1月12日，WTO非正式部长会议在瑞士达沃斯各国首脑峰会期间举行，美国贸易代表表示，将把精力集中在农产品、货物和服务贸易的市场准入谈判上，希望多哈回合谈判在2004年年中能达成协议。2004年1月30日，来自亚洲和拉丁美洲发展中国家的外交部长们在马尼拉召开会议，呼吁恢复停滞的全球贸易谈判，并希望陷入僵局的多边贸易谈判能取得进展。2004年2月11日，WTO 146个成员的贸易部长和大使在日内瓦总部举行总理事会，希望恢复多边贸易谈判。2004年2月12日至13日，欧盟邀请20国集团成员与其进行谈判，双方就主要议题进行了深入具体的磋商。2004年2月

25 日，凯恩斯集团第二十六次部长级会议在哥斯达黎加首都圣何塞举行，会议对在未来的多边贸易谈判中如何协调立场进行了讨论，以推动谈判的深入进行。会上 17 个成员国联合呼吁美国、欧盟和日本确实履行承诺，削减农业补贴，从而切实改变目前世界农产品市场上的不良状况，帮助发展中国家的经济发展。

2004 年 8 月 1 日，在日内瓦 WTO 总理事会上各方就多哈回合全球多边贸易谈判的主要议题达成框架协议，谈判取得阶段性突破。框架协议明确规定在全球范围内逐步取消农产品的出口补贴、降低进口关税；发达国家承诺最终取消出口补贴、对国内支持大幅度削减、对市场准入条件进行实质性改进；各成员同意就关于贸易与海关程序简化和协调制定新的规则等问题谈判；制定了开放工业品贸易的行动纲领；明确了对发展中国家具有重要意义的规则改善的议程。但框架协议只对指导原则和基本内容进行了设定，并没有包含具体的减让数字，框架协议也明确了多哈回合谈判将不设期限予以延长，并确定了将于 2005 年 12 月在中国香港地区举行第六届部长级会议。

（三）从日内瓦总理事会到香港部长会议：小步前进

《框架协议》签署后，多哈谈判恢复了势头，谈判各方通过多次小型部长级会议来进行磋商，力求在 2005 年年底在香港地区举行的世贸组织第六届部长级会议上就主要议题的谈判模式达成初步协议，并把在 2006 年完成多哈发展议程谈判作为目标。

2005 年 1 月底，在瑞士达沃斯召开了主要成员部长级小型会议，会议上各成员发出明确信号，希望多哈回合谈判在 2006 年结束。2005 年 3 月，WTO 小型部长级会议在肯尼亚召开，会议上广大贫穷国家呼吁富裕国家采取具体措施削减农产品补贴。2005 年 7 月，在中国大连举行的小型部长级会议上，各成员在一些具体议题上达成了一定共识。2005 年 10 月，在苏黎世小型部长会议上，美国表示愿在农业议题上，特别是削减“国内支持”方面表现出一定的灵活性，美国在谈判关键时刻采取的重大步骤，有助于打破谈判僵局。之后，欧盟、G20 和 G10（由瑞士、日、韩等农业高保护国组成的 10 国集团）等主要成员在农业问题上也都提出了立场各异的提案。

2005 年 12 月，世界贸易组织第六次部长级会议在中国香港地区举行，会议通过了《部长宣言》，尽管在局部议题上达成了共识，如在农业方面，发达成员方于 2013 年年底前取消所有形式的农产品出口补贴；在非农产品方面，确定了市场准入的具体方向，同意农业和非农业产品市场准入的开放市场幅度应大致相同；在服务贸易方面，确定了各成员方应在 2006 年 10 月底之前就开放服务业提出最后提议；此外各成员还在发展问题上取得了一致。① 但在农业议题、非农产品的市场准入议题和服务贸易议题谈判上分歧较大，没有取得决定性的突破。

（四）从香港部长会议到 2006 年年底：进入“休眠”

香港会议后，根据谈判计划，在 2006 年 4 月 30 日前各成员方应就农业和非农产品市场准入问题达成初步协议，但是由于各成员方立场分歧太大，谈判进展得非常缓慢。WTO 决定将 6 月底确定为达成协议的最后期限，以便从 7 月份开始可以就服务贸易自由化、发展中国家的特殊待遇和简化海关手续等其他关键议题展开谈判。2006 年 6 月 29 日，世贸组织主要成员的 50 多位贸易部长在日内瓦世贸总部展开谈判，力求在农业和非农产品市场准入议题方面达成协议。但是由于各成员方分歧仍然太大，立场相距甚远，无法协调达成一致而使谈判再次陷入僵局，会议被迫提前结束。

2006 年 7 月 24 日，WTO 总干事拉米主持召开贸易谈判委员会非正式会议，但由于主要谈判方的立场分歧较大，各方为打破多哈回合谈判僵局而进行的最后努力以失败告终，拉米不得不宣布无限期中止谈判。这意味着持续近 5 年之久的多哈回合谈判已完全陷入困境，被迫进入“休眠期”。拉米称，谈判被迫中止将使多边贸易体制受损，发展中国家失去发展经济的良机，将对世界经济造成负

① 杨颖红，李岩：《WTO 香港会议进展及其影响》，载《商业时代·学术评论》2006 年第 12 期，第 72 页。

面影响，保护主义也会趁机抬头。①

（五）从 2007 年年初至今：曲折发展

WTO 多哈回合谈判中止后，为协调各成员立场，美国、欧盟和日本等发达国家的代表与“20 国协调组”的代表于 2006 年 9 月 10 日在巴西里约热内卢进行会谈，一致同意尽快恢复多哈回合谈判。2006 年 11 月 10 日，WTO 总干事拉米在日内瓦召开绿屋会议，近 30 个成员的代表参加了会议并对多哈回合谈判进行非正式磋商。会议上，多数成员方认为应逐步恢复多哈回合谈判。11 月 6 日还召开了全体成员方参加的非正式的贸易谈判委员会议，各成员方一致同意恢复多哈回合谈判，并作好全面恢复谈判的准备。

2007 年 1 月 27 日，24 个世贸组织成员在瑞士达沃斯举行会议，承诺尽快全面重启多哈回合谈判。虽然这次会议中，各成员在农业和农产品市场准入问题上仍存在严重分歧，但舆论普遍认为这次部长会议为多哈回合谈判提供了新的推动力。1 月 31 日，世贸组织在日内瓦总部召开由全体成员大使参加的会议，与会大使一致表示支持在达沃斯举行的小型部长会议作出的决定，同意全面恢复多哈回合谈判。2007 年 6 月 19 日至 21 日，主要谈判四方（美国、欧盟、印度、巴西）在波茨坦召开部长会议，但会议无果而终。波茨坦谈判破裂使多哈回合的谈判恢复再次遭受严重挫折。②

2008 年 7 月 21 日，来自 35 个主要成员的代表在日内瓦举行小型部长级会议，就农业和非农产品市场准入等关键问题进行谈判。尽管经多方努力，但与会成员还是未能就关键议题达成一致意见，谈判再次受阻失败。2008 年 12 月 6 日，WTO 公布了多哈回合谈判农业和非农市场准入的最新案文，以期为准备于当月召开的小型部长会议作好准备工作。新公布的两份案文是对之前 2007 年 7 月、

① 崔怡：《多哈回合：从中止到重启》，载《WTO 经济导刊》2007 年第 3 期，第 19 页。

② 《多哈回合谈判全面恢复》，载《世界贸易组织动态与研究》2007 年第 4 期，第 42 页。

2008年2月、5月和7月案文的最新修订，体现了2007年9月以来WTO成员就多哈发展议程举行的一系列会谈的成果。但准备于年底前召开的小型部长级会议最后被取消，使步履维艰的多哈回合谈判再次受挫。

2009年11月30日至12月2日，世界贸易组织在日内瓦召开第七次部长级会议，此次会议的主题是“WTO多边贸易体制和当前全球经济环境”，与前几届部长会议不同，此次部长会议没有形成类似“宣言”的法律文件，只是形成了TRIPs“非违反之诉”和电子商务两项具体决定以及对2010年年底前完成多哈回合予以表态，会议的主基调是“务虚不务实”。①

2010年11月，主要经济体领导人在二十国集团首尔峰会和亚太经合组织领导人会晤期间，再次表达了结束多哈回合谈判的决心，同意加快谈判进程并认同2011年为完成谈判的“机会窗口”。在2010年11月30日的世贸组织谈判委员会会议上，世贸组织总干事拉米反复强调，多哈回合谈判时间紧迫，谈判“最后倒计时”已经开始。根据拉米的设想，要想在2011年完成谈判，就应从2010年12月开始，对农业、非农产品市场准入等问题进行高强度的小组谈判，争取在2011年第一季度结束前拿出各领域新的谈判案文，以便世贸组织在2011年6、7月份勾勒出协议轮廓，并在下半年完善协议细节。只有这样，2011年年底召开的世贸组织部长级会议才有可能通过多哈回合一揽子协议。但是，对于如何制订具体的时间表，世贸组织谈判委员会会议并没有达成一致意见。没有明确的时间表，如此复杂的谈判很可能因为失去坐标而错失2011年这个最佳时间。如果不幸错失2011年这一“机会窗口”，多哈回合谈判可能就此陷入更加漫长的等待。②

---

① 黄志瑾：《WTO第七届部长级会议述评》，载《世界贸易组织动态与研究》2010年第1期，第68页。

② 资料来源：商务部世贸司WTO/FTA咨询网http：//chinawto.mofcom.gov.cn/aarticle/ap/tansuosikao/201012/20101207326762.html。

第二节 环境政策与中国对外贸易

贸易与环境在 1999 年 WTO 第三次部长会议上被建议纳入 WTO 多边贸易谈判中，由于发展中国家和地区的反对而没有成功。在 2001 年 11 月结束的 WTO 第四次部长会议上，发展中国家和地区终于同意将贸易与环境列入谈判日程。

贸易与环境问题早在 20 世纪 70 年代就开始了争论。1972 年斯德哥尔摩召开的第一届联合国人类环境大会使贸易和环境问题成为国际关注的问题。当时主要关注的是环境法规对贸易的影响，如果一个国家通过征污染税、制定排放标准而对环境进行保护，其国际竞争力就会受到的影响。70 年代早期人们关注的另一个问题是与环境相关的产品标准，例如食品中杀虫剂的残留标准或汽车排放标准，可能成为潜在的贸易障碍问题。

在 20 世纪 90 年代，贸易与环境问题重现出来，与 70 年代不同，这次是环境保护者对贸易体制的发难，除了竞争力和产品标准上有一些新变化以外，还出现了如何为保护环境采取相应的贸易措施以及贸易自由化对环境的影响问题。此外，发达国家也提出将贸易和环境问题纳入 WTO 多边贸易谈判的建议。

20 世纪 90 年代以来，随着全球环保浪潮不断高涨，环境保护正在成为影响国际贸易的一项重要因素。作为当今世界最大的贸易组织 WTO 对环境问题的认识与 GATT 时期相比已有所转变，并已将可持续发展与保护环境写入 WTO 宗旨，在多边贸易体制中确立了环境理念。

一、WTO 的贸易与环境政策

WTO 对环境保护和可持续发展给予很大关注，但目前其环境贸易政策并不像投资、知识产权等问题那样是以单独文本出现的，而是分散在 WTO 监管的有关技术性壁垒、农业、补贴、知识产权和服务等数个协定之中。

（一）《关于建立世界贸易组织的协定》

其序言明确规定：缔约方在处理贸易和经济事务时，应当努力提高生活水平、保证充分就业、保证实际收入和有效需求的持续增长、扩大货物和服务贸易，同时按照可持续发展目标使世界资源得到最优利用，并根据各自的需求和经济发展的实际水平，寻找既保护和保存环境，又达到上述目标的手段。进一步认识到有必要作出积极努力，以确保发展中国家，尤其是最不发达国家，在国际贸易增长中获得与其经济发展相应的份额。这是第一次明确将可持续发展确定为新的多边贸易体系的基本原则和宗旨之一，环境保护与国际贸易协调发展是其一大主题。

（二）《1994 年 GATT》

GATT 第 20 条“一般例外”中规定；允许 WTO 成员采取或实施为保护人类、动植物的生命或健康所必需的措施和为有效保护可能用竭的自然资源的有关措施，但不能对国际贸易造成武断的或不公平的歧视和限制。这一规定历来被认为是与环境保护最密切相关的条款，赋予 WTO 成员方“环保例外权”。

（三）《农业协定》

该协定附录二规定，对于与环境保护项目有关研究和基础工程项目所给予的服务与支付，对于按照环境规划给予农业生产者的直接补贴，可以免除国内补贴削减义务，这实际上是规定了成员方与环境保护相关的国内补贴扶植措施可被视为“绿色”例外，而免除承担相应的削减义务。

（四）《卫生及植物检疫措施协定》

该协定在序言中规定：不应阻止各成员方采纳或实施为保护人类、动植物的生命或健康所必需的措施，但这些措施的实施不应违反非歧视原则，也不能构成变相的限制。该协定的许多内容与环境保护有关，并规定了成员方的基本环境权利与义务。各成员方采取的措施必须是以科学原理为依据，如果没有充分的科学依据则不再实施，但可以采取临时的预防措施。与其他协定相比，该协定允许成员方在处理国际环境标准上享有更大的灵活性，鼓励成员方采取已有的国际标准，也可采取更严格的措施，只要它们被证明有科学性，或者成员方根据自己的情况认为是合适的。但采取合理措施时，应考虑尽量减少贸易的负效应。协定提出对发展中国家实施特殊和差别待遇，允许发展中国家为维持及扩大其市场准入接受技术援助。

（五）《技术性贸易壁垒协定》

该协定在序言中重申；任何国家可以在其认为适当的范围内采取必要的措施，以保护人类、动植物的生命或健康以及保护环境，只要这些措施不致成为在具有同等条件的国家之间造成任何不合理的歧视，或成为对国际贸易产生隐蔽限制的一种手段。协定规定，环境保护问题可能构成成员方认为有关国际标准指南或建议不适用有关成员方的理由；也可能构成紧急问题，成为成员方采取较为简便的程序公布或通知其技术规章和标准的理由。该协定明确将保护环境与人类及动植物的生命和健康规定为各成员方的一项基本权利。它主要涉及制定国家政策时国际标准的作用，其目标是使国家技术法规、标准及评价程序对国际贸易的影响最小化，然而其所含的环境要求可能会对发展中国家的市场准入提出挑战。

（六）《补贴与反补贴措施协定》

该协定对贸易扭曲补贴以及相应采取的反补贴措施作出了规定。它将补贴分为禁止性补贴、可申诉补贴和不可申诉补贴三类，其中不可申诉补贴包括了鼓励环境改进的补贴。第 8 条第 2（C）款规定：改造现有设备，使之适应由法律和/或法规所提出的新的环境要求而提供的资助，在符合一定条件的情况下，可以作为不可申诉的补贴。

（七）《服务贸易总协定》

该协定第 14 条“一般例外”仿照 GATT 第 20 条作出规定，允许成员方采取或实施为保护人类、动植物的生命或健康所必需的措施，但不能对情况相同的成员方构成武断的、不公正的歧视或对服务贸易构成变相限制。《关于服务贸易与环境的决议》承认保护环境的必要措施可能与 GATS 的条款发生冲突，要求贸易与环境委员会审查并报告服务贸易与环境之间的关系，包括可持续发展问题，提出可能的建议，以决定是否要修改 GATS 第 14 条。

（八）《与贸易有关的知识产权协定》

该协定第 27 条规定：出于维护公共秩序或公共道德的目的，包括为了保护人类、动植物的生命或健康，为了避免对环境造成严重污染，成员方可以拒绝授予发明的专利权，并可以阻止某项发明的商业性利用。

新一轮 WTO 多边谈判已经启动，就贸易与环境的议题而言，谈判涉及货物贸易领域的技术壁垒、环境标志、环境标准、卫生措施、环境补贴、环境产品等问题，生物安全领域的转基因产品问题、环境服务问题、知识产权与生物多样性公约的关系、争端解决机制等。从发展趋势看，环境与贸易的关系将越来越密切，围绕二者关系制定的环境法规也将越来越细化，越来越严格。

从经济角度看，WTO 环境政策成因来自于五个：第一，WTO 成员的生产与消费通过贸易，可能对其他成员造成外部不经济；第二，贸易本身会对环境不利，趋于自由化的贸易会导致生产的扩大并因此增加污染；自由化会有利于企业转移到环境管理规定较松的国家；更多的贸易意味着需要更多的运输，导致环境恶化；第三，环境政策可能对贸易公平产生影响，环境政策可能会影响不同标准成员企业的竞争力；第四，环境政策可能不必要地限制了贸易，成员的环境政策如果保护的力度超过了环保的合理要求，则有可能会对正常的贸易产生过多的壁垒；第五，可持续发展的长期性和连续性离不开资源与环境的相应持续供给，环境的破坏将会直接导致发展的连续性受到影响，这已被日益增多的事实所不断证实。从政治经济学的角度看，环境政策导入 WTO 框架是发达国家与发展中国家妥协的产物。

二、WTO 环境政策适用的原则

WTO 基本原则在环境领域同样适用。

（一）非歧视原则

非歧视原则是 WTO 最为重要的原则，是世界贸易组织的基础和核心。它要求成员一方在实施某一优惠和限制措施时，不得对其他成员方给予歧视性待遇，即不得向某个成员提供特别的优惠和进行歧视，非歧视待遇原则由最惠国待遇和国民待遇来体现。非歧视待遇原则旨在将所有成员置于平等的地位，有利于环境保护措施不至于在外国产品与国内产品之间以及在外国产品相互之间造成不必要的歧视，防止环境保护措施被滥用，成为伪装的贸易保护主义措施。

（二）透明度原则

透明度原则是非歧视原则的前提和基础，没有透明度原则作保证，非歧视原则也就无从判断。它要求各成员方正式实施的有关贸易方面的政策、法律、法规、法令、条例以及参加或签署的国际公约等都必须予以正式公布，不经正式公布，不得实施。这一原则的目的是为了防止成员方之间进行不公开的贸易，从而造成歧视。保持各成员方政策和措施的充分透明，是 WTO 实现总体目标的重要保证，也使各成员方维护正当权益，保持多边贸易体制在开放、公平、无扭曲竞争基础上健康发展的重要保证。就各国的环境措施而言，遵循透明度原则显得尤为重要，这是因为各国环境要素存在着差异，所采取的环境措施和标准千差万别，错综复杂，不透明的环境措施将可能导致歧视性贸易。环境措施的透明度具体包括：第一，有关环境措施应及时公布；第二，在不采取国际标准为依据时应履行一定的通知义务；第三，设立咨询点，负责解答其他成员方提出的问题；第四，在制定有关环境措施，如环境标志时，应广泛征求意见等。

（三）对发展中国家提供特殊和差别待遇原则

给予发展中国家优惠待遇是非歧视原则的进一步深化，即以形式上的不平等来实现真正意义上的平等。在环境方面，由于环境措施所具有的高技术性和高投入性，使得发展中国家在环境保护方面处于劣势，如果在国际贸易中对发达国家与发展中国家同等要求，这是极不公平的，会在客观上有碍发展中国家的产品进入国际市场。因此，强调各国环境措施应考虑到成员各自需要和不同经济发展水平，不应当采取完全一致的措施和标准，在对发展中国家环境措施的限制上应给予一定的差别待遇，这是以客观现实为依据的合理要求。因为，对环境造成破坏事实的并不是发展中国家，而是发达国家，其发展经济所需的资源、能源几乎都从发展中国家进口。它还将国内的高能耗、高污染产业转移到发展中国家获取超额经济利益，甚至还常将有毒废弃物转移至境外，这无疑加剧了发展中国家的环境恶化。

三、WTO 贸易与环境政策面临的问题与协调

虽然，WTO 把可持续发展作为其基本原则和宗旨之一，但在有关环境保护和国际贸易方面的规定还存在不少问题，许多方面还不成熟，尤其对发展中国家来说，存在很多不合理之处①。

（一）WTO 与多边环境协议的冲突

现在的 200 多项多边环境协议中包含了 20 多项贸易措施，以此来控制有害于环境的产品贸易。由于保护全球环境与促进贸易存在不同的目标和着力点，这些环境措施与 WTO 的一些规定就会发生冲突，出现如何履行义务和如何解决争端的问题。同时，WTO 允许成员方利用国家政策来保护环境，只要这些措施不对国际贸易构成武断的和不公正的歧视和限制，从这种意义上讲，WTO 是尊重国家主权的。多边环境协议的规定并不考虑国家主权问题，许多多边环境协议都允许贸易强制和歧视的措施，这就造成了 WTO 与多边环境协议间的冲突。为了实现国际贸易和环境保护政策相互支持的目标，应当协调 WTO 条款和为达到环保目标的贸易措施之间的关系。

（二）对“环保例外权”的行使缺乏明确的规定

WTO 的环境贸易政策突出强调了各成员方的“环保例外权”，却对行使这项权利缺乏明确的规定和有效的约束规范，对于何为

① 参见吴益民：《试论 WTO 的环境政策与国际贸易》，载《法治论丛》，第 18 卷第 2 期，2003 年 3 月。

“情况相同”、“武断的”、“不公正的”均没有规定具体的衡量标准，对于“变相限制”、“必要的措施”等重要概念也未作明确的界定。从而使得这些条款在实际应用中具有很大的弹性，贸易保护主义者可以借此而设置隐蔽的非关税贸易壁垒，对国际贸易尤其是对发展中国家的出口贸易构成巨大的威胁。应当对重要的概念和必要的措施作出明确的界定，以防滥用；并且要使这些措施符合可持续发展的理念，以减少对国际贸易的负面影响。

（三）环境保护政策与非歧视原则的冲突

非歧视原则是 GATT/WTO 的最基本原则。首先，环境保护政策与非歧视原则的冲突体现在对“相同产品”的认识。对“相同产品”的认识，WTO 依然沿袭 GATT 的观点，不论以什么方式生产的产品，只要其具有相同的物理特性，即可认为是相同产品。然而从环保的角度来看，对相同产品的不同加工和生产方法可导致对环境的不同影响，即以不同的加工和生产方法生产出的产品不应视为相同产品。因此许多国家尤其是发达国家往往要求出口国的产品符合进口国的生产过程标准（PPM），这显然有违非歧视原则。尽管 WTO 规则目前不允许依据产品的生产和加工过程而施加贸易限制，但在“海龟和海虾案”的上诉机构终审报告中，WTO 争端解决机制批准了美国提出的从环境角度实施贸易制裁的要求，这对原来 WTO 不允许的境外贸易制裁或基于 PPM 标准的出口许可限制等提出了挑战。其次，环境保护政策和非歧视原则的冲突来自对国民待遇的认识。跨国公司在发展中国家投资企业应适用东道国环境标准还是母国环境标准？如果适用东道国的环境标准，则会造成环境成本外部化，给发达国家向发展中国家转嫁污染提供了条件；如果适用其母国的标准，则会构成双重标准，有悖于国民待遇原则。

（四）环境保护政策与公平贸易原则的冲突

为了维护公平贸易环境，WTO 强调各国政府不得对出口企业给予贸易补贴和向别国进行倾销。由于发展中国家国内企业自身无力承担治理污染的费用和责任，政府出于对本国生态环境的考虑，给予这些企业环境成本内部化的补贴，这种补贴是否违背公平贸易原则？同时，由于环境管制标准不同而引起的“生态倾销”问题也直接冲击着公平贸易原则。因此，应当加强多边协商，对“补贴”概念重新定义，维护真正的公平贸易原则。

（五）预防在先原则与市场准入的冲突

预防在先原则是指除非能够证明某一产品（如转基因作物）或生产加工过程（如在牲畜饲养过程中使用生长激素）不会对环境或人体在目前或将来造成任何已有或潜在的损害或风险，否则诸如禁止进口、强行标签等合理环保措施将一直保留其存在的合法性。该原则已在WTO的一些规则中得到具体化，如在TBT和SPS协定中，某些从技术角度对贸易的限制。由于环境损害的滞后性和不可挽回性，预防在先原则有其必要性，但是这一原则较易演变成为一种贸易保护主义的借口，用来限制市场准入，特别是在发展中国家科技水平普遍不高的情况下，发达国家很容易借此而采取贸易保护措施。因此，应当认真考虑预防原则与多边贸易体系规则间的恰当关系，限制那些能够被发达国家当成贸易壁垒的措施的范围；同时，保证多边贸易体系规则给发展中国家提供足够的法律空间，以预防在先原则为基础制定和实施国内环境和健康保护政策。

（六）环境保护政策与对发展中国家优惠待遇原则的冲突

对发展中国家实行优惠待遇原则是WTO的基本原则之一，尤其在乌拉圭回合谈判后，WTO扩大了优惠待遇原则的适用范围，允许发展中国家在货物、服务、知识产权等相关的贸易领域承担非对等的义务，享受优惠的待遇。但在环境保护政策方面，WTO没有很好地顾及发展中国家与发达国家的差距，如SPS规定，允许成员方在处理国际标准上享有更大的灵活性，只要成员方认为是合适的，就可以实施比国际标准更为严格的环境标准。在实践中许多发达国家依据自己的经济技术优势，不考虑或极少考虑发展中国家的实际情况，对进口产品实施比国际标准更为严格甚至苛刻的环境标准，建立起一道道绿色壁垒，使得发展中国家处于不利地位。因此，应当进一步完善WTO有关协议对发展中国家的差别待遇原则，减轻绿色壁垒给发展中国家带来的负面影响。

对于 WTO 有关协定中所规定的环境政策，环境保护者和贸易自由者都感到不满意。环境保护者认为它们没有起到保护环境的作用，因为在规定“环保例外权”时又规定了许多限制措施，不能达到绿色贸易的要求。而从自由贸易的角度看，这些环境规范是设置了新的贸易壁垒，为贸易保护主义提供了堂而皇之的理由。

因此，环境保护与国际贸易的协调将是一个艰苦而漫长的过程，并将呈现以下态势：

第一，发达国家与发展中国家在环境和经济实力上的差距将日益成为影响贸易与环境协调的焦点之一；第二，发达国家在讨论和谈判中仍会占有相当主动的地位，但随着发展中国家越来越重视贸易与环境的协调，将会逐渐争取到越来越大的环境与贸易利益；第三，日趋严格和多样化的环境标准和要求将成为贸易与环境关系协调中的突出问题，生产过程或方法标准等环境措施可能会在某些情况下逐步被 WTO 所认可和接受。

在环境保护和国际贸易的协调中，WTO 应该尽可能做到：坚持可持续发展的原则，不能因为单纯地追求经济发展而破坏人类赖以生存的环境；认识到可持续发展不是以停止经济增长和阻止生活水平提高为代价，要在贸易与环境相互补充的领域内使经济利益最大化；应当在保护和合理利用资源的同时，进一步扩大对发展中国家的优惠领域，包括特殊和差别待遇，促进发达国家和发展中国家的共同繁荣。

四、环境政策与中国对外贸易发展策略

（一）中国对外贸易面临的环境压力

加入 WTO 之前，我国与环境有关的贸易政策主要是处理与贸易伙伴之间的具体环境问题，具有双边和一事一议的特点。在加入 WTO 之后，我们面临着可持续发展政策，特别是环境政策如何与 WTO 兼容的问题。

(1) 贸易自由化对环境政策的压力

作为以促进贸易自由化为主旨的规则体系，WTO 从本质上

是倾向于减少贸易障碍的。如果不把环境因素纳入贸易规则之中，单纯强调贸易自由化必将增加对环境的压力。贸易政策对进出口结构具有强烈的导向作用，如果贸易政策鼓励出口资源密集型产品，则会刺激破坏环境的行为。为此，环境政策应对此作出必要的反应，对外资投资项目、国外进口产品等，不能降低环境要求。

（2）绿色壁垒与环境标准

WTO 允许其成员出于保护人体健康、动植物健康、环境和自然资源的目的规定进口产品必须符合的技术标准，同时也对其成员实行上述强制性产品标准作了限制，以防止其对国际贸易造成不必要的障碍。一般来说，如果强制性标准基于国际通行的标准，它就不会对贸易造成不必要的障碍。然而，如果由于地理、气候及其他方面的原因，成员不能使自己的强制性规定以国际标准为基础，它们就有义务以草案形式公布这些规定，让其他成员的生产商有机会提出意见。协定还要求，成员有义务在最终确定标准时考虑这些意见，以保证其他成员生产和出口的产品的特性得到足够考虑。尽管如此，一些国家将其作为实施贸易保护主义的手段，对进口产品制定比较严格的环境指标，这样就可能在不违反 WTO 规则的前提下，阻碍贸易的进行，形成绿色壁垒。

作为我国环境政策，一方面要反对设置过高的环境标准并以此为由限制产品的贸易，因为设置过高环境要求的做法是违背《环境与发展里约宣言》关于“环境标准、管理目标和优先领域应当反映他们适用的环境与发展内容，并且这些对少数国家适用的标准对于一些国家可能是不恰当的，且对其他国家，特别是发展中国家，存在经济和社会成本的不合理性”的原则；另一方面要努力提高自己的环境标准，在符合国情国力的前提下，使我国环境标准，包括产品的环境标准、企业环境管理标准、环境质量标准等，尽可能与国际标准衔接，使我国产品不会因为达不到对方的环境标准而受到技术壁垒的阻碍。目前我国的出口市场主要集中在发达国家和新兴工业化国家，这些国家的环境标准较高，我国必须面对这些现实的要求。

(3) 增加环境政策的普适性和透明性

加入 WTO 后，我国的环境政策法规不仅要体现已经签署的国际环境协议中规定的义务，而且还要遵循 WTO 的基本原则和规定。例如，非歧视性原则要求缔约国在实施某种限制或禁止措施时，不得对其他缔约国实施歧视待遇。而我国在很多地区，为了吸引外资，对外商投资企业的环境要求反而松于对同类国内企业的要求，这是不符合非歧视性原则的；又如，透明度是 WTO 的重要原则之一，它要求缔约国的贸易政策制定过程必须公开和透明，为此，我国必须公开可能影响国际贸易的环境法规和标准，建立一个透明度高的政府环保政策法规公布系统。

(4) 推行清洁生产，发展绿色经济

绿色产品是未来国际贸易的主流产品之一，也是实现贸易与环境双赢的主要途径之一。为此，我国应通过有效的环境政策，大力发展绿色产品的生产和贸易，特别是发展能大规模替代资源消耗的产品。与此同时，要加强引进项目的环境管理，严格控制污染项目，避免污染向我国转移；依靠科技进步，推行清洁生产，加快环境标志和 ISO14000 的认证工作，以提高企业的竞争力，为我国企业及产品进入国际市场创造更好的条件。

(二) 中国应对多边环境政策的策略

针对以上内容，中国应该采取相应的策略。

第一，加强宣传教育，顺应绿色潮流，提高环保意识。我们必须充分认识到，低环境标准国家的资源环境会加速退化，环境污染加剧，并最终导致竞争力的进一步下降。而高环境标准国家将会从善待环境的技术和产品中获利，在环境保护产业领域占据领先地位，在国际贸易中更具竞争力。由于发达国家的产品科技含量和公众的环境意识普遍较高，他们对环境标准的要求非常严格，不仅要求末端产品符合环保要求，而且规定从产品的研制、开发、生产、包装、运输、使用、循环再利用等整个过程均需符合环保要求，这是值得我们学习和借鉴的。所以，我们更应该全面认识绿色贸易的性质，既要认识绿色贸易规范条件的积极作用，又要分清某些国家寄寓于其中的绿色贸易壁垒，在保护自身正当权益的同时，顺应经济发展历史潮流。

第二，积极推进环保产业发展。我国应该推行以生态环境为中心的绿色增长模式，走可持续发展之路。而环保产业的发展，必然会提高企业防治污染的能力，为其产品冲破国际贸易中的绿色贸易壁垒提供硬件上的支持。环保产业具有较强的关联性，在自我发展的同时能够带动相关产业的发展，极具市场潜力。环保产业是一个政策引导型的产业，对国家政策具有很强的依赖性，中国环保产业也是一个新兴的产业，需要国家给予政策扶持，国家可对其提供专项补贴和低息贷款。我们还应加快制定和完善各类商品生产和销售中有关环境保护的技术标准和法律法规，强化环保执法，对外贸活动中违反环保法规的行为依法严格惩处。同时，加强对各国环保法规、环境标志制度的研究和信息搜集，尽快建立外贸环境技术标准的信息系统，为出口企业和外贸部门提供及时、充分的信息咨询，促进企业按照环保标准组织生产，避免不必要的纠纷和损失。

第三，通过立法等手段完善我国的环境标准制度和绿色标志制度，努力谋求与国际标准接轨。ISO14000 认证和绿色标志认证是本国产品进入国际市场的“绿色通行证”，我们应该重视与此有关的认证工作。为促进与国际通告制度的接轨，首先必须完善我国自身的环境标准制度和认证制度。环境标准制度包括环境质量标准、污染物排放标准、环境监测标准以及产品质量环保标准。环境标准不仅仅是国家政策在技术层面上的具体体现，同时也是绿色贸易保障体系的重要支柱，是环境法体系的组成部分，具有法律效力。早在 1993 年，我国就参与了 ISO14000 系列标准制定的全过程，在 1996 年开始实施 ISO14000 系列标准后，中国国家标准局将这套系列标准等同转化成代号为 B/T24000-ISO14000 的标准，并在 1997 年 4 月 1 日正式实施。但是令人感到遗憾的是，我国的环境标准与发达国家相比或过低，或不具强制性，很难发挥出环境标准的实际效用。此外，我国环境标准的制定显得很混乱，有的甚至互相冲突，在具体实施的时候遇到很多困难。绿色标志制度，也即环境标志制度。1994 年 5 月 14 日我国成立了中国环境标志产品认证委员会。可以说，我国在绿色标志制度领域的相关机制已经启动很多年了，但是这一制度目前也存在很多问题，具体表现为：我国相关立法机构并未制定出明确而富有操作性的实施细则和管理条例，这使得我国的绿色标志制度在实践中的很多环节缺乏法律依据；申请绿色标志主体的范围过窄，仅限于内资企业，无疑排除了大量的在中国境内的外资企业，这就使这些企业只能申请其他国家的环境认证标志。针对上述问题，我们应当在环境标准制度和绿色标志制度的具体环节上制定具有可操作性的法律法规。与此同时，还应加强与有关国际组织和国家的交流与磋商，在环境标志问题上相互承认，使我国的环境标志国际化。

第四，积极参与多边贸易体制活动，共同抵制绿色贸易壁垒。我国已成为WTO的正式成员，可利用有关条款联合发展中国家，抵制发达国家利用环境保护之名而采取的日益繁多的绿色贸易壁垒及歧视性政策，维护我国对外贸易发展的合法权益。一方面，我们要充分利用WTO中的争端解决机制，力图公正合理地解决与他国的贸易争端，减少因环保问题引起的贸易摩擦。目前，有关绿色壁垒的争议大多由WTO争端解决机制处理，虽然该机制自身还存在不足，但WTO仍是解决绿色壁垒争议值得信赖的场所。另一方面，我们应通过加强南南合作，推动制定公平合理的贸易与环境新规则。虽然在遭到发展中国家极力反对的情况下，发达国家仍坚持把环境问题纳入新一轮的WTO谈判中，但有一现状是不能忽视的，即在WTO的140多个成员中发展中国家和地区的数量已占绝对优势。只要发展中国家齐心协力，共同协调和合作，拒绝接受超越自身承受力的环境条款，WTO是不能漠视绝大多数成员的这一要求和呼声的。此外，我国还应加强国际环保领域的合作，开展和参与有关国际环境组织和贸易组织的活动和谈判，扩大我国在国际环保和贸易立法方面的影响。

第三节　竞争政策与中国对外贸易

国际竞争政策问题虽由来已久，但摆上议事日程来正式谈判却还是第一次。由此可见竞争问题在世界贸易和经济发展中的重要地位。

竞争政策从广义上讲是指可以影响一国内部或国家间竞争条件或竞争环境的政策，包括贸易政策、环保政策、宏观调控政策以及一切与市场竞争相关的政策法规。而狭义的竞争政策则是指用以规范企业间联合，防止企业为取得或巩固市场地位而采取不公平竞争行为的政策法规。正是由于竞争政策的制定会从宏观和微观两个不同的层面影响一国产业或产品的市场竞争力，进而对该国的贸易产生巨大的影响，因而，贸易与竞争政策问题逐渐被越来越多的 WTO 成员所关注。

一、WTO 框架内的竞争政策问题

在市场经济体制下，竞争是一种不可缺少的机制。但市场机制本身并没有自发地维护公平竞争和自由竞争的内在功能，竞争的结果也可能造成垄断并排斥竞争。1996 年，WTO 在新加坡部长级会议上首次提出竞争政策议题，并成立“贸易与竞争政策互动工作组”（WGTCP），开始了多边贸易体制内拟议竞争政策的可行性与实施方案的调研工作。但 WTO 工作组并没有得到制定 WTO 竞争协定的授权，它的任务仅在于探讨可能与贸易相关的竞争政策问题。在 2001 年 WTO 多哈部长级会议上，各国同意将竞争政策列入谈判议程。《多哈宣言》第 23 条指出，意识到一个提高国际贸易与发展的竞争政策的多边框架的情况，以及相关领域内更多技术援助与能力建设的必要性，各国同意在 2003 年第五次部长会议之后举行谈判，谈判以该会议上对谈判方式（modalities of negotiations）达成明确一致为基础。但坎昆会议上，各国未能就谈判方式达成一致，竞争政策议题的谈判未能启动。由于存在较大分歧，竞争政策议题还是于 2004 年在《多哈议程》中被撤销。WTO 成员能将其纳入新回合谈判的议程，本身就表明各成员认识到贸易与竞争政策问题的重要性，同时也认识到就此议题进行磋商的必要性。各国之所以未能协商一致开始谈判，是因为彼此的法律体制、文化背景、经济发展水平、竞争观念、国内利益协调及其他政策安排等的不同，各国对于竞争政策的必要性、可行性、应用模式及内容方面存在较大争论。但随着贸易自由化的发展，人们对卡特尔、跨国并购等所引起的负面影响继续关注，国际社会必然再次展开WTO框架下的多边竞争规则的谈判和制定。解决各国立场与观点的差异，进而在WTO框架内纳入竞争政策，其模式选择、约束力的强弱会是各国考虑与权衡的重点。

WTO竞争政策的选择模式，主要有三种：有约束力的多边协定、复边协定以及没有约束力的文件。

（一）有约束力的多边协定

有约束力的多边协定，如同WTO的其他多边协定（TRIPs，GATs）一样。多边协定因其强制性高，需要严格的谈判程序与全体成员的一致认可，所以制度成本是最高的。这种一步到位的方式固然可以将规范制度化、稳定化，但要实现起来却是困难重重，需要有合适的时机，与各国之间利益的协调与妥协。这也是为什么多边竞争协定在GATT/WTO体系内已经研究、讨论了很长时间却仍然没有结果的原因了。

（二）复边协定

所谓“复边”（plurilateral），是指贸易协定的接受者的数目，多于“双边”（Bilateral），少于“多边”（Mutilateral，在WTO中，多边是WTO全体成员的同义语），也就是说协定只有WTO的部分成员自愿接受。复边贸易协定不属于乌拉圭回合一揽子接受的范围，其生效与接受依其自身规定。复边协定是向多边协定的过渡形式，只是因为无法在不同的利益集团间达成一致，才决定只在有限的国家间具有强制力。而其终极目标是对所有成员都有强制约束力。它的特点在于可以暂时缓解过于矛盾的冲突，先期只在制度成熟的国家间实行，而通过对其他国家的帮助与支援来达到最终制度的普遍实施。但复边协定也存在一些问题，要达成复边协定也非易事，在WTO当中，复边协定同样需要经过启动全体成员的多边贸易谈判来达成，此外，达成复边协定后如果国际社会在长时间内还是不能接受它，则会面临滞后以及修改同样要经过严格程序的问题。

（三）没有约束力的文件

没有约束力的文件，如《参考文件》。《参考文件》与WTO其他有约束力的协定不同的是，它是劝告性的，并不具强制效力，只是作为蓝本与模式供 WTO 成员方选择适用。在参与签订的 69 个国家中现有 57 个国家承诺将参考文件的全部或部分纳入其 WTO 义务中去。这样对于自愿接受其约束的国家，该《参考文件》则像合同一样，对彼此是有约束力的。无约束力的文件，具有最弱的效力与影响力，无须通过非常正式的谈判与严格的程序。但其非正式性与非法律约束力却赋予其灵活性、及时性与完整性的特点。没有法律强制性约束的压力，各签署方更多地尊重该领域的特点与存在问题的解决，而不是一味强调各国本身的利益需求，这样有利于保持讨论事项的完整性。而避免了纷繁复杂的谈判程序，缩短了文件成形的时间，才能及时反映讨论的结果。此外，各国可根据各自的需要与发展阶段的不同，灵活掌握其接受该文件的时间与程度。基于以上分析，有学者认为，无约束力的文件的模式适合于竞争协定的制定，这样可以缓和发达国家与发展中国家的利益冲突，保持一般竞争法的特点与体系，从而有利于全球范围内竞争文化与传统的形成与发展。

WTO 协定的制定者已经认识到，成员方通过关税减让和减少或者废除非关税贸易壁垒的谈判虽然对国际贸易自由化起到巨大的推动作用，但要真正实现贸易自由化，确保国际市场的开放性和竞争性，至少还应当满足两个条件：第一是成员方政府不得采取其他形式的贸易保护措施来替代被废除的关税贸易壁垒和非关税贸易壁垒，特别是不得滥用反倾销措施或者保障措施；第二是成员方的企业不得通过限制竞争的行为，来重建那些被废除的国际贸易壁垒。第一个条件仍然需要成员方政府间进行谈判，第二个条件则需要成员方协调它们国内的竞争政策。

二、WTO 成员方关于竞争政策问题的立场

《多哈宣言》第 23 节指出，谈判能否开始取决于成员方能否就谈判模式达成一致意见。根据 WTO 贸易与竞争政策工作组的材料，关于 WTO 框架内是否应建立一个统一的竞争政策，在成员方之间仍存在着不同的观点。

(一) 欧盟的立场

欧盟早就提出，应当在WTO框架下引入关于竞争政策的多边协议。欧盟认为，多边合作是非常必要的，应当通过有法律约束力的协议将竞争政策纳入世界贸易组织的体系。应当通过协商和礼让的原则来解决管辖权的冲突和贸易冲突，通过提供一般的技术援助和加强竞争主管机构之间的合作来提高发展中国家相关机构的工作能力，通过在案件调查和法律援助方面更好的合作来降低国际交易成本。欧盟提出，WTO关于竞争政策的谈判应集中于三个关键问题：

第一，WTO竞争政策的核心原则。包括：(1) 各成员方应当建立一个有充分执法权力的竞争主管机构；(2) 竞争法应对不同国籍的企业实行非歧视的原则；(3) 竞争法应当体现透明度的原则，包括对某些行业实行反垄断豁免的规定；(4) 竞争法应当保障合理的法律程序，特别是保障当事人有对竞争主管机关所作的行政裁决提出申诉的权利；(5) 将固定价格、串通投标、限制产量或者分割市场等恶性卡特尔视为严重的限制竞争行为。上述核心原则是基于成员方国内法的规定，因此各成员方必须制定一个体现上述原则的竞争法或者竞争政策。

第二，成员方之间的合作模式。主要包括：(1) 具体案件中的合作，即在同时影响WTO其他成员方重大利益的案件中，相互交流与案件有关的信息和证据，即适用"消极礼让"原则；(2) 一般信息交流方面的合作。欧盟委员会建议，在WTO内建立一个竞争政策委员会，作为成员方的论坛，以推动相互之间在重大问题上的统一和协调。

第三，加强对发展中国家竞争政策能力建设的援助。包括：(1) 加强对发展中国家竞争立法的技术援助；(2) 加强对发展中国家竞争主管机构的执法援助。

(二) 美国的立场

美国在1997年成立了国际竞争政策咨询委员会（ICPAC）。ICPAC在其1999年提交的研究报告中指出，委员会不主张在

WTO 框架内引入统一的竞争政策，理由是：第一，这种竞争政策的标准只可能是一种最低的标准，从而可能是一种扭曲竞争的标准；第二，WTO 的争端解决机制可能对成员国的国内法律制度造成潜在的干涉；第三，强迫成员方接受统一的竞争政策是不合理的，因为 WTO 内还有相当数量的发展中国家没有竞争法。报告高度评价解决跨国限制竞争案件适用的"积极礼让"原则，即 A 国可请求 B 国，根据 B 国法律来处理发生在 B 国境内但对 A 国的市场竞争产生不利影响的限制竞争行为。报告也承认"积极礼让"原则在效力方面的局限性，从而不排除国内法域外适用的可能性。

报告还建议设立名为"全球竞争政策动议"论坛。报告强调，论坛不应设立专门的国际机构，而应当采用"七国集团"的模式，通过成员方之间非官方谅解的形式进行。这个论坛需要深入讨论的问题是：(1) 深化和扩大适用"积极礼让"原则；(2) 就控制跨国企业合并和追究国际卡特尔的一些比较好的经验达成共识；(3) 审查各国竞争法中适用除外的领域；(4) 在控制企业合并方面进行国际协调；(5) 分析国际卡特尔以及其他作为市场进入障碍的私人限制竞争和国家限制竞争。报告还认为，论坛应当建立一种争议调解机制，此外还应当加强对发展中国家反垄断立法的技术援助。很明显，ICPAC 提出的关于 WTO 竞争政策的多边协调是软性的，因为这种协调充其量不过是成员方之间在自愿的基础上互相交换看法或者工作经验。

然而，根据美国向 WTO 贸易与竞争政策工作组提交的最新材料，美国对欧盟关于建立 WTO 竞争政策多边框架协议的主张已经表现出兴趣，因为美国认识到在竞争领域减少冲突的重要意义，认识到坚持无歧视、透明度和程序公正这些竞争政策核心原则的价值。美国尚不清楚的是，如何评估成员方在核心原则基础上履行竞争政策的义务，如何在这个领域运用 WTO 争端解决机制，此外还担心建立在自愿基础上的协调方式能否取得预期的效果。

(三) 发展中国家的态度

发展中国家对建立 WTO 竞争政策的多边框架协议的态度是不

一致的。埃及、肯尼亚等一些非洲国家，印度、巴基斯坦等一些亚洲国家以及巴西、智利等一些拉美国家反对过早地就WTO多边竞争政策协定进行谈判。它们认为，WTO目前应当继续进行这方面的教育，帮助发展中国家有效参与这方面的研究和讨论，对发展中国家提供技术援助，帮助其建立竞争法律体系。印度代表指出，考虑到发达国家在竞争政策领域的双边合作中不能真正交换机密信息的情况，这个领域的合作近年不会有多少希望。古巴代表指出，该国没有竞争法和竞争政策，从而不具备参与多边国际合作的条件。他们提出，对于发展中的小国来说，企业联合抵制进口是一个非常重要的战略。因此，竞争政策对这些国家是没用的。世界贸易组织如果对这些国家的产业政策和发展政策进行过分的干预，将不利于这些国家的经济发展。

然而，也有许多发展中国家高度评价WTO在竞争政策领域进行多边合作的努力。泰国代表指出，国际上很有必要进行多边合作，共同反对跨国限制竞争行为。就国际卡特尔问题，该国代表甚至还表示担心：发达国家因为相互有反垄断执法的援助，这种援助的后果可能导致国际卡特尔活动更多地转移到竞争法和竞争政策不发达的国家。例如，国际钢铁卡特尔已经在发展中国家存在了十多年，但是至今也没有受到法律追究。他们还提出，双边协定虽然在反垄断法国际合作方面起到一定的作用，但这些协定没有帮助发展中国家，因为竞争法发达的国家不愿意和竞争法不发达的国家进行合作。印尼代表也表达了他们关于建立WTO竞争政策多边协定的愿望，但是希望“恶性卡特尔”不包括中小企业合作的卡特尔，因为这种在印尼很盛行的卡特尔有助于印尼经济的发展。津巴布韦的代表特别支持建立WTO竞争政策的多边框架协议，指出这不仅是他们国家的观点，而且也是东非和南非共同市场（COMESA）所有成员国的观点。哥伦比亚的代表指出，因为资金缺乏，该国的竞争主管机构不能在关于市场分析中和对限制竞争案件的调查中使用现代信息技术。从这个意义上他们也希望扩大国际合作。

三、竞争政策与中国对外贸易发展策略

（一）中国对外贸易面临的竞争政策困境

加入 WTO 后，我国国内市场的竞争环境已经有了很长足的改进。2007 年 8 月 30 日第十届全国人民代表大会党务委员会通过了《中华人民共和国反垄断法》，于 2008 年 8 月 1 日实施。而作为我国竞争政策主管机构的国家工商总局，近年来也一直致力于增强竞争政策的合理性和可行性，为规范企业竞争行为起到了积极的促进作用。但是，同世界其他国家相比而言，我国在竞争环境建设方面仍存在很多问题，如我国处于经济体制的转轨时期，不断出现新的反竞争行为；同时随着经济全球化的发展，国际跨国并购浪潮直接或间接地影响到我国企业的竞争能力，国际技术联盟的形成也为我国进一步进行技术创新，引进国外高新技术方面造成了无形的巨大的压力。我国日益深化的国有企业改革将会为跨国资本提供越来越多的并购目标企业。比如重复建设的企业，无规模效益的企业，资产闲置的企业，因环境问题需迁移的企业等。跨国公司基于全球经营战略目标而在我国进行的企业并购，完全是从其自身经济利益角度考虑的，与我国政府在这一问题上的出发点并不完全一致的。这可能导致脱离我国行业的总体规划和产业布局，从而使国家的金融政策，财政政策等宏观调控手段的调节力度下降。与此同时跨国技术联盟的形成，通过与潜在的竞争者的合作，控制和减弱发明方面的竞争，研究与开发联盟可能会成为大型企业或技术主导企业避免发明竞争的手段，具有阻止一方在技术上领先另一方，进而提高市场地位的效用。而且，跨国技术联盟主要是在高新技术领域的合作，发达国家企业将大大增强他们在高技术产品方面的垄断地位。知识产权交易在某些情况下也具有导致反竞争行为的可能性。作为世界贸易大国，我国每年向主要发达国家和部分发展中国家出口大量产品。这些产品面临的最大的国外竞争压力就是进口国常为保护国内产业而对我国产品采取反倾销措施和保障措施，很大程度上限制了国内产品的出口。据 WTO 统计显示，中国连续 14 年成为成员中遭受反倾销调查最多的国家。因此，我国在规范国内企业竞争行

为减少被起诉的情况的同时，也需要与 WTO 其他成员一起为维护国际市场的公平竞争作出努力，加快竞争政策的调整和竞争秩序新框架的构建，以适应国内深层次改革和加入 WTO 的需要。

（二）中国的应对策略

建立 WTO 竞争政策多边协议的主张得到国际社会的广泛支持，不仅因为竞争政策与贸易政策有着非常密切的关系，因为 WTO 的宗旨就是推动贸易自由化和公平竞争，竞争政策应该成为 WTO 法律框架的一部分，更值得注意的是在经济全球化条件下的限制竞争行为往往涉及很多国家甚至全球。一个国家在调查和处理跨国限制竞争案件时很多情况下都需与其他国家进行合作。所以我国应对 WTO 竞争政策谈判持积极的态度，与此同时加快研究国内竞争政策和竞争法的问题，在谈判中充分发挥作用。中国的发展需要建立公平自由的贸易秩序，在日益激烈的贸易竞争中寻找保护自身利益的规则。

1. 积极参加 WTO 有关竞争政策问题的谈判

WTO 框架下竞争规则的谈判和制定对我国有不容忽视的作用，有利于我国与其他国家开展竞争规则的国际合作，遏制跨国公司的反竞争行为对我国市场开放的伤害，推动我国建立公平竞争的市场秩序和完善《反垄断法》。且日本等成员修改《反倾销协议》的提议也代表了我国的利益，我国应该支持就该议题进行谈判。当然在谈判中应该代表发展中国家的立场，在不存在绝对利益损失的情况下，也尽可能与大多数成员的共同立场保持一致。在竞争政策多边框架协议的拟定上，尽可能坚持中庸而粗疏的思路，不应将实体性条款过于细化，给各国竞争政策主管当局足够的自主权，确保发展中国家逐步完善其国内竞争制度。

2. 根据自身社会、经济发展状况设立适当的竞争政策目标

我国和大多数发展中国家一样，市场还没有形成有效竞争的格局，不能照搬西方的模式。我们竞争政策的目标不仅在于维护公平、自由的竞争机制，促进消费福利，增进资源的配置效率，也在于服务经济发展的需要和注重长期经济绩效。发展中国家在市场领域往往面临市场集中的不足问题，在应对跨国公司竞争时处于不利

地位，影响国家经济安全。为提高整体社会效益，应该对企业集中采取更加宽容的政策。此外，还要处理好竞争政策与产业政策和贸易政策的关系。这三者之间目标和理念存在差异和冲突，即使是竞争政策完备的发展中国家，在对待本国出口卡特尔上也持宽容态度。发展中国家一味强调将竞争政策置于产业政策和贸易政策之前，就显得过于狭隘和呆板了。

3. 在竞争法国际协调中引入除外和过渡性条款

在竞争法的国际协调中要争取引入对发展中国家的特殊和差别待遇，应尽力争取在国内竞争法中规定和保留豁免和除外制度的权利。① 将一些对维护国家整体经济利益和社会公共利益有重大影响的行业和领域以及一些对市场竞争影响不大，但对整体利益有益的限制竞争的行为排除在竞争法适用范围之外，以促进本国经济的发展。当然，为了防止豁免和除外的滥用，除外也可要求发展中国家增加政策的透明度，并审查其实施效果，并在发展中国家引入过渡期条款。

4. 完善我国的《反垄断法》

我国《反垄断法》的完善应更多体现 WTO 的基本原则和竞争政策的目标。在具体实施上，应重点围绕限制竞争协议的豁免、滥用市场竞争地位的认定、企业合并的审查、行政性垄断行为的禁止，结合我国国情和外国先进经验适当加以改进。《反垄断法》的实施制度应重点探讨我国反垄断法执法机构的设置模式和对其进行监督的机构选择，以及二者之间的协调机制。② 当前中国各行政区域的地方保护主义非常严重，制止行政垄断是中国反垄断法的一项极其重要而且非常迫切的任务，但中国目前在这个方面缺乏有效的禁止性规定。

---

① 颜海燕：《发展中国家在竞争法国际协调中的路径选择》，载《山西省政法管理干部学院学报》，2010 年第 3 期。

② 李冰：《竞争法国际协调问题探析》，载《法制与社会》，2010 年 6 月（下）。

第四节　劳工标准与中国对外贸易

一、WTO 成员的劳工标准之争

1996 年 12 月 9 日到 13 日，在新加坡召开了 WTO 首脑部长会议，会议通过了《新加坡部长宣言》，其中劳工标准问题是发达国家和发展中国家双方经过激烈争论和谈判后才列入《新加坡部长宣言》的。《新加坡部长宣言》承认国际劳工组织是处理和制订劳工标准的有效机构，强调不应用劳工标准问题作为新的贸易保护措施，同意不对各成员特别是低收入发展中国家成员的相对竞争优势提出质疑，并认为贸易增长和进一步放宽贸易限制而导致的经济增长有助于提高劳工标准，但是，《新加坡部长宣言》也并未否认贸易与劳工标准之间的关系，认为 WTO 成员应遵守国际公认的核心劳工标准，承诺 WTO 将与国际劳工组织就这一问题进行合作。

至于何为国际公认的核心劳工标准，目前尚存在一些争议，但通常认为，核心劳工标准即指国际劳工组织确认的、不论成员国经济发展水平如何，为保护工作中的人权而应遵守的“工人的基本权利”，这些权利是为了争取改善工作条件而采取的其他一些措施的前提条件。

1998 年国际劳工大会通过的《基本劳工权利原则宣言》将劳工的基本权利规定为 4 个方面：①

（一）结社自由和有效承认集体谈判权利

《结社自由和保护组织权公约》(第 87 号公约）规定，工人和雇主不加区别地拥有自由行使组织起来的以促进和维护自身利益的权利；《组织权利和集体谈判权公约》(第 98 号公约）规定，保护工人行使组织权利，禁止工人组织与雇主组织相互干预，促进自愿的集体谈判。

---

① 戴维生：《WTO 劳工标准与中国劳动立法的完善》，载《政治与法律》，2004 年第 3 期。

（二）消除一切形式的强迫劳动

《取消强迫劳动公约》（第29号公约）规定：各国应在最短期限内取消强迫劳动，强迫劳动的定义是“以任何处罚相威胁强迫任何人从事非本人自愿的一切劳动或服务”，但义务兵役制、履行公民义务、监狱劳动情况下要求的劳动以及小型村镇工程不属于公约所指强迫劳动范围。《废除强迫劳动公约》（第105号公约）规定，禁止为以下目的使用任何形式的强迫或强制劳动：作为政治强制或教育对不同政见者惩罚的措施；作为动员和使用劳动力用于经济发展目的的方法；作为劳动纪律措施；作为对参加罢工的惩罚；作为实行种族、社会、民族或宗教歧视的措施。

（三）有效废除使用童工

《最低就业年龄公约》（第138号公约）规定的原则是禁止童工劳动，最低就业年龄与完成义务教育一致。最低就业年龄规定为15岁，在发展中国家也不得低于14岁。关于可能危害成年人身心健康或安全的工作，最低年龄为18岁。《最恶劣形式童工公约》（第182号公约）要求各国采取及时措施以确保禁止和有效消除最恶劣形式的童工劳动。

（四）消除就业与职业歧视

《就业与职业歧视公约》（第111号公约）规定：要促进就业和职业领域的机会和待遇平等，消除一切形式的歧视。对歧视的界定是：“一切以种族、肤色、性别、宗教、政治观点、国际、社会出身为基础，具有取消或损害就业或职业机会均等或待遇均等作用的任何区别、排斥或优惠。”《同工同酬公约》（第100号公约）规定：对同等价值的工作不分男女给予同等报酬。

在劳工标准问题上，大体可分两大阵营，即以美欧为主的大部分发达国家和以印度、巴基斯坦等为主的发展中国家。

发达国家中以美国态度最为坚决，美国等国提出将劳工标准问题纳入世界贸易组织的谈判日程。他们认为，发展中国家出口商品价格低并不源于其生产成本的比较优势，而是国家否认工人的权利，将劳工标准定得低的结果，所以发达国家实际上与发展中国家进行着不公平的贸易。因此，他们要求各国保证在生产中不使用童工、犯人，不阻碍工人成立工会。为了保证国际贸易的公平性，保护发达国家工人的利益，应在工资、劳保、工时、福利等方面制订一些使各成员国均遵守的标准，作为国际贸易中的“游戏规则”之一。

广大发展中国家认为，发达国家将劳工标准与国际贸易联系起来，对发展中国家来讲，在政治上无法接受，在经济上也毫无道理。第一，发展中国家并不反对提高劳工标准，各国经济发展的目标之一也就是提高国民福利水平。但是，由于发达国家与发展中国家经济发展阶段不同，因而各国劳工标准差别很大，在现阶段建立一个统一的国际标准是不可能的；第二，发达国家拥有技术、资金等竞争优势，而发展中国家的劳动密集型产品出口价格低，正是其国际竞争优势之一，劳工标准的统一，必将削弱发展中国家的优势，导致发展中国家对外贸易的萎缩与停滞；第三，发展中国家担心，将劳工标准等与贸易没有直接关系的议题拉进WTO议题之中，将进一步限制发展中国家制定各国政策和发展纲领的能力。

值得指出的是，WTO新一轮多边贸易谈判关于劳工标准与贸易问题的讨论仅限于“核心劳工标准”，而不是要统一各国的劳动时间和劳动工资。核心劳工标准包括五项基本权利：禁止使用童工、取消强制劳动、禁止就业歧视、允许工人自由结社和允许工人进行集体谈判的权利。

二、劳工标准问题之争的成因

作为一个多边贸易体系，WTO对各成员国的社会、经济、发展等问题发挥着越来越大的影响，各国为了适应WTO而不得不广泛地改变国内的政策与法律，而且WTO拥有强制执法的权力，如果成员国拒不执行WTO协议，将遭到贸易制裁的威胁。发达国家认识到了这一点，因而往往将一些新议题挤进WTO，以期通过WTO来约束或影响发展中国家的经济及社会活动。

WTO劳工标准与国际贸易关系问题之争的最根本原因是各国经济发展不平衡与贸易自由化之间深刻、持久的矛盾，不管是在区域一体化还是在全球一体化过程中，这一矛盾往往成为各焦点问题的根源。具体出现在以下几个方面：

第一，发达国家与发展中国家在国际贸易领域内斗争日益激烈。为了取得同发达国家平等的贸易地位，发展中国家进行着持续不断的斗争而且取得了一些成果，发展中国家在世界经济贸易中的作用日益增大。随着发展中国家贸易地位的上升，发达国家设置了许多新的非关税壁垒加以限制，如产业与产品技术标准、环境标准等，劳工标准只是发达国家利用非关税壁垒限制发展中国家贸易的政策延续。

第二，发达国家国内的就业压力。20世纪90年代初以来，发达国家处于经济衰退的“低迷”时期，因而引发了其诸多的经济及社会问题，比如工资增长乏力、失业率居高不下等。在此情况下，各国政府的压力增大，特别是来自劳工组织的批评日益增多，欧盟各国和美、加在一体化过程中也都曾经历过这样的时期，在国内社会政策无力挽回颓局的情况下，发达国家就将劳工标准与贸易联系起来，企图将矛盾转移。

第三，某些发达国家达到政治目的的手段。发达国家提出的WTO新议题，包括竞争政策、贸易与环境等问题；同时也包括颇具政治色彩的劳工标准、反腐败及贿赂等问题，这显然超出了WTO这一多边贸易组织的工作范围。可以说，这些议题与以往某些发达国家动辄以人权问题相威胁的手段一脉相承。发展中国家对贸易的依存度较高，因而某些发达国家试图以贸易相威胁，迫使发展中国家接受其人权观念，以达到政治干预的目的。

三、劳工标准与中国对外贸易发展策略

（一）劳工标准对中国对外贸易的影响

WTO劳工标准问题对中国贸易的影响，主要体现在以下几个方面：

1. 劳工标准问题造成中国与进口国之间的贸易摩擦

目前，劳工标准问题已成为导致我国与进口国之间的贸易摩擦的原因之一，我国众多出口企业付出了沉重的代价。我国出口产品

中服装、玩具、家具、鞋箱等劳动密集型产品占多，出口到欧盟、北美、日本等发达国家占多，这些出口产品和国家都是劳工贸易壁垒的强力推行者。

例如，对于全球超过200家跨国公司已经制定并推行的公司社会责任守则和行业生产守则，供应商和合约工厂被明确要求必须遵守相应的劳工标准，并且这些供应商和合约工厂要定期地接受跨国公司安排的公司职员或所委托的独立审核机构的现场评估。在中国，家乐福、耐克、锐步、阿迪达斯、迪斯尼、美泰、雅芳、通用电气等超过50家公司已经对其供应商进行社会责任审核，有些公司还在中国设立了劳工和社会责任事务部门。劳工标准正成为一个引起贸易摩擦的日益突出的重要问题。

2. 劳工标准问题对中国吸引外资会造成一定的威胁与压力

目前劳工标准问题对中国引进外资的影响的讨论，主要集中在其削弱了我国的劳动力成本优势问题上。如果将劳工标准问题纳入WTO框架体系，WTO的所有成员国都将受到这一社会条款的约束，包括那些在外资引进上与中国存在相似的竞争优势的国家。因此，引资能力将在整个发展中国家普遍受到削弱，将导致发达国家与发展中国家两个阵营的引资实力的重新洗牌。同时，发展中国家中的非世贸成员也将在短期内获益于这种新的竞争规则和竞争格局，这些都将对中国吸引外资形成外部威胁与压力。

3. 提高我国劳动密集型产品的生产成本

目前，我国众多劳动密集型出口生产企业的劳动标准还不能达到发达国家所提出的国际劳工标准的要求。因此，若国际劳工标准发展成为普遍性的贸易壁垒，必将迫使我国众多劳动密集型出口生产企业投入大量人力、物力、财力和时间，提高本企业的劳工标准，以使企业在工人最低工资标准、最高工作时间、最高加班时间、福利待遇、工作安全条件、日常生活条件等方面符合更高的劳工标准要求。此外，劳工标准的提高对企业的经营管理水平提出了更高的要求，例如在人力资源管理、企业安全生产管理、企业客户关系管理等方面，都需要企业投入其有限的资源来加以实现。显而易见，这将直接导致我国整体劳动密集型产品出口的生产成本大幅攀升，从而削弱我国整体劳动密集型产品出口的价格竞争力，劳工标准的提高，将直接提高我国劳动密集型产品的劳动力成本，弱化我国劳动力资源禀赋优势，削弱我国整体劳动密集型产品出口的价格竞争力，导致其出口总量下降，从而我国出口产品在国际市场的占有率降低。

4. 影响我国劳动密集型出口产业吸纳大量剩余劳动力的能力

自改革开放以来，我国劳动密集型出口生产企业在地方经济中一直起着十分重要的作用，很多都是地方经济发展的中坚力量，尤其是在吸纳大量剩余劳动力方面，广大劳动密集型出口生产企业功不可没。劳工标准的提高，将使得达不到标准的出口企业被淘汰出局，或被迫转向次优的主营方向或次优的目标市场，从而导致了企业贡献力的萎缩，直接影响企业对所在地经济发展的贡献量，以及众多劳动力的就业。

（二）中国的应对策略

随着经济全球化的发展，劳工标准与国际贸易问题已成为WTO面临的新挑战。一些欧美发达国家对劳工标准问题不仅从法律上进行强化，而且越来越多地将劳工问题与贸易利益挂钩。可以预见，在未来的世界贸易中很难避开劳工问题。随着SA8000的推行，我国的企业已经面临很大压力。我国作为发展中国家，在劳动权益方面与发达国家存在明显差距，一旦正式将劳工标准与贸易挂钩，对我国出口贸易的影响将是不可估量的。因此我国应密切关注这一问题的发展动态，积极作好应对准备。

1. 正确认识国际劳工标准的争议

面对国际贸易中劳工问题的争论，应该认识到其二面性。一方面，对劳工问题的重视，是社会发展的表现，是社会经济发展的必然趋势。贸易应遵守基本劳工标准，成立工会、反对强迫劳动、反对童工、要求同工同酬等这些都是劳工的基本人权，我国不仅赞同而且应积极顺应。重视劳工问题在另一个层面上是国家、社会和企业不容忽视的历史责任。另一方面，还要认识到发达国家试图利用WTO和双边协议实施共同劳工标准实行贸易保护主义的本质。目前制订一个统一的、国际认可的劳工标准，是贸易与劳工标准挂钩的主要问题。由于各国生产力水平和所处的社会发展阶段不同，人为地制订一些标准来消除差异，在理论上和实践中都行不通，相反可能会助长贸易保护主义，从而形成新的贸易和社会壁垒，造成对国际贸易的阻碍，影响全球经济一体化的进程。因此，我国既要反对无视各国的发展现状在WTO中实施统一劳工标准，又应积极与各国协商寻求一个合理的解决途径。

2. 密切关注劳工标准的新态势，加强理论和对策研究

国内关于劳工标准的研究直到最近几年才被重视，但大多是介绍性的文献，而从理论和实证的角度研究国际贸易中劳工标准问题的文献并不多见。因此，我国应紧密关注国际劳工标准及劳工标准与贸易问题的新动态，收集翻译主要贸易对象国已发布和实施的劳工法规和标准，及时整理和分析国际出口产品受国外劳工标准限制的情况，尤其要随时注意美国和欧盟等发达国家的活动。另外，积极研究我国劳工标准与国际的差距，如何有效地与国际标准接轨。除了主动积极研究国际劳工标准问题外，还要积极完善我国劳工立法、不断改善劳工状况。我国有关劳工标准的立法主要体现在《宪法》、《劳动法》、《劳动合同法》等法律中。应该说，中国的劳工标准立法与国际社会的要求相差不大，甚至超过一般的国际标准，如工作时间，但有些地方存在着分歧和差距。入世后，需要根据中国国情，在坚持原则的前提下逐步与国际劳工标准接轨。① 如自由结社权是核心劳工标准的基石，国际劳工组织一向特别强调对自由结社权利的保护。既是工人的权利，也是雇主的权利，不仅建立组织不需要事前得到批准，而且加入某个组织也不需要事前得到批准，自由结社权也是我国公民的一项基本权利，《中华人民共和国宪法》第35条明确规定："中华人民共和国公民有言论、出版、集会、结社、游行、示威的自由。"《中华人民共和国工会法》第3条规定："在中国境内的企业、事业单位，机关中的以工资收入为主要生活来源的体力劳动者和脑力劳动者，不分民族、种族、性

① 杨思乾、高凌霄：《论WTO劳工标准与中国的劳动立法》，载《世界贸易组织动态与研究》，2003年第8期。

别、职业、宗教信仰、教育程度，都有依法参加组织工会的权利。”由于我国实行的是单一工会体制，地方各级总工会。全国或者地方产业工会组织的建立，必须报上一级工会批准。”可见，在我国设立工会必须经过事前审批，而不是完全的自由设立。所以严格地讲，我们现行的工会体制和第 87 号公约的规定并不完全一致，在适当的时候，应将这种审批制改为登记制。关于集体谈判权，我国劳动法规又称为“集体协商”，是指用人单位、工会或职工代表与相应的用人单位代表，为签订集体合同进行商谈的行为。国际劳工组织 1949 年的《组织权与集体谈判权公约》(第 98 号公约）第 4 条规定：“对于雇主或雇主组织同工人组织之间进行自愿谈判的机制，政府应当采取适合本国国情的措施鼓励，并促进其充分地发挥与运用，以使双方通过签订集体协议来规定工人的就业条件。”《中华人民共和国劳动法》第 33 条规定：“职工一方与企业可以就劳动报酬、工作时间、休息休假、劳动安全卫生、保险福利等事项，签订集体合同。”这里的用语是“可以”，按照法理学上的解释，这并非是强制性条款，而是选择性条款，实际上具有劳资双方自治的含义。但在中国特别是私有和外资企业中，劳动者组织力量相当薄弱，又缺乏明确的罢工权保障，集体合同的实施结果无非两种可能：或是难以推行，或是徒有虚名。解决这一问题应改现在的选择性条款为强制性条款，“职工有权提出与企业签订集体合同”。另外，要加强工会的职能，以切实保障职工的集体谈判权。随着经济的发展、社会的进步，以及全球化趋势的出现，我国有关劳工立法的缺点也逐渐显露。特别是在强迫劳动方面，我国《劳动法》还没有明确规定不得强迫劳动。而现实生活中，一些私人企业采取高压手段强迫劳动，有些借口劳动合同未满，强迫劳动者在恶劣条件下劳动，这些都与国际劳动公约的基本思想相违背。鉴于我国劳工问题中还存在诸多不足之处，我国在与发达国家进行劳工谈判的同时应该积极主动脚踏实地地完善国内劳工立法，强化其执行机制，真正做到改善本国劳工状况，保护劳动者的合法权益，促进经济社会的和谐发展，这样才能在谈判中处于较有利地位。

3. 加快我国经济结构调整，切实改善劳工状况

提高出口产品的熟练劳动和知识技术要素的密集程度；尽快从过去的劳动密集型产品转向技术密集型产品从而在国际市场上取得优势；积极引进SA8000社会责任认证制度。全球首个社会责任的认证标准SA8000已于1997年8月出台。SA8000在一定意义上是企业产品出口国外的“通行证”，一旦全球正式将劳工标准与贸易挂钩后，企业就不会因此受阻而畅游在世界经济的大潮中。因此，我国企业切不可坐以待毙，必须顺应全球经济一体化这一不可逆转的趋势。目前，我国劳工状况恶化的现象较为普遍，特别是农民工待遇低下，工作强度大；延长劳动时间、加强劳动强度、拖欠工资等现象时有发生；劳动医疗卫生、失业、养老等方面的福利待遇还没有惠及整个社会；一个特殊工作的环境比较恶劣、劳动者生命随时受到威胁，给西方发达国家留下侵犯人权的口实，必须通过严格立法和执法等多种途径加以解决。

4. 采取灵活的谈判策略，加强国际组织间和国家间的合作

目前，以美国为首的发达国家正通过各种途径如社会标签、社会责任认证等推行国际劳工标准，迫使发展中国家将劳工标准纳入多边贸易体系，在WTO体制内进行劳工标准的对话谈判变得非常迫切。发展中国家劳工标准的恶化也是不争的事实。作为WTO成员，我国应充分发挥大国影响，采取积极主动和灵活多变的态度，研究和运用多边谈判的规则和技巧，参与制定和修正多边贸易规则，以此维护和扩大发展中国家的根本利益和长远利益。发展中国家要采取联合行动，在标准的内容与实施方式上据理力争，争取有利于自己的制度安排。将劳工标准纳入WTO体系，应注意控制纳入WTO体系的劳工标准的范围，在争端机制的运用上慎用贸易制裁措施，避免由此带来的贸易扭曲后果。同时，要求发达国家在资金、技术等方面提供援助，以经济发展推动“劳工标准”的渐进提高。我国还应积极推动世界贸易组织和国际劳工组织的充分合作，使它们在适当的范围和程度内互相支持，共同寻求合适、有效、非歧视的贸易政策工具，以实现提高劳工权利和贸易自由化的目标。我国更应增强与发展中国家的交流与合作，阻止发达国家变

相推行贸易保护。总之，加强与联合国贸易发展会议、国际劳工组织等国际组织的交流与沟通，宣传发展中国家在劳工标准问题上的立场与观点，以争取这些组织的理解与支持。在全球化进程发展的今天我们更应联合发展中国家，从全球经济发展的良性一体化角度出发，阻止发达国家在推进国际贸易自由化过程中变相地利用劳工标准来推行新的贸易保护。

参考文献

彭金荣：中国入世“后过渡期”利用外资政策选择，《天津师大学报》，2004 年第 6 期。

卢炯星：《加入 WTO 与中国外商投资法面临的挑战及对策》，《中国法学》，2000 年第 4 期。

唐贇：《论 TRIMs 协议对中国外资立法的影响》，http://www.wtolaw.gov.cn/display/displayInfo.asp? IID=2002070715141726O4。

吴波，傅志明：中国吸引外资的政策选择与效果分析，《经济问题探索》，2009 年第 6 期。

夏晴，张宏：《如何在 WTO 框架下发展中国家对外直接投资》，《商业经济与管理》，2002 年第 11 期。

杨树明，曾文革：《论世界贸易组织国际投资规则与中国外资立法改进》，《甘肃社会科学》，2003 年第 5 期。

余劲松：《国际投资法》，法律出版社，1997 年版。

余劲松：《〈TRIMs 协议〉研究》，《法学评论》，2001 年第 2 期。

赵蓓文：《国际投资规则的发展与 WTO 多边投资框架建立的可行性分析》，《世界经济研究》，2003 年第 6 期。

赵世璐：《WTO 框架下国际多边投资立法存在的障碍及展望》，《世界贸易组织动态与研究》，2006 年第 8 期。

伯纳德·霍克曼和麦克尔·考斯泰基（1995）：世界贸易体制的政治经济学——从关贸总协定到世界贸易组织，法律出版社，1999 年版。

鲍志才：《世界贸易组织经典案例》，四川辞书出版社，2003 年版。

伯纳德·霍克曼，迈克尔·考斯泰基著，刘平，洪晓东等译《世界贸易体制的政治经济学——从 GATT 到 WTO》，法律出版社，1999 年版。

曹建民，贺小勇：《世界贸易组织》，法律出版社，2004 年版。

王文先、王孝松：《WTO 规则与案例》，清华大学出版社 2007 年版。

赵维田：《世贸组织的法律制度》，吉林人民出版社 2001 年版。

谢翀：《WTO 贸易政策审议机制的特征与实践效果的法律关联研究》，《世界贸易组织动态与研究》2009 年第 3 期。

石广生：《中国加入世界贸易组织知识读本》(一)、(二)、(三)，人民出版社，2002 年版。

屠新泉：《中国在 WTO 中的定位、作用和策略》，对外经贸大学博士论文，2004 年。

樊瑛：《多边贸易体制：绩效、挑战和解决之道》，对外经贸大学博士论文，2006 年。

王浩云、任勇：《WTO〈农业协定〉的主要缺陷及对多哈回合的展望》，《经济师》2005 年第 8 期。

解俊贤，张瑛：《世界贸易组织概论》，中国经济出版社，2006 年版。

芦琦：《WTO 概览》，法律出版社，2004 年版。

赖宣妤：《WTO 架构下我国货品进口救济制度之研究—以中国大陆毛巾进口救济措施案为例》，第 75 页，台湾图书馆全球咨询网 http：//www. ncl. edu. tw/。

《世界贸易组织乌拉圭回合多边贸易谈判结果法律文本》，法律出版社，2000 年版。

房东：《服务贸易总协定法律约束力研究》，北京大学出版社，2006 年版。

徐崇利：《经济全球化与国际经济条约谈判方式的创新》，《比较法研究》，2001 年第 3 期。

郎丽华：《国际贸易案例精选》，经济日报出版社，2005 年版。

杨颖红，李岩：《WTO 香港会议进展及其影响》，《商业时代·学术评论》2006 年第 12 期。

薛荣久，樊瑛：《WTO 多哈回合与中国》，对外经济贸易大学出版社，2004 年版。

张幼文：《多哈发展议程：议题与对策》，上海人民出版社，2004 年版。

曹玖梅：《农业市场准入谈判：再叩多哈回合之门》，《国际商报》，2004 年 5 月 17 日。

王平，钱学锋：《WTO 与中国对外贸易》，武汉大学出版社，2004 年版。

崔怡：《多哈回合：从中止到重启》，《WTO 经济导刊》2007 年第 3 期。

杨颖红，李岩：《WTO 香港会议进展及其影响》，《商业时代·学术评论》2006 年第 12 期。

黄志瑾：《WTO 第七届部长级会议述评》，《世界贸易组织动态与研究》2010 年第 1 期。

吴益民：《试论 WTO 的环境政策与国际贸易》，《法治论丛》，第 18 卷第 2 期。

李冰：《竞争法国际协调问题探析》，《法制与社会》2010 年 6 月（下）。

颜海燕：《发展中国家在竞争法国际协调中的路径选择》，《山西省政法管理干部学院学报》，2010 年第 3 期。

戴维生：《WTO 劳工标准与中国劳动立法的完善》，《政治与法律》2004 年第 3 期。

李诗，李计广：《世界贸易组织与中国对外贸易》，北京大学出版社，2010 年版。

王新奎：《世界贸易组织十周年：回顾与前瞻》，人民出版社，2005 年版。

Andriamananjara, S. (1999), "On the Size and Number of Regional Integration Arrangements: A Political Economy Model." *University of Maryland*, mimeo.

Bagwell, K. and R. W. Staiger (1997a), "Multilateral Tariff Cooperation During the Formation of Free Trade Areas." *International Economics Review*. Vol. 38(2), May: pp. 291-319.

Bagwell, K. and R. W. Staiger (1997b), "Multilateral Tariff Cooperation During the Formation of Customs Unions." *Journal of International Economics*. Vol. 42(1-2): pp. 91-123.

Baldwin, Richard E. (1995), "A Domino Theory of Regionalism." In Baldwin, Richard E., P. Haaparnata and J. Kiander, ed., *Expanding Membership of the European Union*. Cambridge, UK: Cambridge University Press: pp. 25-53.

Baldwin, Richard E. (1997), "The Causes of Regionalism." *The World Economy*. Vol. 20(7): pp. 865-888.

Bhagwati, J. (1991), *The World Trading System at Risk*. Princeton, NJ: Princeton University Press.

Bhagwati, J. (1992), "Regionalism versus Multilateralism." *The World Economy*. Vol. 15(5): pp. 535-555.

Bhagwati, J. (1993), "Regionalism and Multilateralism: An Overview." In J. de Melo and A. Panagariya, eds., *New Dimensions in Regional Integration*. Cambridge: Cambridge University Press: pp. 22-51.

Bhagwati, J. (1994), "Threats to the World trading System: Income Distribution and the Selfish Hegemon." *Journal of International Affairs*. Vol. 48(Spring): pp. 279-285.

Bhagwati, J. and A. Krueger, eds. (1995), *The Dangerous Drift to Preferential Trade Agreements*. Washington, DC: American Enterprise Institute for Public Policy Research Washington.

Bhagwati, J. and A. Panagariya (1996), "Preferential Trading Areas and Multilateralism: Strangers, Friends or Foes?" In J. Bhagwati, and A. Panagariya, eds., *The Economics of Preferential Trade Agreements*. Washington, DC: AEI Press: pp. 1-78.

Bhagwati, J. and A. Panagariya (1998), "Trading Preferentially:

Theory and Policy." *Economic Journal.* Vol. 108: pp. 1128-1148.

Bhagwati, J. and A. Panagariya (2003), "Bilateral Trade Treaties Are a Sham." *Financial Times.* July 13.

Bond, E. W. and C. Syropoulos (1996), "The Size of Trading Blocs, Market Power and World Welfare Effects." *Journal of International Economics.* Vol. 40(3-4): pp. 411-437.

Ethier, W. J. (1998), "Regionalism in a Multilateral World." *Journal of Political Economy.* Vol. 106(6): pp. 1214-1245.

Freund, C. (1998), "Multilateralism and the Endogenous Formation of PTAs." *Journal of International Economics.* Vol. 52, Issue 2. pp. 359-376.

Grossman, G. M. and E. Helpman (1994), "Protection for Sale." *American Economic Review.* Vol. 84, No. 4 (September): pp. 833-850.

Helpman, E. and P. R. Krugman (1985), *Market Structure and Foreign Trade: Increasing Returns, Imperfect Competition and the International Economy.* Cambridge: MIT Press.

Irwin, D. (1993), "Multilateral and Bilateral Trade Policies in the World Trading System: An Historical Perspective", in J. de Melo and A. Panagariya, eds., *New Dimensions in Regional Integration*, New York: Cambridge University Press.

Katzenstein, P. J. and T. Shiraishi, eds., (1997), *Network power: Japan and Asia.* Cornell University Press.

Krishna, P. (1998), "Regionalism and Multilateralism: A Political Economy Approach." *Quarterly Journal of Economics.* Vol. 113 (1): pp. 227-251.

Krugman, P. R. (1991a), "Is Bilateralism Bad?" In E. Helpman and A. Razin, eds., *International Trade and Trade Policy.* Cambridge: MIT Press.

Lawrence, R. Z. (1996), *Regionalism, Multilateralism, and Deeper Integration.* Washington DC: Brookings Institution.

Levy, P. (1997), "A Political-Economic Analysis of Free-Trade

Agreements." *American Economic Review*. Vol. 87(4):pp. 506-519.

Machlup, F. ed. (1976), *Economic Integration: Worldwide, Regional, Sectoral.* London: Macmillan.

Robson, P. (1998), *The Economics of International Integration.* Routledge.

Schott, J. ed. (1989), Free *Trade Areas and US Trade Policy.* Washington DC: Institute for International Economics.

Snape, R. (1993), "History and Economics of GATT's Article XXIV." In K. Anderson and R. Blackhurst, eds., *Regional Integration and the Global Trading System.* London: Harvester-Wheatsheaf.

Summers, L. (1991), "Regionalism and the World Trading System." In *Policy Implications of Trade and Currency Zones.* Symposium sponsored by Federal Reserve Bank Kansas City: pp. 295-301.

Viner, J. (1950), *The Customs Union Issue.* New York: Carnegie Endowment for International Peace.